KB067657

야콥슨-레비스트로스
서한집

Correspondance 1942–1982
par Roman Jakobson, Claude Lévi-Strauss
Préfacé, édité et annoté par Emmanuelle Loyer et Patrice Maniglier
ⓒ Éditions du Seuil, 2018
Collection La Librarie du XXIe si.cle, sous la direction de Maurice Olender.
Korean translation ⓒ Seongjae Kim, ITTA, 2023
All rights reserved.

Cet ouvrage, publié dans le cadre du Programme d'aide à la Publication
Sejong, a bénéficié du soutien de l'Institut français de Corée du Sud –
Service culturel de l'Ambassade de France en Corée.
이 책은 주한 프랑스대사관 문화과의 세종 출판 번역 지원프로그램의 도움을 받아 출간되었습니다.

야콥슨-레비스트로스 서한집

발행일	2023년 10월 10일 초판 1쇄
지은이	로만 야콥슨·클로드 레비스트로스
옮긴이	김성재
기획	김현우
편집	김보미·김준섭·이해임·최은지
디자인	남수빈
조판	박해연
제작	제이오

펴낸곳	읻다
등록	제2017-000046호. 2015년 3월 11일
주소	(04035) 서울시 마포구 양화로11길 64 401호
전화	02-6494-2001
팩스	0303-3442-0305
홈페이지	itta.co.kr
이메일	itta@itta.co.kr

ISBN 979-11-93240-13-7 (93100)

야콥슨-레비스트로스
서한집

로만 야콥슨·
클로드 레비스트로스 지음

김성재 옮김

인다

앞서 〈21세기 문고La Librairie du XXIe Siècle〉 시리즈에서 클로드 레비스트로스 사후에 출간된 다섯 권의 책과 마찬가지로, 레비스트로스와 로만 야콥슨과의 40년 간의 서한을 수록한 이 책은 모니크 레비스트로스의 열정, 그리고 단어 하나하나에 대한 세심하고 예리한 시선이 없었다면 빛을 보지 못했을 것입니다.

에마뉘엘 루아예와 파트리스 마니글리에는 이 책 전체와 부록의 편집, 서문과 주석 작업을 맡아, 각각의 편지를 과학적, 역사적, 정치적이며 민감한 여러 맥락에 맞게 복원했습니다.

대부분 영어로 쓴 로만 야콥슨의 편지는 파트리스 마니글리에가 번역했습니다.

세 사람의 노력이 없었다면, 이 책은 존재할 수 없었을 것입니다.

모리스 올랑데

일러두기

1. 이 책은 *Roman Jakobson, Claude Lévi-Strauss: Correspondance 1942-1982*(Seuil, 2018)을 번역한 것이다.

2. 편지를 쓴 연도가 불명확한 경우에는 [ ]로 표시하였고, 주소는 한국식으로 순서를 변경해 표기하였다.

3. 인명과 도서명 원어는 첫 등장시에만 병기하였다. 단, 복기를 위해 재병기하기도 하였다.

4. 외래어표기법은 국립국어원 외래어표기를 따르되 관용적 표기와 동떨어진 경우는 절충하여 실용 표기를 따랐다.

5. 각주는 원문의 것이며, 역주일 경우 따로 표시하였다.

6. 단행본과 정기간행물, 출판된 논문 제목에는 겹화살괄호(《 》)를 사용하였고, 논문이나 글, 시 제목에는 홑화살괄호(〈 〉)를 사용하였다.

7. 원문의 이탤릭은 고딕체로 표시하였고, 학술적 의미인 어근이나 시어일 경우에는 그대로 두었다. 대문자 강조는 굵은 글자로 표시했다.

고양이

샤를 보들레르

불타는 연인이나 대쪽 같은 현인들도
중년에 접어들면 너도나도 좋아한다
사납고도 순한 고양이, 집안의 자랑거리,
그들처럼 추위를 타고 꼼짝도 안 하지

앎과 관능의 벗,
고양이가 찾는 것은 고요, 그리고 암흑의 공포
자존심을 굽혀 복종할 줄 알았다면
에레보스의 명 받드는 상여마로 쓰였을 터

생각에 잠긴 채 고결한 자태를 품은 그는
끝 모를 꿈속으로 잠들어 가는 듯한
고독의 심연에 길게 누운 우람한 스핑크스

풍요로운 허리는 온통 마법처럼 반짝이고
금빛 조각들과 고운 모래가
신비로운 눈동자에 은은하게 별 뿌리네

서문

구조주의의 결정結晶

모니크 레비스트로스Monique Lévi-Strauss[1]에게 바침

보들레르가 말하듯이 불타는 연인과 대쪽 같은 현인들이 너도 나도 사납고도 순한 고양이를 좋아한다면, 우리가 지금 여기서 초고의 형태로 출간하려는 이 서한을 쓴 두 명의 열성적이고 박학다식하며 정밀하기까지 한 현인들을 그만큼 사랑하려면 아마 중년이 될 때까지 기다릴 필요는 없을 것이다. 두 사람 각각의 연구물들 안에서 앎과 관능, 형식화formalisation와 시詩, 수학소mathème[2]의 감미로움과 시의 엄밀함을 어우러지게 하는 힘처럼 강한, 마치 번개처럼 강력한 힘이 두 사람 사이에 오직 죽음으로만 소멸하는 우정을 지탱했기 때문이다. 실상 언어학자 로만 야콥슨Roman Jakobson, 1896-1982과 인류학자 클로드 레비스트로스Claude Lévi-Strauss, 1908-2009라는 20세기 사회과학의 두 거목은 과학적 추상화와 구체적 경험을 엮는 데 있어 누구보다도 걸출했다. 바로 이러한 면에서 이들은 일상과 신비, 이상과 현실을 넘나

---

1 [역주] 모니크 레비스트로스Monique Lévi-Strauss, 1924-1993. 인류학자. 클로드 레비스트로스의 부인이다.
2 [역주] 1971년 자크 라캉이 정신분석의 개념을 형식화하기 위해 창안한 개념. 시의 층위 혹은 시학의 층위와는 대비되는 어떤 엄격한 체계의 층위, 체계성의 층위를 강조하는 논리적인 요소이다.

드는 보들레르의 고양이와 닮았는데, 이는 고양이와 같은 이름을 지닌 소네트에 대한 분석이자 두 벗의 이름이 나란히 새겨진 유일한 작업에 비추어보면 꼭 그러하다.[3]

그들의 만남은 이같이 연속되는 매개들의 작용 안에서 의미 있는 일이 된다. 서한집이 지닌 훌륭한 가치들 가운데 하나는 바로 이러한 점을 느낄 수 있게 해준다는 것이며, 나아가 학술적으로 볼 때 지난 세기에서 가장 중요한 대목의 한 순간으로 우리가 더욱 깊이 들어갈 수 있게 해준다는 것이다. 왜냐하면 이 만남과 어우러지는 것은 어떤 하나의 과학적 '패러다임'의 탄생, 즉 우리의 삶을 지탱하는 거의 모든 근본적인 범주를 끌어들이면서 여러 학술 분야를 넘나드는 어떤 과학적 실천을 가리키는 특정한 관념이 탄생되기 때문이다. 이 패러다임이란 바로 '구조주의'를 가리킨다. 이 단어 하나만으로도 엄격한 방법론들, 차디찬 추상화들, 뼈대만 남긴 형식으로의 환원들, 그리고 삶의 가장 소중한 경험들을 동결된 알고리즘으로, 비트bits로, 그래프로 해부하는 것이 떠오른다. 우리는 구조주의가 많은 해악을 끼친다고, 특히나 인간의 모든 것이 계산 가능하다는 생각, 즉 한 치 앞을 알 수 없는 삶의 온갖 파란곡절 속 우리 마음의 괴로움들을 과학자의 눈 밑에 우스꽝스럽게 늘어놓는 어떤 기술주의적인 생각을 담은 과학적 표현이라고 비난해 왔다. 하지만 이 서한집을 읽으면서 우리는 구조주의의 두 야수野獸들이 수학적 이론인 게임 이론, 사이버네틱스 또는 인간의 자연언어를 '마르코프 연쇄'로 환원하는 것

---

3 〈보들레르의 "고양이"〉, 《롬므L' Homme》, 2권, 1호, 1962년, 5-21쪽. 널리 알려진 이 글은 다른 글들과 더불어 이 서한집의 '부록 1'로 실려 있다.

만큼이나 슬라브어의 어떤 기이한 친족어, 뒤 벨레Joachim Du Bel-lay의 시, 중세 러시아 서사시, 미대륙 북서쪽에 사는 원주민들의 신神 혹은 몇몇 희귀한 버섯에도 열광하는 모습을 볼 수 있다.

과학주의의 본을 보인다고 여겨지는 이 두 인물이 서로 나눈 서한들이 두음 전환으로 시작하여 공감각으로 끝맺는다는 점은 우연이 아니다![4] 기묘한 것, 독특한 것, 이례적인 것은 일반적인 것, 일정한 것, 나아가 가능하다면 보편적인 것만큼이나 두 인물의 열정을 불러일으킨다. 레비스트로스의 고희 기념 자리에서 야콥슨이 이러한 면을 강조했다는 점은 눈길을 끌 만하다. 변이에 대한 감각과 불변 요소에 대한 탐구를 조화시키기, 독특한 것, 다른 것, 유일한 것에 대한 열정을 보편적인 형태에 대한 관심과 대립시키지 않기 — 요컨대, 과학과 경험, 개념과 감각, 진실과 삶을.[5] 이 언어학자가 짚어내듯이, 그러기 위한 해결책은, 분명하다 — 그리고 그는 이것을 레비스트로스의 공으로 돌린다. 이는 곧, 그 이름도 대단한 이 불변의 구조들로부터, 변이가 생겨나는 어떤 틀을, 즉 차이를 없애는 대신 그것을 이끌어내는 기제機制를 보는 것을 뜻한다. 즉 우리 모두를 서로 다르게 만드는 어떤 것이

---

4   전자는 말장난의 형태를 띤 것들인데, 어떤 (보통은 외설적인) 내용을 분명 별로 중요하지 않은 문장에 슬그머니 끼워 넣을 때 이 내용 속 가까운 두 음소의 자리가 서로 바뀌는 것을 가리킨다. 따라서 클로드 레비스트로스가 선호했던 '점잖은' 모습을 간직한 보기로는 '더러운 물잔Un pot sale — 창백한 얼간이Un sot pâle'(1942년 4월 6일 자 편지 참조)이다. 공감각 같은 경우, 그것이 말하는 바는 서로 다른 감각을 결합하는 것으로서 모음이나 글자, 혹은 숫자 일반에 색깔을 결합하는 것을 말한다 (1974년 10월 11일 자 편지 참조).

5   로만 야콥슨, 〈친애하는 클로드, 친애하는 선생이여Dear Claude, cher Maître〉(1978), 마샬 블론스키Marshall Blonsky (dir.), 《기호에 대하여: 기호학적 접근On Signs:A Semi-otic Reader》, Johns Hopkins University Press, 1985, 184-188쪽. (부록7[6의 잘못된 표기]에 미발표 번역본 실음.)

있다는 점을 빼고는 공통점이라고는 아무것도 없다. 그리고 바로 이것은 인류뿐만 아니라 생물학적, 그리고 우주적 다양성의 대양 연에 이르기까지 역시 마찬가지다. 이러한 변이의 놀이 한가운 데서 우리의 자리를 찾는 것, 이것은 곧 우리 스스로 우리 자신을 이해하는 것이다 — 그리고 이것이야말로 인문과학에 주어진 가 장 거룩한 과제이다. 즉, 차이의 원리에 근거하여 우리 인간의 위 치를 부여하며 또한 우리를 구성하기도 하는 변이의 체계 속에 서 우리가 자리 잡는 방식 자체를 통해 인간이 자신만의 독특한 모습을 스스로 더욱 잘 느낄 수 있도록 하는 것 말이다.

두 삶의 여정

두 인물 사이의 힘차면서도 정다운 교류를 있게끔 한 이러한 우 정이 과학의 역사에 — 그리고 어쩌면 역사 자체에 — 조용하지 만 확실하게 기여했다는 것을 우리는 어쩌면 아직 충분히 다 이 야기하지 못했는지도 모른다.[6] 로만 야콥슨과 클로드 레비스트로 스는 그들이 1941년부터 망명해 있던 뉴욕에서 만났다. 정확한 날짜는 알지 못한다. 그렇지만 우리는 이 만남이 두 사람 모두에 게 어떤 깨달음을 주는 경험이었다는 점을 알고 있다. 이것에 대 해 이들은 각각 자신만의 방법으로 이야기했다. 당시 서른네 살

---

6 장샤를 다르몽Jean-Charles Darmon·프랑수아즈 와케Françoise Waquet (dir.),《우정과 과학. 데카르트부터 레비스트로스까지 L'Amitié et les Sciences. De Descartes à Lévi-Strauss》, Hermann, 2010.

의 젊은 프랑스 인류학자는 첫 부인과 결별하고 반유대주의 정책에 의해 추방되어 프랑스의 비시 정권을 떠났다. 반면 마흔여섯 살의 러시아 언어학자는 1920년에는 소비에트 러시아, 이후 1939년에는 프라하, 그리고 마지막으로 1941년에는 나치의 압제를 피해 유럽 대륙을 떠나 망명하기까지 벌써 수차례의 경험이 있었다. 레비스트로스는 말수가 적고 진중했으며 홀로 있기를 즐긴 반면, 열두 해 손위의 벗 야콥슨은 밤늦게까지의 그칠 줄 모르는 대화와 우정을 가꾸기를 좋아한 모습, 그리고 레비스트로스가 주량으로 그와 견주기에는 턱없이 모자랐다는 데서 알 수 있듯이 왕성한 기운으로 널리 알려져 있다. 이처럼 마치 동전의 양면처럼 서로 상반되는 기질들로 이뤄진 우애를 통해 이 둘은 오랫동안 인연을 맺는데, 나이가 더 많다고 해서 그가 반드시 더 형다운 것은 아니었다. 두 사람 모두 세 명의 부인을 두었다. 여기에서는 두 사람의 마지막 두 부인인, 야콥슨의 스바타바 피르코바Svatava Pírková와 크리스티나 포모르스카Krystyna Pomorska, 레비스트로스의 로즈마리 울모Rose-Marie Ullmo와 모니크 로만Monique Roman을 다루려 한다.

레비스트로스의 성을 따른 모니크 로만은 다음과 같이 회고한다.[7] 1950년대의 일로, 야콥슨이 저녁 식사를 하러 집에 오면 두 사람의 대화가 자주 달달 외우던 시들을 잔뜩 암송하여 늘어놓는 식으로 끝 모른 채 이어지고는 했다고 한다. 프랑스인은 고전에 조예가 깊었으며(위대한 시기(루이 14세 시대)의 비극 및 프

---

7 2017년 10월, 모니크 레비스트로스와의 대담.

랑스 시), 러시아인은 여러 언어 능력과 방대하고 생생한 기억으로 프랑스와 영국뿐만 아니라 중세 체코, 러시아 혹은 폴란드의 시를 운율에 맞춰 줄줄 읊었다. 1962년, 보들레르의 시 〈고양이〉를 같이 분석하여 제시한 연구는 이렇듯 유럽 문학에 대한 기억을 공유하던 그들의 어떤 광맥과도 같은 기반에서 진행되었다. 야콥슨이 몹시 그리워한 이러한 "알찬 대화들"[8]은 둘 사이 우정의 굵은 획을 이루며, 가는 획들은 바로 이 책의 서한들이다. 해가 거듭되고 두 사람이 나이 들면서 서한은 점점 드물어지기는 했지만, 결코 기운만큼은 사라지지 않으면서 시시때때로 이어진 이 둘의 만남과 대화의 흔적이 서한들로 남아 있다.

이처럼 이 두 문인은 얼굴을 맞대고 즐거운 대화를 많이 나누기도 했다. 그렇지만 1947년에 레비스트로스는 파리로 돌아가고, 야콥슨은 우선 뉴욕에, 이후에는 (매사추세츠주) 케임브리지에 자리 잡으면서 서로 떨어졌는데, 이때부터 둘 사이에 정겹고도 박식한 서한 교환이 이루어졌다. 서한은 여러 가설을 시도하며 전개한 많은 생각으로 차 있으며 서로에게 크고 작은 부탁이나 이곳 또는 저곳의 서점에 있을 법한 구하기 어려운 책에 대한 부탁 내지 복사를 부탁하는 논문들까지 망라해 있다. 처음 보스턴과 파리를 오간 것은 다른 이들의 저서였지만 머지않아 둘의 저서가 오갔으며, 별쇄본들, 당대를 이끄는 과학의 명저들, 학술지들, 참고문헌들, 그리고 심지어 숙덕거리는 이야기에 이르렀다. 인터넷은 없었지만, 그들은 서로가 서로에게 방편으로서, 살

---

8 1960년 6월 3일 자 편지 참조.

아 있는 문고文庫로서, 대단한 (그리고 각자 자신의 분야에서 거의 완벽한) 학식뿐만 아니라 소소한 국제 사회과학계에 대한 내밀한 지식을 기꺼이 나누었다. 따라서 우리는 이 서한집을 통해 20세기 중반에 지식의 관管들이 발달해 가는 모습 또한 간접적이나마 지켜볼 수 있을 것이다.

또한 이 서한집을 통해 직접적으로, 그리고 실제적으로 구조주의적 패러다임의 결정結晶을 관찰하게 된다. 이에 대해서는 자세히 살펴볼 필요가 있다. 그렇지만 우선 초기의 편지들 가운데 하나(1942년 7월 7일 자)에서 자신이 모은 친족 체계의 무수히 많은 논리를 가지고 절절매는 '절망적인 처지'의 레비스트로스를 볼 수 있다. "이러한 불규칙성들에는 어떠한 논리가 있어야만 할 테지요. 비록 그 논리라는 것이 기존의 논리로 이해되는 것이 아니라 할지라도 말입니다." 바로 여기에 우리가 구조주의라고 부르고자 하는 것의 신념 중 하나가 있다. 이 서한집은 이러한 신념으로 밝게 빛난다. 가장 열정적인 순간들에서, 이 신념은 두 인물이 '구조들'이라고 부르는 것의 수정과도 같은 아름다움을 드높이기 위해 애쓰고 있다 ─ 구조들, 곧 공동체들이 무의식적으로 받아들이고 종국에는 영적인 삶 내지는 우리가 '문화'라고 부르는 것의 결을 짜내는 이 섬세하고도 복잡한 규칙들 말이다. 그렇기 때문에 이 교환 서한들은 국제적인 지평에서 20세기 지성사에 기여하는 것이다. 1900년대 페르디낭 드 소쉬르Ferdinand de Saussure의 제네바, 1926년 야콥슨에 의해 세워진 프라하 언어학파, 세계2차대전과 망명자들의 뉴욕, 1960년대를 지배한 구조주의의 파리, 그리고 케임브리지의 매사추세츠공과대학MIT은 벌

써 오래전부터 시작된 구조주의의 역사에서 중대한 장소들이며, 서로가 공유하는 지식이 종종 겉으로 드러나지 않은 이 박식한 서한집에서 독자들이 더욱 많은 것을 얻을 수 있게끔 해주는 몇 몇 실마리를 제공하기 위해 이 역사가 어떤 것인지 더욱 구체적으로 알아볼 필요가 있다.

그렇지만 일단은 1942년 뉴욕에 머물러 보자. 레비스트로스와 야콥슨은 위협을 받던 대학교수들을 구제하기 위해 록펠러 재단의 재정으로 운영되는 프로그램의 지원을 받았다. 그들은 한 해 연봉을 보장받았고 한 번 더 연장할 수 있었다(독신인 경우 대략 월 200달러를 받았다).[9] 1941년, 그들은 미국에 도착과 동시에 1917년에 설립되어 앨빈 존슨Alvin Johnson이 지휘해 온 독창적인 기관, 바로 '사회 연구를 위한 뉴스쿨New School for Social Research'의 교수로 임명되었는데 이곳 대학원의 **교수진**은 이미 수많은 망명자, 특히 독일어권에서 온 이들을 포함하고 있었다. 뉴스쿨은 미국의 자유주의적 좌파 진영과 이어진 대학이었으며 맨해튼의 중심인 그리니치빌리지에서 평생 교육의 기치 아래 사회과학 분야의 수업 및 예술 활동에 대한 세미나를 제공했다. 레비스트로스와 야콥슨은 이곳에서 영어로 강의를 했다 — 영어에 익숙하지 않던 레비스트로스는 시행착오 기간을 거쳤음에도 말이다. 1942년 2월 7일, 뉴스쿨 안에 고등자유연구원École libre des hautes études이 설립되었는데, 이곳에는 피난을 떠난 프랑스어권 대학의 핵심 교수들이 모였다. 이는 곧 사회운동에 참여하는 학계의

---

9 오늘날 구매력을 기준으로 환산하면 2200유로쯤 된다.

서막을 알리는 움직임이었는데, 자유프랑스[10] 진영이 주를 이루었고 망명 중이던 벨기에 정부와 체코슬로바키아 정부도 동참했다.[11] 런던에서 그 심장이 뛰고 있는 프랑스는 아직 죽지 않았다는 것, 그리고 학學으로서의 프랑스어는 신세계의 마천루 위에서 여전히 찬란하게 빛난다는 것을 드러내 보이려 한 것이다. 중세 연구가 귀스타브 코헨Gustave Cohen, 러시아 출신의 프랑스인 법학자 보리스 미르킨게체비치Boris Mirkine-Getzevich뿐만 아니라 벨기에인 비잔틴 연구가 앙리 그레구아르Henri Grégoire, 그리고 앙리 포시옹Henri Focillon에 이어 총장직을 역임할 프랑스인 철학자 자크 마리탕Jacques Maritain이 실행한 이러한 구상에, 당시 아직 사회주의자였던 이 젊은 프랑스인 인류학자는 온건한 관심을 가졌다. 레비스트로스는 여기에 참여했으며, 갈수록 더 적극적이었다. 레비스트로스는 고등자유연구원의 사무국장직을 제안받지만 처음에는 철학자인 알렉상드르 코이레Alexandre Koyré를 위해 거절한다. 하지만 결국 1944년, 이 기관이 어려워지자 그 직을 수락한다.[12]

그러므로 레비스트로스와 야콥슨의 만남을 품어 안은 곳이 바로 반은 대학이고 반은 콜레주 드 프랑스Collège de France였던 고등자유연구원이다. 그들은 이곳에서 '공개' 수업뿐만 아니라 (단 몇 명만 참여한) 비공개 '세미나들'도 열었다. 1942년과 1943년 동안, 그리고 분명 그 이후로도 그들은 서로의 강의에 자주 드나들

---

10 [역주] '자유프랑스France libre'는 프랑스 제3공화국이 해체된 이후 프랑스의 합법적 정부를 지향한 정치 단체이다.

11 이것이 1937년 체코 국적을 취득한 야콥슨이 동참한 까닭이다.

12 고등자유연구원 책자 중 하나에는 다음 네 인물의 얼굴을 실어 기념하고 있다. 미르킨, 그레구아르, 레비스트로스, 코이레. 이에 대해서는 에마뉘엘 루아예의 《레비스트로스》(Flammarion, 2016) 286쪽 이후 참조.

었다.[13] 이 연구원은 몇몇 교수가 즐겨 사용했던 드골주의적 비유처럼[14] 굳건히 서 있는 프랑스의 기수旗手라는 여지 없는 역할 너머, 그 이후로도 후속 세대에게 망명으로 인해 피할 수 없어진 학제 간 연구라는 비옥한 땅 위에서 학술적 성과를 키워내는 터가 되기에 이른다.

　1944년, 고등자유연구원의 운명은 두 가지 입장 사이에서 갈피를 못 잡게 된다. 일차적으로 정치적인 역할을 수행하는 이 연구원이 종전終戰으로 더 이상 존립할 명분이 없어져 해체해야 한다는 입장과 모든 이념적 뿌리를 (즉, '자유프랑스'와의 연맹을) 끊는다는 조건하에 연구원이 미국 학계에 남아 있어야 한다는 입장이었다. 레비스트로스가 알렉상드르 코이레의 뒤를 이어 고등자유연구원의 사무총장직을 계승한 것은 두 입장 중에서 첫 번째 의견을 대표하기 때문이었다. 그는 1945년 1월부터 6월까지 파리에서 몇 달을 보내면서 이 방향에 맞춰 애를 쓰며, 이와 동시에 망명한 프랑스어권 학자들이 (특히 자신과 야콥슨이) 유럽 학계로 돌아가서 생활하는 것에도 심혈을 기울였다.

　하지만 레비스트로스가 그 난관들을[15] 마주하자 이 복귀 계획

13　레비스트로스는 이 사실을 1932년부터 1942년까지 고등자유연구원에서 한 강의들을 모아 출판한 《소리와 의미에 대한 여섯 번의 강연Six Leçons sur le son et le sens》(Minuit, 1976, 7-18쪽)의 서문에서 말한다. 레비스트로스는 처음에는 청강생으로, 나중에는 제자로 강의에 참석하는데, 거의 30년이 지나서도 여전히 '흥분'이 가시지 않는다고 언급한다. 레비스트로스의 이 서문은 《먼 곳의 시선Le Regard éloigné》(Plon, 1983) 9장에 〈언어학 강의Les leçons de la linguistique〉라는 제목으로 재수록되었다.

14　드골 장군은 고등자유연구원을 "절망의 폭풍이 가장 매섭게 몰아치고 있을 때 태어난 출중한 프랑스 기관의 설립"이라며 높이 기렸다(《연설과 메시지Discours et messages》 1권, Plon, 1970, 335쪽).

15　1945년 1월 19일 자 편지 참조.

은 곧바로 현실이 되지 못했다. 야콥슨은 컬럼비아 대학에 속해 있으면서도 구겐하임 재단의 지원금을 얻는 데 성공하여 몇 년간 안정적으로 수혜를 받는다. 레비스트로스의 경우, 브라질 현장 연구 지역뿐만 아니라 무엇보다 뉴욕 공립도서관의 《아메리카나 *Americana*》 모음집을 통해 모은 자료에 기반하여 작성하던 '친족의 기본 구조'에 대한 박사 논문을 마무리하기 위해 뉴욕에 머물고자 했다.[16] 그 직職을 처음 수행했던 앙리 세리그Henri Seyrig와의 우정, 그리고 외무성에 문화관계국을 만들고 장長을 맡은 앙리 로지에 Henri Laugier의 지원에 힘입어 1946년 1월부터는 프랑스 대사관의 2등 문화참사관직을 역임한다. 센트럴파크를 마주 보며 5번가에 찬란하게 자리 잡은 사무실에서 레비스트로스는 양차 세계대전 시대에 프랑스 작품국[17]을 통해 펼쳐지던 일종의 '보급' 정책과는 궤를 달리하는 새로운 종류의, 즉 더욱 상호적인 문화 교류를 시작했다.

1947년 가을부터는 서한 교환이 더욱 촘촘해지는데, 그들이 서로 떨어져 지내야 한다는 점이 사실상 분명해졌기 때문이다. 어느 국가에 속하는지 그 정체성이 훨씬 더 복잡했던 야콥슨은 ─그는 러시아인이지만 1937년 체코 국적을 취득한다─세상을 떠날 때까지 북미에 머문다(비록 유럽으로 돌아가려는 의향을 얼핏 비쳤지만 말이다). 1949년까지는 뉴욕에서, 이후로는 (매사추세츠주) 케임브리지에서 하버드 대학 교수로 임용되었

---

16 북아메리카 원주민들에 대한 박식한 연구 문헌으로 민족학적 기술과 방대한 자료의 모음 및 탐험과 포교의 서술로 이루어져 있다.

17 [역주] Le Service des œuvres. 프랑스 외교부 산하기관으로 지역의 엘리트들과 네트워크를 긴밀하게 구축하여 프랑스에 대한 관심 및 호감을 불러일으켰다.

고, 1957년부터는 겸임으로 MIT 부교수로 있었다. 1950년대 상반기 편지에 많이 드러나듯이 그는 이곳의 학문적 환경을 좋게 느낀 것으로 보인다.

반면, 레비스트로스는 전문경력의 측면에서 볼 때 실패를 거듭한다. 그가 마땅히 그려봄 직했던 인간사 박물관장직인 폴 리베Paul Rivet의 후임 자리를 놓쳤으며, 콜레주 드 프랑스와 관련해서는 1949년에 한 번, 1950년에 두 번째로 떨어져 1951년 3월 15일 자 편지에 절실하게 썼듯이 그는 한동안 학계에 '종사하는 뜻'의 모든 야심과 의욕을 잃는다. 경력의 이러한 위기는 그의 개인사적 위기와 동시에 일어났다는 면에서 더욱 괴로운 일이었는데, 이에 대해서는 서신들 속에서 로즈마리 울모와의 결별의 결과만 언급될 뿐 원인까지는 언급되지 않는다. 야콥슨과 레비스트로스는 각자의 연정戀情에 대해서는 대단히 신중한 모습을 보이는데, 어떤 놀랄 만한 경우가 생길 때면 사랑보다는 우정에 들뜬 모습, 즉 야콥슨이 여러 번 언급하듯이 이론과 관련하여 기이하리만큼 마음이 통하는 모습으로, 그들의 정신은 같은 순간에 같은 방향으로 향하는 모습을 보여주었다.[18]

실제로 1950년대 초는 심리학, 논리학, 인류학, 생리학, 인지과학과 수학을 밀접하게 잇는 이 두 벗의 학제 간 연구 기획에 학계의 열광적인 반응이 두드러진 시기였다. 이제는 하버드에서, 그리고 MIT의 수학 공학자들 사이에서 자리를 잡은 야콥슨은 거

---

18 그렇기 때문에 1949년 9월 14일 자 편지에서 야콥슨은 "서로를 깨우기" 위해 그의 벗을 가까이 두고 싶었지만 그러지 못함을 아쉬워했으며, 또한 1950년 4월 13일 자 편지에서는 "우리의 마음이 같은 방향을 향해 동시에 연구하고 있다는 점에" 드러나는 이러한 일치에 "감탄을 금하지 못하고" 있다고 했다.

대한 소통 이론을 향한 야심을 받아들인다. 클로드 레비스트로스는 1951년부터 실천고등연구원의 제5분과(종교과학) 수업에서 아메리카 원주민들의 신화를 집중 연구하기 시작한다. 한편 그는 1953년부터 유네스코의 국제 사회과학연구협의회 사무총장이 되어 학문 간 교류에 — 예를 들면 사회과학과 수학의 교류 — 매우 자유롭게 일을 하고 제안할 수 있었다. 대양의 양쪽에서 두 인물은 각각 어떤 하나의 똑같은 패러다임을 기준으로, 즉 '구조주의적 연구'를 기준으로 사회과학 분야들을 한데 아우를 수 있는 연구소를 꿈꾸었다. 이러한 거대과학Big Science의 시대는 미국적인 것이다. 레비스트로스는 파리에 거주하면서도 학회를 위해 정기적으로 대서양 저편으로 향한다. 1950년대 초 그의 명성은 분명히 프랑스보다 국제적으로 훨씬 더 높았다. 그렇지만 레비스트로스는 미국의 유혹과 1952~1953년 동안 그를 하버드로 데려와 구조주의 드림팀을 꾸리려던 야콥슨의 우정 어린 모의啄鬧에 넘어가지 않았다. 1953년 12월, 프랑스인 인류학자에게 케임브리지는 보기 드물게 좋은 조건으로 제안을 한다. 그러나 그는 가지 않는다. 가족과 떨어지기 어려운 마음, 대학교 캠퍼스 생활을 내키지 않아 하는 어떤 마음, 그리고 당시 미국을 지배하던 매카시즘[19]이라는 정치적 분위기에 대한 반감으로 정중하게, 하지만 단호하게 이 제안을 거절한다.

1954년과 1958년 동안, 우리에게 남겨진 서신은 하나도 없다.

---

19 [역주] 미국의 정치가 조지프 매카시Joseph McCarthy가 선동한 극단적인 반공주의로 당시 정치 체제에 반대하는 사람을 공산주의자로 몰아 처벌하려는 경향이나 태도를 말한다.

왜 그럴까? 어쩌면 몇 개는 실종됐을지도 모르지만 레비스트로스를 미국으로 '편입'하려던 작업의 실패 이후, 함께 기획했던 세미나의 내용이 출판물로 발행되지 않은 것에 대한 야콥슨의 적지 않은 노여움[20] 이후 둘의 관계가 조금 약해지는 것을 느낄 수 있다. 이유야 어찌 되었든 간에 — 그리고 서신 교환을 저장한 문고에 어떠한 우연이 있었든 간에 — 이 4년 사이에 야콥슨이 아니라면 최소한 레비스트로스의 위상에는 급진적인 변화가 있었다. 1955년 출판한 《슬픈 열대 Tristes Tropiques》는 레비스트로스를 성공한 작가로, 그리고 당대 프랑스 학계에서 중요한 사상가로 만들어주었다. 게다가 콜레주 드 프랑스에 선출됨으로써 그가 야콥슨에게 적었듯이,[21] 그의 "쉰 번째 생일 선물로" 1958년 11월, 그를 위한 교수직이 신설된 콜레주 드 프랑스에 선출되며 그의 학문적 위상 역시 변화를 맞는다.

이제 클로드 레비스트로스는 수도인 파리, 그리고 방학에는 1964년에 얻은 부르고뉴 지방(코트도르의 리뉴롤)의 별장, 두 곳을 오가며 세상에 일부러 나서지 않은 채 행복하게 무엇보다 부지런하게 지내는데, 이는 곧 2000쪽에 달하는 《신화론 My-thologiques》(1964-1971)을 집필하는 중대한 시기와 맞물려 있었다. 야콥슨의 경우는 매우 국제화된 언어학 및 기호학 분야에서 저명한 미국의 대학교수로서 분주한 삶을 보내고 있었다. 그는 학회와 심포지엄을 거듭했고, 언제나 열정적이었던 동시에 학술적으로 희망에 가득 찼으며, 여름이나 가을이면 매해 유럽에 들

---

20 1954년 3월 6일과 13일 자 편지 참조.
21 1958년 12월 26일 자 편지 참조.

르고는 했다. 바르샤바와 스탠퍼드를 오가는 이 묘한 떠돌이 철새는 심지어 "어떤 절충도 허락하지 않을 만큼 혹독하지만, 그러면서도 매혹적인 극지방의"[22] 나라인 그린란드도 거쳐 갔다. 즉, 이동에서도 상반되는 모습에 비추어볼 때 두 인물은 마치 서로 반대인 쌍둥이 같지만, 이들은 이미 완수되었거나 앞으로 실현할 작업들을 통해 다시 만난다.

왜냐하면 1960년대는 구조주의가 파리를 지배하는 시대이기 때문이다. 레비스트로스는 그다지 들뜨지 않는다. 그는 익살스러우면서도 꽤 정확한 통찰을 담아 구조주의가 "공식적인 학설이 되어가고 있으며" 또한 "금세 곧 비난하겠지만"이라고 짚고 있다.[23] 때는 곧 1968년이다! 이 용어가 과다하게 사용되는 현상에 맞서 야콥슨과 레비스트로스는 에밀 방베니스트Émile Benveniste와 콜레주 드 프랑스 교수인 조르주 뒤메질Georges Dumézil과 심도 깊은 대화를 나누며, 나아가 자크 라캉Jacques Lacan과 실비아 라캉Sylvia Lacan, 메를로퐁티Maurice Merleau-Ponty(1961년 모리스의 급작스러운 사망 때까지), (뉴욕에서 만난) 코이레 부부, 그리고 미셸 레리스Michel Leiris와 루이즈 레리스Louise Leiris와 다정한 교류를 나눈다. 그러나 본질은 다른 곳에 있다. 레비스트로스의 경우, 아메리카 원주민들의 신화에 깊이 빠져 고독하게 지내온 오랜 시간이 거의 두 해마다 ― 프랑스에서, 그리고 조만간 국제적으로 매우 큰 반향을 일으키며 ― 다음과 같은 출판물의 형태로 구체화되었다. 《신화론: 날것과 익힌 것Mythologiques: Le cru et le cuit》

---

22 1960년 10월 3일 자 편지 참조.
23 1968년 1월 23일 자 편지 참조.

(1964), 《꿀에서 재까지*Du miel aux cendres*》(1966), 《식사예절의 기원*L' origine des manières de table*》(1968), 《벌거벗은 인간*L' homme nu*》(1971). 야콥슨은 그의 삶에서 마지막 스무몇 해의 일부분을 여러 언어로 쓰여진 논문의 형태로 여기저기 흩어졌던 글들을 모아 웅대한 작품을 펴내는 데 바친다. 네덜란드의 학술 출판사 무통 데 그로이터에서 출판한 그의 선집은 매우 고되고도 정교한 과제이다. 야콥슨 생전에 다섯 권이 출판되었고, 사후에 다른 네 권이 출판된다. 두 인물은 서로에 대한 존경을 담아 서로의 출판물에 관심을 가지고 반겼으며, 또한 주의 깊은 독자인 동시에 사회과학의 언어가 어떻게 쓰이고 있는지, 그리고 번역이라는 도전에 대해 늘 고민했다. 더군다나 야콥슨은 그를 호의적으로 받아들인 프랑스 학계의 환경 덕을 보았다. 레비스트로스의 젊은 학생인 니콜라 뤼베 Nicolas Ruwet는 1963년에 논문들을 모으고 야콥슨의 서문을 붙여 《일반언어학소론*Essais de linguistique générale*》(Minuit, 1963)을 두 권으로 번역했다. 이 책 덕분에 야콥슨은 좁디좁은 언어학 교수들 무리를 훨씬 웃도는 대중적인 관심을 받는다. 우리는 이와 같은 새로운 명성의 흔적을 이 서한집 안에서, 그리고 두 인물이 각자 혹은 함께 언론에, 상대적으로 많은 사람이 보는 간행물에, 혹은 텔레비전에 나타난 여러 모습을 보게 된다.[24]

그렇게 먼 바다를 건너다닌 이 서한들은 단순히 일대기에 주석을 단 문헌의 운명에서 벗어난다. 때로는 기괴하면서도 지나치

---

24 특히 이 책의 부록에 다시 실은 글들, 즉 구조주의가 두 벗 사이에 다리를 놓을 당시 구조주의가 대중적으로 잘 받아들여지고 있다는 점을 보여주는 글들을 참조했다. 〈언어학, 그것은 학뿐 중의 학이 될 것인가?〉(부록 2), 〈살기 그리고 말하기〉(부록 3), 〈로만 야콥슨 : 어느 우정에 대한 이야기〉(부록 5).

기까지 하며, 사방으로 뻗어나가는 박식함을 품은 두 주인공에게 혼을 불어넣는 정겹고 분명한 성격은 가장 진지하고도 순수한, 그리고 영감으로 가득 찬 진정성을 담고 있다. 그렇기 때문에 레비스트로스가 벗에게 "《탈무드》는 왜 보리를 소리 지르면서 요리하고 렌즈콩은 침묵 속에서 요리하라고 하는지"[25] 그 이유를 묻는 것이다. 그러자 로만 야콥슨은 자신의 무지함을 고백하면서도 즉각 가장 훌륭한 《탈무드》 전문가에게 의견을 구할 것을 약속한다. 이 서한들의 정겨운 면은 서로의 기념일을 꼼꼼하게 챙기는 점에서 드러난다. 그것들에 있어 레비스트로스는 언제나 세심했다. 콜레주 드 프랑스에서 열린 첫 강의의 도입부에서 그는 숫자 8과 전임자들의 출생 연도로(그리고 자신의 출생 연도인 1908에 대해) 현기증이 날 정도로 여담을 늘어놓는데, 이것은 미신적인 사유에 경의를 표하는 것이다. 이와 같은 미신적인 측면에 따라 두 인물은 서로의 생일을 짧게 한마디로, 전보로 축하한다. 우정의 스무 번째 해를 맞아 그들은 보들레르의 소네트 〈고양이〉를 함께 분석한 글을 서로에게 선물로 건넨다. 마지막으로 야콥슨의 70번째 생일을 기념하기 위해 레비스트로스는 자신의 마음을 담아 글을 쓰는데, 이는 레비스트로스가 1942년 어느 날 운 좋게도 마주친 유일한 참된 "위대한 인물", 언제까지라도 실망시키지 않을 그 인물의 모습을 떠올리며 쓴 경탄의 소회였다.[26]

---

25 1958년 12월 26일 자 편지 참조.
26 1966년 5월 12일 자 편지 참조.

새로운 구조주의를 향해

그렇다면 1942년에 일어난 그토록 치열한 일이란 도대체 무엇인가? 야콥슨은 아주 예의 바른 이 젊은 동료의 질문 방식에 깊은 인상을 받았다고 말한 적 있다.[27] 레비스트로스는 제대로 된 "깨달음"에 대해 다음과 같이 말했다.

저는 그 당시에 일종의 순진한 구조주의자였습니다. 저는 구조주의가 무엇인지도 모른 채 그것을 하고 있었습니다. 야콥슨은 저에게 이미 다른 학술 영역에서 만들어져 있던 학설의 내용이 있다는 것을 보여주었습니다. 제가 한 번도 공부한 적 없는 언어학을 말이지요. 이것은 제게 깨달음을 주었습니다.[28]

따라서 1942년 뉴욕에서 일어난 일은 곧 구조주의의 탄생 외의 다른 것이 아니다. 왜냐하면 구조주의가 이러한 깨달음에 앞서 이미 존재하고 있지 않았기 때문이다. 구조주의를 **있게 한** 것은 이 인류학자가 자신의 방식과 이 언어학자의 방식 사이에 어떤 유사성이 있음을 보고 짚어내어 그것을 밝힌 바로 그 순간이다. 실제로 구조주의는 인문과학에서(그리고 어쩌면 비단 인문과학뿐만이 아니라) 여러 영역을 넘나드는 하나의 패러다임이다. 따라서 구조주의는 원래 속해 있는 영역, 즉 언어학으로부터 나

---

27 로만 야콥슨, 〈친애하는 클로드, 친애하는 선생이여〉(부록 7 참조).
28 클로드 레비스트로스·디디에 에리봉Didier Éribon, 《가까이 그리고 멀리서De près et de loin》, O. Jacob, 1988, 62-63쪽.

와서 다른 과학들로까지 넘나들 때만 존재한다. 그리고 이것은 오직 레비스트로스와 더불어 비로소 실현된다.

우리는 이 새로운 '-주의主義'의 정확한 뜻이 무엇인지 자주 되묻고는 했다. 어떤 이들은 구조주의로부터 어떤 구체적인 방법론을 보고자 했는데, 이들이 보기에는 구체적인 방법론이 야콥슨의 저작에 전형적으로 실현되어 있으며, 레비스트로스가 변형을 감수하면서 인류학에 들여온 뒤에는, 라캉과 함께 정신분석학에서, 풍속에 대한 롤랑 바르트Roland Barthes의 비판에서, 그리고 미셸 푸코Michel Foucault의 경우에는 지식뿐만 아니라 심지어 형이상학의 역사에서 모두 회오리치는 물속으로 사라지는가 하면, 급기야 이같이 도를 넘는 일반화로 인해 결국 혼잡하고도 모순적인 "반론"들이 생겨난 것이라고 여길지도 모른다.[29] 반면 또 다른 이들이 우리에게 확언하는 바는, 다양한 학문 분과들에 획일적으로 적용되는 하나의 구조주의적 방법을 찾는 것은 불가능하며, 그 자리에는 언제나 어떠한 학문적 '이념'만이, 곧 1960년대를 지배했던 세상을 바라보는 어떤 희미한 관점만이 있을 뿐이며, 그 이후 1968년 5월[30] 혁명을 기점으로 더욱 정치적인 관점을 가진 사람들이 돌아오면서 급격히 사라졌다는 것이다. 기실 구조주의 전체는 이 두 인물 사이의 **만남** 안에서, 혹은 더 정확하게는 이러한 두 **실천**, 곧 야콥슨의 언어학과 레비스트로스의 인류학 사이

---

29 이는 특히 장클로드 밀너Jean-Claude Milner가 《구조의 대장정Le Périple structural》, Seuil, 2002에서 주장하는 바이다.
30 이는 특히 당시 비정통 마르크스주의 철학자 앙리 르페브르Henri Lefebvre(《구조주의적 이데올로기 L'Idéologie structuraliste》, Seuil, 1975) 혹은 수필가 장프랑수아 르벨Jean-François Revel(《왜 철학자들인가?Pourquoi des philosophes?》, Julliard, 1957)이 읽어낸 방식이다.

의 유사점에 대한 표명 안에서 의의가 있다. 다른 면에서도 그렇지만 바로 이러한 면에서 볼 때, 동일성은 변이들보다 우위에 있지 않다. 즉, 동일성은 변이들의 차이를 만들어내는 틀 자체이다.

실제로 《친족의 기본 구조Structures élémentaires de la parenté》 (1949)에서 레비스트로스가 자료들을 분석하는 방법을 볼 때, 당대에 야콥슨이 그의 분야에서 사용한 방법들 사이에 어떤 연관성을 찾기는 어렵다. 레비스트로스를 즉시 거장의 반열에 들게 한 인류학을 대표하는 이 저작의 요지를 간단하게 떠올려 보자. 이 책은 친족을 부르는 표현들에 대한 연구다. 19세기 말, 미국 인류학의 시초인 루이스 헨리 모건Lewis Henry Morgan이[31] 시행한 바 있는 대규모 현장 조사로 거슬러 올라가는 이러한 방법은 부모를 지칭하는 여러 다양한 방식을 비교하는 작업이다. 즉, 어떤 특정한 언어들에서는 '부계의 사촌'과 '모계의 사촌'을 가리키는 단어가 각기 다른 반면, 프랑스어에서는 '사촌'이라는 단 하나의 단어를 사용할 뿐이다. 이와 마찬가지로, 영어에는 '형제와 자매들', 달리 말해 같은 부모로부터 난 양쪽 성별의 이들을 가리키기 위한 'siblings'라는 단어가 있는 반면, 프랑스어에는 이러한 용법을 위한 어떤 단어도 없다. 이러한 종류의 정보들을 모으다 보면, 레비스트로스가 야콥슨에게 슬라브 친족과 관련하여 예시 하나를 보내달라고 했던 것처럼 우리가 이 서한집의 편지들 속에서 발견할 것들과 완전히 똑같은 친족 용어들의 목록을 만들기에

---

31 루이스 헨리 모건, 《인류 가족의 혈연과 인척 관계의 체계Systems of Consanguinity and Affinity of the Human Family》, Smithsonian Institution, 1871. 루이스 헨리 모건에게 헌정된 《친족의 기본 구조》, PUF, 1949.

이른다.[32] 따라서 인류학의 목적은 이러한 여러 다른 용어에 대한 간결하고도 유일한 설명을 제시하려고 시도하는 데 있다. 레비스트로스가 기여한 고유한 점은 이러한 서로 다른 용어들이 하나의 체계를 이룬다는 가정에 (즉, 어떤 하나의 친족 용어가 그 스스로는 그 어떠한 가치도 없되 오직 다른 용어들과의 관계 속에서만 가치가 있다는 가정 — 이는 알고 보면 당연한 주장이다. '아버지'가 있다면, '아들'이 있다는 것이고, '아들'이 있다면, '딸'이 있다는 것 등등) 있지 않고, 오히려 이러한 체계들의 이면에, 우리가 루이스 모건 이후로 믿었던 것처럼 핏줄에 따른 규칙들이 자리한다기보다는, 혼인에 따른 규칙들이 있으며 그것을 통해 상호적인 관계의 주기들이 구성된다는 것을 보여주려고 시도했다는 데 있다. 즉, 어떤 한 세대에서 자기 집단의 여성을 다른 집단에 건넨 집단은, 어떤 특정한 수만큼의 세대가 지나고 난 후에 다른 집단의 여성을 (혹은 다른 집단이 그들의 여성을 건네준 어떤 다른 집단의 여성 등등) 회수할 것이다. 그 안에서 우리는 이 연구의 대단원을 이루는 이러한 종류의 도표들을 마주하게 된다. 그것들을 통해 우리는 어떤 친족 체계가 유지하고 만들어내는 사회의 구성을, 그것을 구성하는 주체들이 누구인지 종종 모르는 상태에서라도 볼 수 있다(그림 1 참조).

　이제 언어학으로 방향을 돌리면 야콥슨이 당시에 했던 것과 이 모든 것이 매우 거리가 멀다는 것을 알 수 있다. 그는 '음운론'을 향한 길고도 다채로운 모험을 겪었다. 그는 절친했던 벗이

---

32 1947년 11월 27일과 1949년 5월 12일 자 편지 참조.

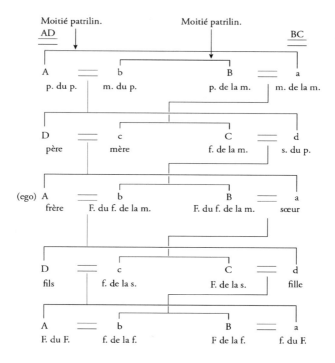

Moitié patrilin.   Moitié patrilin.

<u>AD</u>   <u>BC</u>

A === b   B === a

p. du p.   m. du p.   p. de la m.   m. de la m.

D === c   C === d

père   mère   f. de la m.   s. du p.

(ego) A === b   B === a

frère   F. du f. de la m.   F. du f. de la m.   sœur

D === c   C === d

fils   f. de la s.   F. de la s.   fille

A === b   B === a

F. du F.   f. de la f.   F de la f.   f. du F.

그림 1. 카리에라족의 친족 체계와 그 구조(어머니의 형제의 딸과의 결혼 및 상호 관계의 주기를 네 개의 하위 구분으로 나타낸 것).

자 1939년 일찍이 세상을 떠난 니콜라이 트루베츠코이Nikolaï Troubetskoï 왕자와 함께 언어학의 새로운 분야를 개척했는데, 앞서 언급한 생일 기념사에서[33] 그가 트루베츠코이에 레비스트로스를 견주었던 까닭은 아마도 두 명의 벗이 차례대로 구조주의 패러다임을 형성하는 데 있어 두 차례 결정적인 계기를 이루었기 때문일 것이다. 야콥슨은 트루베츠코이와 함께 원리를 만들어

33 부록 7 참조.

하나의 구체적인 학문 분과, 즉 언어학에서 그 효율성을 증명했다. 그리고 레비스트로스와는 이러한 이론적 직관이, 그가 바랐던 것처럼 하나의 학문 분과 너머까지 효과적으로 일반화될 수 있다는 점을 발견한다 — **바야흐로** 구조주의의 탄생이다!

1942년 야콥슨이 레비스트로스를 만났을 때 음운론은 유럽의 모든 국가와 미국에 세부 연구 조직들이 갖추어져 있는 등, 국제적으로 이미 언어학에서 활개를 핀 분야였다. 언어를 이루는 소리들을 대할 때 관찰 가능한 실재 요소들만 취급하여 연구하는 **음성학**처럼 해서는 안 된다는 확고한 신념으로 특징할 수 있는 것이 음운론이다. 음성학은 각각의 언어학자가 현장에서 조사하여 관찰한 것들을 옮겨 적을 수 있는 보편적인 표기 체계를 통해 여러 다른 언어의 소리를 가능한 한 가장 명백하게 묘사하는 것을 목적으로 삼고 있다. 소리를 묘사하는 방법에는 두 가지가 있다. 발성기관의 사용 방식에 따라 언어를 분류하거나 (즉, 프랑스어의 'p'를 예로 들면 '무성 양순 폐쇄 자음'을, 'o'는 '반폐 후설 원순 모음' 등을 말한다) 다르게는 소리 스펙트럼 형태상의 차이에 주목하는 음향적 수단을 통해 언어들을 묘사하는 방법이 있다.[34]

반면 음운론의 경우에는 매우 간단한 관찰로부터 생겨났다. 곧, 언어를 말하는 사람들이 서로 아주 다른 소리 신호들을 어떤 하나의 똑같은 기호로부터 나오는 변이형들인 것처럼 받아들일 수 있다는 점이다. 따라서 프랑스어 "나는 그것이 지긋지긋하다!J'en ai marre!"의 'r'은 혀끝을 굴려서, 또는 목구멍 안쪽에서 발음될 수도

---

34 프랑스어 모음들의 음향적 묘사는 전자 백과사전 위키피디아의 '포먼트Formant' 항목을 참조할 수 있다.

있는데, 이때 이러한 발음상 차이는 표현의 의미, 혹은 더 구체적으로는 기호의 판별이라는 관점에서 보자면 어떠한 차이도 만들지 않는다. 즉, 누구든지 "marre"를 발음한 것임을 알 수 있다. 반대로, 이 문장이 전혀 다른 뜻을 가진 "나는 아프다J'en ai mal"로 탈바꿈하려면 그저 발음을 아주 조금만 바꾸어도 충분하다! 프랑스어 화자들에게 당연해 보이는 'r'과 'l'의 이러한 차이는 일본어나 중국어 화자들이 알아차릴 수 없다. '음운론'은 말투의 변이들 (예를 들어 프랑스어에서 목구멍 깊이 나는 'r' 또는 혀끝을 굴린 'r') 및 조합에 의한 변이들을 제거하면서(독일어에서 'ch'라고 쓰는 '/ x /'라는 음소는 그것이 'Licht'처럼 'i' 다음에 올 때와 'Macht'같이 'a' 다음에 올 때 다르게 발음되는데도 단 하나의 음소를 가리킨다), 각각의 언어 안에서 어떤 기능적인 역할을 하는 이러한 음향적인 차이들을 모아 그 목록을 만드는 일에 구체적으로 초점을 맞추고 있는데, 이를 통해 소리 가운데 변별적 자질을 가지고 있는 것, 즉 두 개의 기호를 서로 헷갈리지 않게 해주는 자질을 가지고 있는 것만을 추출하기 위함이다.

이로써 음운론은 구조주의의 전설적인 창시자인 제네바의 언어학자 페르디낭 드 소쉬르에 이르는데, 그는 '구조주의'라는 단어를 직접 사용하지 않았음에도 실제로 《일반언어학강의Cours de linguistique générale》에서 트루베츠코이나 야콥슨이 전개할 주장들과 매우 비슷한 주장들을 펼친 바 있다. 대를 이어 언어학자 및 사회과학 연구자에게 가장 중요한 책처럼 읽힌 이 강의는 소쉬르의 제자 한 명과 그가 예전에 가르쳤던 두 학생이 그의 수업을 필기한 내용을 바탕으로 쓰여져 소쉬르가 세상을 떠난 뒤

1916년에 출간되었다. 그 이후 전문가들은 소쉬르의 사유가 강의에 드러나 있는 것과는 꽤 분명하게 달랐다는 것을 보여줬으며, 우리는 이 서한집에서 야콥슨이 1950년대 있었던 '또 다른 소쉬르'의 발견에 굉장히 주목했다는 것을 볼 수 있다. 나아가 그는 자신의 이런 관심을 레비스트로스에게 즉각 알렸으며, 그들은 원고에 드러나는 소쉬르에 대해 각각 논문을 쓰기까지 한다![35] 그러나 '강의 CLG'에서 (이 강의는 몇 세대를 걸쳐 이 짧은 이름으로 불리었다) 러시아인 언어학자가 예전부터 생각했던 많은 구상을 볼 수 있다. 언어를 기호 체계로 보고 탐구해야 하다는 것, 즉 언어를 관찰 가능한 음향적 실재로만 여기는 것이 아니라, 의미를 만들어낼 뿐인 요소들을 모아놓은 어떤 하나의 구성물로 여기고 탐구해야 한다는 것이다. 따라서 기호들은 그들의 '차이를 나타내는' 혹은 '대비되는' 특성으로 정의되며, 소쉬르는 "랑그에는 차이밖에 없으며, 그 어떠한 긍정적인 용어도 없다"[36]라고 하기에 이른다. 이런 이유로 어떤 하나의 기호는 절대 혼자 있을 수 없으며, 언제나 어떤 관계 안에, 즉 어떤 하나의 **체계** 안에 있다. 결론적으로, 그러므로 음운론은 그것보다 더욱 넓은 학문 분과의

35 〈애너그램에 대해 페르디낭 드 소쉬르가 앙투안 메이에에게 보낸 첫 번째 편지(로만 야콥슨이 발표하고 주해를 붙이다)La première lettre de Ferdinand de Saussure à Antoine Meillet sur les anagrammes(publiée et commentée par Roman Jakobson)〉,《롬므》, 1971, 11권, 2호, 15-24쪽(《선집Selected Writings》, 7권, 24장에 재수록);클로드 레비스트로스, 〈종교, 언어 그리고 역사 : 페르디낭 드 소쉬르의 어느 미간행 원고에 대하여Religion, langue et histoire: à propos d'un texte inédit de Ferdinand de Saussure〉,《페르낭 브로델 기념 논문집, 2. 역사, 인문과학 방법론Mélanges en l'honneur de Fernand Braudel, 2. Méthodologie de l'histoire et des sciences humaines》, Privat, 1972, 325-333쪽(《먼 곳의 시선Le Regard éloigné》, Plon, 1983, 10장에 재수록).
36 《일반언어학강의(1916)》, Payot, 1972, 166쪽.

한 부분일 뿐이며, 이때 이 분과는 '기호' 전반을 탐구하는 것, 소쉬르가 "기호론sémiologie"이라고 부른 것을 가리킨다.[37]

소쉬르가 강의하던 시절에 주장했다고 여겨지는 또 다른 것들 가운데 야콥슨이 여전히 받아들이지 않는 것들도 있다. 이는 곧 기표의 선조성線條性, 기호의 자의성恣意性, 통시성의 체계적이지 않은 특성, 그리고 더욱 전반적으로 보자면 언어적 변화들이 가진 우연적인 특성에 대한 긍정이다. 그렇지만 그가 물려받은 면이 사뭇 상당하여 음운론이 소쉬르의 주장들을 유익하고 정밀하면서 또한 축적되는 어떤 기획으로, 요컨대 위대한 과학사학자인 토머스 쿤Thomas Kuhn이 "정상" 과학이라 부르는 것으로[38] 탈바꿈시켰다는 인상을 준다. 우리는 이러한 인상이 지닌 진가에 주목할 필요가 있다. 바야흐로 갈릴레이 물리학처럼 작동하는 것이 인문과학에도 드디어 생겼기 때문이다! 언어학의 위용은 바로 비교적 축적된 다음 일련의 연구 기획들이 생겨나는 힘을 가졌다는 점에 있다. 즉 19세기의 인구어 언어학 및 비교주의 언어학, 이후 20세기 전반기의 구조 음운론, 그 이후 1960년대와 1970년대의 전환기에는 그것을 밀어낸 노엄 촘스키의 생성문법 말이다. 이와 같은 장대한 이야기는 과학사가 우리에게 가르쳐주는 내용과 일치하지 않는다. 이 패러다임 가운데 그 어떤 것도 뉴턴, 갈릴레이 내지는 아인슈타인의 패러다임이 불러일으킨 종류의 과학

---

37 "기호론"이라는 단어보다 미국인 철학자이자 논리학자인 찰스 샌더스 퍼스Charles Sanders Peirce로부터 나온 "기호학sémiotique"이라는 단어가 특히 영어권에서는 간혹 선호된다. 그렇지만 야콥슨에게 두 용어는 같은 뜻이다. 이는 "음운론적phonologique"과 "음소적phonémique"도 마찬가지인데, 이때 영어의 "phonemic"을 글자 그대로 번역한 후자는 프랑스어에서 간혹 보인다.

38 《과학혁명의 구조The Structure of Scientific Revolutions(1962)》, Flammarion, 1983.

적인 합의를 진정으로 가져다주지는 않았다. 그래도 중요한 것은 야콥슨과 레비스트로스가 이러한 지평, 이러한 희망, 나아가 이러한 목적으로부터 단 한 발도 물러서지 않은 채 끊임없이 추구했다는 점이다.

그러므로 레비스트로스가 음운론을 발견했을 때는 음운론이 굉장히 우월한 지위를 부여받은 상태였다. 그리고 레비스트로스의 인류학이 상호 관계의 주기들을 재구성하는 것을 완수한 것과 같이 음운론적 연구는 **음운 체계들**을 만들어내는 데에 이른다. '구조'라는 단어는 이러한 체계의 형태 외의 어떤 다른 것을 의미하는 것이 아니다. 예컨대 트루베츠코이가 그의 저서《음운론의 원리*Principes de phonologie*》(1939)에서 "독일어 자음 체계"의 거의 완전한 재현이라고 제시하는 것을 살펴보자.

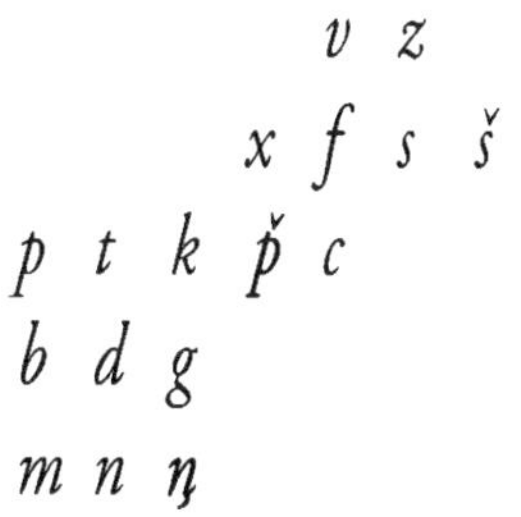

$$v \quad z$$
$$x \quad f \quad s \quad \check{s}$$
$$p \quad t \quad k \quad \check{p} \quad c$$
$$b \quad d \quad g$$
$$m \quad n \quad \eta$$

그림 2. 독일어 자음 체계의 음운 구조(85%).[39]

---

39 니콜라이 트루베츠코이,《음운론의 원리》, 1939, Klincksieck, 1949, 74쪽(이 그림은 독일어 자음소 전체 중 85%를 아우른다).

이 체계의 '구조'는 우리가 특정한 글자들로 추상화할 때 얻는 것 외의 다른 것을 말하는 것이 아니다. 따라서 각각의 음소는 이러한 체계 안에서 차지하는 위치에 의해 정의되는 것처럼 보인다. 즉 이것이 그것의 '구조적 정체성'을 구성한다. 하물며 독자는 이 서한집을 읽으며 구조라는 개념에 대해 유난히도 눈부신 설명을 볼 것인데, 이는 야콥슨에게 공을 돌려야 할 것이다. 더구나 레비스트로스는 지금 여기서 우리가 품고 있는 다음과 같은 교육적인 목적과 똑같은 목적을 위해 야콥슨에게 그러한 설명을 부탁했다. 그것은 곧 자음과 모음을 포함한 프랑스어의 음운 체계의 구조에 대한 것이다. 이것은 어떤 중요한 논문이 다루는 연구 대상이 되는데, 부록에 프랑스어로 처음 번역해 실었다.[40] '구조'라는 단어는 추상적인 정의에 의존하여 이해해서는 안 되며, 오히려 레비스트로스가 표현하듯 "결정結晶과도 같은 구조"의 형태를 띤 이러한 도식을[41] 살펴보는 방법으로 이해해야 한다. 바로 이것이야말로 실제 학술 연구들에서 사용되는 구조의 개념이자 그 활동들이 얼마나 유익한지 나타내 보일 수 있는 개념이다.

그러나 두 연구자가 똑같은 생각을 **했던** 것은 분명 아니라는 점을 알기 위해서는 레비스트로스가 완성한 친족 주기들의 도식과 야콥슨이 발전시킨 프랑스어 음운 체계를 비교하는 것으로 충분하다. 물론, 두 경우 모두 체계를 다루고 있긴 하나 무엇인지는 불분명하다. 헤겔Georg Wilhelm Friedrich Hegel 혹은 라이프니츠

---

40 부록 8,《프랑스어 음운구조에 대한 고찰》, 그리고 더 구체적으로 그림은 이 책의 568-569쪽 참조.
41 1949년 1월 9일 자 편지 참조.

Gottfried Wilhelm Leibniz와 마찬가지로 아리스토텔레스Aristotles 역시 체계에 대해 말한다. 어떤 과학적 실천을 단어 하나로 정의하기에는 불충분하다. 그렇다면 레비스트로스는 과연 어떠한 의미에서 그의 선배가 행하던 방식 안에서 자기 자신을 발견할 수 있었을까?

이 질문에 답하기 전에, 야콥슨이 음운론의 빛나는 역사에서 그의 세 가지 구상을 통해 두각을 나타냈다는 것을 상기할 필요가 있다. 우선, 그는 변별적 자질들에서 그 **이원적**二元的 특성을 강조했다. 그는 음운론적 차이가 어떤 한 자질의 존재 혹은 부재를 가리킨다는 생각을 지지했다. 그 예로 유성성有聲性, 즉 성대를 진동시키거나 그러지 않는 것을 가리키는 자질은 프랑스어에서 (무성음)/p/와 (유성음)/b/를 구별하게 한다. 이상적으로 보자면 모든 차이는 이러한 성격, 즉 어떤 자질의 존재 혹은 부재라는 성격을 띠어야 할 것이며, 야콥슨의 작업에서 한 가지 중요한 면은 음운론적 차이들을 이러한 자질들로 줄이고자 하는 것이다. 트루베츠코이가 더 이상 동의하지 않는 이러한 '이원주의'는 오래도록 야콥슨을 비난하는 부분으로 남으며, 실제로 가장 많은 비판을 받은 그의 주장들 가운데 하나로 남았다. 그렇지만 레비스트로스는 처음부터 이원주의를 매우 긍정적으로 받아들였다.

게다가 야콥슨은 아주 일찍부터 변별적 자질들을 발음이 아닌 음향의 측면에서 묘사하는 것의 필요성을 역설했다. 따라서 음운론적 자질들은 발성기관의 움직임이 아니라 음향 스펙트럼이 차지하는 모습에 따라 묘사되었다. 그의 논거는 간단하다. 그 언어에서 중요한 면이 그 언어의 변별 능력이라면, 언어는 구별들이

생겨나는 방식의 관점이 아니라 이미 생겨나 있는 구별들의 관점에서 파악되어야 한다.

마지막으로, 야콥슨은 각각의 언어에 고유한 음운 체계를 묘사하는 것으로 만족하지 않고 음운 체계들을 만들어내는 보편 법칙들을 발견해야 할 필요성을 끊임없이 역설했다. 레비스트로스와 나눈 서한에 자주 나타나는 작업이자 1941년 처음으로 독일어로 출간되었으면서도 훗날 1969년에야 프랑스어로 출간된 논문 모음집의 제목이 되는 작업인 《유아어와 실어증*Langage enfantin et aphasie*》(Minuit, 1969)의 요체가 바로 이것이다. 아이가 언어를 배워가는 원리의 모습은 실어증의 현상들이 해체되는 과정에서 볼 수 있는 모습과는 반대의 모습을 보여주는데, 그 원리란 곧 모든 언어가 간단한 구조 하나를 단계적으로 구체화하는 방식으로부터 나온다는 점이다. 이 구조는 '야콥슨의 모음 자음 삼각형triangle vocalique-consonantique de Jakobson' 혹은 '기본 삼각형triangle primitif'이라는 이름으로 알려졌다.[42] 이 구조는 세 개의 변별적 자질들의 기반 위에 놓여 있다. 첫째 자질은 자음을 모음으로부터 구별하는데, 이때 전자는 후자보다 더욱 많은 힘을 담고 있다. 둘째 자질은 밀집성compact과 확산성diffus의 대비인데, 이는 한쪽에는 (밀집음)/a /, 그리고 다른 한쪽에는 (확산음)/u/와 / i/ ─그리고 또한 (밀집음)/k/와 (확산음)/p/와 / t/를 대비시킨다.[43] 마지막으로 셋째 자질은 낮은음/높은음의 대비로

---

42 〈음성학과 음운론*Phonétique et phonologie*〉, 《일반언어학소론*Essais de linguistique générale*》, 1권, 6장, 4.1절 참조.

43 이러한 대립쌍의 정확한 음향적 의미가 더 알고 싶은 용감한 독자라면, 부록 8 〈프랑스어 음운 구조에 대한 고찰〉에서 야콥슨이 '짙은음saturé / 옅은음dilué'이라고 부르

서 (낮은음) /u/를 (높은음) /i/와, 그리고 /p/를 /t/와 대비시
킨다.

　이 세상 모든 언어가 이 삼각형을 구체화한 것들이 될 것이며,
그렇다고 해서 여기 언급된 여섯 개의 음소 모두를 모든 언어에
서 발견할 수 있는 것은 아니며, 우리가 알고 있는 프랑스어에서
그 음소들의 모습과 똑같은 모습으로 발견될 것이라고 하는 것
은 더더욱 아니다. 서로 다른 음운 체계들은 오히려 이 삼각형을
기준으로 실행되는 여러 작동으로부터 기인한다. 보기를 들면,
/u/와 /i/ 사이의 선은 그 사이에 어떤 음소를 등장시키기 위해
끊어지는데, 이때 부가적인 자질들이 삼각형의 꼭짓점들에 더해
지고 거기에 음소들이 더 생기거나, 혹은 두 개의 갈래가 서로 부
딪쳐 무너짐으로써 몇몇 특정한 보정 현상이 생기는 따위이다.
이는 곧 보편적으로 몇몇 특정한 변별적 자질이 다른 자질들에
의존한다는 것을 뜻하며, 야콥슨은 이것을 "함축의 법칙lois d'im-
plication"이라고 부른다. 그렇지만 이는 또한, 변이들이 억지로 따
라야 할 어떤 견고한 경계가 아닌, 이 맹아萌芽 상태의 구조가 **유
연하게 모습을 바꾸어가는 성질**만이 이러한 보편적인 특성을 갖
도록 해준다는 뜻이기도 한다. 우리는 여기서 이 두 인물에게 활
기를 불어넣는 생각이자 철학적이라고 불러 마땅할 직관의 중심
에 놓인 생각이 무엇인지 보게 된다. 모든 불변항은 오직 규정된
변이들을 만들어내는 틀로서만 존재한다는 확신이다.

　자신을 '구조주의자'라고 여긴 레비스트로스가 스스로 구조주

는 대립쌍에 대해 정의한 부분의 일독을 권유한다(560-561쪽).

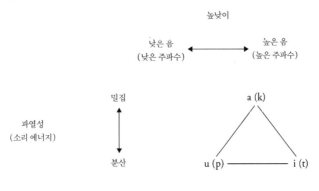

그림 3. 야콥슨의 '기본 삼각형'.[44]

의를 창조할 수 있도록 해준 이 '깨달음'은 음운론 일반에서 나온
것이 아니라 야콥슨이 이와 관련하여 제안하는 자기만의 어떤 특정
한 얼개에서 나온 것이다. 그런데 레비스트로스는 그 얼개에서 정
확히 무엇을 받아들이는 것인가?

우선 레비스트로스는 엄밀한 의미에서 방법의 층위가 아닌,
원리의 층위에서 자신과 야콥슨 사이에 닮은 점을 발견한다. 이
둘이 공유한 원리들은 서한들 속에 쉬지 않고 나타난다. 하지만
이 원리들이 대다수의 경우 암시만 되어 있기 때문에 — 더 구체
적으로 말하자면 이 원리들은 두 사람이 공동으로 전제하는 것
들이기 때문에 — , 간단히 밝히고 넘어가는 것이 헛되기만 한 일
은 아닐 테다. 그것들은 일종의 구조주의 **신조**와도 같다.

첫째로, 문화적 현상들은 체계를 따른다. 음소들이 관계 속에
서만, 그리고 총체로서만 존재하듯이 모든 문화적 자질은 어떤

44 에드먼드 리치Edmund Leach, 《클로드 레비스트로스*Claude Lévi-Strauss*》, Chicago
   University Press, 1970, 39쪽.

체계에 귀속된다. 따라서 어떤 친족 규칙, 어떤 혈통 규칙, 어떤 친족 용어는 따로 떼어 그 자체로만 이해될 수 없다.

둘째로, 이 체계는 마치 몸의 기관들이 몸 전체의 정상적인 대사를 보장하기 위해 작동하는 것처럼 요소 각각에 하나의 역할을 할당하는 일종의 거대한 집합적 유기체가 아니다. 그 역할은 **의미를 만들어내는** 것이다. 그 본성은 **기호**의 본성이다. 이 점에 있어, 사회학에 구조주의가 들어온 것은 사회 집단들에 투영된 생물학적 모델들과의 결별을 뜻한다. 나아가 이것은, 오랫동안 받아들여져 왔던 '자연'과 '문화'의 여지없는 대립을 내포하는 것과는 반대로, 오히려 문화의 생물학적인 토대를 다른 곳에서 — 즉 살아 있는 것들 뿐 아니라 심지어 생명이 없는 것들의 경우에서도 나타나는 기호학적 과정들 속에서, 곧 의미를 만들어내는 방식들 속에서 — 찾으려는 시도를 내포한다.[45] 더 구체적으로 말하자면, 이것은 '행동주의'와 '실증주의'에 대한 거부, 이를 야콥슨의 정신에 비추어 달리 표현하자면, 우리가 모든 정신적인 혹은 이상적인 요소들을 추상화하는 작업을 통해, 그리고 간단하게도 외부로부터 기록된 이러한 현상들을 연결하는 법칙들을 찾는 것을 통해 결국 관찰 가능한 현상들을 묘사하는 것으로 만족할 수 있다는 생각에 대한 거부를 함축하고 있다. 러시아 언어학자는 분명하게 자신의 기치를 내걸고 있다. "언어과학의 시급하

---

45 두 사람과 생물학자인 프랑수아 자콥François Jacob와 필립 레리티에Philippe L'Héritier의 방송 토론을 받아 적은 다음의 글을 참조. 프랑수아 자콥·로만 야콥슨·클로드 레비스트로스·필립 레리티에, 〈살기 그리고 말하기Vivre et parler〉, 《프랑스의 편지들Les Lettres françaises》, 1221, 1222호, 1968, 3-7쪽과 4-5쪽. (부록 3 참조.)

고도 주된 문제로서 의미를 내세우는 것."⁴⁶ 프랑스인 인류학자도 자신의 분야에 대해 이와 다르게 말하시 않을 것이다.

만남의 셋째 접점. 신학에 기원을 두며 특히 독일적 전통이 강한 해석학이라고 불리는 전통과는 반대로('해석'을 의미하는 그리스어 'hermeneia'에서 왔다), 레비스트로스와 야콥슨은 '의미'를 복권함에 있어 주관적인 의도도 경험도 체험도 고려하지 않는다. 더욱이 그들은, 당대 '현상학'의 모든 사조가 그러했던 것처럼, 기호론적 현상을 과학적으로 처리하거나 '인간을 객관화하는' 생각에 저항했다. 이러한 움직임은 전후 프랑스에서 특히 실존주의로 구현되는데, 레비스트로스가 실존주의와 어쩌나 억척스럽게 다투었는지 사르트르Jean-Paul Sartre 철학에 대한 그의 비판은 야콥슨이 보기에도 너무 융통성이 없어 넌더리를 낸다.⁴⁷ 그러나 두 벗은 한 명 만큼이나 다른 한 명 역시 어떤 **기호과학**science des signes을, 즉 공감을 통해 이런저런 이들의 삶의 체험을 파악할 수 있게 하는 방법이 아니라, 마치 어떤 순수한 효과와도 같은 의미가 생기게 하는 기제들을 재구성할 수 있게 하는 이론을 찾아 나섰다. 바로 이러한 관점에서 그들은 노버트 위너Norbert Wiener의 《사이버네틱스Cybernetics》 내지는 존 폰 노이만John von Neumann의 게임 이론과 궤를 같이한다. 야콥슨과 레비스트로스는 분명 실증주의자들이 아니지만 무리 없이 '과학주의자'라 볼수 있는데, 인간적인 현상들을 실증적인 과학, 그리고 가능하다면 수학화된 과학의 연구 대상으로 만드는 것에 대한 단순한 희

---

46 1949년 4월 18일 자 편지 참조.
47 1962년 6월 27일 자 편지 참조.

망을 품고 있었기 때문이다.

넷째. 사람의 문화적 삶의 다양한 구성 이면에는 — 달리 표현하자면 언어, 친족 체계, 신화 자료체, 정치적 제도들, 음식과 관련된 습관들 따위 —, 어떤 단 하나의 똑같은 욕구가 있을 뿐일 것이다. 삶에 의미를 부여하기. 이는 또한 우리가 매번 같은 기제들이 작동하는 것을 발견할 수 있다는 것을 의미하기도 한다. '상징적 사유pensée symbolique'의 기제들. 그렇기 때문에 두 인물은 상대방의 연구 작업 안에서 이러한 기능의 일원성을 증명한다고 볼수 있을 작동상의 유사점 찾기를 멈추지 않았던 것이다. 따라서 레비스트로스는 아무런 근거도 없이 자신들의 연구 분과의 순수성을 주장한 언어학자들에게 노여움을 표하면서도 언어들과 친족 체계들 사이의 형식적 유사점들을 밝히려고 했던 것이다.[48]

하물며, 이런저런 문화 체계(언어, 의복 관습 총체 따위)를 묘사하는 것만으로는 만족할 수 없다. 이러한 다양성 이면에서 그 다양성을 통솔하는, 즉 그것을 무력화시키는 대신 그것을 야기하는 일반적인 법칙들이 무엇인지 파악해야 한다. 《친족의 기본 구조》는 이 세상 모든 친족 체계에 적용할 수 있을 법하다고 여겨지는 어떤 주장을 전개하는데, 이때 그러한 다양성이 나타나는 이유로서 어떤 하나의 똑같은 문제에 대해 서로 다른 방식들로 대답하기 때문이라고 설명한다. 여기서 말하는 문제란 곧 각 집단의 재생산에서 하나의 집단이 다른 집단과 서로 의지하는 여러 집단 사이에 인척 관계들이 생기게 하기 위해 여성들은 어떤 식

---

48 1952년 3월 13일 자 편지 참조.

으로 교환되는가? 레비스트로스가 자신의 연구에서, 야콥슨이 유아어와 실어증 연구에서 보여주듯이 그가 음운 체계들의 형성을 지배하는 어떤 보편적 법칙들을 재구성하려고 들인 노력과 같은 종류의 영감을 알아볼 수 있었던 것은 마땅한 일이다.[49] 두 인물이 보편주의자일 수 있는 것은 그들이 비교주의자이기 때문이다.

마지막으로, 만남의 마지막이자 다섯째 접점. 문화적 현상들이 기호이기 때문에 관계적이고 체계적인 특성을 가진다면, 그 현상들이 대비적 또는 차이를 만들어내는, 나아가 이원적인 특성을 가진다는 것을 의미한다. 이것은 야콥슨의 방법론의 핵심으로 레비스트로스는 친족에 대한 자신의 연구에 이를 즉시 도입하려 한다.

그러나 이러한 시도들은 꽤 유별나거나 억지스러운 면이 있다. 레비스트로스가 야콥슨을 만난 당시 《친족의 기본 구조》에 적용되던 방법론의 층위에서 음운론적 모델을 실제로 효율적으로 사용하기에는 친족의 기본 구조가 이미 너무 많이 전개되어 있었다. 물론, 레비스트로스는 이제 막 접한 '기호론'의 언어로 연구 작업을 바꾸어 표현하려는 시도를 실제로 몇 번 해보기는 한다. 즉, 그는 우리가 구체적으로 '상징적symbolique'이라고 부르는 (이것은 욕구나 소비의 대상이라기보다는 동맹의 담보로서 선물의 교환이며, 따라서 기호들이기 때문이다) 이러한 교환의 대상이 되는 '여성들'이 마치 음소들과 같다고 제안하는데, 이는 여성들이 어떤 한 명의 남성을 기준으로 본 그들의 위상에 따라 긍정적 또는 부정적으로 의미가 부여된 것처럼 여겨질 수 있다는 점

---

49 《유아어와 실어증》, op. cit.

에서 그러하다. 이와 같이 얻은 여성(부인)이 넘겨준 여성(누이/여동생/자매)과 상관 관계에 놓인 상황에서는 한 명은 결국 다른 한 명의 부정이므로 둘 가운데 그 누구도 스스로만 있을 수 없고, 친족 체계를 이러한 긍정, 부정 기호들의 작용으로 재현하는 것을 생각해 볼 수 있다.[50] 그렇지만 레비스트로스의 이러한 시도들이 우리에게 어떤 잘못된 인상을 주는 것은 아니다. 레비스트로스가 친족 체계를 재현하기 위해서 사용하는 방법론은 이것이 아니기 때문이다. 그가 사용하는 방법론은 오히려 일종의 귀납적인 위장僞裝과도 같아 보이며, 그것으로부터 물론 굉장한 깊이가 있는 직관들과 눈길을 사로잡는 관점들이 나오기는 하지만, 엄밀하게 말하자면 과학적인 방법이라고 할 수 없다.

1950년대 초반부터 레비스트로스가 신화들을 연구하면서 이러한 방법론이 생겨났으며, 이는 구조주의가 과학적 패러다임으로서 고유의 짜임새를 갖출 수 있게끔 해주었다. 이 작업은 어떤 개념, 곧 '신화소神話素'에 대한 개념을 다루는 것이었다. 야콥슨은 우선 '음소'와 '신화소'가 똑같다고 보는 이러한 생각이 과연 정당한지 의문을 가졌었다고 고백한다.[51] 레비스트로스가 발명한 이 신화소라는 말은 개별적으로 구현된 그 어떤 것들과도 섞이지 않는 어떤 하나의 신화적인 정체성을 가리킨다. 앞서 본 것처럼, 레비스트로스는 독일어의 'Licht'와 'Macht'에서 음소 /x/가

---

50 특히 《친족의 기본 구조》, op. cit., 168쪽, 그림 7 참조. 또한 레비스트로스가 《언어학과 인류학에 있어 구조적 분석L' analyse structurale en linguistique et en anthropologie》에서 (+)와 (-) 기호를 도입한 도표들을 참조. 이 글은 야콥슨을 위해 쓰였는데, 야콥슨이 1945년 창간한 학술지인 《워드Word》에 먼저 발표된다(1권, 1호, 1945, 33-53쪽:《구조인류학Anthropologie structurale》, Plon, 1958, 2장에 재수록).
51 《친애하는 클로드, 친애하는 선생이여》(부록 7 참조).

전혀 다르게 소리 나듯이 하나의 신화 안에서도 "왕은 그저 단순히 왕뿐인 것이 아니며, 양치기가 양치기일 뿐인 것도 아니"[52]라고 콜레주 드 프랑스 취임 강의에서 설명했다. 왕과 양치기는 각각 모두 다른 신화적 인물의 변이이며, 이 인물들은 서로가 서로에게 매우 다른 모습일 수 있다. 따라서, 원숭이와 개미핥기는 독극물과 유혹하는 이, 혹은 진주 목걸이와 잘려나간 머리 따위가[53] 그러하듯, 어떤 하나의 똑같은 신화적 기호의 변형들이 될 수 있다. "각각의 인물은 (…) 어떤 하나의 개체를 이루기보다는, 야콥슨이 음소에 대해 생각했던 방식과 같은 모습으로, '차이 지어 나타난 요소들의 다발'이다."[54] 야콥슨을 참고해 이번에는 정말 야콥슨의 방식과 비슷한 방식들이 몇몇 생겨난다. **동일성**identités이 문화과학 안에서 어떻게 다뤄져야 하는지에 대한 바로 이 특수한 맥락 안에서 본래의 깨달음이 보기 드물게도 효율적이면서 창의적인 하나의 방법으로 실현된다. 더욱 구체적으로 말하자면 이 방법은 이같은 동일성을 **유사성** ressemblance과 (달리 표현하자면, 관찰 가능한 자질들이 반복적으로 나타나는 것과) 혼동해서는 절대 안된다는 주장으로부터 나온다. 《신화론》에 들어 있는 방대한 기획은 야콥슨과 레비스트로스의 만남의 진가가 드러나는 장이다. 레비스트로스가 등가성équivalence이라는 대담한 주장의 홀

---

52 《구조인류학》, Plon, 1973, 170쪽.
53 이 예시들은 레비스트로스의 여러 다른 저서에서 발췌한 것이다. 원숭이와 개미핥기(《질투하는 도공*La Potière jalouse*》, Plon, 1985, 8장), 〈독극물과 유혹하는 이〉(《신화론 1: 날것과 익힌 것》, Plon, 1964, 287쪽), 〈진주 목걸이와 잘려나간 머리〉(《신화론 3: 식사 예절의 기원》, Plon, 1968, 285쪽). 레비스트로스의 연구 매 쪽마다 거의 항상 신화 이야기를 볼 것이다.
54 《구조언어학 2*linguistique structurale 2*》, 162쪽.

룡한 가치를 그의 선배가 받아들이게끔 하는 데 이르는 것은 바로 이러한 기획을 통해서이다 — 그리고 그것을 통해 마침내 구조주의가 진정한 의미에서 **존재하게** 된다.

소쉬르의 기호 아래에서

둘이 각각 자신과 구조주의의 전설적인 창시자인 페르디낭 드 소쉬르 사이의 닮은 점을 발견한 것이 바로 동일성에 대한 이러한 질문을 통해서였다는 점은 더욱 주목할 만한 측면이다. 실제로 1957년 드로즈 출판사에서 로베르 고델Robert Godel의 책《페르디낭 드 소쉬르의 일반 언어학 강의의 미간행 원고 원전*Les Sources manuscrites du Cours de linguistique générale de F. de Saussure*》이 출판된다. 이 원고들이 모순적인 제네바 대가의 저서를 사람들로 하여금 다시 읽게 할 때, 야콥슨은 이에 즉각 반응한다. 소쉬르가 모순적인 대가였던 까닭은 그가 당시에 언어학적 이성주의의 상징을 구현함으로써 궁극적으로는 언어로부터 엄격한 과학을 세울 수 있게 했지만, 사실 불확실성과 양면성으로 가득 찬 인물이었기 때문이다. 그는 24세 이후로 — 그리고 자신의 분야인 인구어 비교언어학에 대전환을 가져온 두 개의 대단한 논고들 이후로 — 언어학에 어떤 조금의 가치라도 있는 작업을 발표하는 일을 그만두었는데, "언어와 관련된 사실들에 상식선의 지식이 있으면서도 고작 열 줄 쓰는 것마저 어려워서 진절머리가 났기 때문"이자 "결국 언어학에서 하는 것들이 모두 헛된 작업뿐"이라

는 생각에 사로잡혔기 때문이다.[55] 그렇지만 이러한 어려움은 언어적 요소들의 탈바꿈하는 특성이라고 부를 수 있는 것과 연관되며, 그 때문에 언어학자들, 특히 관찰 언어적 실재들이 관찰 가능한 자료인 양 혼동하는 실증주의적 언어학자들의 손 틈 사이로 그 요소들이 미끄러지듯 빠져나갈 수밖에 없는 것이다. 소쉬르가 신화적 요소들을 언어적 실재들과 비교하는 것이 사실 바로 정확히 이 점에 있다. 수기 원고의 필기를 통해 그가 전설들에 대해 설명하기를, 어떤 하나의 신화적인 인물은 마치 하나의 글자나 하나의 단어와 같다. 즉 신화적 인물은 나타나는 즉시, 달리 말해 그것이 사용 속에서 반복되는 즉시, 탈바꿈한다. 그것은 모습을 탈바꿈하면서 존재한다.[56] 야콥슨은 이것을 찾자마자 레비스트로스에게 본문을 옮겨 적어 보낸다.[57] 그리고 우리는 그 이유를 알 수 있다. 이 필기는 소쉬르 또한 그의 유명한 '기호론'이라는 구상을 함에 있어, 신화와 언어의 유사성은 그것들 각각에 있어 동일성을 다루는 어떤 고유의 층위에서 나타난다는 관점, 따라서 반복과 변이의 경계를 허무는 관점과 밀접하게 연관되어 있다는 것을 보여주기 때문이다. 결국 기호란 어떤 탈바꿈하는 동일성, 즉 변이들이 펼쳐져 드러나는 과정 자체와 다를 바 없다.

우리는 야콥슨이 초반부만 옮겨 적은 소쉬르의 자필 원고를 더 길게 이곳에 인용하려는데, 이는 두 인물이 나중에 서로 만났을

---

55 페르디낭 드 소쉬르, 〈애너그램에 대해 앙투안 메이에게 보낸 편지, 1906년 11월 12일〉(《카이에 페르디낭 드 소쉬르Cahiers Ferdinand de Saussure》, 21호, 1964, 95쪽.
56 로베르 고델, 《페르디낭 드 소쉬르의 일반 언어학 강의의 미간행 원고 원전》, Droz, 1957, 136쪽.
57 1966년 2월 25일 자 편지 참조.

때 서로 다른 요소들이 얼마나 정확하게 실제로 이어져 있는지 보여주기 때문이다.

사태의 핵심으로 깊이 파고 들어가면, 언어학의 상위 분야처럼 이 분야에서도 마찬가지로, 사유의 모든 모순은 결국 존재하지 않는 존재, 그러니까 보기를 들면 **단어, 신화적 인격**, 또는 **알파벳의 한 글자처럼**, 철학적인 의미에서, 결국 기호SIGNE의 여러 다른 형태에 불과한 것들에서 그 **동일성**이란 무엇인지, 또는 그 동일성의 성격들이 무엇인지에 대해 충분하지 못한 성찰로부터 비롯되며, 이같이 잘못된 발상은 철학에서도 마찬가지이다.

알파벳의 한 글자, 예를 들면 게르만의 룬 알파벳의 어느 한 글자는 명백하게도 생겨나자마자부터 다음과 같은 성질들이 합쳐져 나타나는 것 외의 그 어떠한 **동일성**도 지니고 있지 않다.

a) 어떤 하나의 특정한 음성적 가치,

b) 어떤 하나의 특정한 표기 형태,

c) 부여될 수 있는 이름 혹은 별칭들,

d) 알파벳 체계 안에서 차지하는 자리.

언제나 그러한 현상이 일어나듯이, 만약 이들 가운데 두세 개가 바뀐다면, 그리고 종종 어떤 하나의 변화가 너무도 빨리 일어나 다른 변화를 생기게 할 정도라면, 우리는 결국 짧은 시간 동안 무엇이 **말 그대로 그리고 실제로** 들렸는지 더 이상 알 수 없으며, 혹은 차라리 […]

유기적 개체와 마찬가지로, 시각적으로 표기된 개체는 (그리고 더욱 일반적으로는 기호적 개체 역시) 그 기저로부터 자유로운 결

합 위에서 형성되었기 때문에, 자신이 변하지 않고 그대로 유지되고 있다는 것을 증명할 방법이 없을 것이다.

보다시피, 어떤 특정한 동일성을 유지할 수 없다는 건 결국 **시간**으로 인한 결과라고 여겨져서는 안 되며 — 기호를 연구하는 사람들이 저지르는 엄청난 실수가 바로 이것이다 —, 그와 같은 현상은 오히려 우리가 어떤 하나의 유기체인 양 선택하고 관찰하는 것의 존재 구성 방식 안에 이미 주어져 있는 것이며, 이때 이 실체는 기실 알고 보면 두세 개의 개념이 순간 합쳐질 때 나타나는 유령에 불과하다.

이 모든 것은 **정의**定義에 대한 것이다.

[…] 신화학 일반이 탐구하는 이러한 실체들의 근본적인 본성이 무엇인지 점점 더 자세히 알아낼 수 있어야 할 것이다. (Ms. fr. 3958/8,20-22)[58]

우리는 이처럼 한 바퀴를 돌아 이야기의 매듭을 짓는다. 소쉬르가 레비스트로스와 야콥슨의 만남의 정확한 지점을 예상했기 때문에 구조주의는 존재한다! 구조주의의 이념은 이를 처음 구상했던 사람들과는 분리되어 있다. 그들을 차례대로 이어서 하나의 같은 것으로 엮어나가다 보니 그들 전부를 아우르는 어떤 것이 만들어진 것이다. 즉, 그들이 이념을 만든 것이 아니라 이념이 그들을 망라한 것이다! 이렇게 패러다임이 탄생한다. 패러다임이 존재하려면 어떤 방법이, 혹은 최소한 어떤 정밀한 방법이 떠오

---

58 전설에 대한 소쉬르의 더욱 세부적인 연구 내용은 1966년 2월 25일 자 편지와 첫째 각주 참고.

르게 해주는 여러 작동 원리가 하나의 학문 분과에서 다른 분과로 옮겨질 수 있어야 한다. 우리가 보았듯이, 친족에 대한 레비스트로스의 연구가 야콥슨의 언어에 대한 연구와 일맥상통한다고 볼 수 있기는 하지만, 그것이 원리들 사이의 추상적인 유사성뿐 아니라, 사실 어떤 방법론적인 틀, 곧 진정한 **행위 방식**, 요컨대 한 학문 분과에서 다른 분과로 기꺼이 넘나드는 학술적 행위임을 보여주는 것은 오직 신화에 대한 탐구만이 할 수 있었다. 이 행위란 곧 유사성과 동일성을 분리함으로써 동일성을 변이의 여정旅程처럼 여기는 것을 뜻한다. 따라서 신화와 언어의 유비는 '구조주의'가 존재한다는 것을 가장 명백하고, 가장 실질적이고, 또한 가장 설득력 있게 나타내 보이는 계기가 된다. 구조주의의 전설적인 창시자가 **기호**라는 바로 그 개념, 그리고 그가 어렴풋이 구상하던 방법, 다른 말로 '기호론'을 일반화하려던 희망을 동일성에 대한 이 새로운 생각의 틀 위에 세웠다는 사실은, 인류학자와 언어학자의 만남이라는 현실적인 사건에 가히 어떤 신화적인 확증을 더해준다. 이것은 영원으로 뻗어나간다. 그러므로 이 우정은 소쉬르의 기호 아래에서 비밀스럽고도 명백하게 펼쳐진다. 그리고 바로 이같이 앞을 내다보면서도 뒤를 돌아보는 양방향의 움직임 속에서, 즉 앞을 향하면서 동시에 뒤를 향하는 움직임 속에서, 모든 영원한 것과 마찬가지로 구조주의가 탄생한다…

　스위스 언어학자를 계기로 두 사람이 이름을 함께 싣는 유일한 글을 쓰게 되었다는 것은 놀라운 일이다. 보들레르의 〈고양이〉를 분석한 기념비적인 글은 문학의 영역에서 중요한 계기가 되어, 이 짧은 논문에 대한 반응을 모두 모아 하나의 큰 책이 발

간되기까지 했다.[59] 서한집에서 우리는 이 글의 탄생 과정을 따라갈 것이다. 하지만 그 요체를 너욱 완벽하게 보기 위해서는 분명 몇몇 요소를 살펴볼 필요가 있다.

이 모험은 다시 한번 동일성에 대한 질문에서 출발한다. 소쉬르는 간행되지 않고, 심지어 알려지지 않은 자신의 연구 중에서 어떤 특정한 유형의 고대 시를 매우 정밀하게 탐구한 적 있다. 그는 이 작업에서 애너그램의 원리, 달리 말하면 음소들의 배치를 바꾸는 놀이에 기반하여 시의 기법에 대한 가설을 제시한다. '애너그램'이라 불리는 것들에 대한 이 연구는 1960년대에서야 세상에 알려진다.[60]

그런데 이 연구는 야콥슨이 완전히 독자적으로 몰두했던 시 연구와 놀랍게도 밀접하게 이어져 있었다. 야콥슨의 마지막 부인, 크리스티나 포모르스카가 끊임없이 강조했듯이[61] 시에 대한 관심은 야콥슨에게 가장 주되고도 꾸준했다는 점을 잊지 않아야 한다. 심지어 그가 동시대의 시를 더욱 잘 이해하고 —— 또한 지키기 위해서 —— 언어학자가 되었다고 말할 수 있을지도 모른다. 실제로 19세기 말경 일어난 '자유시'의 혁명과 함께 서양에서는 시의 본성 및 시와 산문의 차이에 대해 매우 날카롭게 질문하기 시

59 모리스 델라크루아Maurice Delcroix와 발터 기어츠Walter Geerts (dir.),《보들레르의 〈고양이〉: 방법상의 충돌"Les chats" de Baudelaire. Une confrontation de méthodes》, Presses universitaires de Namur, 1980.
60 '애너그램'의 더 자세한 내용은 이 주제와 관련된 1970년 9월 30일 자 편지 참조. 또한 로만 야콥슨, 〈애너그램에 대해 페르디낭 드 소쉬르가 앙투안 메이예에게 보낸 첫 편지(로만 야콥슨이 발표하고 주해를 붙이다)La première lettre de Ferdinand de Saussure à Antoine Meillet sur les anagrammes(publiée et commentée par Roman Jakobson)〉 참조.
61 로만 야콥슨·크리스티나 포모르스카,《대담Dialogues》, Flammarion, 1980 발문 참조.

작했다. 러시아에서 이러한 실험과 고찰들이 생겨난 것은 우선 프랑스를 위시로 들여온 상징주의, 그다음에는 이탈리아를 위시로 들여온 미래주의였으며, 야콥슨은 아마추어 시인이자 무엇보다 문학비평가 내지 이론가, 그리고 곧 언어학자로서 이러한 움직임에 동참했다. 이러한 시풍詩風은 의미로부터 소리를 분리하는 것을 어찌나 철저하게 거부했는지 시인들은 이미 존재하는 단어들로 시를 쓰는 방식을 버리고 러시아 시인 벨리미르 흘레브니코프Velimir Khlebnikov가 "**자움**zaoum"이라 부르는 것, 즉 "정신을 초월하는" 언어 같은 것으로 시를 쓰기에 이른다. 미래의 구조주의 팔방미인은 오직 숫자만으로 된 시를 쓰려고 했다…[62] 이것은 시의 경험으로부터 의미를 완전히 배제하려는 것이 아니라, 그와 반대로 소리와 의미가 완벽하게 하나가 되는 층위를 찾으려는 것이었다. 이 시풍은 우리가 '형식주의'라고 부르게 될 사조와 연관이 있는데, 이는 문학의 영역을 넘어 영화(베르토프Dziga Vertov와 에이젠시테인Sergei Eisenstein), 조형예술('입체미래주의'와 말레비치Kazimir Malevitch 등), 문학이론과 민속이론(슈클로프스키 Viktor Chkolvski, 프롭Vladimir Propp 등)[63]으로 나아갔으며, 이후 빛나는 몇 년 동안 열의를 다해 혁명과 발을 맞춘 뒤, 진정한 혁명적인 것들이 그러했듯이, 소비에트 권력의 탄압으로 무너지며 사

---

62 같은 책, 야콥슨이 흘레브니코프에게 쓴 편지 참조.
63 이 글들은 야콥슨의 추진하에 1960년대에 재발견된다. 그리고 야콥슨은 이 일에 레비스트로스를 끌어들인다. 프롭의 《민담 형태론Morphologie du conte》에 대한 서평을 주제로 그들이 나눈 대화를 참조(1958년 12월 15일 자 편지 및 그 이후의 편지들). 문학적 측면에 대해서는 특히 다음 저서 참조. 츠베탄 토도로프Tzvetan Todorov, 《문학 이론Théorie de la littérature》, Seuil, 1966.

라진다.[64]

야콥슨은 아름답다고 할 수 있는 이러한 **시의 영역 확장**을 일평생 지지했다. 특히 프랑스에서는, 시를 격조와 (12음절시, 8음절시 따위) 압운의 효과로 축소시키는 경향이 있다. 하지만 야콥슨은 이 현상이 변이에서 일어나는 반복의 두 특수한 경우에 지나지 않는다고 주장한다. 그 외에도, 동일한 것을 단순 반복하는 것보다 훨씬 더 복잡한 형태도 있을 뿐만 아니라(거울대칭, 도치, 대비 따위),[65] 소리 외의 내용과 관련되는 형태도 있다. 따라서 야콥슨은 문법이라는 것이 시인이 대칭을 가져와 사용하는 층위 가운데 하나라는 것을 증명하려고 노력한다. 예를 들면, 한 소네트의 첫째 연에는 복수형만 있으면서, 둘째 연에는 단수형만 있는 것.[66] 이러한 대칭은 심지어 층위 사이에서도 사용될 수 있으며, 더 나아가 그 자신이 대상이 되는 것에 이른다. 같이 작업하여 논문을 내기까지 과정의 계기가 된 레비스트로스의 편지를 보면, 제라르 드 네르발Gérard de Nerval의 소네트 〈역마차에서 깨다 Le réveil en voiture〉의 경우 "운율의 층위에서는 비대칭이, 음성의 측면에서는 대칭이 나타나 있다"[67]고 말한다. 여기서 **두 층위 사이의 대비에 의한 메타—대칭**의 예시를 볼 수 있는데, 이는 음성

---

64 1931년 야콥슨은 자신의 가장 무게 있는 글 가운데 하나를 이 주제와 관련하여 쓴다(〈자신의 시인들을 축낸 세대La génération qui a gaspillé ses poètes〉, 《시학의 문제들 Questions de poétique》, Seuil, 《포에티크Poétique》, 1973, 73-101쪽에 재수록).
65 〈문법적 평행성과 그 러시아적 측면들Le parallélisme grammatical et ses aspects russes〉 (1966), 《시학의 문제들》, 234-279쪽 참조.
66 이 보기는 매우 간단하고 피상적이지만, 보들레르의 〈고양이〉에 대한 논문에서 이러한 보기를 많이 볼 수 있다(부록 1 참조).
67 1960년 11월 16일 자 편지에 덧붙인 두 번째 탐구 참조.

의 층위와 운율의 층위 사이에서 (예를 들면 이 둘 가운데 하나의 층위 안에서만 하는 것이 아니라) 대칭의 존재와 부재를 거울에 비친 것처럼 반전시키기 때문이다. 이를 복잡한 대칭이라고도 할 수 있다… 그러므로 이러한 시 기법에서의 아름다운 확장을 통해 우리는 소쉬르가 성공하지 못했던 애너그램 연구 속 가설들을 다시 보게 될 뿐만 아니라, 그를 멈춰 세웠던 양심의 가책을 덜 수 있게 해주기도 한다. 즉, 애너그램이 의식적으로 적용된 것인지를 알아내는 것 말이다.

이 모든 관찰로부터 야콥슨은 매우 간단한 내용의 일반적 주장을 한다. 즉, 시는 곧 음성 메시지 속에 어떤 일종의 형식적 단일성을 도입하고, 이 메시지에 반향 효과와 대칭들이 두드러지게 나타나도록 함으로써 말의 고유한 특성인 연속성을 무효화하는 하나의 방법이다. 보통의 말은, 선택된 어떤 단어 하나에다가 하나의 목적이라는 어떤 단일성 안에서 그 단어를 보완하는 다른 단어들을 가져다 붙이는 방법으로 이루어진다. 이와는 대조적으로, 시 한 편을 들여다보면, 말의 부분들은 서로를 보완할 뿐만 아니라 서로 되쏘기도 한다. 말의 맥락은 자신에게 되돌아가기도 하고, 스스로 수직으로 서 있기도 하다가, 자신의 흐름으로 되돌아가기도 하면서, 말의 두께 없는 선은 그만의 고유한 반영反映들 안에서 어떤 증폭된 부피가 된다. 각각의 부분이 존재하는 이유는 외부적인 맥락 안에 있지 않되, 같은 메시지에 속해 있으면서 그 부분에 "대답하고 있는" 다른 부분 안에 있으며, 따라서 결국 이는 상호적으로 돌려보내는 움직임이나 시계추 움직임을 새로 만들어낸다. 이것을 야콥슨의 언어학적 언어로 번역하면 다음과

같이 표현할 수 있다. 횡적 통합축axe paradigmatique은 (하나의 같은 언어에 실제로 사용된 용어가 아닌, 사용될 수 있는 용어들이 만들어내는 가상적인 결합들이 이루는 축으로 대명사들의 패러다임 **나, 너, 그** 등등이 있다) 종적 통합축axe syntagmatique에 (실제로 사용된 용어들의 조합이 이루는 축으로서 "나는 먹는다je mange"에서 "나je"와 "먹는다mange"의 조합 같은 것) 투사되어 있다. 시는 그것이 쓰인 언어가 부여하는 여러 형태 가운데 하나를 선택하는 것으로 만족하지 않는다. 오히려 시의 각기 다른 부분들은 마치 서로가 서로에 대한 변이형처럼 기능하며, 그렇기 때문에 이 짧은 말 조각은 그 자체로도 어떤 언어의 세계를 모두 담고 있는 듯한 느낌을 주는 것이다. 요컨대 시는 삶만큼이나 말에서도 피할 수 없는 숙명인 시간을 무력화한다.

그런데 레비스트로스가 신화에 대해 주장했던 내용도 바로 이와 같은데, 다만 그에게 신화는 언어의 의미적 층위에서만 이뤄지는 것으로 만족하며, 그 언어학적 실현들의 정밀한 것들까지는 고려하지 않기 때문에 신화는 본질적으로 번역이 가능하다.[68] 신화는 마치 사건들이 나란히 이어져 선처럼 뻗어나가듯이 진행되는 이야기라는 인상을 주지만, 신화의 목적은 우리의 경험을 이해할 수 있게 해주는 틀을 만드는 것, 즉 이 세상에 있는 것들을 분류하는 하나의 작은 체계를 제작하는 데 있다. 그러므로 두 경우 모두, 일련의 배열로부터 총체로 나아간다. 그렇기 때문에 야

---

68 "우리는 신화를 'traduttore, traditore'와 같은 표현들이 지닌 가치가 실질적으로는 0에 수렴하는 담화의 양식과 같다고 정의할 수 있을 것이다"(〈신화의 구조La struc-ture des mythes〉, 《구조인류학Anthropologie structurale》, 232쪽).

콥슨이 시에서 대칭이 드러내는 기묘한 모습을 발견하는 동안, 레비스트로스는 신화 속에서 찾아낸 것이다! 여기서 우리는 야콥슨을 경탄케 한 신기한 텔레파시를 보게 된다. 이 부분에서 두 벗의 만남이 공동의 연구 결과에 이를 것을 예상할 수 있었다. 결국 언어와 신화 사이에 놓인 것이 시가 아니라면 무엇이겠는가?

이 공동 작업은 서한들에 그 자취가 남아 있는 몇몇 다른 서한 교환처럼 시작했다. 야콥슨이 몇몇 대담한 주장 중에 그 비밀을 손에 쥔 어느 하나를 제시하자 레비스트로스가 재빨리 받아 일반화하고 일종의 기교 연습을 하듯이 전개하는데, 이는 마치 야콥슨이 언어의 소리를 소수의 변별적 자질로 환원하려 했던 시도로써 그것을 일반화했던 경우와 비슷하다.[69] 하지만 이번에는 야콥슨이 제 나름대로 시동을 걸고 전개에 전개를 거듭하면서 몇 장에 걸친 글을 하나 쓴 뒤 자신의 벗에게 돌려보내면서 함께 서명할 것을 제안한다. 레비스트로스는 고민하다가 결국 그 뜻에 완전히 따르며, 몇 척의 수송선의 배달 끝에 글은 완성된다.

레비스트로스는 순식간에 나타난 비판들에 맞서 이 글을 옹호하는 데 야콥슨보다 덜 내키는 듯 보인다. 어쩌면 기질 때문일 수도, 어쩌면 자신의 영역이 아닌 곳에 나섰다고 느꼈기 때문일지도 모른다. 그렇지만 레비스트로스가 선배의 시 이론에 기여한 바는 무시할 수 없다. 야콥슨은 여러 방식으로 시를 정의한 바 있다. 소리와 의미의 통일, 종적 통합에 투사된 횡적 통합, 언어의 이 특정한 차원, 즉 메시지의 맥락도, 수신자도, 발신자도 아닌 메

---

69 1952년 5월 5일 자 편지 참조.

시지 그대로(달리 말하자면, 자기 스스로에게 되돌려 보내는 기호)[70]를 향하는 언어 행위 능력. 이 모든 정의가 대체로 유의어들이며, 혹은 최소한 그것들은 서로로부터 도출될 수 있다. 그러나 레비스트로스는 신화와의 비교로 이끌어낸, 유난히 설득력 있는 정의 하나를 여기에 덧붙인다. 이 논문 서문에 그의 서명을 붙여 적고 있다. "각각의 시적 작품은 그 안에 자신만의 변형들을 지니고 있으며 우리는 이것들을 종縱적인 축으로 표현할 수 있는데, 이는 그것이 다음과 같은 여러 중첩되는 층위로 구성되기 때문이다. 음운적, 음성적, 통사적, 운율적, 의미적 층위들 따위."[71] 따라서 하나의 시는 ― 그리고 이는 모든 예술 작품에도 적용될 수 있는데 ―, 탈바꿈들의 체계를 품어 담고 있는 변이형이자 그 체계의 내부에서 자기 자신을 정의한다. 보통 우리가 말할 때나 우리가 신화의 이야기를 늘어놓을 때, 그리고 더욱 일반적으로는 우리가 그 어떤 문화적인 행동을 할 때, 우리가 하고 있는 행위의 동일성은 변이들로 된 어떤 체계 ―그것이 하나의 언어이든, 하나의 신화이든, 하나의 의복 문화이든 ― 우리가 속해 있는 이와 같은 체계 안에서 우리가 구현해 내는 변이형의 정확한 위치와 다르지 않다. 이때 이 변이들은 가상적이고, 함축되어 있으며, 실제로 실현된 변이형과는 무관하게 남아 있다. 따라서 레비스트로스는 《신화론》에서 전개된 원대한 기획의 출발점 역할을 하는 보로로족의 신화가 다른 민족의 신화들 혹은 같은 민족의 다른 신

70 구체적으로 이 마지막 정의와 관련해서는 로만 야콥슨, 〈언어학과 시학*Linguistique et poétique*〉, 《일반 언어학소론*Essais de linguistique générale*》 1권, 11장 참조.
71 〈보들레르의 〈고양이〉*"Les chats" de Charles Baudelaire*〉, 5쪽(부록 1 및 1960년 11월 16일 자 편지에 덧붙인 첫 번째 탐구 참조).

화들의 변이형이며, 이것은 그가 "변형transformations"이라고 부르는 것에 의하여 얻을 수 있다는 점을 보여주는 것이다. 따라서 기호의 동일성이라는 신비는 기호 그 너머에 있다. 반면, 어느 한 예술 작품은 자신 안에서 이러한 변형의 놀이를 펼쳐나가는데, 이는 그 시작과 끝, 아니면 여러 다른 층위에서, 심지어 부분들과 전체 사이에서, 요컨대 그것의 여러 다른 차원 내지 여러 다른 규모 사이에서 펼쳐진다. 예술 작품은 자신의 여러 다른 모습을 발견해 가는 과정과 어우러지면서 자기 자신에 대한 규정을 내재화하며, 자신만의 고유한 축, 내지는 보다 정확히 말해 그에게 속한 여러 축을 중심으로 돌면서 마치 n차원의 공간에 있는 거울로 된 정육면체처럼 우리를 자기 자신 안으로, 혹은 어떤 완성된 세계 안으로 차차 빨아들이면서, 각각의 부분이 다른 부분을 항상 새롭고 언제나 이외의 방식으로 반복하는 마법의 수정水晶이자 절대 부피로서, 그 자체로 충분한 어떤 하나의 우주가 된다. 기실 우리가 아름다운 것들을 지각하는 것은 바로 이러한 방식을 통해서이지 않은가? 아름다운 것들이 자기들 안에 스스로를 정당화하고, 세우고, 설명하는 것들을 품고 있다고 느끼면서이지 않은가? 미학적 지각이라는 것은, 우리가 그것을 잘 연마했다는 전제 하에, 우리에게 복합적이고 유기적인 작용이 필연적임을 그때마다 더욱 세심하게 느끼도록 하는 어떤 새로운 차원들을 생겨나게 함으로써 의미가 풍요로워지는 지각이지 않은가? 일상의 언어에서 어떤 문장의 필연성은 그것이 속한 문맥에 의해 세워져야 한다. 반면, 시는 곧 그 자체로 정당화의 맥락이 된다. 예술 작품은 그것을 생겨나게 한 조건들에서 떨어져 나감으로써 마치

천체와 같이 혼자이면서도 여럿을 품은 채 환하게 빛난다…

스탕달식으로 표현하사년[72] 거짐없는 결정화結晶化 현상에 의해 촉발된 이 우정은, 인간이 무의식적으로 만들어내는, 그리고 두 벗이 수정과도 같다고 여긴[73] 이러한 사유 체계들을 그들이 지칠 줄 모르고 찾아나감으로써 지속되었다. 그리고 이 우정은 우리가 **절대수정**이라고 부를 수 있는 것, 즉 각각의 면이 다른 면에 자신의 위치를 알려줌으로써 더 이상 동일성을 가져다줄 그 어떤 외부의 준거가 필요 없는 것이라고 부를 수 있다. 이때 수정의 특성이라 할 수 있는 것으로서 부분들 사이의 대칭화 과정이 대상의 가장 미세한 구석구석까지 나아감으로써 결국에는 오직 가장 정묘한 정신만이 가다듬을 수 있게 지나칠 정도로 빠르게 늘어나는 정연한 거울들의 흐름 속에서, 전체가 전체로 되돌려 보내지고, 부분들, 차원들, 규모들이 서로가 서로에 응하게 되는 이 기묘한 광물을 돋보이게 하는 것으로 이 우정은 바야흐로 끝을 맺는다. 이렇듯 구조주의의 결정은 우정으로부터 출발하여 시를 거쳐 과학에 이르면서 맺어진다.

*

우리가 이 서문을 시작할 때 언급하기도 했던 야콥슨이 그의 벗의 작품에서 핵심적으로 짚어낸 단 하나의 똑같은 문제가 40년

---

72 스탕달Stendhal, 《연애론*De l'amour*》, Mongie, 1822, 2장 참조.
73 레비스트로스는 그의 벗에게 "상상력에 그토록 쉬이 다가가는 결정 구조의 형태"로 된 음운론적 체계들의 그림을 보내달라고 부탁한다(1949년 1월 9일 자 편지).

동안의 서한들에서 널리 강조되었다는 점을 보기란 어렵지 않다. 그것은 바로 변이와 불변성 사이의 상관성 문제다. 더군다나 야콥슨은 형식에 대한 이러한 직관이 이 인류학자에게는 매우 선명하게 강조된 윤리적인 측면으로 있었다고 덧붙이는데, 그것은 곧 자연만큼이나 인간에게 그 다양성이 지닌 불안정한 특성에 대한 첨예한 관심을 가리킨다. 러시아인 언어학자의 웅장한 목소리가 사라지고 서한들의 흐름 또한 끊어진 지 사반세기가 지나고 나서, 프랑스인 인류학자가 세상을 떠나고 10년[74]이 지난 지금, 우리는 과학, 열정, 논쟁, 호기심과 우정으로 가득 찬 편지들을 읽어 내려가면서 두 위대한 행적이 각각, 그리고 함께 우리에게 남겨준 교훈이 두고두고 묵상되기를 바랄 뿐이다. 우리가 변이의 가장 고유하고 독특한 모습에 관심을 가진다고 해서 그것이 일반 법칙을 발견해 내려는 꿋꿋한 결심을 막아서지는 않는다는 것을. 또한 오히려 반대로, 우리는 서로가 서로에 대해 다르도록 해주는 그 어떤 것 외에 어떠한 공통점도 없다는 것을. 그리고 이 다양성이 사라질수록 우리 자신에 대해 알고자 하는 지식이 점점 더 불확실하고 모호해진다는 것을.

이 편지들도 세상 다른 것들과 똑같다. 드문 만큼 귀하고, 무엇과도 바꿀 수 없기에 여리다. 나아가 여기서 중요한 것은 이 서한들이 비록 멀리 떨어진 시대에 쓰였지만, 바로 이 거리 덕분에 서한을 통해 우리 자신을 알아갈 수 있다는 점이다. 우리가 서한을 읽을 때 자각할 점은 학술적인 측면과 존재의 측면에 다시는 나

---

74 [역주] 클로드 레비스트로스는 2009년에 사망하였다.

타나지 않을 어떤 고유한, 그렇지만 인간의 사유라는 가상 체계 안에서 사신만의 자리를 잡은 어떤 고유하고도 특별한 시기를 가로지른다는 것을 체감하는 것이다. 그리고 이 두 삶과 두 행적이 마치 본보기처럼 각자 나름의 극도로 독창적인 모습을 띠게 된 것은 어떤 의미에서 보자면 그 둘이 종국에는 하나였다는 것과 전혀 다를 바가 없다.

에마뉘엘 루아예Emmanuelle Loyer와 파트리스 마니글리에Patrice Maniglier
2018년 5월 5일, 파리

서한

ɛÂtê nɑʒ- omɑʒɑ   ê n
−+−+   −+−   +−+−#   +   −
−+−−   +−−   −+−−   ±   −
−+−±   −±−   ±−++   ±−
−−−   −+−   ++   −−−
−++   −−   −−−   +
+   −   +   +

ɑ pArfe bonɗɣ   ê dɑ
−+±−+   −+−+±   +   −#
−−   −−   −−+−   ±   −
−+ −±   −±±±   ±−
+   +−   ++−±   −−
+   +−   −−   +−
−   −+   −   −−

친애하는 벗에게,

제가 찾아낸 아래의 몇몇 두음전환 표현이 어쩌면 도움이 되실지도 모르겠습니다.[1]

창백한 얼간이Un sot pâle — 더러운 물잔Un pot sale

한 끗을 바꾸다Muer une touche — 파리를 죽이다Tuer une mouche

그는 소牛를 붙잡을 테다Il tiendra une vache — 일이 주어질 것이다Il viendra une tache

수아송의 성문 넷De quatre portes de Soissons — 네 가지 종류의 생선De quatre sortes de poisson

위선자를 치다Férir un cagot — 나뭇단을 구하다Quérir un fagot

당신의 잔을 내미세요Tendez votre verre — 당신의 땅을 판매하세

---

1   뉴욕자유고등연구소École libre des hautes études에서 "소리와 의미에 관하여" 강의를 할 때 야콥슨은 이 두음전환 표현들을 실제로 사용한다. 그리고 그곳에서 야콥슨과 레비스트로스가 만난다. 두음전환 표현들은 음소로 하여금 단어라는 단위, 나아가 음절이라는 단위에 견주어 나름의 독립성을, 또한 화자들의 의식 안에서 음소만의 고유한 자리를 가지게끔 한다고 여겨진다. 이 강의들은 향후 레비스트로스의 서문을 담아 출판된다. 로만 야콥슨, 《소리와 의미에 관한 여섯 번의 강의Six leçons sur le son et le sens》, Minuit, 1976. 이 책의 68쪽에 두음전환들이 인용되었으며 레비스트로스에게 그 공을 돌리고 있다.

<u>요</u>Vendez votre terre

나는 배梨가 열리는 것을 본다Je vois naître une poire — 나는 검은 녀석을 방목하는 것을 본다Je vois paître une noire

죽을 만큼 배가 고픔Mort de faim — 강한 손Fort de main

기타 등등.

이것들은 친구의 집에서 우연히 발견한 어느 전문 수집서에서 발췌했는데, 알맞은 보기들을 찾느라 모두가 얼마나 고생했는지 모릅니다. 아무 이유 없이 이것들을 보내드리는 것이 아닙니다. 이 책에서 오직 이 예시들만 문제없이impunément 인용할 가치가 있다는 말입니다!

부인께 제 안부를 전해주시기 바랍니다.

당신의 신실한,
클로드 레비스트로스

친애하는,

당신의 부탁으로 폰 덴 슈타이넨[1]이 쓴 (《중앙 브라질을 가로지르며*Durch Central-Brasilien*》, 라이프치히, 1886) 인디언 수야족의 라브레labret에 관한 구절을 옮겨 적습니다.

"라브레 또는 보토크botoque는 [···] 남성 고유의 장식품이다. 껍질과 같이 가벼운 나무로 아름답게 만들어졌으며 직경은 7 내지 8센티미터이며 두께는 1.7센티미터이다. [···] 입술의 꽤 밑부분을 잘라 만든 구멍에 끼워 넣는 원반 모양의 라브레는 그 무게로 인해 수평을 이룬다··· 그 윤곽선은 신기하기 짝이 없다. 더 이상 입술과 닿지 않는 아래 앞니들은 변형되거나 부러지고 심지어는 소실되어 있다. 게다가 침이 많이 나기 때문에 원주민들은 쉴 새 없이 침을 삼켜야 한다. 그렇기 때문에 그들의 대화는 규칙적인 간격으로 중단되는데 이는 어떤 이가 무엇인가를 삼키는 소음에서 비롯된다. 순전한 p 발음을 한다는 것은 그들에게 불가능하다.

---

1 칼 폰 덴 슈타이넨Karl von den Steinen, 1855-1929, 클로드 레비스트로스가 브라질에서 지낼 때 즐겨 읽은 독일의 인류학자. (포르투갈판을 인용하고 있음을 미루어 짐작하건대) 이 책은 필시 그가 망명하면서 가져온 몇 안 되는 책 중 하나이다.

그들은 기껏해야 f와 h 사이의 소리를 낼 수 있을 뿐이다"(포르투 갈어 번역본 247쪽). 그리고 서자는 부록을 볼 것을 권합니다.

"나는 f 양순음과 h 사이의 소리를 φ로 표기한다…"

"수야족에게는 과거의 p 발음이 남아 있지 않은데 단지 투피어 tupi 차용어인 "파라나paraná"에만 그것이 나타난다. 우리에게 익숙한 단어를 그들의 발음으로 들을 때 우리는 단어의 φ 소리를 들을 수밖에 없다. p 대신에 φ 또는 h가 들리며 이 두 소리는 수야족에게 아주 가까운 소리로 여겨진다. 이러한 변화를 불러일으키는 것은 필시 보토크 양순음인데, 이와 같은 발음을 사용하는 다른 부족들에서는 p 소리가 남아 있다. 우리는 수야족 사람들에게 p 소리를 가진 포르투갈 단어들을 발음해 보도록 시도하면서 이 같은 결론에 이르렀으며 실상 원주민들은 이 소리를 가히 전혀 발음하지 못한다는 사실을 발견했다. 그들은 쉬이 φ 또는 h 소리를 내는데, 둘 사이의 차이에는 전혀 주의하지 않는다"(같은 책, 408-409쪽).[2]

신실한 벗,
클로드 레비스트로스

---

[2] 필시 클로드 레비스트로스가 이 책을 로만 야콥슨에게 제공한 까닭은 후자의 주장을 확증하기 위해서였다. 그 주장에 따르자면 (p와 같은) 양순음은 라브레의 경우에서 보듯 어떤 인위적인 변형이 가해지지 않고서는 보편적으로 존재한다. 야콥슨은 이러한 주장을 뒷받침하기 위해서 무엇보다도 아프리카와 북아메리카의 예시들을 들었는데, 이는 그가 1942년에 레비스트로스를 만나기 한 해 전에 발표한 글 〈유아어, 실어증, 그리고 음성구조의 일반법칙들Langage enfantin, aphasie et lois générales de la structure phonique〉에 실렸으며, 이 글은 《유아어와 실어증Langage enfantin et aphasie》이란 제목 아래 프랑스어로 출판되었다(참조. 이 책의 42쪽에서 라브레를 논하고 있다). 이러한 그의 주장은 더욱 일반적인 궁구, 곧 야콥슨의 저작을 특징짓기도 하면서 레비스트로스에게 영감을 주기도 한 그것, 바로 언어의 보편소普遍素에 관한 탐구에 속한다.

친애하는 벗에게,

이렇게나 좋은 글을 보내주셔서 고맙습니다. 연구가 잘 진행되기를 바랍니다. 제 연구는 요즘 곤란에 처했습니다. 저는 최근에 이르기까지 민족학자들은 모순으로 여기지만 원주민들은 논리적이라고 여기는 체계들을 탐구했습니다. 그리고 이때 원주민들이 일리 있다고 보여주는 건 크게 어렵지 않았습니다. 하지만 이제 저는 민족학자들뿐만 아니라 체계를 직접 사용하는 원주민들 스스로마저 모순적이라고 여기는 (뉴헤브리디스의) 체계들을 연구하고 있습니다. 이 체계들은 불규칙성을 강조하는 첫 사례입니다.

하지만 이러한 불규칙성은 서로 독립적이면서도 결국은 같은 종류에 속하는 체계들에 나타납니다. 따라서 그 불규칙성에는 어떠한 논리가 있어야만 하겠지요. 비록 그 논리라는 것이 기존의 논리로 이해되는 것이 아니라 할지라도 말입니다. 정말이지 골치 아프기 짝이 없는 문제입니다.

참된 우정을 담아,
클로드 레비스트로스

친애하는 벗에게,

도착하여 도무지 경황이 없는 와중에, 제게 맡기신 대화들에 대해 들려드리고자 급하게나마 적습니다.[1] 런던에서 소개해 주신 두 선생님을 만나 뵈었습니다. 두 분 모두 저를 매우 정중히 대해주셨고, 당신을 향한 깊은 애정을 보여주셨습니다. 제가 먼저 찾아 뵌 S[2]는 당신이 노르웨이로 돌아오기를 바라마지 않음을, 그리고 이는 비단 그 혼자만의 마음이 아님을 거듭 확인해 주셨습니다. 그렇지만 외국인들의 처지는 자국민들과 다릅니다. 후자들은 별 수고 없이 자리를 잡지만, 전자들에게는 앞으로 헤쳐나가야 할 새로운 일입니다. 그렇기 때문에 그는 어떤 생각도 단정적으로 말할 수 없으며, 단지 당신이 그곳에서 이제 막 자라나는 새로운 언어학자들을 이끌 수 있기에 더할 나위 없이 좋겠다고 피력할 뿐입니다. 대화 도

---

1   클로드 레비스트로스는 런던을 거쳐 1945년 1월 파리에 막 도착한다. 그는 파리에서 몇 달간 지내는데 당시 외무부에 신설된 문화관계국에 들어가 뉴욕자유고등연구원의 운명을 논하는 일에 여념이 없었다. 그런 와중에도 그는 로만 야콥슨이 향후 유럽에 복귀할 수 있는 길을 열어놓기 위해 실무적인 가능성들을 타진한다.
2   분명 알프 조머펠트Alf Sommerfelt, 1892-1965를 가리키는 것이다. 그는 노르웨이 언어학자로 야콥슨의 친구이며 음성학 이론에 동조했다. 조머펠트는 1940년 야콥슨이 노르웨이로 망명할 때 돕기도 했다.

중 S는 R의 이름을 언급했는데, 그들은 최근에 서로 만나 당신의 이야기를 나누었다고 하더군요. 아마도 R은 당신이 '그들의 무리 중 하나'라고 했을 법하며, 그 말을 듣고 S는 당신이 프라하로 돌아오리라 여기지 않았을까 싶습니다. 저는 그들과 그저 통상적인 이야기를 늘어놓기에 그쳤습니다. 학적인 대화는 좀체 없었는데, 그럼에도 《워드Word》[3]에 S의 논문이 실렸다고 알리기는 했습니다. 그러자 그는 제가 런던에 다시 들를 때 같이 점심 식사를 하자고 권하기도 했습니다.

그러고는 R을 만났습니다. 그는 당신이 이 집단들과 좋은 관계를 유지했으니 당신이 염려하는 것은 특별한 문제가 생기지 않으리라는 그의 생각을 말해주었습니다. 하지만 문제는 이보다 더욱 복잡합니다. 대학 내에서의 일들이 회복되는 것은 빠르지도 쉽지도 않을 거라 합니다. 그는 "정치적, 정신적 재건의 문제는 경제적 재건의 문제 훨씬 너머에 있다"고 말했습니다. 따라서 그는 어떤 단정도 못 했는데 이런 조언을 당신에게 건네기는 했습니다. 1) 독립이 되자마자 당신의 복귀를 공식 문서의 형식으로 요청하시기 바랍니다. 이 절차의 중요성을 **그는 무던히도 강조했습니다**. 그는 그 나름대로 당신의 귀국 의지를 새겨듣고, 당신의 동료들이 항상 당신을 그들의 일원으로 여기도록 조치하겠다고 했습니다. 2) 그가 비밀리에 말하기를, 그럼에도 불구하고 당신의 미국 체류가 다시 연장될 수 있다는 점을 고려하라고 권했습니다. 지금 상황에서의 현명한 대처는 당신이 그곳에 얼마 동안 더 머무를

---

3   《워드. 뉴욕언어학회지Word. Journal of the Linguistic Circle of New York》. 1945년에 로만 야콥슨이 창간한 학회지.

수밖에 없다는 듯이 행동하는 것이라고 하더군요. 해방 후 몇 달 뒤에 (그는 이 "몇 달 뒤"를 힘주어 말했는데) 그가 당신에게 상황이 어떠한지 알리겠다며 말입니다.

이 모든 것이 다소 맥빠지는 일인 거, 저도 압니다. 제가 드릴 수 있는 말이라고는 파리의 지난 사흘도 꽤 비슷한 인상을 준다는 점입니다. 모든 사람이 우리 없이도 쉬이 잘 지내고 있으며 보직들은 이미 다 찼거나 체제 속 변변찮은 인물들이 엿보고 있을 뿐입니다. 물론 이는 그저 일시적인 인상입니다. 개인적으로는 모스[4]의 정신이 흐릿해졌다는 사실에 큰 충격을 받았습니다. 그러나 저도 아직 극소수의 연락만 받은 상태입니다.

길고 힘든 여정.[5] 지금 파리의 실정實情은 끔찍이도 냉혹합니다. 그러나 이미 다 알고 계시겠지요. 저는 이곳에 2월 말까지 있을까 합니다.

우정을 담아,
클로드 레비스트로스

추신: 제가 아무에게도 편지를 쓰고 있지 않고 있기에 이 편지에 대해서는 함구해 주시기 바랍니다.

---

4 마르셀 모스Marcel Mauss, 1872-1950. 전간기戰間期 프랑스 민족학의 아버지라 불리며 레비스트로스는 그를 자신의 정신적 아버지라 여긴다. 그는 콜레주 드 프랑스 Collège de France에서 내쫓기는데, 이미 1940년에 유대인이라는 이유로 보직 해임됐다. 그는 차차 정신을 잃어가다가 1950년 사망한다.
5 클로드 레비스트로스는 외무부 문화국에 공식 업무차 방문하기 위하여 1945년 1월, 이례적으로 미군 수송선에 타는 혜택을 누리면서 아직 전쟁 중인 유럽에 매우 일찍 도착한다.

문화 참사관[1] 귀하,

이곳 자유연구원의 사태로부터 발생한 여러 어려움[2]을 비롯하여 제가 처한 까다로운 상황으로 귀하의 친절함에 호소하고자 합니다.

지난여름, 귀하는 제게 프랑스 정부가 체코슬로바키아 정부와 더불어 현재 제가 자유고등연구원에서 맡은 직책을 유지하기로 상당 부분 결정했다고 알려주신 바 있습니다. 또한 이러한 의사를 제가 체코슬로바키아 정부에 알리는 일을 허락하시기도 했습니다. 이러한 절차를 거쳐 체코슬로바키아 정부에서는 제게 주어진 혜택을 연장하기를 바랐습니다. 이처럼 저는 우리의 두 정부

---

1 뉴욕에 있는 주미 프랑스 대사관의 1등 문화 참사관이자 고고학자로서 고대 시리아 전문가인 앙리 세이리그Henri Seyrig, 1895-1973에게 부친 편지. 로만 야콥슨의 이름으로 클로드 레비스트로스가 이 편지를 썼는데, 이는 야콥슨이 근무하던 자유고등연구원이 자유프랑스 및 벨기에와 체코슬로바키아 망명 정부의 재정으로 운영되었기 때문이다.

2 여기서 말하는 어려움들이란 곧 자유고등연구원의 불확실한 지위로부터 오는데, 이는 당시 미국의 연구 기관인 사회연구 뉴스쿨New School for Social Science에 속해 있던 이 기관을 몇몇 반독일 투쟁 국가의 정부가 재정적으로 지원했기 때문이다. 결국 전쟁 이후, 자유고등연구원의 존립 문제가 심각하게 제기된다(위의 서문 참조).

가 상당 부분 약속한 연 5000달러[3]의 급여를 1945년 1월을 기점으로 자유연구원 측으로부터 받을 수 있으리라 여겼습니다.

프랑스 정부와 사회연구 뉴스쿨 사이의 협상으로 인해 지연되면서 제가 받으리라 기대한 급여의 일부가 지금까지 송금되지 않는 상황을 이해 못 하는 건 아닙니다. 10월 1일부터 수업에 몰두하기 위해 제안받았던 여러 기회를 거절한 마당에 제 소득의 이러한 차이는 저를 더욱 곤경에 처하게 합니다.

이러한 상황에서 제가 10월 1일부로 받으리라 여겼던 급여가 과도기 동안 문제없이 지급될 수 있도록 조치해 주십사 부탁드립니다.

제 요청을 면밀히 검토해 주실 문화 참사관님의 처사에 미리 감사를 드리며 저의 가장 깊은 존경을 담아 드립니다.[4]

---

3 구매력 기준으로 이 5000달러의 연봉은 오늘날 5만 6천 유로가 조금 넘는다.
4 이 편지에는 서명이 없지만, 레비스트로스의 필체로 쓰였다. 로만 야콥슨에게 예시를 들기 위해 적은 글이다(이 편지의 첫 각주를 참조).

뉴욕시, 뉴욕 11
5번가 66
자유고등연구원
로만 야콥슨

1945년 11월 16일

　　　　친애하는 벗에게,

오늘 저녁의 일은 죄송합니다만, 제가 어린 시절을 쭉 함께 보내고 지난 20년 넘게 만나지 못했던 사촌[1]이 오늘 마침 뉴욕을 거쳐 간다고 하니 저녁을 그와 함께 보내지 않을 수 없게 되었습니다.

　　송구스럽습니다. 친애하는 벗, 당신의 참된 우정을 담아, 당신의 벗

　　　　　　　　　　　　　　　　　클로드 레비스트로스

1　질베르 카로델바이Gilbert Caro-Delvailles를 가리키는데, 그는 클로드 레비스트로스의
　큰 이모인 알린Aline과 화가인 앙리 카로델바이Henry Caro-Delvaille의 아들이다. 뉴욕
　에 거주하던 질베르는 친척인 클로드의 재정 증명 및 보증을 위해 크게 힘을 보탰다.

뉴욕시,[1] 뉴욕 21   1946년 2월 5일
5번가 934

친애하는 동료에게,[2]

브라질의 고등자유연구원 소식을 보고 알았습니다만, 3년이 조

금 더 지난 무렵 당신이 제게 그곳에 기꺼이 넘겨달라고 하셨던

원고들을 이제 출판할 준비가 되었다더군요.

그 원고의 제목은 다음과 같았습니다.

"단어의 소리와 의미Le son et le sens des mots"[3]

이에 대해 생각이 있으시다면 제가 리우데자네이루에 있는 동

---

1 뉴욕 프랑스 대사관의 새로운 문화 업무국과 그곳의 신입 문화 참사관인 클로드 레
   비스트로스의 주소. 그는 공식적으로 1946년 1월 1일부로 임명되었지만, 앙리 세이
   리그를 이어 1945년 가을부터 업무를 맡고 있었다.
2 로만 야콥슨에게 부친 편지.
3 아마도 이는 "소리와 의미에 관한 여섯 번의 강의"라는 제목으로 로만 야콥슨이
   1942년 뉴욕 자유고등연구원에서 발표한 글을 가리키는 것으로 보인다. 이 글은 야콥
   슨이 직접 프랑스어로 작성했는데, 훗날 1976년 미뉘 출판사가 출판한다. 그러나 그
   로부터 야콥슨은 《소리와 의미Le Son et le Sens》의 개요를 쉬지 않고 수정한다. 《소리
   와 의미》는 1940년대와 1950년대를 거쳐 정녕 아무리 기다려도 오지 않는 아를의
   여인처럼 미완의 책으로 남게 되는데, 이는 야콥슨이 그 기획을 포기하기까지 언제나
   약속하기 무섭게 미루기 때문이다. 아카이브를 보면 야콥슨이 이 저서를 위해 작성한
   수많은 구상이 있으며, 그 가운데 세 개의 장만큼은 집필이 모두 완료됐다. 그의 사상
   의 정수를 담은 책 《언어의 음소적 뼈대La Charpente phonique du langage》(1980)로 이
   구상을 이어나가는데, 쉬지 않고 많은 글을 썼음에도 불구하고 이러한 맥락 때문에
   그가 한 권의 책만으로 대표되는 듯한 인상을 주기도 한다. 클로드 레비스트로스도
   이를 언급하는데, 그가 1971년 야콥슨을 기리는 글에도 나타난다. "소리와 의미는 그
   가 지난 30년 동안 쉬지 않고 작업한 책에 바치는 제목이다." (부록 6 참조. 〈로만 야
   콥슨: 어느 우정의 이야기〉)

료들에게 전달할 수 있도록 조금 알려주시겠습니까?

　친애하는 동료, 당신께 저의 가장 따뜻하고도 충실한 마음을 담아 보내드립니다.

클로드 레비스트로스
문화 참사관

주미 프랑스 대사관 소속   뉴욕시
문화 참사관   웨스트 88번가 205
클로드 레비스트로스   로만 야콥슨 교수

친애하는 벗에게,

방금 《타임스*Times*》에 실린 구겐하임 펠로십에 대한 공식적인 소식을 읽었습니다.[1] 진심으로 축하드립니다. 진심으로 다정한 마음을 담아,

클로드

---

1 검증되지는 않았지만, 구겐하임 펠로십은 당시 컬럼비아 대학의 체코 연구와 강의를 위해 신설된 토마시 마사리크Tomáš Masaryk 교수직을 재정적으로 후원하려고 수여되었을 수 있다. 미국에서 슬라브 연구, 특히 체코 연구를 가장 활발하게 널리 알린 로만 야콥슨은 이 교수직을 1946년부터 1949년까지 역임한다.

친애하는 로만에게,

당신의 원고를 재차 읽으며 거의 몇 개 안 되는 내용만 손보았습니다.[1] 당신께서 "정도degré"를 "개구도開口度"로 모두 대체한 것을 저는 "열림ouverture"으로 바꿨습니다. 만약 "개구도"[2]라는 표현이 그대로 두어야 할 전문적인 표현이라면, G 양에게 당신의 글을 다시 참고하라고 해주세요. 이 외에는, 거의 손볼 부분이 없습니

---

1 이는 〈역사음운론의 원리들Principes de phonologie historique〉을 가리키는데,《프라하 언어학파 논문지*Travaux du Cercle linguistique de Prague*》, 4호, 1931년, 247-267쪽에 먼저 독일어로 실린 뒤 향후 니콜라이 트루베츠코이Nikolaï Troubetskoï의 《음운론의 원리들*Principes de phonologie*》프랑스어 판의 부록에 실린다. 1939년에 먼저 독일어로 출판된 이 저서는 저자의 사상을 집대성한 작업으로 트루베츠코이는 로만 야콥슨과 더불어 음운론의 초석을 놓았으며, 야콥슨은 줄곧 트루베츠코이를 기렸다. 두 러시아 언어학자가 함께 만들어낸 이 학문 분과는 음성학phonétique과는 구별되는데, 왜냐하면 음운론은 실제로 나타난 소리들에 대한 연구가 아니라 실제로 구현된 소리들 안에서 어떠한 기능적 가치를 가져 의미를 발생시키는 것에 대한 연구이기 때문이다. 음운론은 "구조주의적structuraliste" 패러다임의 첫 구현이며, 20세기 모든 언어과학에서 하나의 표본이 된다. 야콥슨은 레비스트로스에게 자신의 글의 개정된 번역본을 보내 의견을 구한다. 이 글, 즉 야콥슨의 《역사음운론의 원리*principes de phonologie historique*》는 그들의 대화에서 특별히 중요해지는데, 이 글이 구조주의를 마치 역사를 몰아내는 방법론으로 보는 관점으로부터 거리를 두기 때문이다. 그밖에 뒤따르는 편지들에서 레비스트로스가 제안하는 내용의 대부분을 야콥슨은 받아들인다.

2 "개구도aperture"는 실제로 전문적인 음성학적 용어로 야콥슨은 이것을 나중에도 변경하지 않는다. "개구의 정도degré d'aperture"는 모음을 소리 낼 때 입천장과의 연관성에서 혀의 위치를 가리킨다.

다. 글은 괜찮게 쓰였습니다만 항상 명료한 것은 아닙니다. 그리고 몇몇 부분은 다시 쓰는 편이 나을 듯합니다. 물론 제가 나서서 함부로 하지도 않을뿐더러 옆에서 당신께서 도와주지 않는다면 할 능력조차 없는 것 또한 사실입니다.

게슈탈트Gestalt 같은 경우는 난감하네요. 요즘 프랑스어로는 보통 "형태forme"로 번역을 하고 있지요. "설정configuration" 또한 가능하겠지만, 그 경우 게슈탈트아인하이트Gestalteinheit는 어쩌지요? 저라면 주저하지 않고 "구조structure" 내지 "구조적 단위unité structurale"라고 할 텐데, 이 경우 확실히 용어들 원래의 의미와는 달라지지만 좋은 쪽으로 바꾸는 격이겠지요.[3]

다른 용어들로 말하자면, 제안된 모든 엉터리 어법을 제외하는 데 전적으로 동의합니다. 가치부여valuation, 가치절하dévaluation, 또는 (아예 가치평가, 평가절하 할 것도 없이) 가치변이transvaluation 등으로 부를 수도 있겠지만, 저라면 음성적 가치획득valorisation phonologique 내지 음성적 가치상실dévalorisation phonologique 정도로

---

3   레비스트로스는 여기에서 독일어 단어 'Gestalt'의 용법에 대해 생각하고 있는데, 그는 이 단어로 "형상의 심리학psychologie de la forme"(게슈탈트 심리학Gestaltpsychology) 또는 "게슈탈티즘gestaltisme"이라는 이름으로 알려진 20세기 초 심리학과 생물학의 중요한 사조를 가리킨다. 게슈탈티즘은 지각된 물체들이 그보다 더 작은 부분들로 구성되는 것이 아니라, 하나의 통일된 전체성들로 갑자기 나타난다는 주장을 지지한다. 이처럼 카니자Kanizsa의 유명한 삼각형의 경우, 비록 까망베르 치즈를 자르는 방식으로 잘린 세 개의 원반만 있더라도 그 사이 빈 공간에 하나의 삼각형이 지각된다. "음소들phonèmes"은 대립들로만 구성되었기 때문에 반드시 어느 한 체계 안에서 다른 음소들과 연계한다. 게슈탈트를 "형상"으로 번역하는 것은 그 이론들에 대한 입문서로서 1937년 출판된 폴 기욤Paul Guillaume의 책《형태 심리학La Psychologie de la forme》을 통해 널리 퍼진 바 있었다. 야콥슨은 종국에는《형상적 구성원unité formelle》(니콜라이 트루베츠코이,《음운론의 원리들》, op. cit., 316쪽)을 쓰는 쪽으로 결정한다. 부분들에 대한 전체의 우위 및 심리학적 원자론에 대한 비판이 "구조주의structuralisme"와 궤를 같이한다.

하겠습니다. 이들의 경우는 어떤 가치를 새로 얻거나 잃음을 함축하는 반면, **가치부여**라는 말은 우리가 어떤 것에 가치를 부여할 때 그것이 이미 그러한 가치를 지니고 있었다는 듯이 쓰이기 때문입니다. 보기를 들자면 어떤 회화 작품을 우리가 **평가**évalue하기도 하지만, 그 작품을 그린 화가가 유명해지면서 그 작품 스스로 자신의 가치를 **정당화하기도**se valorise 하지요. 여전히 정말 어려운 경우는 **재음성화**Umphonologisierung라는 용어인데, **가치변이** 내지 **가치획득변이**transvalorisation라는 말로는 그 뜻이 바로 전달되지 않기 때문입니다. 차라리 **재평가**réévaluation라는 말이 정확하고 널리 쓰이지만, 그래봤자 다시 가치부여를 떠올리게 하는 문제가 있습니다. 종국에는 **재가치획득**revalorisation이 있는데, 이것저것 다 따져보고 나면 이것이 가장 나아 보입니다(보기: "푸앵카레Poincaré가 프랑화franc의 가치를 회복시키다").

저는 따라서 음성적 가치획득, 가치절하, 재가치획득 이런 것들이 좋다고 봅니다.

즐거운 휴가 되시기를 바라며 당신의 벗,

클로드

친애하는 나의 벗에게,

동봉하여 보내드리는 글[1]이 너무 형편없지 않은지 한번 봐주시
겠습니까? 제 능력으로는 가진 자료들로 이 정도밖에 할 수 없습
니다만, 그게 제 솔직한 상황입니다. 치브차족과 남비크와라족
언어 사이에 어떤 연관이 있어 보이는데, 필시 제 삶을 통틀어 저
의 유일한 언어학적 발견인 이 점에 대해서는 리베[2]에게 공을 돌
리는 바, 그는 은퇴 전 마지막으로 미국학 학회Congrès des américan-
istes에 참가한 적이 있습니다. 제 발견은 그가 제시한 방향을 그
대로 따르다시피 했습니다. 그저 사는 동안 이 작업을 이유로 망
신당하지 않기만을 바랄 뿐입니다. 이 작업에는 딱 필요한 만큼

---

1 이는 제28회 《미국학 학회 논문집Actes du XXVIIIe Congrès international des américanistes,
   Paris, Société des américanistes》, 1948, 185-192쪽에 〈치브차와 남비크와라 언어 사이의
   몇몇 형태론적 유사성에 관하여Sur certaines similarités morphologiques entre les langues
   chibcha et nambikwara〉라는 제목으로 실린 논문을 가리킨다.
2 폴 리베Paul Rivet, 1876-1958. 프랑스 의사이자 민족학자이자 20세기 초 미국학 연구
   의 책임자 격인 학자로 트로카데로 궁전의 인류 박물관 설립자이자 관장을 역임하
   였다. 리베는 민족학을 연구할 때 언어학적 재료들을 탐구하는 것에 중요한 가치를
   두었다. 그는 공식적으로 클로드 레비스트로스의 박사 논문을 지도한다. 문제가 되
   는 학회는 미국학 학회로부터 비롯되었으며, 1896년에 설립된 이 학회에는 아메리
   카 인디언을 연구하는 프랑스 전문가들이 모였다.

만 관심을 주시기를 바라며 도저히 못 봐줄 정도가 아닌지만 말씀해 주시기 바랍니다.

그리고 잃어버리지 않도록 해주십시오! 하나뿐인 문서인 데다가 어찌나 골머리가 썩었던지 다시 시작할 엄두조차 내지 못할 테니 말입니다…

고맙습니다, 당신의 벗,

클로드 레비스트로스

친애하는 로만에게,

요즘 당신과의 연락이 쉽지 않네요. 그저 제가 필시 떠나는 10월 21일 전에 잠깐 뵐 수 있기를 바랄 뿐입니다.[1]

당신께서도 정착을 위해 지출이 꽤 심하실 때 제가 금전적인 문제를 꺼내 죄송합니다. 하지만 저 또한 떠나기 전에 가족을 위해 사야 할 것들이 꽤 있으며, 혹여라도 큰 문제가 되지 않으신다면 제가 몇 달 전에 빌려드렸던 100달러가 저에게 쓸모없지 않으리라는 점을 말씀드립니다.[2] 이 주제에 대해 취해주시는 조치에 미리 감사드립니다. 조만간 뵙기를 또한 바랍니다.

당신의 충실한,
레비스트로스

---

1 클로드 레비스트로스가 파리로 돌아온 날이자 문화참사관 직의 끝을 고하는 날이다.
2 1964년 4월, 뉴욕에서 레비스트로스와 결혼한 로즈마리 울모Rose-Marie Ullmo와 그녀가 첫 결혼에서 낳은 두 아이, 그리고 1947년 3월 뉴욕에서 태어난 두 사람의 아기 로랑 레비스트로스Laurent Lévi-Strauss가 모두 함께 떠난다.

파리 16구, 델로가 13　　　　　　　[1947년] 11월 27일

　　　친애하는 나의 벗에게,

당신께 한 자도 쓰지 못한 채 이번 달이 지난 것을 용서하십시오.
하지만 파리에 재정착하려는 첫날들이 어떠한지 당신께서도 쉬
이 헤아릴 수 있으시겠지요. 어쨌거나 저는 아주 좋은 집을 구했
답니다(주소는 밑에 있습니다). 트로카데로 광장, 샤요궁과 에펠
탑이 보이는 아주 좋은 위치에 있지요. 다만 욕실이 없고 난방이
작동하지 않네요. 차차 이 모든 것이 고쳐질 텐데, 기다리면서 저
는 (세 달 동안) 난방이 되는 인류 박물관musée de l'Homme의 관장
실에서 지내려 합니다. 리베는 멕시코에 있는데, 복귀하면 그도
다시 자택으로 돌아갈 테며 후임자 선출을 위한 선거 전까지 이
사무실은 비어 있다고 합니다. 제가 지금 하는 말은 있는 그대로
들어주세요. 후임자 선거 준비는 상상할 수 없을 만큼 온갖 간계
로 뒤얽혀 있습니다. 박물관에 소속되어 모든 힘을 가지고 있는
유권자들이 저를 전혀 신경 쓰지 않듯이 저는 어차피 유력하지도
않을뿐더러 후보자 취급도 받지 못하고 있습니다. 거의 확실하게
도 미요Jacques Millot가 뽑힐 텐데, 모두가 이를 이미 기정사실화하
고 있습니다.[1] 공백기 동안 이 호사스러운 사무실이 저에게 주어

85

진 것은 제가 별 위험이 되지 않기 때문입니다.

이것 말고 말씀드리사면 세가 린하트[2]의 후임자가 될 가능성이 점점 분명해지고 있으며 대학 출판사로부터 제 책이 최종적으로 받아들여졌습니다.[3] 일이 잘 풀린다면 1948년 3월이나 4월쯤 조판에 들어가 연말쯤 출간되리라 봅니다. 여기서는 이런 식으로 일이 흘러갑니다. 불평을 하려고 드리는 말씀이 아닙니다. 제가 바라던 완벽한 기후를 (정신적으로 말이지요) 프랑스에서 다시 만났고, 비단 이뿐만 아닙니다. 음식, 옷 등등 또한 풍족하며 같은 가격이라면 미국보다 낫습니다. 한 가지 아쉬운 점이라면 수입 또한 정확히 3분의 1이라는 점입니다. 정치의 측면에서 보자면 상황은 급격하게 무너지고 있습니다. 우리는 드골De Gaulle 정부를 세우기 위해 애쓰고 있는데, 이는 그나저나 공산주의자들 덕분입니다. 그들은 신보나파르트주의자들의 보호 아래 중산층뿐만 아니라 심지어 노동 계층의 일부마저 몰아내기 위해 온 힘을 쏟고 있습니다.[4] 대학에서는 고작 몇 안 되는 이들과만 마주쳤

---

1   인류 박물관은 자연사 박물관 설립의 일환으로 같이 세워지는데, 상당수가 의사였던(리베 또한 그러했다) 그곳의 회원들은 계승 과정을 면밀하게 제어했다. 이 복잡한 기관 체제에는 20세기 후반까지 형질인류학이 문화적 민족학을 쥐락펴락한 모습이 서려 있다.

2   모리스 린하트Morris Leenhardt, 1878-1954, 개신교 목사, 카나트Kanaks족 전문가이자 고등실천연구원 제5분과 (종교과학) 교수이자 "원시 민족들의 종교들Religions des peuples primitifs" 석좌교수이다.

3   1949년 프랑스대학출판부PUF를 통해 마침내 출판된 그의 박사 논문 《친족의 기본 구조》를 가리킨다.

4   1947년 11월 10일부터 노동총연맹의 지원으로 국가 전역에 걸쳐 폭동적인 동맹 파업의 거대한 움직임이 일어나는데(몇 명의 사망자가 발생한다), 이는 그보다 몇 달 전에 드골에 대항하여 맺은 삼자 동맹(국제노동자동맹 프랑스 지부-프랑스 공산당-프랑스 인민 공화파)을 끝맺는 것이었다. 라마디에Ramadier 내각이 11월 19일 실권하며 공산당은 정부에서 완전히 떠난다(1981년까지). 국가적으로 국면이 굉장히 긴

는데, 많은 이가 멕시코의 유네스코에 있습니다. 이것저것 다 떠나 저는 이제 곧바로 연구에 다시 몰두하려 합니다. 저를 위해 준비해 두셨는데, 제가 지난 저녁 당신 댁에 놓고 와버린 슬라브 친족 체계에 대한 귀한 필기들을 보내주실 수 있다면 정말이지 감사하겠습니다. 저와 더불어 로즈마리도 두 분께 가장 다정한 마음을 보내드립니다.

클로드 레비스트로스

장되어 있으며, 이는 국제 정세 또한 마찬가지다. 몇 달 전부터 공식적으로 냉전에 들어간 상태다.

파리 16구, 델로가 13　　　　　　　　　[1947년] 12월 11일

친애하는 나의 로만에게,

포나페에서 분명 돌아왔을 가빈[1]이 도대체 어디에 있는지 몰라
서 그럽니다만, 동봉한 편지를 그에게 최대한 빨리 전해주십사
부탁드려도 되겠습니까? 민족학 연구소[2]와 함께 남비크와라족
에 대한 특집 호를 낼 생각인데, 여기에는 제 것들뿐 아니라 가빈
의 사회학적 연구들, 그리고 아직 제 노트들에 남아 있는 (음악,
사진들 등의) 첨부 자료 모두를 실을 생각입니다.

　제 편지 이후로 이곳에 딱히 새로울 만한 일은 없습니다. 당신
께서도 아시다시피 여기는 잠정적으로 동맹파업이 멈춘 상태입
니다. 공산주의자들은 물가가 오를 거라 하는데, 자기들을 따르
지 않은 노동 계층에게 자기들이 옳았다는 점을 이를 통해 보여
주려 합니다. 반면 정부는 물가를 안정화하려고 할 텐데 만약 성
공한다면 휴식기가 오겠지요. 그렇게 되지 않는다면 프랑스는 장

1　폴 가빈Paul Garvin, 1919-1994, 체코슬로바키아 출신의 민족언어학자로 쿠테나이
　　kutenai 언어에 대한 박사 논문의 저자인데, 쿠테나이어는 아메리카 원주민 고립어
　　로 이다호와 브리티시컬럼비아 지역에서 사용됐다. 야콥슨과 가까운 사이로, 훗날
　　그는 1960년대 미국 산업계에서 시험하던 기계 번역에 관심을 갖는다.
2　1925년 폴 리베, 마르셀 모스, 루시앙 레비브륄이 설립한 파리 민족학 연구소. 법학, 의
　　학, 문화, 과학 등 학제간 교육 플랫폼으로 출판과 문헌 조사 및 수집의 역할도 수행했다.

군의 품에 떠맡길 테고, 이 살라자르António de Oliveira Salazar 밑에서 우리는 필시 모든 식민지를 잃은 채 또 다른 포르투갈이 되겠지요. 하지만 파리는 파리이고, 프랑스는 프랑스입니다. 어쨌든 우리가 조금 돈을 더 번다면 삶은 꽤 살 만할 겁니다. 저희 아파트는 이런저런 직업을 가진 사람들이 차지했습니다. 비록 어렵고 지난하지만, 2월이나 3월쯤에는 이 아파트도 사람이 살 만한 곳이 되리라고 어렴풋이 느낍니다. 하지만 늘 그랬다시피 박물관에 기가 막히게 자리를 잡았으니 불평할 까닭이 없지요.

로즈마리와 제가 두 분께 크리스마스와 새해를 맞아 가장 깊은 마음을 보내드립니다.

클로드

파리 16구, 프랑스
델로가 13
C. 레비스트로스 귀하

1947년 12월 15일

친애하는 클로드에게,

이제 막 받은 당신의 두 번째 편지에서 제 편지에 대한 언급이 없는 것을 보니 필시 당신의 첫 번째 편지와 엇갈렸나 봅니다. 저희 뉴욕 생활은 특별히 새로운 일이라고는 없습니다. 저는 여전히 이고르Igor[1] 작업들로 바쁘고 지난하게 보내고 있습니다. 차라리 새로운 것을 연구하고 싶어서 구상을 많이 해놓았습니다. 조머펠트[2]는 여기 학회[3]에서 언어학사에 구조주의적 방법론을 적용하는 문제에 대한 토론을 마치고 다시 오슬로로 돌아갔습니다. 가빈은 며칠 안에 다시 돌아올 겁니다. 당신이 그에게 전달하라

---

1 서신에 자주 등장하는 "이고르Igor"는 야콥슨과 슬라브 망명 학자 몇 명이 (예를 들어 자유고등연구원의 앙리 그레구아르Henri Grégoire 교수) 몇 해 전에 시작한 작업을 가리키며, 이 작업은 12세기까지 올라가는 무용담이자 러시아 정체성의 토대가 되는 《이고르 원정기》를 편집하고 번역하는 것을 말한다. 푸시킨Pouchkin이 노래하고 보로딘Borodine이 1890년 오페라로 각색한 《이고르 원정기》는 러시아 문화의 기념비적 작품이다. 그것의 필사본 하나가 1797년에 발견되었다. 야콥슨은 이 필사본이 12세기 말 지어진 시를 아주 부정확하게 옮긴 16세기 본임을 증명하기 위해 노력한 반면, 다른 이들은 이 텍스트가 오시안Ossian 시의 방식을 흉내 낸 모조품이라며 진위성을 의심했다.
2 이 주제에 대해서는 앞의 1945년 1월 19일 편지의 각주를 참조하라.
3 로만 야콥슨이 설립한 뉴욕 언어학회는 그가 1918년에 세운 모스크바 언어학회, 그리고 언어학의 역사에 한 획을 그은 프라하 언어학회를 표본으로 삼아 컬럼비아 대학이 주최했다.

고 했던 편지는 그의 어머니께 보내드렸습니다. 그리고 대외비입니다만, 헤르초크 씨는 인디애나 대학의 인류학 교수 자리를 위해 컬럼비아 대학을 떠날 것입니다. 며칠 안으로 슬라브 친족 체계에 대한 이 용어의 정확하고 자세한 글을 보내드릴 텐데, 직접 발견하신 슬라브 원시 친족 체계의 모델[패턴pattern][4]에 대한 내용들을 보내주시면 정말 감사하겠습니다. 제 수업 "슬라브의 언어, 민족과 문화Langues slaves, peuples et cultures"의 한 부분을 이 주제로 다뤄야 하는데, 당신의 제안을 받으면 참 좋겠습니다.

파리언어학대회의 초대장을 아무도 받지 못했습니다. 학회가 지연되려나요?

성탄절과 새해를 맞아 두 분께 우리의 가장 깊은 마음을 드립니다.

다정한 마음을 담아,
로만 야콥슨

---

4 [역주] 야콥슨이 직접 영어로 썼다.

파리 16구, 델로가 13 [1947년] 12월 29일

친애하는 로만에게,

당신의 편지와 지난번 편지의 복사본에 감사드립니다. 실제로 저는 편지를 받지 못했는데, 필시 동맹파업 때문이겠지요.

뒤메질[1]과 방베니스트[2]를 만났습니다. 뒤메질은 좀처럼 마음에 들지 않았습니다. 들떠 있고 불안정했으며 남의 말을 듣거나 심지어는 관심을 기울이는 것에도 별로 신통치 않았습니다. 그에게 당신의 문제를 꺼냈더니 본인이 맡아서 처리하겠다고 하더군요. 그렇지만 한눈에 보기에도 그는 그 어떤 방안도 없어 보였는데, 당신보다 더 잘 알 법한 어떤 도움될 만한 출처가 있을지 고민하는 내색이었습니다. 한마디로, 이 점에 대해서는 별 기대를 하

---

1 조르주 뒤메질Georges Dumézil, 1898-1986, 언어학자이자 민족학자인 그는 터키-코카서스 문화의 서른여 개 되는 언어들에 대한 지식을 바탕으로 인도-유럽의 사회와 종교에 대한 방대한 내용의 책을 쓴 바 있다. 그는 1949년 콜레주 드 프랑스에 들어가 석좌 교수직을 1969년까지 맡는다. 이론에 있어 그의 영향력은 절대적이며, 클로드 레비스트로스는 그를 몇 안 되는 "진정한vrais" 구조주의자 가운데 하나로 여겼다.
2 에밀 방베니스트Émile Benveniste, 1902-1976, 언어학자, 유대인, 알레포 출생으로 1924년 프랑스에 귀화했다. 인도-유럽 언어와 문화 전문가인 그는 1937년 콜레주 드 프랑스의 비교문법 석좌 교수직에 선출되었으며 동시에 일반언어학의 문제들에 대한 그의 작품을 발전시켰다. 그 역시 구조주의자의 일원으로 여겨지는데, 특히 저서 《일반언어학 제문제Problèmes de linguistique générale》(t. 1, Gallimard, 1966)가 그것에 기여했다.

지 마십시오.

반면에 방베니스트에게는 작년과 감히 비교할 수 없을 정도로 정중한 환대를 받았습니다. 그리고 감히 말씀드리건대, 저희가 인구어 친족 체계에 대해 두 시간 동안 어찌나 열띤 대화를 했는지 (제가 도착하면서 당신을 대신해서 질문했던) 언어학대회나 이 대회에 뉴욕언어학회가 참가하는 문제에 대해서 더 이상 생각하지 않을 정도였습니다. 일단 저는 그가 뉴욕언어학회를 별로 믿지 않는다는 점을 당신께 말씀드려야겠습니다. 우선, 그는 《워드》를 고작 두 호밖에 받지 못했습니다. 그리고 이 학회가 당신이 보시기에 준수할지라도 결국에는 미국언어학회[3]에 대항하기 위한 전쟁 도구에 지나지 않는지 우려하고 있습니다. 저는 그에게 실상은 그렇지 않다고 확실히 말했고, 이 학회에서는 어떤 분파도 자유롭게 의견을 펼칠 수 있을뿐더러, 학회가 존재하는 가장 근본적인 까닭은 뉴욕에는 다른 언어학 모임이 있지도 활동하지도 않기 때문이라고 전해드렸습니다. 그럼에도 그는 설득되지 않은 것처럼 보였는데, 만약 그가 협조하지 않는다면 이는 혹시라도 자신이 미국언어학회의 눈에 적대적인 행동으로 보일까 하는 걱정 때문이라고 저는 확신합니다.

---

3 1924년 언어에 대한 과학적 연구 및 대중에게 그 내용을 알리는 것을 장려하기 위해 세워진 학회로서 특히 중요한 학회지인 《언어*Language*》의 편집을 맡았다. 이 학회는 당시만 해도 가장 널리 알려진 설립 회원인 레너드 블룸필드Leonard Bloomfield, 1887-1949의 역할이 두드러졌는데, 그는 미국 언어학의 후견인으로서 야콥슨이 지지하는 것과는 조금 다른 형태의 구조언어학을 보급하는 데 힘썼다. 이는 그의 구조언어학이 "행동주의적*béhavioriste*"이고자 했기 때문이다. 곧 내면성이나 의미에 대한 모든 검토를 배제하려고 했다. 로만 야콥슨, 그리고 노엄 촘스키Noam Chomsky의 영향으로 이러한 경향은 자취를 감춘다.

이것 말고는, 제가 제안한 도식을 아주 기쁘게도 방베니스트가 받아들였습니다. 게다가 그가 수집한 현상들도 이 도식에 완벽하게 맞아 들어가는 것으로 보입니다. 제 생각에 방베니스트는 이 현상들을 잘못 해석하고 있거나 (모계 생존survivances matrilinéaires 능으로) 아니면 그 또한 스스로 인정하듯이 아예 해석하지 않고 있습니다. 그렇지만 이것들은 저의 체계에 맞아떨어지며 제가 바라는 바 이상으로 그러합니다. 저희가 서로의 시각을 대조해 볼 수 있도록 그는 가능한 한 가장 빨리 자신의 친족 어휘 연구[4]를 발표하기로 약속했습니다.

공식: 어머니의 아버지 = 어머니의 형제($avus$ / $avunculus$ 유형)

《 : 누이/여동생/자매의 남편 = 딸의 남편($\gamma\alpha\mu\beta\rho os$ / $\gamma\alpha\mu\beta\rho os$ 유형)

《 : 누이/여동생/자매의 남편 = 부인의 오라버니/남동생, 그리고 이 경우에:

《 : 부인의 오라버니/남동생 = x ? (어쩌면 = 어머니의 오라버니/남동생, 이것이 이상적일 것이다).[5]

---

4 방베니스트는 이 연구를 오랜 시간 뒤에 발표한 것으로 보인다. 〈인구어 언어들의 친족 용어들Termes de parenté dans les langues indo-européennes〉, 《롬므L'Homme》, 5권, 3-4호, 1965, 5-16쪽.

5 클로드 레비스트로스는 여기에서 고대-슬라브어에 이러한 "방정식들équations"을 성립시키는 친족 용어들이 있는지 묻고 있다. 보기를 들면 프랑스어의 "beau-frère"는 부인의 오라버니/남동생을 동시에 가리킨다. 미국인 인류학자 루이스 헨리 모건 Lewis Henry Morgan, 1818-1881의 토대를 세운 저서 《고대 사회Ancient Society》(1877) 이후로 친족에 대한 인류학은 이러한 친족 용어들에 대한 연구에 기초한다. 이러한 현상들을 해석하기 위해 영국 언어에 대한 인류학이 그 현상들 안에서 혈통을 세우는 규칙들을 찾아 나설 때, 반면 레비스트로스는 《친족의 기본 구조》에서 이를 인척 관계들의 규칙들로 설명하려고 시도한다. 마찬가지로 이 규칙들을 역사적으로 해석

저는 천천히 정착해 가고 있으며, 다행히 연구를 할 수 있는 환경입니다. 하지만 저는 제게 떠맡기려는 속셈들과 일들로부터 벗어나기 위해 엄청난 시간을 허비하고 있습니다. 리베는 (이것은 **엄격하게 비밀로 지켜주셔야 합니다**) 제가 자신의 후임자로 선출되도록 큰 캠페인을 펼치고 있습니다. 하지만 이미 너무 늦었습니다. 만약에 그가 1년 전에 이렇게 했다면 성공할 수도 있었을 것입니다. 지난번의 터무니없는 술책들이 그 자체로 뿐만 아니라 실패까지 하면서 그는 이제 사람들의 신뢰를 잃었습니다. 그래서 리베는 제가 자기 후임자로 가장 적합하다는 것을 제때 알았다면 들여야 했을 노력보다 더 애를 쓰고 있고, 저는 후보이지만 별 관심 없는 척 처신하는 상황입니다. 이제 더 이상 할 수 있는 일이 없습니다. 발루아[6] 또는 수스텔[7]이 선출될 겁니다. 반면에 저는 올해 말쯤 린하트의 자리를 물려받거나 고등연구원의 어떤 자리를 받을 것이 분명해 보입니다.

참된 우정을 담아,

클로드 레비스트로스

하려는 이들과는 (마치 레비스트로스에 따르자면 방베니스트가 말하는 "모계 생존" 같은 경우와는) 반대로, 클로드 레비스트로스는 이를 기능적으로 해석하려 시도할 것인데, 이는 즉 어느 특정한 사회 조직을 번식시키는 데 있어 이 규칙들의 역할을 통해 해석하려 한다는 뜻이다. 친족 용어들에 대한 이러한 해석의 한 예시로 우리는 로만 야콥슨이 그에게 건네주었을 글을 다음 논의에서 볼 것이다.

6 앙리 빅토르 발루아Henri Victor Vallois(1889-1981), 인종주의적 분류학을 다룬 책《인종들Les Races humaines》(1944)의 저자로 1950년 인류 박물관 관장이 된다. 그의 선출은 비시Vichy 정부의 흔적이 배인 유형인류학의 승리로 여겨진다.

7 자크 수스텔Jacques Soustelle(1912-1990), 리베의 제자인 뛰어난 민족학자로 철학 교원 자격자, 고대 멕시코 전문가이자 1938년부터 인류 박물관 부원장이다. 그는 1940년, 자유프랑스에 합류한다.

남편의 형제

형제의 부인

《《아들《

누이／여동생／자매의 남편

은 다른 누이／여동생／자매에게

딸의 남편

누이／여동생／자매의 남편《

은 그의 오라버니／남동생／형제에게

부인의 오라버니／남동생

친애하는 클로드에게,

제게 보내주신 당신의 3월 달 편지를 읽자마자 저는 즉시 컬럼비아 대학 도서관을 통해 나델Siegfried Nadel의 책을 주문했습니다만, 그들이 대답하기로는 그 책을 당신에게 직접 보냈다고 하더군요. 급한 일은 아닙니다만, 1년 전 파리언어학파에서 출판한 베이Vey 씨의 책《체코 구어의 형태론*Morphologie du tchèque parlé*》을 보내주신다면 정말 고맙겠습니다. 또한 만약 고서적 서점에서 지금은 절판된《공동 슬라브어*Slave commun*》재판을 혹시라도 구할 수 있다면 제게 굉장히 유용하겠습니다. 등기편지로 다비Georges Davy 가 쓴《맹세한 신앙*La Foi jurée*》을 보내주실 수 있겠습니까? 이번 여름, 혹시나 제가 유럽에 가게 된다면 그 책을 도서관에 반납해야 할 텐데, 경제적으로나 방편의 문제로나 여러 어려움이 있어서 아직 확실하게 정하지 못했습니다. 어쨌든 형태론과 음운론 phonologie[음성론phonemics], 또는 잘 쓰이지 않는 프랑스어의 전통적인 표현에 의하자면 음성학phonétique, 이들 사이의 관계에 대해 방드리예스[1]가 부탁한 글을 보내긴 했습니다. 지금 인쇄 중입니다.[2] 당신에게 편지를 쓴 지 정말 꽤 오랜 시간이 흘렀는데, 당

신에게 원시 슬라브 친족 체계의 틀scheme을 보내주기로 약속했었고 서도 이 문세에 큰 관심이 있어 당신에게 정확한 그림을 주기 위해 관련된 몇몇 연구를 하고자 했음에도 대학에서 이번 학기가 유난히도 바빠 도무지 이 작업을 마무리할 시간이 없었습니다. 이제 제가 서둘러야 한다는 것을 잘 알았으며, 따라서 지금 갖고 있는 것을 보냅니다. 자료들을 이 편지에 동봉하오니 당신에게 조금이나마 도움이 되기를 바랍니다. 자료들은 복잡한 시각들을 펼쳐 보입니다만, 이 연구를 끝까지 하려면 언어학자와 인류학자가 같이 작업해야 할 것입니다. 당신이 우리를 방문할 때 작업할 수 있기를 바라면서 머지않은 날 이루어지리라 확신합니다. 여름이 오기 전에 당신이 박사학위와 관련된 일들을 마무리할 수 있다고 하니 기쁩니다. 저는 이제 수업의 마지막 주에 들어서며, 2주간의 시험 기간이 지나면 2월 1일까지 자유롭습니다. 그리고 무엇보다 저의 책《소리와 의미》를 드디어 완전히 마무리할 것입니다. 뉴욕에서는 2주 전에 '생물적, 사회적 체계들의 순환 인과 메커니즘과 반작용에 대한 학회Colloque sur les mécanismes de causalité circulaire et la rétroaction dans les systèmes biologiques et sociaux'[3]라는 이상

---

1 조제프 방드리에스Joseph Vendryes, 1875-1960, 프랑스 언어학자이자 셀틱Celtic 언어들의 전문가이다. 그는 나치 점령기 동안 문과대학 학장이었으며, 그곳에서 친독주의자들에게 적대적인 태도를 취했다고 알려졌다. 그는 1948년 7월 파리에서 열린 제6회 국제 언어학자대회를 주재했다.

2 제6회 국제 언어학자대회에서 작성한 보고서를 가리킨다.《언어의 음소적, 문법적 상호 관계 양상들The Phonemic and Grammatical Aspects of Language in Their Interrelations》이라는 제목으로 출간된다(in《제6회 국제 언어학자대회 논문집Actes du Sixième Congrès international des linguistes》, Klincksieck, 1949;《일반언어학 소고Essais de linguistique générale》, op. cit., 1권, 8장, 그리고《선집》, La Haye-Paris-New York (N. Y.), Mouton de Gruyter, 1962-2013-(이하 SW로 기술), 2권, 103-114쪽에 재수록).

3 유명한 "메이시 학회conférences Macy" 가운데 1948년 봄, 뉴욕에서 열린 다섯 번째

한 이름의 아주 재밌는 학회가 열렸습니다. 여러 학문 분과를 대표하는 핵심 인물들이 왔는데, 토론으로 드러났듯 여러 다른 분야의 앎과 기술이 한데 어우러지는 놀라운 발전이 있었습니다.

우리의 책 《이고르Igor》를 받았는지 말씀해 주지 않으셨습니다. 이 저서가 출판되기까지 당신의 도움이 꼭 필요했는데, 다시한번 정말 감사하다는 말씀을 드립니다. 국제적으로 전문가들 사이에서 아주 호평받고 있습니다. 프랑스의 슬라브 전문가들과 다른 저명한 학자들로부터 대단히 긍정적인 편지들을 이토록 많이 받아서 놀랐습니다. 그레구아르[4]의 행동은 역시나 우리가 잘 아는 그레구아르 영감 그대로였습니다. 그가 책을 받고 나서 저에게 극도의 찬사를 담은 편지를 보냈는데, 제가 들어본 적 없는 미사여구들을 늘어놓는 한편 이 모든 것을 〈르 플랑보Le Flambeau〉에 싣겠다고 했습니다. 하지만 마종 형제가 그에게 편지를 무더기로 보내자 그는 재빨리 굴복하기로 마음먹고 〈르 플랑보〉에 멍청하고도 무미건조한 글을 싣는 데 그쳤으니 능력이 없으면서

강연을 가리킨다. 이 "학회들conférences"은 (미국적 표현으로 프랑스에서는 이 이름으로 알려졌지만, 사실 이 단어는 그저 "연구발표회colloque"로 번역되어야 할 것이다) 메이시 재단이 1942년부터 1953년까지 주최했으며 정보과학, 인지과학, 인공지능과학의 역사에 큰 의의를 갖는다. 수학자, 논리학자, 공학자, 경제학자, 생물학자, 심리학자 및 인류학자 들을 모두 모아 "행위의 과학sciences du comportement"을 연구하기 위한 목적, 즉 생물학적, 물리적, 수학적 틀로 사회과학 및 심리과학을 다루려는 목적을 품었다. (메이시 학회들에 대해서는 다음을 참조. 장피에르 뒤피Jean-Pierre Dupy, 《인지과학의 기원에 대하여Aux origines des sciences cognitives》, La Découverte, 1994.)

4 앙리 그레구아르Henri Grégoire, 1881-1964, 벨기에의 그리스학 및 비잔틴학 연구자이자 러시아와 폴란드 문학의 번역자이다. 1918년에 그는 자유주의적 관점을 취하면서 해외 정치를 다룬 종합지 〈르 플랑보〉를 창간했다. 이 잡지는 프랑스어로 슬라브 문학을 전승하는 데 중요한 역할을 했다. 야콥슨이 《이고르》를 같이 작업한 이는 뉴욕자유고등연구원의 동료이다.

도 마종 형제[5]의 명성을 지켜보려고 애쓴 격입니다.

코이레[6] 씨 댁에서는 무슨 일이라도 생겼는지요? 코이레 씨를 직접 통해서건 다른 이를 통해서건 그의 소식을 들은 지 너무도 오랜 시간이 흘렀습니다. 당신의 소식을 듣기 원하며 가까운 미래 일정들도 알고자 합니다. 왜냐하면, 제가 7월 말 학회[7]에 가게 된다면 당신도 올 생각인가요?

두 분에게 저희의 가장 다정한 마음을 담아 드리며,

당신의 충실한,

로만 야콥슨

---

5 폴 마종Paul Mazon, 1895-1955, 그리스학 연구자이자 콜레주 드 프랑스 교수이다. 앙드레 마종Andre Mazon, 1881-1967, 슬라브학 연구자이자 콜레주 드 프랑스 교수이다. 국제 슬라브 연구 분야를 뒤흔든 이 논쟁에서 문제가 되는 사람은 두 번째 마종인데, 그는 회의론에 앞장섰다. 그는 글에 대한 상당히 깊은 조예를 바탕으로 《이고르 전기*La Geste d' Igor*》가 진품이 아닐 수도 있다는 의견을 1940년부터 피력한다. 따라서 1948년의 출판물과 그곳에 실린 결론들은 그가 한 분석들에 대치된다. 이쪽저쪽 사람들을 모두 배려한 앙리 그레구아르와는 다르게 불타오른 야콥슨은 마종의 분석을 비난하는 선봉에 선다.

6 알렉상드르 코이레Alexandre Koyré, 1892-1964, 러시아 출신의 철학자이자 과학사 연구자로서 야콥슨의 절친한 벗이다. 망명하여 교수로 재임한 자유고등연구원이 있는 뉴욕에서 전쟁 기간 중에 레비스트로스와 만났다. 전쟁 이후, 그와 그의 부인 도Doris Koyré는 야콥슨이 파리를 들를 때마다 방문했던 레비스트로스와 라캉의 집에 자주 왕래한다.

7 [역주] 파리언어학대회를 가리킨다.

고대 슬라브어의 친족 용어들은 한편으로는 세르비아-크로아티아 언어의 일상 용법과 다른 한편 구-러시아 글 속에 가장 완벽하게 보존되어 있습니다. 그러나 비교의 목적으로 구-체코와 구-폴란드의 자료 또한 함께 살펴봐야 합니다. 표현들을 인용할 때는 교회의 북-슬라보니아어 형태로 하며, 프랑스 서지학자들의 용법에 따라 표기했습니다.[8]

할아버지를 가리키는 단어인 *dědŭ*, 할머니를 가리키는 *baba*는 옹알이 소리에 그 기원이 있습니다.

그 속격이 *matere*인 *mati*는 인구어의 유산이며 많은 인구어 친족어와 마찬가지로 -*r*- 형성소를 가지고 있는데, 이는 방베니스트가 인구어 명사의 형성에 대한 책에서 연구한 바 있습니다. 그로부터 파생한 *maštexa*는 새어머니(아버지의 부인)를 가리킵니다.

Otĭcĭ, 즉 아버지는 슬라브어에서 새롭게 생겨났는데 어근인 *ot*-에 지소접미사가 붙습니다. 어근은 옹알이에서 따왔거나 라틴어의 *pater* 따위에 남아 있는 인구어의 한 용어가 아이들의 용어 속에서 변한 것입니다. 그로부터 파생한 *otĭčimŭ*는 새아버지(어머니의 남편)를 가리킵니다.

Synŭ, 즉 아들, 그리고 *dŭštere*가 속격인 *dŭšti*, 곧 딸, /형성소 -*r*-/은 모두 인구어에 그 기원이 있습니다. 마찬가지로 *bratru*, 즉

---

8 교회의 슬라보니아어는 동방정교회의 언어이며 고대 슬라브어에서 왔다.

형제/오라버니/남동생, 그리고 원래는 자신의 부인을 가리키다가 재귀대명사인 *swe-*에 *so:r*가 따르는 형태로서 여자를 가리키는 것에서 오는 *sestra*, 곧 자매/누이/여동생 또한 그렇습니다. 이 두 경우에는 *-r-*과 같이. 그로부터 파생된 *pobratimŭ*는 "형제 의식을 통해서 형제가 된 이".

슬라브어족 언어에는 까다로운 용어가 있습니다. 일상적으로 사용하는 말인 *bate*인데, 아버지를 가리키는 표현적 단어로 감정을 담은 성격을 지닙니다. 하지만 애초에는 손위 형제를 가리킨 것으로 보이며, 어쩌면 *bratrŭ* 형태를 아이들 언어로 단순화한 것일지도 모릅니다.

손주를 가리키는 *vŭnukŭ*, 증손주를 가리키는 *vŭnuka* 용어들은 제가 보기에는 인구어에 기원을 둔 것 같으며, 이 용어들에 가장 가깝게 대응하는 것은 독일어의 *enkel*로 보입니다.

부계혈족인을 가리키는 *Ožika*는 문자 그대로는 '연결된'이라는 뜻입니다. 구-러시아어의 법률용어로 가족공동체를 가리키며 문자 그대로 줄을 가리키는 *vjrvj*를 참조하십시오. *ožika*의 종류로는:

-아버지의 형제를 가리키는 *stryi*, 그리고 어머니의 오라버니/남동생을 가리키는 ui는 모두 어쩌면 인구어 기원을 가질 것입니다. 파생어로서 자매/누이/여동생의 아버지를 가리키는 *stryja* 또는 *strynja*가 있습니다만, 아이들의 단어인 *teta*로 빈번하게 대체되며 후자는 일반적으로 어머니의 자매를 가리키기 위해 쓰입니다.

-*synŭ*의 파생어인 *synovĭcĭ*는 기준이 되는 남자 형제의 아들을

가리킵니다.

-기준이 되는 남자의 누이/여동생의 아들을 가리키는 *netti*는 인구어에 기원이 있습니다. 딸에 대응하는 용어는 *neti*이며, 속격은 *netere*/형성소 *-r-*/.

-기준이 되는 여자의 오라버니/남동생의 아들을 가리키는 *bratišti* 또는 *bratanŭči*, 그리고 딸에 대응하는 *bratičina* 또는 *bra- tanica*는 모두 *bratru*에서 파생되었으며, 이는 문자 그대로 오라버니/남동생의 아들과 오라버니/남동생의 딸을 가리킵니다. *Sestra*에서 파생된 것으로는 기준이 되는 여자 자매의 아들을 가리키는 *sestrišti*와 자매[9]에 대응하는 *sestričina*가 있는 등 그렇습니다. 그것들은 문자 그대로 자매/누이/여동생의 아들/딸을 가리킵니다.

사촌 관계를 나타내는 용어는 겨우 조금만 발달되어 있습니다. 사촌을 가리키는 파생어인 *bratanŭ*를 비롯해 몇몇 있긴 합니다만, 보통 사촌을 가리킬 때는 형제/오라버니/남동생과 자매/누이/여동생을 가리키는 단어를 쓰며 가끔은 그 정도를 구체적으로 드러내는 형용사를 붙이기도 합니다.

부부 관계를 가리키는 용어들은 간단하게도 남자를 가리키는 *moži*와 여자를 가리키는 *žena*이며, 이들은 모두 인구어로부터 옵니다. 후자로부터 파생된 *ženixŭ*는 어린 신랑을 가리킵니다. 약혼녀를 가리키는 *nevěsta*는 문자 그대로 알려지지 않은 이를 가리킵니다. 몇몇 슬라브어 학자는 이를 두고 나중에 가져다 붙인 일종

---

9 [역주] "딸에 대응하는"의 오류로 보인다.

의 민간어원이 아니냐며 이 단어가 애초에는 가장 새로운 여자 또는 새로 온 여자를 가리켰던 것으로 봅니다. 남편과 부인 모두의 경우 그 기원이 논란이 되는 용어쌍인 *malǔžena*가 있습니다. 가장 주된 부인은 *vedenica* 또는 *vedovica*라고 불렸으며, 이는 '안내하다'의 의미인 동사 *vesti*로부터 왔으며, '결혼하다'의 의미도 가지고 있었습니다. 다른 부인들은 *xotj*라고 불렸는데, 이는 '원하다'의 뜻을 가진 *xotěti*로부터 옵니다.

-아들의 또는 형제/오라버니/남동생의 부인을 가리키는 *sn/xa*는 인구어의 유산

-남편의 아버지를 가리키는 *svekrǔ* ─ 인구어, 재귀대명사인 *swe-*, *-r-* 형성소─, *svekry*, 남편의 어머니;

-*děverj*, 남편의 형제 ─ 인구어, 형성소 *-r-*;

-*jetry*, 남편의 형제의 부인 ─ 인구어, 형성소 *-r-*;

-(원형은 아마도 *zǔly*인) *zǔlǔva*, 남편의 누이/여동생-인구어;

-*zetǐ*, 자매/누이/여동생의 또는 딸의 남편 ─ 인구어;

-*tǐstǐ*, 부인의 아버지, 이것의 원래 어근은 아마도 옹알이로부터 온 *tit-*일 것이다. 파생어는 *tǐšta*, 부인의 어머니;

-*šuri*, 부인의 오라버니/남동생, 형성소 *-r-*?? ─ 불확실한 어원, 어쩌면 매미, 전갈, 지렁이를 가리키는 *šturǔ*와 연관이 있을지도 모르겠지만 (선사préhistoire에서 선pré-과 동등한) 접두사 *pra-*와 결합하면 *prašturǔ*가 되며, 가장 오래된 슬라브어 글들에서 이는 증조할아버지와 증손주를 동시에 가리키는데, 정말 골치가 아픕니다!

-*svěstǐ* 또는 *svǐstǐ*, 부인의 자매, 이는 아마도 어근에 재귀대명사

를 지닌 것으로 보입니다.

-*svojakŭ*, 기준이 되는 여자의 자매의 남편/*zeti*, 기준이 되는 남자의 누이/여동생의 남편. 어근은 대명사 *suus*입니다.

-*svatû*, 부인의 아버지와 관련하여 남편의 아버지, 그리고 그의 역 재귀대명사는 어근 안에 있습니다.

인척 관계의 모든 부모는 *blizoka*이며, 이는 문자 그대로 가까운(이)을 뜻합니다.

이 자료들에 대한 당신의 결론을 전해받을 수 있기를 바랍니다.

파리 16구, 델로가 13   [1948년] 3월 6일

친애하는 로만에게,

무얼 하며 어떻게 지내시는지요? 당신의 소식을 들은 지 세월이 많이 흐르기도 했거니와 자주 보는 코이레 씨 역시 당신과 스바티아[1] (이렇게 쓰는 게 맞다면, 그리고 이름으로 그를 불러도 된다고 하신다면) 두 분께서 감감무소식이라 답답해하고 있습니다. 체코에서 일어난 일련의 일들로 두 분께서 분명히 크게 상심하셨으리라 저희 모두 생각하고 있습니다.[2] 하지만 이런다고 실제로 무엇이 변하기야 하겠습니까? 어쨌든 이곳에서는 사람들이 반공산주의를 근래 지나치게 주창한 것은 아닌가 걱정하면서 극좌파의 지지를 다시 얻고자 민첩하게 노력하고 있습니다. 하지만 제 생각에는 우리가 처한 위험은 이것이 아닙니다. 요즘 이 나라

---

1   스바타나 피르코바 야콥슨Svatava Pírková Jakobson, 1908–2000, 스바티아로 알려진 그는 야콥슨의 두 번째 부인이다. 체코 출신의 언어학자이자 민속학자로, 로만 야콥슨이 체코슬로바키아에 살던 때 그를 만나 결혼했다. 그가 뉴욕으로 망명할 때 함께하며, 1949년 로만 야콥슨과 하버드 대학 슬라브학과에 합류하여 18년간 활동한다. 이들은 1967년 이혼한다.
2   1948년 2월 17일부터 25일 사이 체코 공산주의자들은 소비에트연방의 지원으로 체코슬로바키아 공화국의 실권을 잡는다. 동유럽 전역에 걸쳐 대중민주주의의 등장을 알린 이 사건들은 "프라하 쿠데타coup de Prague"라는 표현으로 알려져 있다.

는 드골주의에 치우쳐 있으며 선거에서 장군이 여유 있게 과반수를 차지할 것입니다. 얼마나 갈지는 잘 모르겠습니다. 경제 상황은 확실하게 재건되는 단계에 이르렀습니다. 분명 아직 세 달은 지나야 합니다. 동맹파업과 붕괴 없이 6월에 이른다면 모든 것이 아주 빠르고 바람직하게 바뀔 수 있을 테지요.

저는 대학 출판사와 논문을 출판하기로 계약했습니다. 18개월 걸릴까요? 더 걸릴까요? 또한 타자기를 쓰기로 결정했습니다. 모든 것을 다시 치고, 다시 고쳐야 했답니다! 완전히 마무리된 글을 보자니 멀미가 날 지경입니다… 논문 심사는 5월 15일과 6월 15일 사이에 있을 예정입니다. 이와 관련해 당신께 부탁드릴 것이 있습니다. 논문 심사단에 방베니스트가 포함되도록 제가 무던히 애를 쓰고 있는데, 오직 그만이 제가 하려는 일을 이해할 수 있기에 그의 참석은 저에게 매우 값진 일입니다. 그래서 당신께서 제게 약속하셨던 슬라브어 체계에 대한 필기들을 최대한 빨리 받고 싶습니다. 왜냐하면 방베니스트는 분명히 인구어에 관한 문제들을 저에게 깊게 물어볼 텐데, 저는 심사 당일 이 문제에 대해 가장 명확한 생각을 가지고 싶기 때문입니다. 미리 감사드립니다. 그런 생각을 하던 도중, 이사를 하다가 제게 빌려주셨던, 그리고 제가 실수로 챙겨버린 컬럼비아 대학 도서관의 책(다비Gerores Davy),《맹세한 신앙》)을 찾았습니다. 믿을 만한 사람이 나타나는 즉시 그의 편에 이 책을 돌려드리겠습니다. 저는 두 편의 연구 논문을 마무리했습니다. 하나는 민족학의 아카이즘에 대한 것이며, 이는 루시앙 페브르의 〈아날Annales〉에 실릴 예정입니다.[3] 다른 하나는《종교사 학회지Revue de l'histoire des religions》를 위한 것으

로 샤머니즘과 정신분석학의 관계를 다뤘으며, 우리가 그동안 나눴던 대화 주제 중 꽤 많은 것을 보실 수 있을 것입니다. 제목은 '상징효율성L'efficacité symbolique'입니다.[4] 또 다른 여러 가지도 준비 중입니다. 《심리학회지Journal de psychologie》를 위해서 하나, 《형이상학 윤리학회지Revue de métaphysique et de morale》를 위해 또 하나, 정말이지 이곳에서는 얼마나 사방팔방으로 글을 쓰게끔 하는지 도무지 짐작하실 수 없을 것입니다. 이미 저는 세 권의 책을 청탁받는데, 포틀래치[5]에 대한 책 딱 하나만 받아들일 생각입니다. 그렇지만 이럴 때 아주 조심해야 할 점은 어떤 부탁이나 요구에 따라 연구 작업이 결정될 위험이 있다는 것, 당시의 어떤 간청에 이끌려 사유하는 자세입니다. 저희의 정착은 이제 끝났고, 부활절 방학 다음 날이면 완전하게 마무리되는데, 저는 완전히 지쳐버려 부활절을 시골에서 보낼 수 있기를 바라고 있습니다.

마지막 요청을 하나 드립니다. 컬럼비아 대학 도서관에서 밑에 적어둔 책을 제게 보내도록, 그리고 비용은 이러한 목적에 할당된 제 예산을 운영 중인 니콜 드 소쉬르Nicole de Saussure에게 부

---

3   마침내 〈민족학에 있어 아카이즘이라는 용어 La notion d'archaïsme en ethnologie 〉는 《국제 사회학 연구지 Cahiers internationaux de sociologie》에 게재된다(12권, 1952, 3-25쪽; 《구조인류학 Anthropologie structurale》 6권에 재수록).

4   《종교사 학술지 Revue de l'histoire des religions》, 135권, 1호, 1949, 5-27쪽; 《구조인류학》, 10장에 재수록.

5   포틀래치potlatch는 북아메리카 북서쪽 지방에 사는 원주민들에게서 발견되는 관습으로 간혹 값비싼 선물들로 경쟁하는 형태를 취하기도 하는 등 선물을 주고받는 의식들을 가리킨다. 이것은 특히 마르셀 모스가 《증여론 Essai sur le don》에서 연구한 바 있는데, 이 책은 《친족의 기본 구조》, 즉 혼례 규칙들은 여성의 교환-증여 규칙들이라는 가설에 기반한 연구에 영감을 주었다. 클로드 레비스트로스는 포틀래치에 대한 책을 쓴 적은 없지만, 모스의 저서들을 모은 문집(1950년 3월 27일 자 편지 참조)의 머리말을 쓰며 증여에 대한 주장 몇 가지를 제시한다.

탁해 돌려받도록 해주실 수 있겠습니까? 미리 감사드립니다.

나델 S. F. Nadel, 《누바족 *The Nuba*》, 옥스퍼드 대학 출판사, 뉴욕, 11달러.

두 분께 저희의 가장 신실하고 우정 어린 마음을 담아 드립니다.

클로드

파리 16구, 델로가 13 [1948년] 5월 20일

친애하는 로만에게,

12일 자 편지와 슬라브어 체계를 보내주셔서 진심으로 감사드 립니다. 후자는 더더욱 반가운 것이 15일 뒤 — 정확히는 6월 5일 — 논문 심사가 있을 예정이기 때문입니다. 심사위원들은 다비, 그리올, 바예(서지학자가 말고 사회학자), 방베니스트, 그리 고 에스카라Jean Escarra(중국 전문 법학자)입니다.[1] 슬라브어 체계 에 대해서는 조금 뒤에 적겠습니다. 나델의 책도 감사드리며 잘 받았습니다. 《이고르》도 감사드리며, 잘 받았다고 바로 말씀드리 지 못해서 죄송합니다. 당연히 책을 읽었습니다만, 가치 있는 의 견을 드리기에는 제가 너무 무지하게만 느껴집니다. 논증을 해나 가는 힘이 아주 인상적이며 당신께서 옳다는 점을 의심하지 않

---

1 39세의 클로드 레비스트로스는 소르본에서 국가 박사 논문 심사를 통과하는데, 그때 심사위원들의 역량은 다양한 지역을 연구하고 그 방법론 및 주제에 있어서 폭이 큰 학 위 통과자의 연구와 맞닿아 있었다. 조르주 다비Georges Davy, 1883~1976, 소르본 사회 학과 교수, 철학 교원 자격 심사위원회장이자 에밀 뒤르켐Émile Durkheim의 제자로 법 관련 연구자이다. 마르셀 그리올Marcel Griaule, 1898~1956, 아프리카 민족학 연구 자, 소르본 교수로 도곤족 전문가이자 다카르-지부티 원정의 기획자이다. 알베르 바 예Albert Bayet, 1880~1961, 도덕 현상들을 연구한 사회학자, 사회주의자, 소르본 교수 이다. 에밀 방베니스트, 장 에스카라Jean Escarra, 1885~1955, 중국 전문 법학자이다.

습니다. 다만 편집자가 너무 교과서적인 소개를 했다는 점이 아쉽습니다. 프랑스에 여러 부수가 들어온 것으로 알며, 전문가들이 책에 대해 많이 언급하는 점도 압니다. 하지만 이는 모두 전해들은 이야기인데, 제가 슬라브 전문가들과 교류가 없기 때문입니다. 등기 소포로 다비의 책과 베이의 책을 보내드렸다고 이참에 말씀드려야겠군요. 이 책들이 별 탈 없이 당신께 잘 전달되기를 바랍니다. 메이예Antoine Meillet에 관해서는 제가 자문을 구한 전문 서점들(클린크지크Klincksieck, 메종뇌브Maisonneuve, 브랭Vrin)이 입을 모아 말하기를 그 책은 기적이 없고서는 도무지 어디서도 찾을 수 없다 합니다. 아무튼 혹시라도 일어날지 모르는 모든 상황에 대해서 제가 계속 주의를 기울이겠노라 약속드립니다. 제게 말씀해 주셨던 학회의 제목("환원, 인과, 그리고 피드백 메커니즘…")에 정말이지 아주 관심이 많이 가는군요. 글로 발표됐을지요? 만약 그렇다면 제게 보내주실 수 있을까요? 미리 감사를 드립니다.

제 일에 대해 말씀드리자면 고등연구원의 수업이 곧 끝나가는데 아주 훌륭한 학생들과 함께했습니다(한 명은 전직이 식자공이었는데, 28세 때 중국어와 티베트어를 배우기로 결심하고는 해내기도 했거니와 남아시아 민족학 분야를 전문적으로 연구하고 있습니다).[2] 이 청년들이 어떠한 견고한 직업도 보장받지 못한다

---

2 고등실천연구원의 제6분과(경제과학 및 사회과학)의 수업을 가리키는데, 신설된 독창적인 이 연구원은 루시앙 페브르Lucien Febvre가 세우고 맡다가 페르낭 브로델 Fernand Braudel이 그 뒤를 이어 맡는다. 여기서 언급된 학생은 루시앙 베르노Lucien Bernot로 향후 동파키스탄 전문가가 되며 "라카인 농민들paysans arakanais"에 대한 논문을 쓰기도 했으며, 마침내 콜레주 드 프랑스 교수가 되어 1978년부터 1985년까지 "동남아시아의 사회지학Sociographie de l'Asie du Sud-Est" 석좌교수 자리를 맡는다.

는 현실이 아쉬울 따름입니다. 7월 학회는 결정하셨는지요? 저는 필시 파리에 더 이상 있지 않고 6월 말에 떠날 생각입니다. 하지만 그 전후로 세벤에 있는 저의 집에서 몇 주 정도 지내시는 방법을 한번 고민해 보시기 바랍니다. 소박한 생활밖에 없는 곳이지만 경치가 끝내줄 뿐만 아니라 프랑스와 프랑스 사람들의 꽤 덜 알려진 모습들을 알아갈 수 있는 곳입니다. 만약 대서양을 건너기로 결정하신다면 언제 여유가 되실지 제게 편지 써주시기를 바라며, 그러면 제가 발레로그Valleraugue[3]에 (어원은 불분명합니다만, *vallis Heraugi* — 에로Hérault에서 오는, 기원이 그곳에 있는 —, 또는 *vallis acuarum*, 가을에 비가 많이 오기 때문에, 그리고 여기서 저희 산의 이름이 옵니다: 에구알Aigual) 들르시는 방법을 자세히 보내드릴 텐데 짧은 답사가 될 것입니다(파리에서 19시에 떠나서 다음 날 13시경 도착합니다). 말씀이 없으셔서 혼자 오실지 두 분이 함께 오실 알 수 없지만, 그래도 혼자든 두 분이든 오실 것이라고 믿고 있겠습니다.

이제 슬라브어 체계에 대해 말씀드리고자 하는데, 제가 아직 많이 생각하지는 못했습니다만, 특히 여성형 용어들이 제기하는 문제, 곧 여성만 고유로 사용하는 것처럼 보이는 용어들이 남성에게도 그러한지, 아니면 두 성에 관계없이 사용하는지의 문제가 아주 고약하다는 것을 알 수 있을 정도입니다. 길랴크어 체계에도 똑같은 문제가 있지만, 정보가 더 넉넉합니다. 가장 중요한 문제는 *prasturu*에 대한 것입니다. 하지만 그 단어가 나를 기준으로 자

---

3 발레로그는 1920년대 후반 그의 부모가 구입한 집으로, 비강Vigan 위쪽에 있는 세벤 산맥 속, 에구알 산으로 가는 길에 있다.

신의 증조부와 증손주를 가리키는 이름인지, 아니면 친족성에서 이 두 정도가 역의 관계로 있는지 알아봐야 합니다. 한 경우에는 이 용어가 7대에 거쳐 떨어진 개인들을 식별하며, 다른 경우에는 단지 4대만 식별될 뿐입니다. 어쨌든 세 가지 해석이 가능합니다. 첫 번째 해석은 호주식의 부부층classes matrimoniales 체계라는 가설에 기반하고 있는데(헬트Held의 상반되는 주장에도 불구하고), 인도나 유럽에 이러한 체계가 있다는 어떤 증거도 없기 때문에 이에 대해서는 바로 넘어가겠습니다. 또한 7대마다 다시 나타나는 식별 과정을 그리기 위해서는 엄청나게 복잡한 체계가 있어야 합니다. 다르게 말하자면 슬라브어 체계가 단지 연속적인 5대 사이의 일원들만 (기준이 되는 이, 그로부터 위로 둘, 밑으로 둘) 가리킬 수 있는 용어로 줄어든다고 보는 것입니다. 이 경우, 접미사 pra-는 쉽게 설명되는데 왜냐하면 이때 문제가 되는 개인들은 체계 밖에 있는 것 중에 최초의 것들이기 때문입니다. 아프리카에도 이러한 종류의 구조들이 있습니다만, 확실하지 않은 상태에서 일반화를 하기는 꺼려집니다. 더군다나 슬라브어의 현상은 고립된 것이 아닙니다. 인도의 경전들을 보면 파니니어로 *gōtra*는 손자와 함께 시작되었다는 구절이 있는데, 그 해석이 불분명한 데다 가장 최근의 해석으로는 브로우John Brough가 《대영제국 왕립 아시아학회지*Journal of the Royal Asiatic Society of Great Britain*》, 1946년, 1-2부에 실은 것이 있습니다만, 저는 다음의 두 이유로 그 해석에 동의하지 않습니다. 규칙이 꼭 힌두어의 것만은 아닙니다. 슈레더F. Otto Schräder에 따르면 리투아니아어의 *anukas*=증선조(증손자), 그리고 인도에서부터 중국에 이르기까지 선조

들을 두 묶음으로 나누는 각자만의 방식이 있으며 (중국에서는 2내-5내와 6내-7내, 인도에서는 2내-4내와 5내-7내) 이 중 첫 묶음에 대해서는 완전한 숭배 의식을, 두 번째에 대해서는 축소된 숭배 의식을 갖춥니다. 제 책에서 이 현상에 대해 만족스러운 설명을 제시하지는 못했습니다만, 그것을 동족 외 결혼 법칙의 주기성과 관련된 것으로 필시 보아야 합니다. 중국, 남아시아, 인도, 시베리아, 몽골족부터 카자흐족에 이르기까지 나타나는 이 주기성이 드러내는 바는 곧 어느 계보가 (길랴크의 경우처럼) 2세대에서 (부리아트Buriat의 경우처럼) 9세대까지 같은 인척 관계에 충실한 채로 이어져 왔을 때 비로소 그로부터 새로운 주기의 인척 관계가 창시될 수 있다는 것입니다. *Prašturu*라는 말이 시사하듯 곧 7대에 걸친 주기는 카자흐족에게 있습니다.[4] 그것이 무엇이건 간에 이 문제가 제게 더더욱 어렵게만 느껴지는 까닭은 *prašturu*식의 규칙을 통해 내포된 이 구조적 현상은 동방과 극동방에서는 아주 일반적인 것처럼 보인다는 점이며, 이는 이제 갓 프랑스어로 번역된 블라디미르트소프B. Vladimirtsov가 쓴 몽골족에 대한 책을 읽으면서 다시 한번 확인하게 되었습니다. 또한 제 책에서 발전시키면서 검증하지 못했던 저의 여러 생각을 이 책이 뒷받침해 준다는 것도 알게 되었습니다.

나머지를 말씀드리자면 *zeti*가 가진 두 가지 뜻이 흥미로운

---

4 우리는 이 지점에서 클로드 레비스트로스가 제시하는 친족 문법의 핵심에 이른다. 이 "주기들cycles"은 상호성의 주기로서 그 끝자락에 이르면 원래 집단에 속하지 않은 다른 외부 남성들에게 준 누이/여동생 또는 딸들이 n세대를 지나 부인으로 다시 돌아온다는 것이다. 이것은 제한된 교환(즉 단순한 이원 체계도, 일반화된 교환도 아닌)의 한 경우로서 간접적이고 지연된 상호성이 그 특징이다.

데, 이는 *gambros*의 존재를 확증해 주기 때문입니다. 반면 *avus–avunculus*와 대칭하는 확장은 찾지 못했는데, 필시 슬라브어 체계에는 조부모를 가리키는 말들이 완전히 무너졌기 때문입니다. 마지막으로 *suri*는 한정적으로 부인의 오라버니/남동생을 가리킨다는 점, 그리고 자매/누이/여동생의 남편을 가리키는 용어가 빠졌는데 아직 찾아내지 못하셨더군요. 하지만 리투아니아어의 *swainus*, 즉 자매/누이/여동생의 남편과 *laigonas*, 즉 부인의 오라버니/남동생이 증명하듯 그 용어가 존재하리라고 확신하며 이로부터 저의 마지막 질문이 생깁니다. 당신께서는 모든 인척을 *blizoka*라고 하셨습니다. 하지만 인척을 가리키는 또 다른 어근이 분명히 있으며, 이는 다른 여러 인척 관련 용어가 증명하듯 sv-식입니다. 따라서 인척 관계를 두 개로 분류할 수 있지 않은지, 즉 sv-는, 제가 보기에, 나(남자)와 인척 관계인 사람들(=나의 장인, 장모)로 한정되어 있고, *blizoka*나 (제가 어원을 찾지 못하는) 리투아니아어의 *laigonas* 너머에는 (나의 자매/누이/여동생과 또는 나의 딸들과 결혼함으로써, 즉 사위) 나와 인척 관계인 사람들(남자들)을 가리키는 어떤 것이 있다고 말입니다. 이 점이 분명하게 밝혀지지 않는 한 이 문제에서 빠져나올 수 없다고 봅니다.

계속 이 문제를 생각해 보겠으며, 당연한 말이지만, 제가 어떤 결론에 이른다면 당신께도 알려드리겠습니다.

당신의 참으로 신실한,

그리고 다시 한번 감사드리며,

클로드

1948년 5월 29일

친애하는 클로드에게,

방금 막 받은 당신의 아주 흥미로운 편지에 감사드립니다. 당신의 논문 심사 전에 그 질문들에 대답하기 위해서 서둘러 봅니다. 자매/누이/여동생의 남편을 가리키는 명사가 무엇인지 물어보셨는데, 그것은 *zetj*이며, 이는 *sn/xn*이 형제/오라버니/남동생의 부인과 아들의 부인을 동시에 가리키는 것처럼 딸의 남편을 가리키는 명사와 같기도 합니다. 리투아니아어의 *avainis*는 자매/누이/여동생의 남편과 부인의 오라버니/남동생을 동시에 가리킵니다. 리투아니아어의 방언 용어이자 아마도 더 옛 어법인 *laiguonas*는 부인의 오라버니/남동생을 가리키며, 이는 발드Aloïs Walde-포코르니Julius Pokorny가 밝히듯 인구어 어근 *leig-*, 즉 연결 짓다(인구어에서 연결 짓다를 뜻하는 또 다른 어근인 *dhendh-*로부터 파생된 그리스어의 *pentheros*, 즉 부인의 아버지를 참조하십시오)로부터 파생되었습니다. 발드-포코르니는 이 리투아니아어의 단어를 그리스어의 *loigôntían fratrían*과 연관 짓습니다. *Praščur*는 슬라브어의 옛 어법인데 글에 그다지 많이 등장하지 않습니다. 제가 보기에 이 단어는 증조부와 증손자의 역을 가리

키는 용어로 보입니다. 저는 고대 러시아어의 *prascur* 또는 고대 교회 슬라브어의 *pratur*가 부인의 오라버니/남동생을 가리키는 어근인 *sur*-와 어원적 관련성이 있다고 의심치 않습니다. 이 관련성은 **kseur*-와 **skeur*- 같은 소리 형태들이 번갈아 나타나는 것을 전제로 할 것입니다. 고대-인도어의 *syala-h*, 즉 부인의 오라버니/남동생과 슬라브어의 *sur*-의 관계를 정하기 위해서는 이 점을 연구해야 할 것입니다. *Sw*-를 가진 총칭적인 용어에 대한 당신의 가설은 정확합니다. 고대 러시아에는 이러한 역할을 위해 아주 드물게 사용되면서 옛 어법인 *svoiein*-과 그의 복수형인 *svoici*가 있었습니다. 현대 러시아어의 민중 언어에는 이 역할을 하는 *svat*-가 있는데, 이때 그 뜻은 더 일반화되어 고대 러시아어 글들에 이미 그러한 뜻으로 쓰였습니다. *Bliozak*의 원래 뜻에 대한 당신의 가설에 대해 말하자면, 이 단어가 쓰인 고대 러시아 글이 너무도 수가 적어서 사라지기까지 했으니 이를 검증하기란 어렵습니다. 문제가 되는 대목들은 제가 더 검토하겠습니다.

학생들 시험을 수없이 치르고 나니 지금 아주 피곤합니다. 곧 다시 편지를 드리겠습니다. 그리고 두 분께 진심 어린 마음을 담아 드립니다.

당신의 충실한 벗
로만 야콥슨

파리 16구, 델로가 13 　　　　　　　　　　　[1948년] 7월 4일

친애하는 로만에게,

답장이 이렇게나 늦어져서 죄송합니다. 그래도 지난번 당신의 편지로 어쩌면 당신이 언어학회에 오시리라는 희망을 가졌습니다. 제 논문 심사뿐만 아니라 제작이 만족스럽게 진행되어 가는 책의 교정쇄를 손보느라 할 일이 참 많았습니다. 개학할 때면 분명 책이 출판될 것입니다.

논문 심사에 대해서는 말씀드리지 않겠습니다.[1] 정말이지 긴 고역이었으며, 심사위원 중에 방베니스트만이 유일하게 제가 무엇을 하고 싶은지 이해했습니다. 그렇지만 모두 아주 상냥했으며 이제 저는 홀가분합니다. 그로부터는 (한 달밖에 안 됐습니다) 방베니스트와 저는 힌두어, 이란어, 그리스어의 친족에 대해 긴 서신을 교환하고 있습니다. 그가 아주 조심스럽게 격식을 차리지만 않는다면, 우리는 아주 잘 지낼 겁니다. 그는 지극히 조심스럽고 신중한 태도로 이제 겨우 저에게 어떤 정보를 조금씩 건네주거나 어떤 문제에 대해 제 의견을 구할 뿐입니다. 여하튼 그 편지들

1　논문 심사는 1948년 7월 5일 소르본 대학에서 이뤄졌다.

은 제 작업의 남은 부분들을 준비하는데 기여하고 있습니다. 그렇지만 작업에 완전히 몰두하기 전에 저는 《기본 구조들》의 출판과 그에 대한 대중의 반응을 기다려 보려고 합니다. 쉬는 동안 저는 원시예술과 현대 예술과의 관련성에 대한 책을 시작했는데 조금 더 가벼운 책입니다(그렇다 하더라도 전혀 덜 구조주의적이지 않습니다).[2] 이 책은 이전 책보다 더 넓은 독자층을 위해 쓰였으며 경력의 측면에서도 쓸모없는 일은 아닐 것입니다. 린하트가 최근 고등연구원에서 은퇴했으며, 후임 자리에 제가 지원한 상태입니다. 선출은 개학에 맞춰, 즉 11월에 이뤄질 것입니다. 제게 많은 가능성이 있습니다만 갖가지 술책이 난무하는 상황이며, 코이레가 9월 미국에 갈 때 당신께 말씀드릴 것입니다. 그는 이 문제를 굉장히 심각하게 받아들였으며 저를 위해 많이 애써주었습니다.

고대 슬라브어 친족 체계에 대해 깊이 숙고하다가 아주 대담한 가설들을 세우기 이르렀는데, 그 가치가 무엇인지 당신께 말씀드리고자 합니다. 출발점은 구조적 비대칭성인데, 이것은 내 혈통을 **맺는** 인척 결합들의 측면에서, 그리고 내 혈통과 **함께 맺어지는** 인척 결합들의 측면에서 (이 둘은 같지 않습니다. 왜냐하면 자매/누이/여동생의 남편≠부인의 오라버니/남동생) 모두 되풀이됩니다. 첫 측면에 관해서는 *snuxa≠žena*가 있습니다. 즉 부인과의 관계는 아버지 쪽의 백부/숙부의 경우와 같습니다. 조카의

---

2 레비스트로스가 쓰지 않은 책이다. 미학적인 관심사는 언제나 그의 삶을 따라다녔는데, 어떤 면에서 보자면 그의 궁극적인 작품 안에 그러한 태도가 배어 있다. 《바라보기 듣기 읽기*Regarder écouter lire*》(1993)에서 그는 근대 예술(프루스트Marcel Proust, 말라르메 Stéphane Mallarmé 등), 고전 예술(라모Jean-Philippe Rameau, 푸생 Nicolas Poussin), 원시예술(식물 섬유 길쌈)을 함께 다루면서 이것들을 서로 견준다.

경우 그 관계가 형제/오라버니/남동생과 아들의 경우가 서로 같지 않습니다. 이 현상은 *zeti≠netii*의 경우에도 반복해서 나타나는데, 이것이 함축하는 바는 다음과 같습니다. 인척 관계는 형부/매부(자매/누이/여동생의 남편)의 경우와 사위의 경우가 서로 같습니다. 반면 자매/누이/여동생 남편의 경우와 조카의 관계는 서로 같지 않습니다. 또 한편으로는 만약 아버지가 자신의 아들처럼 결혼을 했다면(*zeti*, 즉 자매/누이/여동생의 남편=*zeti*, 딸의 남편인 것으로 미루어보아), 그리고 딸이 어머니처럼 결혼을 했다면(*snuxa*, 형제/오라버니/남동생의 부인=*snuxa*, 아들의 부인인 것으로 미루어보아) 다음과 같은 경우가 있어야 할 것입니다. 어머니의 오라버니/남동생=부인의 아버지. 하지만 *ui≠tist*이므로 그렇지 않습니다.

이렇듯 두 개의 균형과 세 개의 불균형이 있으며, 이는 다음의 방식으로 생길 수 있는 하나의 체계를 이룹니다.

1) 내 아들의 결혼은 내 형제/오라버니/남동생의 결혼의 함수이며, 이는 내 자신의 결혼과 내 형제/오라버니/남동생의 결혼이 서로 다른 공식들을 따른다는 조건하에 성립합니다.

2) 내 딸의 결혼은 내 자매/누이/여동생의 결혼의 함수이며, 이는 내 사위의 결혼과 내 자매/누이/여동생의 결혼이 서로 다른 공식들을 따른다는 조건하에 성립합니다.

또는 모두 간단하게 말하자면:

1) 내 형제/오라버니/남동생과 내 아들이 결혼하는 여자들은 같은 혈통입니다. 반면 내 형제/오라버니/남동생과 내 자신이 결혼하는 여자들은 서로 다른 혈통입니다.

2) 내 자매/누이/여동생과 내 딸이 결혼하는 남자들은 같은 혈통입니다. 반면 내 자매/누이/여동생의 아들들이 결혼하는 여자들은 서로 다른 혈통입니다.

우선 첫눈에는 이러한 체계를 지탱하는 이론적 조건들을 추론할 수 있습니다. 그것이 존재하기 위해서는 다음이 필요충분해야 합니다.

a-사회적 단일성unité sociale은 형제들, 이 형제들의 아들들과 그 부인들, 그리고 결혼하지 않은 딸들 따위로 이루어진 집합적 혈통이며,

b-어떤 혈통 L에 있어서 그 혼인 관계들은 다른 혈통들 M, N, O, P, Q 등등과 함께 다음의 규칙을 따라야 한다. 만약 형제 1(L)이 M의 여자와 결혼했고, 형제 2(L)가 N의 여자와, 형제 3(L)은 O의 여자와, 이처럼 계속 나간다고 할 때, 형제 1(L)의 아들은 N의 여자와 결혼할 것이고, 형제 2(L)의 아들은 O의 여자와, 형제 3(L)의 아들은 P의 여자와 등등, 이와 같이 된다.

이러한 모든 재구성은 물론 자의적입니다. 하지만 (이론적 엄밀성에 따라서) 거기서 brastsvo에 나타나는 집합성의 형식이 발견됩니다. 둘째로, 이러한 재구성은 prašturu를 설명하는 해석을 가능하게 합니다. 왜냐하면 만약 대략적으로 유지되는 어떤 방법으로 다섯 명의 (또는 그 어떤 다른 수의) 형제들로 이루어진 가족을 생각해 본다면 어떤 주기성이 생길 텐데, 이는 곧 매 3대, 4대 또는 5대마다 내 자손 역시 나와 마찬가지로 내가 속한 친족 체계의 형식에 따를 것이라는 점입니다. 즉 내 증조부가 M의 여자와 결혼을, 내 조부가 N의 여자와 결혼을, 내 아버지가 O의 여

자와 결혼을, 그리고 내가 M의 여자와 결혼을 했다면, 따라서 내 아들은 N의 어자와, 내 손자는 O의 여사와, 내 증손자는 M의 여자와, 이런 식으로 될 것입니다. 이 부분을 말하면서 저는 인도-유럽 사회에는 필시 존재하지 않았을 오스트레일리아식의 엄격성을 따르는 혼인 관계의 계층들이 아닌 단지 대략적인 방법으로 되풀이되는 어떤 특수한 리듬 같은 것을 생각하고 있습니다. 이러기 위해서는 *prasturu*에 다음의 의미를 부여해야 할 것입니다. 엄격하게 위로 또는 밑으로 네 번째 세대의 일원이라는 의미 대신 멀리 떨어진 선조 또는 자손이라는 의미를 말입니다. 이것이 가능할까요?

만약 제 가설이 맞다면(그리고 거듭 말씀드리지만, 이 가설이 말하고자 하는 바는 모든 것이 실제로 정확히 그러해야 한다는 점이 아니라 이러한 무의식적인 모델에 부합하는 어떠한 경향이 있음을 요구한다는 점입니다), 우리는 다음의 내용을 쉽게 이해할 수 있을 것입니다. 1) 대다수의 인구어에 **아버지의 형제**라는 용어가 가진 중요성과 안정성stabilité. 이 특징이 굉장한 까닭은 일반적으로 이 용어가 세계 다른 지역의 체계들에서는 거의 주목받지 않기 때문입니다. 2) **어머니의 오라버니/남동생**이라는 용어의 불안정성. 왜냐하면 (여러 형제로 구성된) 어느 공동의 자신에게는 이 부모가 백부/숙부 이상도 이하도 아니거나 백부/숙부이면서 동시에 장인beau-père이거나 또는 동시에 매형/처남beau-frère의 아버지일 수도 있기 때문입니다. 또한 역시 인정해야 할 점은 혈통이 그들끼리는 서로 평행을 이루면서 방계혈족으로 굴절되어 뻗어나간다는 점, 즉 그들은 제가 혈통 다발paquet de lignées

이라 부르는 것을 이룬다는 점입니다. 그리고 이 다발의 기능적 통일성은 그들을 아울러 서로 다른 요소를 연결시키는 제가 **표본가계**la ligne exemplaire라 부르는 것으로부터 옵니다. 형제 1, 형제 2의 아들, 형제 3의 아들의 아들, 형제 4의 아들의 아들의 아들 등등을 가리키며, 이는 곧 같은 종류의 결혼(+)으로 약정된 개인들이 이루는 통시적인 전체를 가리킵니다. 이 표본가계는 평행하는 백부/숙부들과 조카들로 이루어져 있으며, 하지만 주기적으로 보자면 어느 증조카 다음의 이중 대칭double symétrie을 이해하더라도 말입니다.

- 손자들과 인척들의 동일시assimilation (-šturu)
- (인척이 아닌) 조카들과 손자들의 동일시(nep-)

그런 반면 자손들은 다음과 같이 서로 구분되기도 합니다.

- 내 혈통을 이으면서 내 부모에 속하는 증손주들(vanuku)
- 내 증손녀들과 결혼함으로써 내 (먼) 사위들이 된 내 증손자들, (++)…의 자손들.

언어나 글이나 제도들 속에서 표본가계 개념의 흔적을 찾을 수 있는지요? 이에 대해서는 당신께서 말씀해 주셔야 합니다.

따라서 슬라브의 혼인체계는 아랍식 해결책의 변화된 형태일 것입니다.[3] 기원전 1000년쯤에 동방 사회를 위협하던 근친상간으로부터 (힌두의 동족혼, 이란과 이집트의 사촌혼consanguinité, 힌

---

3 "아랍 결혼mariage arabe "은 "가장 엄밀한au plus près " 결혼으로서, 신부를 맞이할 때 우선적으로 부계 측 백부/숙부의 딸과 결혼하는 것이다. 이것은 겉으로 보았을 때 클로드 레비스트로스의 주장과 충돌하는데, 왜냐하면 후자는 각기 다른 혈통끼리 여성을 교환하는 것을 전제로 하기 때문이다. 그러나 레비스트로스는 《친족의 기본 구조》에서 밝히기를 이러한 사회들에서 이와 같은 선택은 같은 형제자매들 안에서 그 것을 분리하려는 경향을 갖는다.

두, 이집트, 그리스, 이란의 딸에게 상속épiclérisme 따위) 벗어나기 위해서는 혈통을 방계혈족이 되게끔 거듭 늘리는 한편 형제/오라버니/남동생의 딸은 딸이 **아니라고** 결정하면(아랍식 해답) 됩니다. 즉 형제/오라버니/남동생의 아들은 형제/오라버니/남동생의 딸과 결혼할 수 있습니다. 또는 형제/오라버니/남동생의 부인은 어머니가 아니라고(슬라브식 해답), 즉 아들이 형제/오라버니/남동생의 부인의 자매의 딸과 결혼할 수 있습니다.

이다지도 긴 편지를 마치면서 재미있는 생각을 하나 말씀드립니다. 친족 체계의 형식적 특징들로부터 저는 언어 구조의 형식적 특징들을 연역해 보며 다음과 같이 말하고자 합니다.

1) 남아시아의 언어들은 논리의 차원에서 볼 때 단순한 구조를 가지지만 그 구조 안에서 수많은 요소는 자신의 자리를 분명하게 가지면서 서로 연결되어 있습니다.

2) 인구어 언어들은 논리의 차원에서 볼 때 단순한 구조를 가지고 있지만, 그 구조 안의 어느 하나의 같은 위치를 차지하기 위해서 수많은 요소가 서로 경쟁하고 있다는 점에서 복잡하기도 합니다.

3) 아메리카 언어들은 복잡한 구조를 가지고 있는데, 수많은 요소마다 각자 복수의 구조적 기능을 가지고 있습니다.

이것을 방베니스트에게 말했더니 내용은 맞다고 받아들였지만, 그가 보기에 언어에서 구조화는 오직 분별적 요소들의 차원에서만 존재하지 문법이나 어휘의 차원에서는 그것을 볼 수 없기 때문에 이러한 유사성은 의미가 없다고 했습니다. 그는 결국 무의식적인 생각 전체의 장場을 아우르는 형식적 구조들 따위는 없다고 봅니다. 당신께서는 이에 대해 어떻게 생각하시는지요?[4]

다음 주부터 9월 20일까지 저는 아래의 주소지에 있을 것입니다.

캉카브라Camcabra

발레로그(가르Gard)

좋은 휴가 보내시길 바랍니다. 부인께 제 안부를 전해주세요.

당신의 신실한 벗

클로드 레비스트로스

(+) 따라서 표본가계는 혈통 다발들이 서로 다른 높이에서 주기적으로 교차하는, 뉴욕의 열한 개의 대로들이 만들어내는 브로드웨이와 비슷하다고 할 수 있습니다.

(++) 또한 첨언하기로는 만약 *snuxa*가 *synu*에서 온다면.

-내 인척들은 아들들입니다.

그리고 *prašturu*의 경우에는.

-내 증손자들은 인척들(모계 인척들)입니다.

---

4 여기서 말하는 "재미있는 생각jeu"이란, 곧 클로드 레비스트로스가 아무것도 모른 채로, 그러니까 그가 모르는 언어들에 대해서, 언어들이 각각 속한 지역의 친족 체계에서 관찰할 수 있는 형식적 특성들이 그 언어들의 형식적 특성들과 같을 것이라는 전제로 그 언어들의 구조에 대해서 말하는 것을 가리킨다. 레비스트로스는 언어의 구조와 친족의 구조의 상응들에 대한 이러한 대담한 사변들을 다른 지역들의 경우도 추가하여 《언어와 사회*Langage et société*》를 출판한다. 원제목은 〈언어, 그리고 사회 법칙들에 대한 분석 Language and Analysis of Social Laws〉(《미국 인류학자*American Anthropologist*》, 53권, 2호, 1951, 155-163쪽), 《구조인류학》, 63-74쪽에 재수록).

파리 16구, 델로가 13   [1949년] 1월 9일

친애하는 로만에게,

당신께서 심각한 사고[1]를 당했다는 소식을 코이레 가족에게 전
해 듣고는 비탄하며 아연실색하고 말았습니다. 정말이지 불운한
일이며 특히나 안식년이시니 더욱 그렇습니다. 다행히 코이레 가
족이 당신의 상태에 대해 안심시켜 주었으며, 저도 로지에[2]의 경
우를 통해 미국 전문의들의 솜씨가 뛰어나다는 것을 잘 압니다.
따라서 확신하건대 몇 달 채 지나지 않아 금세 회복하실 것이며,
이 끔찍한 일은 그저 안 좋았던 기억으로 남을 것입니다. 그럼에도
당신의 소식을 직접 들으면 더욱 좋겠습니다. 서운한 건 아니지만,
당신께서는 6개월 전부터 별로 편지를 써주지 않으셨습니다…

　저에 대해서는 드릴 말씀이 몇 없습니다. 이곳에서는 모든 일
이 지독하게도 천천히 진행됩니다. 제 책의 제작은 6월부터 진행
되지 않고 있습니다. 모든 교정쇄의 교정을 보았지만 지면 구성

1　1948년 12월, 야콥슨은 자동차 사고를 당했다. 그는 두 다리가 부러진 채로 눈 위에
　홀로 남겨져 위스키를 비상 구급품 삼아 몇 시간 동안 누워 있었다.
2　앙리 로지에 Henri Laugier, 1888-1973, 저명한 생리학자이자 1939년 국립과학연구소
　의 첫 소장. 자유프랑스에 속한 전쟁 이후 고위 공직자의 길을 걸으며 외무부의 문화
　관계국을 신설한다. 나아가 그는 유엔 사무부총장을 역임한다(1946-1951). 힘이 있
　던 로지에는 레비스트로스를 후원하면서 콜레주 드 프랑스에 지원하도록 격려한다.

을 여전히 기다리고 있습니다. 그리고 중요하다고 생각하는 여러 논문을 썼습니다. 학술지들이 재정 부족의 이유로 발행되지 않고 있기 때문에 출판되지는 않을 것입니다. 따라서 저는 제 저작권들을 조금 손봐야 했으며, 이는 제가 여러 고민과 내키지 않는 마음을 딛고서 어느 프랑스-영국 출판사와 민족학 입문서 출판 계약을 하기에 이르렀습니다. 이 책은 400쪽이 될 것이며, 삽화가 최소한 400개 들어갈 것인데, 이들은 모두 도포된 아트지에 찍힐 것입니다. (원본!) 또한 판본은 프랑스어본과 영어본이 동시에 나올 것이며, 최소 출판 부수는 5만 부입니다. 이 자체로는 제게 감흥이 없습니다만, 경력의 측면에서 보자면 제게 유용할 것이며 자연스레 금전적으로도 진지한 관심을 불러일으키기는 합니다. 하지만 이는 엄청난 작업이라 올해 내내 사회학 연구들을 완전히 손 놓아야 할 것입니다.[3] 이와 관련해서 혹시 한 가지 여쭈어도 괜찮을까요? 이 작업의 서문에 민족학의 독창성, 즉 민족학이 정신의 삶의 무의식적인 구조들에 대한 연구임을 강조하면서 이 관점을 여러 그림으로 보여주고자 합니다. 일반 대중들에게 잘 알려진 서너 개 언어들의 (다시 말해, 원주민의 방언이 아닌) 음성학적 구조들을 상상력에 쉬이 다가가는 결정구조의 형태로 풀어낸 도식들을 어디서 찾을 수 있을까요? 제게 지금 있는 것이라고는 기껏 가빈이 조크zoque어와 남비크와라어를 아주 대략적으로만 풀어낸 그림들뿐인데(이에 대해 말씀드리자면 남비크와라에 대한 그의 작업은 지금 인쇄 중이며 저의 책이 나오면 출판될

---

3 클로드 레비스트로스는 이 민족학 입문서를 쓰지 않았다.

것입니다), 이것들은 너무 희귀한 예시입니다.

회복 기간 동안 어떻게 보내실지 생각해 보셨는지요? 유럽에 와서 보내시는 것도 좋은 생각일 것입니다. 미국 언론이 우울하게 그리지만 파리의 봄은 여전히 아주 가치 있게 남아 있다고 장담합니다. 부인께 제 정중한 인사를 전해주시기 바랍니다. 친애하는 로만에게, 당신의 참으로 신실한 벗

클로드 레비스트로스

1949년 1월 26일

친애하는 클로드에게,

다정한 편지를 보내줘서 고맙습니다. 정말이지 제가 오랫동안 편지를 써드리지 못했네요. —당신에 대해서 많이, 그리고 아주 깊이 생각해 왔습니다. 그동안 저희의 대화와 함께한 학술 작업들이 아주 그립습니다. 휴식은 환상적이었으며 아주 생산적이었습니다. 저는 여러 문제에 대해 다시 생각할 수 있었으며,《소리와 의미》의 몇몇 핵심 부분을 머릿속에서 다시 고찰함으로써 이제는 언어학과 인접 학문에 이전보다 더욱 깊이 있고 더욱 흥미로워졌습니다. 몇 달 동안 열두 개의 논문을 썼는데, 아니 최소한 마무리는 했는데, 일부분은 여기서, 일부분은 프랑스와 체코슬로바키아에서 출판을 앞두고 있습니다. 논문들이 출판되는 대로 모두 당신에게 보내겠습니다. 늑대인간 왕자에 대한 단행본은 몇 달 안에 《러시아 서사 연구 *Russian Epic Studies*》의 42권,《미국 민속학회 논문집 *Memoirs of the American Folklore Society*》에 실릴 것입니다.[1] 파리에서 1948년 7월에 열린 국제언어학자대회의 예비 출판본에

---

1 《블레슬라브 서사시 *The Vseslav Epos*》를 가리킨다.《선집》, 4권, 301-368쪽에 재수록.

음성 형태와 문법 형태의 관계에 대한 저의 논문이 있는데, 당신은 필시 가지고 계실 테지요. 만약 그렇지 않다면 말씀해 주시기 바라며, 제가 가지고 있는 출판본의 사본 몇 권을 기꺼이 보내드리겠습니다.[2]

당신의 성공과 일의 진척을 듣게 되어서, 당신이 준비하고 있는 총론에 대해서도 더 알게 되어서 기쁩니다. 당신이 바라는 음성구조에 대한 그림들을 며칠 안으로 보내드리겠으며, 당신의 논문을 어서 읽고 싶은 마음입니다.

시골에서 여름과 가을을 안락하게 보내면서 충분히 회복한 덕분에 이제 더 이상 12월의 사고로 인한 어려움은 없는 듯합니다. 저는 제 책을 위한 작업을 계속 해왔는데, 더욱 자세히 말씀드리자면 미국의 학자들이 음향음성acoustique 분야에서 새롭게 발견한 사실들에서 음성학적으로 정말로 중요한 것을 밝히고 있습니다. 물론 두말할 나위 없이 병원에서 지내는 삶은 아주 지루합니다만, 며칠 뒤면 퇴원할 예정이고 2월 15일부터 수업을 다시 시작하려 합니다. 먼저는 집에서, 그리고 차차 봄이 오면 대학에서 할 것입니다. 런던 대학에서 6월에 《소리와 의미》에 대한 일련의 강의들을 해달라는 초청이 왔는데, 제 수술을 맡은 컬럼비아의 꽤 저명한 의사가 허락했습니다. 런던 말고도 암스테르담 대학으로부터 일반언어학 및 이 완전히 새로운 음운론에 대한 몇몇 문제를 다루어달라는 비공식 초청도 받았습니다. 제게 프랑스에 와서 얼마간 지내며 쉬도록 권하신 건, 특히나 그 덕에 당신도 볼

---

2 앞서 인용한 보고서 《언어의 음소적, 문법적 상호 관계 양상들》을 가리킨다.

수 있을 터이니 아주 마음에 듭니다. 하지만 최종 결정은 몇 주
뒤로 미룹시다.

두 분에게 저희의 가장 따뜻한 마음을 담아 드립니다.

당신의 충성스러운,
로만

추신: 랭보에 대한 아주 고무적인 이 책 고맙습니다. 며칠 내로
당신도 분명 아주 좋아할 《사이버네틱스*Cybernetics*》를 보내드릴
텐데, 박식하며 존경스러운 수학자인 보스턴의 위너[3]가 쓴 새 책
입니다.

---

3   노버트 위너Norbert Wiener, 1894-1964, 미국인 수학자, 사이버네틱스의 창시자. 이 연
구 분과는 "통제contrôle"를 뜻하는 그리스어 단어로부터 그 이름이 왔는데, 이 분과
는 "되새김rétroaction"(영어로는 피드백feedback) 장치에 따라 자신의 행위들을 스스
로 고치면서 통제할 수 있는 체계들에 관심을 가진다. 여기서 이 장치는 기대된 결과
와 얻은 결과 사이의 차이값을 기계의 프로그램으로 되돌려 보냄으로써 그 차이를
수정하며, 결국 지능적이면서 목적을 향하는 행위를 한다는 느낌을 준다. 이 연구들
은 로만 야콥슨과 클로드 레비스트로스뿐만 아니라 "구조주의structuralisme"가 무엇
인지 해석하는데도 막대한 영향을 끼쳤을 것이다. 인간의 행위들을 수학적으로 표현
하기 위한 매우 창의적인 관점들을 열어준 이 책은 20세기 후반의 모든 정신문화에
큰 영향을 줬으며 클로드 레비스트로스가 이곳저곳에서 인용한다.

파리 16구, 델로가 13   [1949년] 2월 7일

친애하는 로만에게,

보내주신 편지에 감사드리며, 당신께서 완전한 회복기에 이르셨다
니 얼마나 기쁜지 말씀드리기 위해 짧게 몇 자 적습니다.《사이버
네틱스》는 이미 갖고 있고, 아주 감명 깊게 읽었으니 보내주지 마
십시오(이 책은 미국뿐만 아니라 프랑스에서도 출간되었습니다).
그가 묘사하는 장치들을 가지고 선험적으로 모든 음운 구조를 재볼
수 있다고, 따라서 사라지거나 잘 알려지지 않은 언어들도 알아낼
수 있다고 생각하지 않으시는지요? 반면 국제학회에서 발표하셨던
당신의 글이 실린 책이 아직 도착하지 않았는데, 만약 한 권 더 있다
면 제가 읽을 수 있게 보내주시면 정말 기쁠 겁니다.

봄에 런던에 오시면서 파리에 들르지 않으시면 코이레 가족뿐
아니라 저 역시 정말이지 받아들일 수 없습니다. 말도 안 되는 일
이겠지요! 그러니까 몇 달 안에 반드시 당신을 만나리라고 저희
는 알고 있겠습니다.

부인께 제 존경을 표하며, 당신의 참으로 신실한 벗

클로드 레비스트로스

파리 16구, 델로가 13   1949년 3월 23일

　　친애하는 로만에게,
《사이버네틱스》와 언어학대회에서 발표한 당신의 글을 보내주
셔서 고맙습니다. 이미 썼듯이, 저는 《사이버네틱스》를 이미 읽
었습니다만, 프랑스 판본보다 훨씬 더 잘 나온 미국 판본을 갖게
되어서 정말 기쁩니다. 당신의 글에 대해서 말씀드리자면, 굉장
히 인상 깊게 읽었으며 수없이 많은 생각을 불러일으킵니다. 제
가 이제 막 책을 받아 다 읽었기 때문에 생각이 구체화되고 분명
해지면 당신께도 말씀드리겠습니다. 제가 굉장히 감명받은 방베
니스트의 최신 저작인 《인구어의 행위자 명사와 행위명사 *Noms
d'agent et noms d'action en indo–européen*》는 음운론적 방법론으로 형태
론까지 연구한 작업이라는 점에서 당신이 그리는 방향에 맞아
당신께 답례의 의미로 보내드리고자 했습니다. 하지만 그가 당신
께 직접 보내드리는 것을 매우 중히 여겨, 제 생각에는 가까운 미
래에 그에게 직접 책을 받으실 겁니다. 저는 곧 샤머니즘과 정신
분석학의 관계에 대해 두 개로 나눠서 쓴 논문들을 같이 보내드
리겠습니다. 하나는 이미 게재되었고, 다른 하나는 6주 정도 뒤에
게재될 것입니다.[1] 남비크와라족에 대한 단행본과 가빈의 음운

론적 연구는 15일 뒤에 출판될 것입니다.[2] 《친족의 기본 구조》의
지면 구성은 드디어 완료되었으며 편집자가 4월 말에 그 책을 공
표할 것입니다.

또 다른 계획도 말씀드려야 하는데, 바로 《르뷔*Revue*》에 대한
것입니다. 방베니스트, 구루[3](인간지리학, 콜레주 드 프랑스 교수,
열대 지역들의 전문가), 그리고 저, 이렇게 셋이 지도를 맡아서 필
시 출간할 것입니다. 저희는 조금 특별한 양식을 갖추는 쪽으로
진행하려 합니다. 이는 곧 엄밀한 의미에서 학술지를 짧은 보고
서로 축소시킨다는 것으로 여기에는 비평들, 참고문헌들, 그리고
짧은 소식들이 실릴 것입니다. 32쪽이 넘는 모든 것은 어떠한 주
기나 면적, 빈도의 제한 없이 별도의 낱권으로 따로 출간될 것이
며 마치 일반 책처럼 판매될 것입니다. 바라건대 당신께서 《소리
와 의미》의 번역을 저희에게 일임하셨으면 합니다. 저희의 첫 출
간물에 포함시킬 수 있다면 더할 나위 없이 기쁠 것입니다. 만약
이를 받아들이셔서 되는대로 나눠서 주셔도 괜찮으니 영문 원고[4]
를 보내주신다면 조금씩 번역해 놓겠습니다. 그나저나 저희는 누
가 되었든 미국인 학자가 자기 지역에서 발표하지 못한 것이 있

1 이는 《상징효율성*L'efficacité symbolique*》에서 인용되었다. 그리고 〈마법사와 그의 마
법 Le sorcier et sa magie〉, 《현대*Les Temps modernes*》, 41호, 1949, 3-24쪽을 가리킨다.
2 이는 클로드 레비스트로스의 보충 주장을 가리킨다. 〈남비크와라 원주민들의 가족
생활과 사회생활 La vie familiale et sociale des Indiens Nambikwara〉, 《아메리카 연구 학회
지Journal de la Société d'études américanistes》, 37권, 1948, 1-132쪽. 몇 달이 지연되면서
이 학회지의 1948년도 책은 실제로는 1949년에 가서야 출판되었는데, 논문의 공식
게재는 1948년이며 이 때문에 이러한 간격이 발생했다.
3 피에르 구루Pierre Gourou, 1900-1999, 프랑스인 지리학자이자 열대 지역 연구자.
1947년부터 1970년까지 콜레주 드 프랑스 교수로 재직했다. 레비스트로스와 가깝
게 지냈으며 10년 뒤 《롬므》에 참여한다.
4 타자 원고본.

다면, 그것이 가장 넓은 의미에서 민족학에 속하는 주요 연구물인 경우에 받아들일 준비가 되어 있습니다. 이 경우에 저희는 영어로 출판할 것입니다(저희 출판사 헤르만 에 씨Hermann et Cie는 《사이버네틱스》의 프랑스어 판을 영문으로 편집했습니다). 저는 물론 글래디스 레이처드[5]의 《나바호Navaho》를 떠올렸습니다만, 저희의 재정 형편에 비추어볼 때 정말이지 너무 큰 책입니다. 당신께서는 혹시 그가 프랑스를 위해 300쪽으로 줄인 판본을 준비하거나 저희에게, 그리고 되도록, 사물과 색깔들의 상징에 대한 모든 내용을 담은 일종의 부분 원고를 위임할 수 있다고 보시는지요? 원고의 이 부분은 프랑스에서 큰 관심을 받을 텐데, 이는 미학적 층위와 미술사적 층위에서 반향을 불러일으킬 것이기 때문입니다. 어쨌든 저는 저희 일에 대해 당신께 말씀드리지 않을 수 없습니다. 저는 원고들을 받을 준비가 되어 있으며 출판이 불가능한 경우 저자들에게 돌려드릴 것입니다.[6]

아시는지 모르겠지만, 최근 저는 인류 박물관에서 부관장으로 선출되었습니다. 저는 그 직을 받아들였는데, 최소한 리베가 떠나는 올겨울까지 맡기로 했습니다. 그때가 되면 일들이 어떻게 될지 잘 모르겠지만, 어쩌면 박물관이 가장 엄격한 형질인류학

---

5 글래디스 레이처드Gladys Reichard, 1893-1955, 언어학자, 인류학자, 아메리카 원주민 언어의 전문가. 20세기 초 여성학자 가운데 가장 중요한 사람 중 한 명이다. 그의 책 《나바호 종교: 상징 체계 연구Navaho Religion:A Study of Symbolism》는 이듬해 두 권으로 출판되며, 클로드 레비스트로스에게 이 책은, 특히 《야생의 사고La Pensée sauvage》(1962)를 위한 중요한 참고자료로 쓰인다.

6 민족학, 언어학, 그리고 지리학을 한데 아우르는 학술지 계획은 실현되지 못했는데, 후에 거의 같은 방향으로 다시 기획되어 똑같이 구루와 방베니스트가 참여한 《롬므》를 탄생시킨다.

anthropologie physique으로 돌아갈지도 모르며 그럴 경우 저는 자리에서 물러날 것입니다.[7]

어제 헤르스코비츠[8]를 만났는데, 미국 소식을 전해주었습니다. 듣자 하니 컬럼비아 대학의 인류학과에서 일들이 바람직하지 않게 진행되는 듯싶으며, 또한 루스 베네딕트[9]를 경질할 생각도 없어 보입니다. 후보자들이 없지도 않은데 말이지요.

당신의 유럽 여행은 어떻게 구체화되고 있는지요? 무엇보다 저희를 잊지 말아주십시오. 저는 이번 여름 파리를 떠나지 않을 것인데, 이는 인류학 입문서를 쓰는데 제 방학을 바치기 위해서랍니다.

로즈마리와 저는 당신과 부인께 저희의 가장 신실하고 다정한 추억들을 담아 보냅니다.

클로드 레비스트로스

추신: 뉴욕에 들른 모리스 메를로퐁티[10]에게 당신께 가보라고

7   1950년 앙리·빅토르 발루아Henri Victor Vallois가 선출되었다. 자크 수스텔과 클로드 레비스트로스의 실패는 프랑스 인류학 무대에서 폴 리베의 미약한 힘을 보여준다.

8   멜빌 헤르스코비츠Melville Herskovits, 1895-1963, 아프리카-아메리카 인류학의 아버지로 불린다. 1920년대 프란츠 보아스Franz Boas의 영향 아래 컬럼비아 대학에서 수학했으며, 이후 노스웨스턴 대학의 교수가 되어 그곳에서 굉장히 활발하게 활동한 아프리카 연구소를 세운다.

9   실제로 이날은 미국 문화(문화 양식cultural patterns) 인류학의 큰 인물 루스 베네딕트 Ruth Benedict, 1887-1948가 스승인 프란츠 보아스와 평생을 함께, 그리고 뒤이어 컬럼비아 대학에서 가르친 후 사망한 지 얼마 되지 않은 때이다. 인류학에 대한 중대한 기여인 《문화의 양식들Patterns of Culture》(1934) 외에도 《국화와 칼 The Chrysanthemum and the Sword》(1946) 덕분에 미국 대중에게도 널리 알려졌다. 일본 사회와 문화에 대한 이 연구는 원거리에서 이루어졌는데(그는 한 번도 일본에 발을 디딘 적이 없다), 패전한 일본에 대한 1945년도 이후의 미국 정책 운영에 큰 영향을 주었다.

10 모리스 메를로퐁티Maurice Merleau-Ponty, 현상학적, 실존주의적 전통에 입각한 철학

권했는데, 그는 현재 실존주의적 언어이론을 연구하고 있습니다. 제가 볼 때 그는 굉장히 현명하며 또한 골트슈타인[11]의 사상에 완전히 매료되어 있습니다.

자이다. 당시 가까운 사이였던 사르트르Jean-Paul Sartre와 함께 《현대》를 창간한다. 메를로퐁티는 사회과학, 심리학, 사회학 및 인류학에 열려 있는 철학자였으며, 레비 스트로스가 드물게 학술적인 대화와 우애를 함께 가꾼 인물이다.

11 쿠르트 골트슈타인Kurt Goldstein, 1878-1965, 독일인 신경학자이자 정신과의사이다. 1934년에 원본이 출판되어 게슈탈트 이론자들뿐만 아니라 모리스 메를로퐁티와 조르주 캉길렘Georges Canguilhem에게 대단한 영향을 끼친 책 《유기체의 구조La Structure de l'organisme》(Gallimard, 1952)의 저자이다. 가장 단순한 반사운동들이라 할지라도 그것들을 유기체의 삶 전체로부터 떼어내는 순간 그것들이 불가능해진다는 점을 역설함으로써 의학적, 생물학적 현상들에 대한 "전체론적holistique" 접근법을 발전시켰다. 이는 곧 19세기 말에 의학의 주된 흐름이었던 "원자론적atomiste" 접근법과의 결별을 의미했다.

친애하는 클로드에게,

저는 회복 중이며 걷기 시작했습니다만, 6월 유럽 여행은 너무도 큰 힘이 들 것으로 염려되어 이 여행을 반년 또는 1년 뒤로 미루도록 결정했습니다. 하지만 어쩌면 당신은 아메리카학회에 참석할지도 모르겠습니다. 저는 당신이 참 그립고, 만나고 싶습니다. 당신이 기획하고 있는 학술지에 정말 기쁜 마음으로 참여하고 싶습니다. 《소리와 의미》는 진척이 있습니다. 그 작업을 로츠[1]와 같이하고 있는데, 그는 때마침 마르티네[2]와 컬럼비아 대학의 언어학 정교수직을 얻었습니다. 당신의 컬렉션이 어떠한 형태로든지 프랑스어 판본으로 출판될 수 있다면 저희는 당연히 매우 기쁠 것입니다. 하이델베르크의 출판사 빈터Winter가 기획하는 일

1 존 로츠John Lotz, 1913-1973, 헝가리인 언어학자이다. 당시에는 미국으로 망명한 지 얼마 되지 않았으며, 야콥슨은 그와 함께 중요한 논문을 몇 편 썼다.
2 앙드레 마르티네André Martinet, 1908-1999, 프랑스인 언어학자로 컬럼비아 대학에서 강의했다. 1946년부터 1955년 사이 《워드》의 편집자였고, 이후 소르본 대학의 일반언어학 교수직을 맡는다. 그는 "구조언어학linguistique structurale"을 대표하는 중요한 프랑스인 가운데 한 명이었으며 이 분야에서 그는 "형태소morphème", "이중분절double articulation" 같은 중요한 개념들을 제공했다. 하지만 그는 종국에 "구조주의structuralisme"라는 호칭을 거부하고 "기능주의fonctionnalisme"라는 호칭을 선호했다.

반언어학 입문서 컬렉션을 위해 독일어 판본을 문의해 왔습니다. 방베니스트가 제게 보낸 그의 책은 굉장히 흥미롭습니다. 그에게 이 주제에 대해 며칠 안으로 편지를 보낼 것입니다. 당신도 알다시피, 그는 《워드》 국제편집위원회의 프랑스 대표를 맡고 있습니다. 이제는 당신 또한 선출되었습니다. 학회에서 당신에게 이 사실을 알려드렸기를 바랍니다. 《워드》는 마침내 튼튼한 재정 기반을 마련했으며 발전할 수 있을 것입니다. 제게 약속했던 당신의 논문들을 기다리고 있습니다. 특히 정신분석학과 샤머니즘에 대한 논문에 아주 관심이 갑니다. 저는 인쇄 중인 당신의 책을 갖기를 간절히 바라고 있습니다.

슬라브연구원에서 막 출간된 앙드레 바양André Vaillant이 쓴 두 권의 《고대 슬라브어Vieux-slave》를 제게 보내주실 수 있으신지요? 아주 부족한 책이지만, 그래도 가질 수 있다면 좋겠습니다.

인류 박물관의 부관장으로 선출되신 것을 진심으로 축하드립니다. 저희가 굉장히 아끼는 당신의 벗에게 소식을 들으셨다시피 제가 슬라브어문학과의 학과장을 맡기 위해 하버드로 가게 되었다는 것도 분명 알고 계시겠지요.[3] 이 제안을 받아들인 것이 현명한 결정이었는지는 훗날 알게 될 것입니다. 어쨌든 이 제안은 흥

---

3 로만 야콥슨은 슬라브어문학 및 일반언어학을 위한 새무얼 해저드 크로스Samu-el-Hazzard-Cross 교수직을 역임하기 위해 1949년 매사추세츠에 있는 케임브리지에 도착했다. 그는 그 당시 공산주의의 후원으로 동유럽에서 넘어온 망명자들에 대한 통상적인 의심을 겪으면서 매카시즘과 냉전으로 인한 유해한 분위기에 컬럼비아 대학에서 사임할 수밖에 없었던 것으로 보인다. 그 이후로 야콥슨은 근무지를 바꾸지 않는데, 1965년까지 하버드 대학에서 교수를, 이후에는 명예교수를, 또한 오늘날 그의 사적인 기록 문서들이 보관된 매사추세츠 공과대학 MIT에서는 1957년부터 객원교수를 역임한다.

미로운 전망들을 열어줍니다. 그곳에는 철학과뿐만 아니라 심리학과에도 의미론의 다양한 경향들을 대표하는 뛰어난 학자들이 있습니다. 제 기획은 언어과학의 예민하고도 주된 문제로서 의미를 내세우는 것입니다. 당신의 책을 위해서 제가 보내주기로 약속했던 몇몇 음운론적 도식을 잊지 않았지만, 단지 제가 아주 바빴을 뿐입니다. 하지만 조만간 받아보실 것입니다.

두 분께 저희의 가장 다정한 마음을 담아 드립니다.

당신의 벗,
로만 야콥슨

친애하는 로만에게,

편지에 감사드립니다. 메를로퐁티에게 소식을 들으면서 당신께서 유럽 여행을 나중으로 미루신 결정을 짐작할 수 있었습니다. 제게는 물론 안타까운 소식이지만, 그토록 엄청난 피로에 맞서기 위해서는 반드시 완전히 회복되어야만 한다는 점을 이해합니다. 단지 짧게 연기되기를 바라며 다가오는 겨울에는 만날 수 있기를 원합니다. 하버드 대학에 관해서 진심으로 축하드립니다. 컬럼비아 대학보다 하버드의 지적공동체가 더욱 알차고 다양할 것으로 생각하지만, 저라면 보스턴 생활이 걱정스러울 것이긴 합니다. 이런 점들에 대해 당신께서 어떤 인상을 받으셨는지 궁금하군요.

당신께서 말씀하신 선거에 대해 언어학회로부터 그 어떠한 내용도 전해 듣지 못했습니다. 제가 미국을 떠난 뒤로는 저와 단절된 그 학술지를 받아보는 것이 어쩌면 괜찮을지도 모르겠습니다.

지난주에 제 개인적인 출판물들 몇 개와 함께 우체국에 맡긴 바양의 책 두 권을 조만간 받아보실 수 있을 것입니다.

인류 박물관에서 치른 부관장 선거에 대해 말씀드리자면 축하 대신 위로를 받아야 할 처지입니다. 제가 맡은 새로운 일들은 무

엇보다 시간 낭비입니다. 여하튼 리베가 떠나면 더 이상 그 일을 맡을 의지가 없기 때문에 그저 지난하게 몇 날을 보내기만 하면 될 뿐입니다.

남비크와라족에 대한 책은 이번 주에 출간됩니다. 바로 보내드리겠습니다. 친족에 대한 큰 작업에 관련해 말씀드리자면 지면 구성 작업을 하던 중에 네 개의 그림에 문제가 생겨 일시 중단된 상태입니다. 너무 오래 걸리지 않기를 바라고 있습니다. 하루속히 완벽하게 회복하시기를 진심으로 바랍니다. 로즈마리와 저는 두 분께 참으로 깊은 마음을 보내드립니다.

클로드 레비스트로스

추신: 지금 이 순간 파리에는 정말 많은 미국인이 와 있습니다. 저희는 지난주에 레드필드[1]와, 그리고 어제는 맥킨과 저녁 식사를 했습니다. 코이레 가족과는 두 번 저녁 식사를 했으며 그에게 당신의 안부를 전했습니다. 마지막으로 저는 당신의 동료인 클린베르그[2]와 같이 유네스코 연구 프로젝트의 일환으로 국제적 긴장[3]에 대한 연구를 하고 있는데, 그도 그렇지만 저 역시 그 프로

---

1 로버트 레드필드Robert Redfield, 1897-1958, 미국인 멕시코 인류학자로 시카고 대학 교수이다.
2 오토 클린베르그Otto Klineberg, 1899-1992, 캐나다인 심리학자이자 컬럼비아 대학 교수로 종種 개념을 비판했다. 그의 반인종차별주의 주장들은 그가 유네스코와 가까워지는 계기가 되었는데, 그곳에서 그는 행정 업무를 담당했다. 국제사회학 인사들은 인류 박물관과 레비스트로스의 아파트에서 멀지 않던, 당시에는 클레베르 가도에 있던 마제스틱 호텔 내 유네스코에서 모였다.
3 실제로 클로드 레비스트로스는 유네스코에서 기획한 사회 집단들 사이의 긴장들의 기제機制에 대한 여덟 개 조사 가운데 하나를 맡는다. 이 조사는 네슬-노르망드즈의

젝트를 그다지 신뢰하지는 않습니다.

어느 마을에서 이뤄지는데, 심리학자 르네 블랑카르René Blancard와 민족학자(레비스트로스의 제자) 뤼시앵 베르노Lucien Bernot는 이 마을이 규모가 작고, 또한 노동자와 농업자의 비율이 비슷하다는 점을 들어 선정했다. 1960년대에 이루어진 복수학과적 탐구들을 예견한 이 조사는 1953년 민족학연구소에서 "누빌, 어느 프랑스 마을 Nouville, un village français"이라는 제목으로 발표한다.

몇 시간 뒤면 저는 시골로 떠납니다. 주소는 다음과 같습니다. 뉴욕, 헌터, 오토 라가 댁. 9월부터 제 고정된 주소는 다음과 같습니다. 매사추세츠, 케임브리지, 하버드 대학, 슬라브어 학과. 출판물들을 따로 넣어주셔서 감사드립니다. 헌터에 가서 읽고 제 감상을 보내드리겠습니다. 바양에게도 감사드립니다. 며칠 채 지나지 않아 당신은 로츠와 제가 쓴 프랑스어 음운분석에 대한 논문의 타자 원고를 한 부 받을 것입니다. 이 논문은 프랑스어 음운구조를 그린 몇 개의 도식으로 보충되는데, 당신이 준비하고 있는 책 때문에 기다리실 거라 생각됩니다.[1] 저를 위해서 다음의 책을 찾아 보내준다면 정말 고맙겠습니다. 옹브레단 알라주아닌Om-bredane Alajouanine, M. 뒤랑M. Durand, 《실어증 음성장애증후군*Le Syndrome de désintégration phonétique dans l'aphasie*》, 파리, 마송, 1939.

[1] 〈프랑스어 음소 양식에 대한 필기들Notes on the French Phonemic Pattern〉(《워드》, 5권, 2호, 1949, 151-158쪽;《선집》, 1권, 426-433쪽에 재수록)을 가리키며 사실 클로드 레비스트로스는 이 논문을 참고하여 연구한다. 그는 바로 이 논문에서 "0의 기표 signifiant zéro"라는 개념을 찾는데, 이것을 《마르셀 모스 입문*Introduction à l'oeuvre de Marcel Mauss*》에서 마나mana, "것truc", 하우hau 같은 용어들을 그리기 위해 사용한다. 그리하여 이 개념은 구조주의적 문헌들에서 가장 많이 등장하는 개념 가운데 하나가 된다. (우리가 미간행 형태로 제시하는 이 원문의 프랑스어 번역본은 부록 8번 참조)

저희의 깊은 마음을 담아 두 분이 이번 여름을 잘 보내시기를
바랍니다.

당신의 벗,
로만 야콥슨

친애하는 나의 벗 로만에게,

플라니올[1]에게 당신의 안부를 전해 들으면서 얼마나 회복되셨는
지 들었습니다. 이제 오래 걸리지 않을 것 같으니 저도 아주 기쁩
니다. 어쩌면 여름 말미쯤 만날 수도 있겠습니다. 리베와 함께 아
메리카학회에서 프랑스 대표를 맡게 되었습니다. 대략 9월 3일
부터 18일 사이로 짧게 있을 것입니다. 만날 방법이 있을지요?

제게 부탁하신 책을 오늘 보내드렸고, 저는 당신의 프랑스어
음운론이 아주 기다려집니다. 제 책은 오늘 나옵니다. 이렇게 시
간이 걸리고 나서 보니, 참 믿기지 않습니다. 당신께 한 부를 바로
보내드리라고 하겠습니다. 이제 막 출판되었으며, 혹시 같은 주
제를 다룬 머독의 《사회구조Social Structure》[2]를 이미 읽어보셨는

---

1 [역주] 프랑스의 법학자 마르셀 플라니올Marcel Planiol로 추정된다. 참고로 레비스
트로스는 《야생의 사고》에서 플라니올의 연구를 언급하기도 했다.
2 조지 머독George Murdock, 1897-1985, 미국인 인류학자이자 예일 대학에 '인간 관계
지역 파일Human Relation Area Files'을 만들었는데, 이것은 인간 문화들의 방대한 자료
들을 모아 놓은 것으로 이를 활용하여 사회적 특성들 사이의 상관관계들을 드러내
려고 했다(그 예로 "부계 혈통filiation patrilinéaire"과 "문화 수준niveau de culture"의 관
계). 클로드 레비스트로스는 이에 대한 자신의 비판을 〈민족학에서 구조라는 관념
La notion de structure en ethnologie〉(《구조인류학》, 338-341쪽)에 발표한다.

지요? 미국에서는 이 책을 어떻게 생각하는지 알고 싶습니다. 이렇게 행동주의와 기호논리학을 섞어 확률적 계수들을 바탕으로 결국 정리定理들을 만드는 식의 방법론은 제가 보기에 너무나도 설득력이 없습니다. 체계들을 정의하기에는 너무나도 피상적인 성질들만 고집하면서 이질적인 집합들을 바탕으로 자의적인 유형들을 만들어내고 있습니다. 그럼에도 인상적인 부분은 무척 다양한 생각을 가진 사람들에게서 동일한 관심사가 나타난다는 점입니다.

스와데시[3] 사태와 관련해서 여러 공문을 받았습니다. 무슨 일인지 이해가 가지 않습니다. 만약 일들이 해결되지 않는다면, 그에게 이렇게 전해주시기를 바랍니다. 만약 그가 풀브라이트 재단[4]을 통해 프랑스로 이동 및 거주를 위한 지원금을 받을 수 있다면 저희는 그가 원하는 기간만큼 민족학 연구소와 인류 박물관에서 얼마든지 강의를 맡길 준비가 되어 있다고 말입니다.

저희끼리만 드리는 말씀입니다만, 관심 있으신 내용일 수 있겠습니다. 세이리그[5]와 방베니스트는 시카고 대학으로부터 (프

---

3 모리스 스와데시Morris Swadesh, 1909-1967, 미국인 인류학자로 공산주의에 가담했다는 혐의로 시티칼리지오브뉴욕에서 해임되었다. 그는 향후 멕시코, 그다음에 캐나다로 망명하기 전인 1954년까지 미국철학협회의 지원을 받았다.

4 미국에서 수학하고자 하는 외국인 학생들 또는 연구자들은 풀브라이트 프로그램의 지원금으로 재정적 도움을 받을 수 있다. 미국인들 또한 이와 같은 혜택을 받을 수 있는 가능성이 열렸다. 지원 서류들은 미국 및 협력 국가들의 사람들로 구성된 심사위원이 검토한다. 이 체계는 1946년 상원 의원 윌리엄 풀브라이트William Fulbright가 실시하였다. 짧게 말하자면, 냉전의 이데올로기적 맥락 속에서 이 프로그램은 "자유진영camp de la liberté"의 열성자가 될 사람들을 지원하는 전략적으로 아주 중요한 역할을 했다. 이 프로그램은 오늘날까지 이어지고 있다.

5 당시 앙리 세이리그는 베이루트에 가 있었는데, 그곳에서 극동 지역 고고학 프랑스 연구소를 세워 1967년까지 지휘했다.

랑크포르트Henry Frankfort의 후임으로) 각각 동양학 연구소 소장, 언어학과의 학과장을 맡아달라는 제안을 빋았습니다. 두 분 모두 거절했습니다.

9월 초에 뉴욕으로 향하기 전까지 저는 파리를 떠나지 않을 것입니다. 당신을 뵐 수 있다면 참으로 좋겠네요. 로즈마리와 함께 두 분께 깊이 신실한 마음을 담아 드립니다.

클로드 레비스트로스

친애하는 로만에게,

요 며칠 안으로 제게 부탁하신 책과 토리스 판 보레Thooris van Borre의 책을 보내드리겠습니다. 아메리카 학회에서 있을 당신의 발표에 대해 제가 드릴 수 있는 말은 그 덕분에 우리가 뉴욕에서 만날 수 있으니 기쁘다는 것입니다. 하지만 제가 잘 알지도 못하거니와 아주 어색한 채로 참여할 이 위원회에서 저에게 무슨 역할을 맡길지 전혀 감을 잡을 수 없습니다. 당연히 개인적으로는 당신의 주제에 어떠한 반대 의견도 없습니다만, 보글린[1]이 아직 저에게 아무런 자문도 구하지 않았다는 점으로 미루어 보아 제게 이 문제에 대한 발언권이 있으리라 생각하기는 어렵습니다!

어제저녁에 컬럼비아 대학의 인류학과 소속 웨글리[2]와 저녁 식사를 했으며, 그에게 스와데시 사건에 대해 말했습니다. 그는

---

1 찰스 프레데릭 보글린Charles Frederick Voegelin, 1906-1986, 미국인 언어학자이자 인류학자로 아메리카 원주민 언어들의 걸출한 전문가이다. 당시 그는 1941년부터 인디애나 대학의 교수를 역임했다.
2 찰스 웨글리Charles Wagley, 1913-1991, 미국 문화 인류학의 대표격이면서 프란츠 보아스의 제자이다. 브라질 전문가인 그는 클로드 레비스트로스와 함께 브라질 지역을 누빈다. 그는 컬럼비아 대학에서 인류학 교수가 되며 그곳에서 라틴 아메리카 연구소를 지휘한다.

최근 일을 같이하기 시작한 풀브라이트가 위원회 안에서 큰 영향력을 행사하고 있으며, 만약 스와네시가 프랑스에 오는 것에 관심이 있다면 해결책을 찾아줄 마음이 있다고 합니다. 그에게 이 주제에 대해 이미 짐작되는 점이 있으신지요? 저희가 최대한 빨리 결정을 내려야 할 것입니다.

그러면 조만간 뵙기를 바라며 당신의 매우 친애하는 벗,

클로드 레비스트로스

　　친애하는 로만,

컬럼비아나 하버드 대학의 도서관을 통해 저에게 다음의 책을
급하게 보내주실 수 있겠습니까.

　　줄스 헨리Jules Henry, 《정글 피플*Jungle People*》, 뉴욕, 1941

　　파리에서는 찾을 수가 없는데 학회에서 발표할 제 글을 준비
하려면 꼭 필요합니다.

　　미리 감사드리며 친애하는 벗,

　　　　　　　　　　　　　　　　　　　클로드 레비스트로스

친애하는 클로드에게,

두 글 모두 아주 흥미롭게 잘 쓰였습니다. 《언어와 사회*Langage et société*》 학회지 10쪽의 제안들을 원칙적으로 받아들이겠습니다. 그리고 저의 "논문" 텍스트에서 제 입장을 취할 텐데, 작성이 완료되는 대로 당신에게 한 부 보내겠습니다.

[…][2]

중요: 당신이 가까이 있지 않으니 정말 아쉽습니다. 저희가 같이 멋진 일들을 할 수 있을 텐데 말이지요. 동시에 서로를 깨우는 역할도 할 수 있었을 테지요. 그럼에도 저는 앞으로의 일을 기대합니다!

로즈마리, 방베니스트, 그리고 코이레 씨 댁에게 우정을 담아 드립니다!

로만

---

1 지면 위에 하버드 대학 슬라브어문학과라고 적힌 종이에 프랑스어로 쓴 자필 편지이다.
2 이 편지글의 다음 내용을 삭제했는데, 프랑스어로 쓰인 이 글의 초안에 대해 야콥슨이 의견을 내고 교정한 것이다. 이 원고는 우선 영어로 〈언어, 그리고 사회 법칙들의 분석 Language and the Analysis of Social Laws〉이라는 제목으로 발표된 다음, (레비스트로스가 스스로 그렇게 적듯이)〈영어 원본에 맞추어 adapté de l'original anglais〉, 《구조 인류학》, op. cit.의 세 번째 장, 〈언어와 사회 Langage et société〉를 이루게 된다.

추신: 《심리학회지*Journal de psychologie*》를 위해서 지시소élé-
ments déictiques들에 대한 글을 쓰는 중입니다. 이 글을 파리에 있
는 당신께 보내 교정과 함께 메예르송[3]에게 전달을 부탁해도 괜
찮겠습니까?

9월 21일까지 제 주소는 다음과 같습니다. 뉴욕, 헌터, O. 라가
댁(전화번호 289 헌터). 후에는 매사추세츠, 케임브리지, 프레스
콧가 20A.

---

3 이냐스 메예르송Ignace Meyerson, 1888-1983, 폴란드 태생의 프랑스인 심리학자로 비
교심리학과 특히 역사심리학을 연구했는데 다른 분과들, 즉 정신분석(그는 프로이
트Sigmund Freud를 번역한다), 인류학, 신학, 언어학에 매우 열려 있었다. 그에게 예술
작품들이란 인간 정신의 기본 구조들에 다다르기 위한 가장 좋은 매개체였으며 그
의 연구 대상이었다. 고등실천연구원 부원장이던 메예르송은 1940년 유대인이라는
이유로 해임된다. 그는 레지스탕스에 들어가 훗날 그의 제자가 될 역사학자 장피에
르 베르낭Jean-Pierre Vernant을 만난다.

프레스콧가 20A

프랑스, 파리 16구
샤요궁
인류 박물관
클로드 레비스트로스 교수

1950년 1월 20일

친애하는 클로드에게,

당신이 뉴욕을 떠난 뒤로는 아무 소식도 전해 듣지 못했습니다. 늑대 인간에 대해 쓴 제 글과 프랑스어 음운구조[패턴]에 대한 저희의 글을 보내드렸는데, 당신의 비평을 읽어볼 수 있다면 정말 기쁘겠습니다.

하버드에서 저는 아주 즐겁습니다. 컬럼비아 대학과는 비교할 수 없을 만큼 분위기가 좋습니다. 여기 연구자들의 수준은 훨씬 뛰어나며, 더욱 협력할 뿐 아니라 연구를 기획하는 데 더욱 많은 가능성이 열려 있어 읽고 생각하고 쓰는 시간이 더 많습니다.

《소리와 의미》의 한 부분을 손보면서 쓰고 있는 《음운론 입문서 *Introduction à la phonologie*》를 위해 로츠와 같이 작업하고 있는데, 전자는 입문서 다음에 출판될 것입니다. 저희는 최근 언어분석에 대한 아주 재미있는 학회를 주최한 매사추세츠 공대 MIT[1]의 음향 연구소들과 공동 작업을 하고 있습니다. 이곳에서 음향학과 관

---

1 MIT는 1861년에 설립되어 과학과 기술 분야에 특화되었다. 야콥슨이 MIT에 도착했을 무렵 이곳은 제2차 세계대전을 거치면서 보강되었으며, 군사적 활용을 위한 연구들을 위한 지원을 받았다(방사능, 탄도술…). 1945년 이후 그곳은 커뮤니케이션 과학 및 초기 정보 과학을 포함한 여러 분야에서 최첨단 연구를 다루는 일류 대학이 된다.

련된 분야의 실험 연구들은 아주 빠르게 발전하고 있습니다. 마음을 사로잡는 이 새로운 발명품은 소리의 스펙토그램들을 그릴 수 있는데, 그다음에는 완벽하게 식별할 수 있는 소리를 바탕으로 스펙토그램들을 기계적으로 재현할 수 있습니다. 여기서 완벽하게 식별할 수 있다는 것은 적어도 그림을 단순화하는 경우, 그리고 음향공학자들의 용어로 "소음에 가까우며" "정보"를 지니지 않는 구성 요소들을 지우는 경우를 말합니다. 이제 저는 저의 음운론적, 그리고 의미론적 연구에서 정보의 (그리고 그 역으로 중복의) 양과 종류에 점점 더 주목하고 있습니다. 섀넌과 위버의 《커뮤니케이션의 수학적 이론》[2]을 읽어보셨는지요? 아직 못 읽어보셨다면 당신께 기꺼이 보내드리겠습니다. 한편 기호논리학 학생들과 긴밀하게 같이 연구하면서, 제가 생각하기로는 우리가 음운론에 생리학과 물리학의 실험들을 적용했듯이, 만약에 그 학생들이 하는 실험들을 알맞은 언어학적 기준들에 맞춰본다면 흥미로운 결과들을 얻을 수 있을 것이라 생각합니다.

이 두 영역에 미루어볼 때 저는 슬라브 신화학을 취미로 하고

---

2 클로드 E. 섀넌Claude E. Shannon · 워런 위버Warren Weaver, 《커뮤니케이션의 수학적 이론The Mathematical Theory of Communication, Urbana (Ill.)》, 일리노이 대학 출판부, 1949. 이 책은 앞서 살펴본 위너의 《사이버네틱스》와 마찬가지로 정보라는 관념을 수학적으로 처리할 수 있는 가능성을 열기 위해 노력하던 공학자들이 쓴 책으로 이러한 까닭에 1950년대식 구조주의에 영향을 주었다. 이러한 구조주의는 정보를 비개연성improbabilité(어떤 하나의 자료가 더 기다려지는 만큼 그것은 정보를 덜 가진다)에 따라 정의함으로써 그것에 선행하는 것과의 대비에 따라 정의한다. 이러한 방식은 페르디낭 드 소쉬르가 기호를 차이에 기반을 뒀다고 정의한 것을 떠올리게 하는데, 구조주의 전체가 이러한 정의에 기반한다(하나의 기호는 대신하여 말해졌을 것에 대립함으로써 정의되며, 이 대립의 총체가 "랑그langue"를 구성한다). 이 책은 "코드code", "내용message", "잉여redondance", "수신자récepteur", "소음bruit" 같은 개념들을 보급시켰고, 로만 야콥슨만큼 클로드 레비스트로스도 이 용어들을 많이 사용했다.

있습니다. 뒤메질과 방베니스트의 작업들을 다시 보았는데, 슬라브어와 이란어 사이의 몇몇 놀라운 일치를 짚어내지 못한 것으로 보입니다. 이곳에서 마련할 수 없고, 도서관을 통해서도 구하지 못한 책 두 권이 급하게 필요합니다. 하나는 프랑스대학출판사 출판물의 하나인 다음 책입니다. 《마나. 종교사 입문*Mana. Introduction à l' histoire des religions*》(마지막 장은 운베가운Boris Unbegaun 이 쓴 것입니다). 제가 아는 한 그 책은 제2권의 3부이며, 파리에서 1년 전에 출판되었습니다. 다른 하나는 G. 뒤메질이 쓴 《로마에 남은 인구어의 유산*L' Héritage indo-européen à Rome*》(1949)입니다. 이 저서들을 긴급히 제게 보내주신다면 정말 고맙겠습니다.

영국에서 5월 5일에 제 강연들을 시작하기로 약속했습니다만, 5월 20일쯤 런던과 글래스고에서 할 수 있을 것 같습니다. 그 뒤로는 코펜하겐과 오슬로에 갈 일정이며, 만약 당신이 생각을 바꾸지 않았다면 6월 말에 당신을 위해 시간을 내겠습니다. 다만, 파리에서 제가 무엇을 해야 하는지, 언제 어디에서 하는지에 대한 정확한 정보를 받을 수 있다면 좋겠습니다. 스바티아는 슬라브 민속학에 완전히 매료되었습니다.[3]

새해를 맞아 저희는 두 분께 가장 깊은 마음을 담아 드리며, 두

---

3 그는 실제로 펑크앤와그널스Funk&Wagnalls 출판사(프랑스의 라루스Larousse 출판사에 해당하는)에서 펴낸 《신화, 민간전승, 그리고 전설*mythologie, folklore et légende*》의 〈슬라브 민속학Slavic Folklore〉 항목을 쓰고 있었다. 참고. 스바타나 피르코바 야콥슨, 〈슬라브 민속학〉, 《전설, 민간전승, 신화의 사전*Dictionary of Mythology, Folklore and Legend*》, t. 2 (J-Z), Funk&Wagnalls, 1950. 민속학에 대한 스바티아의 이 작업은 블라디미르 프롭Vladimir Propp이 기틀을 세운 책 《민담형태론*Morphologie du conte*》(1928)의 영문 번역본 서문으로 이어진다. 이 책의 서들을 읽으면 알겠지만, 이 책은 로만 야콥슨과 클로드 레비스트로스가 나누는 대화의 한 부분을 차지한다.

분을 다시 뵙는 것과 무엇보다 클로드 당신의 안부를 전해 듣기를 바랍니다.

　친애하는 벗,

로만 야콥슨

친애하는 로만에게,

제가 이곳에 돌아온 뒤 당신에게 제가 살아 있다는 신호도 드리지 못해 죄책감을 지니던 차에 당신의 편지를 받으니 정말 기쁩니다. 하지만 저는 연구와 골치 아픈 일들에 짓눌려 있었는데, 코이레가 당신께 전했을 것으로 사료되는 이 부분은 간단하게만 넘어가겠습니다. 일단 인류 박물관에서 리베의 후임자가 선출되었습니다. 제가 출마하지는 않았습니다만, 그 결정을 내리기까지 상황을 주도면밀하게 살펴봐야 했습니다. 결국 발루아가 수스텔에 맞서 어려움 없이 선출되었고, 다음 달이면 이곳에 올 것입니다. 제가 기권한 가장 중요한 까닭은 콜레주 드 프랑스의 연구자들이 제가 출마하면 저를 지지하지 않겠다고 하였고, 반면 (간단하게 표현하자면) 그 대가로 제게 왈롱Henri Wallon이 콜레주에서 맡았던 자리에 제가 지원하기를 바란다고 했으며, 저는 그렇게 했습니다. 불행히도 저의 벗들은 (가장 앞에 선 이들은 방베니스트와 뒤메질이었는데) 저의 성공을 너무도 확신한 나머지 상대 측의 선거운동(특히 마종이 이끈, 그리고 우리와 관련 없지 않은)[1]을 등한시했으며, 그리하여 저는 21 대 18로 예술사 교수 쪽

으로 기운 득표 결과에 지고 말았습니다. 그런데 말이죠, 윌롱의 교수직은 파리 시에서 만든 것인데, 시에서는 다른 사람 말고 제가 그 자리를 맡기를 원한 것으로 드러났습니다. 그러다 보니 시에서는 들어온 제안에 대한 예산을 거절하였고, 그 결과 교수직 하나가 사라져 버렸습니다. 프랑스에 교수직이 차고 넘친다는 것처럼 말이죠! 개인적인 관점에서 볼 때 사람들은 이번 저의 일이 그래도 멋진 실패라고 여기는 듯하며, 일이 이렇게 진행된 정황에 비춰볼 때 다음에 빈 자리가 났을 때는 제가 성공할 것이 제법 분명하다고 보입니다.[2] 그렇지만 이 일로 인해 저는 매우 의기소침한 상태이며, 제가 말이 없어진 이유이기도 합니다. 박물관에서 발루아가 선출되었다는 소식이 미국에 알려졌으며, 저는 곧바로 크로버[3]로부터 미국으로 오라는 제안을 받았습니다. 저는, 지금으로서는, 거절한 상태입니다.

우리가 올봄에 만난다니 행복합니다. 당신의 방문은 시험 기간과 겹칠 테지만, 저는 당신께 구조언어학의 최근 발전들에 대해 세 번 안팎의 강의를 제안드립니다. 그저 저에게 (만약 괜찮으

---

1 폴 마종, 슬라브 연구자 앙드레 마종의 형(이는 1948년 5월 12일 자 편지의 각주 참조), 그리스 문명 연구자이자 콜레주 드 프랑스 교수로 《이고르》를 둘러싼 논쟁에서 로만 야콥슨과 대립한 인물이다.
2 여기서 클로드 레비스트로스는 1949년 11월 콜레주 드 프랑스에 처음 지원하여 실패한 일을 말하고 있다. 레비스트로가 설명했듯이 (야콥슨을 **계기로** 마종 형제와 형성했던) 적대심이 이 일련의 일들에 아무 도움이 되지 않은 것이 비록 사실이었지만, 어쨌든 그것은 사람들이 아니라 학문 분과들의 권력 다툼이었다(예술사와 사회학의 대립).
3 알프레드 루이즈 크로버 Alfred Louis Kroeber, 1876-1960, 20세기 초 위대한 미국인 인류학자 가운데 한 명으로 캘리포니아 원주민에 대한 전문가이다. 레비스트로스를 만나기 전에 파리에서 사망했는데, 이는 또 다른 거목 프란츠 보아스가 1942년 뉴욕에서 레비스트로스의 두 팔에 안겨 세상을 떠났을 때처럼 갑작스레 일어난 일이었다. (밑에 나올 1960년 10월 7일 자 편지 참조.)

시다면) 다음에 대해 알려주시기만 하면 됩니다. 1) 파리에 도착하시는 날짜, 2) 정해진 주제들, 3) 게시물에 당신을 소개하면서 써야 할 제목. 가능하다면, 이 모든 것을 6주 전에 부탁드립니다.

당신께서 보내주신 별쇄본들을 오늘 아침 받았습니다. 저는 당신의 **베어울프**Werewolf[4]를 이미 알고 있었습니다만 열정적으로 읽었습니다. 이 질문을 아메리카인의 측면에서 검토할 필요가 있어 보입니다. 콰키우틀Kwakiutl족들은 까마귀들에게 자신의 태반이 먹힌 남성은 그들의 울음소리에서 미래를 읽을 수 있는 능력이 있다고 믿습니다. 그리고 신화적 까마귀는 울버린glouton의 다리에 있는 딱딱한 외피들(딱지들)을 먹고 난 뒤 울버린으로 변모하는데, 저는 항상 이 외피들이 무엇인가 다른 것을 감춘 것은 아닌지 궁금했습니다. 유럽에도 이러한 류의 이행이 있다는 점을 당신께서 지적하셨습니다. 프랑스어 음운론에 대해 말씀드리자면, 제가 그 내용을 아직 읽지는 못했지만 이렇게 보는 것만으로도 마음이 편해집니다. 이 모든 것에 감사드리면서, 1947년 제가 떠난 뒤로 《워드》를 단 한 부도 받지 못했다고 말씀드리고자 합니다. 당신께서 지난 9월 도움을 주셨음에도 여전히 같은 상태로 이 일이 머물러 있습니다.

저는 당신께 《역사와 민족학*Histoire et ethnologie*》[5] 최근 별쇄본 하나, 그리고 제게 부탁하신 책 《마나》와 뒤메질 책을 보내드렸습니다. 당신께서 제안하셨듯, 제가 모르는 섀넌과 위버의 책을 받

---

4 늑대 인간.
5 《형이상학과 도덕학 학술지*Revue de métaphysique et de morale*》, 54권, 3-4호, 1949, 363-391쪽; 《구조인류학》, op. cit., 1장에 재수록.

아 본다면 정말 좋겠습니다. 또한 당신께 지은 빚을 가중시키지 않는다면 루미스Roger Loomis의 신간 《아서왕의 전통과 크레티앵 드 트루아Arthurian Tradition and Chretien de Troyes》(1949)를 보내주시기 바랍니다. 왜냐하면 저 또한 신화학에 몰두하고 있기 때문입니다! 저는 요즘 콜레주 드 프랑스에서 루바Loubat 재단[6]의 고대 아메리카에 대한 강연을 하고 있으며, 북아메리카의 울버린을 주제로 잡고 구조적 분석을 시도하고 있습니다. 즉 저는 다음의 연관성을 연구하고 있습니다. 1) 이 인물의 확장(폭식, 광태狂態, 외설, 분변음욕증糞便淫慾症, 식인 풍습, 구걸 등등), 2) 각각의 문화에서 인물이 표현되는 사회적 층위(공동의 행위, 개인적인 소명, 의식적儀式的 의인화, 민간 전승적 주제, 신화적 주제 등등), 3) 이것들을 두 축으로 삼은 좌표평면으로 얻은 "영역territoire"과 나머지 사회구조 사이의 관계. 이 연관성은 기가 막히게 놀라운 결과들을 가져다주며 전혀 예상할 수 없고, 또한 저를 자주 깜짝 놀라게 합니다. 왜냐하면 저는 이를 통해 거의 엥겔스의 《가족의 기원L'Origine de la famille》[7] 등이 떠오르기 때문입니다. 제가 순전히 연역적인 방법으로 접근했던 푸에블로Pueblo족 사회에 대한 새로

---

6 콜레주 드 프랑스에서 열리는 강연들을 재정적으로 후원하는 재단들 가운데 하나이다. 클로드 레비스트로스에게 강연은 몇 달 뒤에 자신이 출마할 기관에 동화되는 방법 중 하나였다. 초현실주의자 벗들이 루바 강연들에 참석했는데, 어느 날 가장 열심이었던 사람들 중 하나인 화가 막스 에른스트Max Ernst는 강의자가 묘사하는 카치나 Kachina의 인형을 아주 익숙하게 그렸다. 1950년은 클로드 레비스트로스의 연구 주제와 관련하여 전환점이 되는 해인데, 이때 그는 친족에서 신화로 넘어간다.

7 마르크스의 강의 필기에서 시작되어 1884년 출판된 프리드리히 엥겔스Friedrich Engels의 책 《가족, 사유재산, 국가의 기원Der Ursprung der Familie, des Privateigenthums und des Staats》은 마르크스주의와 인류학에서 상당한 중요성을 가졌다. 미국 인류학의 시초인 루이스 모건Lewis Henry Morgan의 진화론적 틀에 영감을 받은 엥겔스는 경제구조와 친족 문화의 유사성들을 정립했다.

운 해석으로 저는 벌써 크로버에게 조언을 구했으며, 저는 제가 옳다고 판단하기 전까지 먼저 그의 답변을 기다리고 있습니다. 어쨌든 이 연구들은 다가오는 여름에 쓸 저의 다음 책이 될 것입니다. 아서왕 전설이 이와 관련 있는데, 등장인물 퍼시벌Perceval은 아메리카 의식들에 나타나는 울버린을 본따 만든 것이라고 확신이 듭니다. 현재로서는 순전히 유형학적인 관점에서 이 문제에 관심이 있는데, 북시베리아에 중심을 둔 고대 북극 문명과 그것 사이에 어떤 역사적, 지리적 연관성이 있는지는 확신이 없습니다. 물론 저는 이 방향으로 생각을 펼쳐볼 생각이 없습니다.[8]

혹시 《아이스킬로스와 아테네Aeschylus and Athens》와 《고대 그리스 사회 연구Studies in Ancient Greek Society》의 저자인 영국인 조지 톰슨을 아시는지요? 그는 엄격한 마르크스주의자이자 모건주의자[9]이지만 극도로 비상하며, (그가 제 책을 알았더라면 피할 수 있었을) 여러 많은 오류를 차치하더라도 그는 인도-유럽 체계의 핵심을 읽어냈습니다. 방베니스트 또한 같은 의견입니다.

저는 지난번에 조머펠트를 만났습니다. 저희는 당신에 대해 이야기를 나눴습니다. 3월에 제가 코펜하겐과 스톡홀름에 강연을 하러 갈지도 모르겠습니다. 강연이 확정된다면 당신께 몇몇

8　클로드 레비스트로스는 항상 미국과 유럽의 비교를 금지했다. 그의 마지막 저서들 가운데 하나인 《스라소니 이야기Histoire de lynx》에서 그는 프랑스 민담과 인도 신화 사이의 유사성들을 드러낸다. 그는 "우리가 범위champ를 좁힐수록 차이는 더 드러난다. 그리고 이러한 차이들의 관련성에 의미가 붙는다. 인도-유럽, 아메리카, 아프리카 등등의 신화 비교 연구는 타당하다. 그러나 보편성을 추구하는 신화학은 그렇지 않다"라고 말했다(Plon, 1991, 252쪽).
9　클로드 레비스트로스가 지어낸 신조어로, 이는 루이스 헨리 모건의 제자, 곧 진화주의자 모습을 보이는 이를 가리킨다. 조지 톰슨George Thomson, 1903-1987은 고전 인문학을 연구한 영국인 교수로 공산주의에 충실했던 것으로 잘 알려져 있다.

추천을 받기 위해 여쭤보겠습니다.

레슬로[10]는 파리에 며칠 와 있습니다.

로즈마리와 저는 두 분께 가장 다정한 마음을 담아 드립니다.

클로드

추신: 제가 장 슈네[11]를 위해 필요한 조치들을 취했지만, 그가 아이티족 박물관Musée du peuple haïtien 관장으로 임명되면서 지금은 올 수 없다고 당신 부인께 말해주시기 바랍니다.

---

10 볼프 레슬로Wolf Leslau, 1906-2006, 폴란드 출신 인류학자이다. 빈과 파리에서 수학한 그는 1942년 미국에 정착한다. 에티오피아의 셈족 문화 전문가로서 그는 사회연구 뉴스쿨에서, 이후 브렌다이스에서, 그리고 마지막으로 1955년부터 캘리포니아 대학 로스앤젤레스에서 강의했다.

11 장 슈네Jean Chenet, 1918-1963, 아이티인 예술가인 그는 다른 사람들과 함께 1944년 아이티 문화원을 세웠으며 그의 미국인 부인과 뉴욕에 살았다. 그는 프랑수아 뒤발리에François Duvalier의 비밀경찰 "마쿠트 아저씨tontons macoutes"에 의해 1963년 암살되었다.

프레스콧가 20A

파리 16구, 프랑스
샤요궁
인류 박물관
클로드 레비스트로스 교수

1950년 2월 14일

친애하는 클로드에게,

당신이 더 나은 연구 환경을 얻기 위해 사투를 벌이면서 장애물들을 마주했다는 소식에 정말 마음이 아팠습니다만, 솔직히 말하자면 그 안부를 전해 듣기 전부터 이미 저는 그런 장애물들이 있을 것이라 의심했으며 이러한 제 예감을 당신 앞에서 넌지시 언급한 적이 있습니다. 여전히 제 생각은, 그토록 창의적인 당신의 연구 활동을 위해 가장 좋은 것, 즉 가장 생산적인 것은 (그리고 당신의 연구들이 내가 당신에게 이 조언을 하게 합니다) 이 나라의 부름을 받아들이는 쪽에 있다고 생각합니다. 이곳의 연구 생활은 더욱더 깊고 역동적으로 되어가고 있습니다. 저희가 의사소통이론 분야에서 곧 시행에 옮길 학과간, 기관간 연계 프로젝트들은 전망이 아주 매력적인데, 제가 가진 정보에 의하면 유럽 대부분 나라의 학술 연구 환경은 몇몇 소수의 뛰어난 개인만 있을 뿐입니다. 게다가 이들마저 고립된 채로 연구하느라 프로젝트 진행에 필요한 힘을 모두 잃은 상태라고 하더군요.

이곳 사람들에 대한 당신의 환멸을 언급하지 말라고 부탁했으니 물론 저도 긴말 않겠습니다만, 며칠 전 제가 뉴욕에 있을 때 우

연한 일로 마거릿 미드[1]에게 전화한 적이 있는데, 그는 곧바로 저에게 당신이 파리에서 겪은 곤경을 언급하면서 사람들이 당신을 이해하지 못한다는 점과 더불어 당신이 마땅히 받아야 할 지위를 얻지 못하고 있다고 말했습니다. 그가 저에게 당신이 무엇을 계획하는지 물었고, 당신에게 있을 법한 어려움에 대해 전혀 아는 바가 없다고 했을 때 분명히 놀란 눈치였습니다.

이 나라에서 당신은 굉장히 유리한 상황이며 이를 고려하지 않는다면 경솔한 행동일 것입니다. 어쨌든 이곳에서 제 입지는, 당신이 원한다면, 경력을 지원할 뿐 아니라 총력을 다할 수 있을 정도로 이제 충분히 견고해졌다는 것을 기억해 주시기 바랍니다.

당신이 언급했던 루미스의 책을 보내며 위버에게 부탁하여 그가 섀넌과 같이 쓴 책도 보내도록 했습니다. 민족학과 역사에 대해 당신이 보내준 별쇄본들을 아주 즐겁게 읽었으며, 제게 보냈다는 두 권의 책도 기다리고 있습니다. 그런데 제가 그 책들을 읽을 기회가 있었습니다. 저희끼리 하는 말인데, 뒤메질은 좋은 의미에서 기발하지만 견고한 구조적 구성이 부족하다는 느낌을 지울 수 없습니다. 당신, 그리고 뒤메질은 그레구아르의 신화론 연구들을 어떻게 생각하는지요? 《마나》에서 다룬 슬라브 신화에 대한 운베가운의 총론은 너무도 형편없습니다. 상상력이 없고 방

1 　마거릿 미드Margaret Mead, 1901-1978, 프란츠 보아스의 제자로 문화인류학의 대표자이다. 그는 미국 대중에게 그의 책 《사모아의 청소년: 원시사회 청소년들에 대한 서구 문명을 위한 심리학적 연구Coming of Age in Samoa: A Psychological Study of Primitive Youth for Western Civilization》(Morrow, 1928)덕분에 널리 알려졌다. 그는 이 책에서 사모아 청소년들의 자유로운 성생활을 묘사했는데, 이로 인해 1920년대 청교도 미국에서 거센 논란의 대상이 된다. 그는 레비스트로스가 뉴욕에 망명했을 당시 만났던 미국 인류학의 중요하고도 힘 있는 인물이다.

법론도 빠졌으며 비교의 방법을 완전히 피한 데다 연구 자료들에 대한 이해도 없고 그 뜻도 통하지 않을뿐더러 메이예의 작업마저 빠트리면서 기본적인 문헌들에 대한 이해가 터무니없을 정도로 부족합니다.

당신이 만약 스칸디나비아에서 이 강연들을 할 생각이라면 제게 전보를 보내기 바라며, 그러면 저는 당신이 흥미롭게 생각할 수도 있는 저의 현지 지인들을 통해 제 편지를 전달하겠습니다. 모든 일이 순탄하다면, 저는 5월 5일 런던에서 제 첫 강연을 할 것이며, 그 뒤로는 2주 동안 런던, 옥스퍼드, 글래스고에서 강연한 뒤 덴마크와 노르웨이로 잠깐 떠났다가 파리로 올 것입니다.

저는 여러 문제를 연구 중이며, 그중에서도 특히 로츠와 함께 쓰고 있는 《음운론 입문Introduction à la phonologie》은 빠르게 진행되고 있습니다. 이 세상의 모든 음운구조 안에는 근본적으로 단지 일곱 개의 분별적 자질들만 있을 뿐입니다. 봄에는 이 책의 최종 원고본을 마무리하기를 바라는데, 이는 몇몇 언어학자, 인류학자, 논리학자, 심리학자, 생리학자, 음향학자, 그리고 의사소통 분야의 공학자들에게 원고를 보내 그들의 비판적인 조언을 구하고자 함입니다. 두말할 나위 없이 당신에게 가장 먼저 보내겠습니다.

저희의 가장 다정한 마음을 담아,

당신의 벗,

로만 야콥슨

친애하는 로만에게,

답장이 이토록 늦어져 사과드리며 루미스의 책과 섀넌과 위버의 책을 보내주셔서 고맙습니다. 의사들은 과로나 무기력증이라고 합니다만, 저는 요즘 건강이 좋지 않아 많이 뒤처져 있습니다. 루미스의 책은 여름 방학이 되어야 읽을 테지만, 그 《수학적 이론 *Mathematical Theory*》은 말 그대로 순식간에 탐독했습니다. 솔직히 말씀드리자면 **정보**information나 **잉여**redondance 같은 용어들이 거슬리는데, 그들이 가리키는 것과는 전혀 다른 것을 뜻하고 있습니다. 그렇지만 이 책의 아주 큰 장점이라면 바로 기계의 관점에서 생각에 대한 이론을 제시한다는 점이며, 이는 곧 제가 알기로 사상 처음으로 생각을 대상화했다는 것입니다. 이러한 조건에서는 모든 것이 거꾸로 되는 것이 놀랄 일은 아니지만, 익숙해지기는 꽤 힘듭니다. 어쨌든 저는 그 책에서 많은 가르침과 더불어, 특히 이러한 방법들을 신화적 사유에 적용하는 아이디어를 많이 얻었습니다. 그리고 만약 제가 여기에서 알맞은 수학자를 찾는다면, 그에게서 신화 연구에 아주 정교한 발전을 가져오게끔 할 수 있다고 생각합니다.

당신께서 편지에 적어주신 조언들과 제안들에 깊이 감명받았습니다. 하지만 곧바로 이루어지기에는 여전히 이릅니다. 이곳에서의 일들이 끝나지 않았는데, 이는 개인적인 면뿐 아니라 학적인 면에서도 마찬가지며, 저는 여전히 몇몇 일이 일어나기를 바라고 있습니다.[1] 만약 당신께서 봄에 오신다면 이에 대해 다시 대화를 나누시지요. 잊지 말고 제게 미리 말씀해주시기 바랍니다. 방베니스트는 당신을 만나지 못해 아쉬워하고 있습니다. 지난번에 제가 그를 록펠러 재단(의 담즈Edward F. D'Arms[2])에 소개했는데, 재단 측에서 매우 좋은 인상을 받은 것으로 보입니다. 그나저나 이제 막 은퇴한 로위Robert Lowie와 1951년 9월에나 시간이 나는 코라 듀 보이스Cora Du Bois 사이의 틈을 일 년 동안 메워달라는 버클리 대학의 부탁을 저는 거절한 참입니다. 너무 길고, 너무 강의가 많으며, 충분하지 않은 돈입니다.

기술적인 조언을 하나 구해도 되겠습니까? 제가 지금 발전시키는 신화에 대한 연구에서 과장의 현상phénomènes d'emphase을 다루고 있는데, 이는 곧 의식儀式에서 과장된 형태를 띤 비정상적인 행위들의 상정想定을 말합니다. 즉 여자처럼 옷을 입은 남자는 희화화된 여자처럼 행동합니다. 마찬가지로 남자처럼 옷을 입은 여자는 이상화된 남자처럼 행동하는 것 따위를 말합니다. 문제는 어째서 **상반되는** 행동이 동시에 **과장된** 행동이어야만 하는가 입니다. 그런데 저는 이 현상을 언어학에서 말하는 중첩에 견주고 싶

---

1 그는 1950년 가을에 콜레주 드 프랑스에 다시 지원하고자 했다. 이 당시 그는 콜레주 드 프랑스를 단념하지 않았는데, 그가 1949년 11월에 겪은 실패가 그에게는 (또한 그 혼자만이 아니라) 명예로우면서 그의 앞날이 보장되는 패배였기 때문이다.
2 [역주] 록펠러 재단 인문학 부서의 부책임자이다.

습니다. 중첩(삼중첩, 사중첩 등등)에 의해서 만들어진 용어들은 제가 보기에는 대다수가 의성-시적인 용어들입니다. 따라서 만약 그 용어들을 단순한 형태로 줄일 경우에는 그 본질에 대한 의문이 생길 것입니다. 기호냐 아니면 소음이나 말소리 이미지의 모방이냐 같은 의문 말입니다. 이 애매함은 중첩을 통해 없어지는데, 이때 첫째 요소가 소음이 아닌 기호인 까닭에 둘째 요소도 마치 기호처럼 작동합니다. 과장의 경우도 마찬가지일 터인데, 그 역할은 여자처럼 옷을 입은 남자가 여자를 모방하는 것이 아니라 여자를 **뜻하게끔**signifie 하는 것입니다. 이는 종종 같은 사회에서 과장 없이도 나타나는데, 예를 들면 샤먼이나 다른 경우처럼 양성적인 사람들은 그 자체로 남자**이자** 여자**인** 사람들을 말합니다. 이에 대해 당신께서 어떻게 생각하시는지, 그리고 중첩에 대한 참고문헌들을 아신다면 저에게도 말씀해주시면 정말 기쁘겠습니다. 방베니스트에게 물어봤습니다만, 그는 현재로서는 떠오르는 것이 없다고 하더군요.

모스의 별세를 기리며 저희가 재편집하고 있는 그의 첫 책 머리에 싣기 위해 음운론에서 많은 영감을 얻어 《마나》에 대한 새로운 이론을 제시하는 꽤 긴 서문을 이제 막 마무리했습니다. 《마나》부터 "상징 가치 0"을 고안하는데, 이것은 곧 그 자체로는 어떠한 의미도 갖지 않지만, 특별한 경우나 어느 종류에 속하는 특정한 물체와 관련해서는 보통 기표와 기의 사이의 관계가 지니는 것보다 더 많은 의미가 있음을 가리키는 역할을 합니다. 결론적으로 이것은 당신이 프랑스어에서 "0의 음소phonème zéro"라고 하는 것과 비슷한 어떤 것이 되겠으며, 이번에 제가 그걸 인용

하기도 했습니다.[3]

이와 관련하여 혹시 프랑스어에 대한 당신의 글이 번역되어 어딘가에, 예를 들면 《심리학회지》에 실리는 것에 동의하지 않으시는지요? 제게는 굉장히 중요한 일로 보입니다.

그레구아르에 관해서는 해당 책을 제가 읽지 못했을뿐더러 그 책의 참고문헌도 없기 때문에 대답을 드릴 수가 없습니다. 코이레가 얼핏 그 책에 대해 들었는데, 그의 말을 듣고 있으면 꽤 흥미로워 보입니다.

글래디스 레이처드의 두 권으로 된 저작을 막 받았습니다. 마침내 책이 나와 기쁩니다. 제 신화 연구가 그 책의 도움을 많이 받으리라 생각합니다.

또한 당신께서 《음소론 입문서 *Primers in Phonemics*》의 타자 원고

---

3 레비스트로스의 유명한 글 〈마르셀 모스 입문 Introduction à l'œuvre de Marcel Mauss〉을 가리킨다. 이 거장은 조금 앞서 같은 해 사망했는데, 그의 논문들을 모아 편집한 첫 출판물에 이 글이 수록되었다(마르셀 모스, 《사회학과 인류학 *Sociologie et anthropologie*》, PUF, 1950;클로드 레비스트로스, 〈마르셀 모스 입문〉, PUF, 콰드리지 *Quadrige*총서, 2012에 다시 편집되어 수록). 마나는 폴리네시아인들의 용어로서 어떤 특정한 사물들이나 사람들이 가지고 있는 마법적인 힘을 가리키며, 마르셀 모스는 마법에 대한 그의 분석과 증여에 대한 이론에서 마나를 중심에 두었다. 레비스트로스는 사물들에 넣은 마법적인 힘을 표현하는 다른 단어들과 마나를 연관 짓는데, 예를 들면 사물들을 주고받도록 강제하는 마오리족의 하우-hau 같은 것이 있다. 그는 이 모두를 마치 "떠다니는 기표들 signifiants flottants"처럼, 즉 어떤 특정한 사물을 가리키는 무엇이 아니라 의미의 부재에 대립하는 무엇으로, 곧 그것을 "0의 음소"처럼 보자고 제안한다(야콥슨이 쓴 다음의 책을 따라 《프랑스어 음소 양식 *French Phonemic Pattern*》, 위에서 인용됨). 이는 프랑스어에서 "e 묵음"이 소리 내어 발현되지 않지만, 음소의 부재에 대비함으로써 존재하는 것과 같다. 클로드 레비스트로스가 그의 입문에서 주장하기를, 언어가 체계인 이상 우리는 총체를 알고 있다고 생각할 수는 있어도 실제로 총체를 알 수는 없다. 따라서 마나와 같은 단어들은 "아무개 machin", "거시기 truc"처럼, 어떤 알지 못하는 것을 가리키는 가능성을 나타낸다. 이러한 주장들은 ("글쓰기의 0도 degré zéro de l'écriture"를 말한) 바르트 Roland Barthes뿐만 아니라 라캉 Jacques Lacan, 들뢰즈 Gilles Deleuze, 데리다 Jacques Derrida, 푸코 Michel Foucault 등 구조주의에 영감을 받은 사유에 상당한 영향을 끼쳤다.

를 만드시기를 간절히 기다리고 있습니다.

　조만간 뵐 수 있으면 좋겠네요. 두 분께 저희의 가장 신실한 우
정을 드리며,

　　　　　　　　　　　　　　　　　　　　　　　　클로드

프레스콧가 20A

프랑스, 파리 16구
샤요궁
인류 박물관
클로드 레비스트로스 교수

1950년 4월 13일

친애하는 클로드,

당신의 흥미로운 편지에 감사드립니다. 우리의 마음이 동시에 같은 방향으로 연구하고 있다는 점에 감탄을 금하지 못하고 있습니다. "변장"과 관련된 중복에 대한 예시들을 묻는 당신의 편지를 받기 며칠 전에 저희 학과에서 주최한 슬라브 학회 발표에서 *perperuna*라는 중첩된 형태에 대해 논한 바 있는데, 이는 슬라브의 천둥 번개의 신, 페룬Perun 으로부터 왔으며 남슬라브인들은 이 말을 명백히 페룬과 관련된 의식에서 몰아지경인 채로 비雨의 마법을 쓰며 꽃장식을 두른 벌거벗은 처녀를 가리킬 때 쓰기도 합니다. 나아가 금기로 인해 이 처녀의 이름을 다르게 대체하여 부를 때는 반복된 형태인 *dudula*이며, 이는 리투아니아어에서 천둥소리의 의성어인 *dudulis, dundulis*와 상응합니다. 어찌 손볼 수 없을 정도로 못 쓴 운베가운의 고대 슬라브 종교 연구를 비판하고자 제가 쓴 논문의 한 부분에서 이 점을 다룬 바 있습니다.

당신만 괜찮으시다면, 6월 후반기에 '현대 언어학에서의 소리와 의미에 대한 강연'과 어쩌면 '슬라브 신화학 강의'도 할 수 있습니다.

당신이 편지에 적어준 학적, 그리고 개인적 문제들에 관해서
두 분과 이야기를 나누고 싶은 마음이 간절합니다.
　　당신의 벗,

　　　　　　　　　　　　　　　　　　　　　　　　로만 야콥슨

친애하는 로만에게,

짧게 한마디만 적습니다. 당신을 뵙는다는 생각에 기쁩니다. 당신의 두 강연은 인류 박물관에서 6월 20일 화요일과 23일 금요일, 오후 5시에 열릴 것입니다. 제가 7월이 되는 대로 유네스코의 임무차 파키스탄으로 떠나기 때문에 파리에 아주 이르게 도착하시기 바랍니다. 저는 그곳에 11월 1일까지 머무를 것입니다.[1]

저자를 알 수 없는 이 특출난 저작을 알고 계신지요.《만국표기법, 혹은 번역 없이 다른 모든 언어로 읽히고 들을 수 있게 언어를 쓰고 인쇄하는 새로운 예술-학문의 기본 요소들*Pasigraphie, ou Premiers éléments du nouvel art – science d'écrire et d'imprimer une langue de manière à être lu et entendu dans toute autre langue sans traduction*》(1797). 아주 희귀하면서도 아주 시사적입니다. 시간이 있으시다면 한번 슬

---

1 클로드 레비스트로스는 1950년 8월 23일부터 10월 23일까지 유네스코 임무 일환으로 "파키스탄의 사회과학 교육 실태"를 조사하기 위해 서파키스탄과 동파키스탄에 가게 되는데, 훗날 1951년 3월 15일 편지에서 이를 일컬어 "터무니없는absurde besogne" 임무라고 하고 있다(이하 참조). 1947년 분열된 지 몇 넌 뒤, 그가 이곳에서 여행자로서 받은 인상들과 파키스탄 이슬람에서 겪은 경험들은 1955년 출판된 유명하고도 굉장히 많은 비판을 받은 책《슬픈 열대*Tristes Tropiques*》에서 볼 수 있다.

찍 봐주시기 바랍니다.[2]

조만간 뵙지요,

클로드

---

2 이는 하나의 보편 표기법 체계를 제안하는 조제프 드 매미외 Joseph de Maimieux, 1753-
1820 의 저서이다. "만국표기법 pasigraphie "이라는 용어는 "전체 tout "를 가리키는 pan
과 "쓰다 écrire "를 가리키는 graphein에서 왔으며, 19세기 말과 20세기 초 기호논리
분야의 기획들을 표현하기 위해 다시 쓰였다. 두 서한 교환자가 기호체계들에 가진
일반적인 관심을 나타내는 용어이다.

프레스콧가 20A

프랑스, 파리 16구
샤요궁
인류 박물관
클로드 레비스트로스 교수

1950년 4월 27일

친애하는 클로드에게,

4월 20일 편지를 보내주신 당신에게 매우 감사드립니다. 당신이 제안한 날짜들은 아주 좋습니다. 저희는 6월 중순경 파리에 도착할 계획입니다. 5월 4일부터 5월 20일 동안 저희의 주소는 다음과 같습니다. 영국, WC1, 런던, 워번 플레이스, 코라 호텔.

당신의 신실한,
로만 야콥슨

추신: 저희의 계획을 방베니스트에게 전달해 주십사 부탁드려도 될까요? 그를 파리에서 볼 수 있다면 제가 얼마나 기쁠지 말하지 않아도 되겠지만, 만약 저희가 프랑스에 도착하는 예정일보다 앞서 그가 프랑스를 떠난다면, 저는 8월에 그를 이곳 케임브리지에 초대하여 만나기를 바랍니다.

친애하는 로만에게,

출발이 조금 지연되는 바람에 (저는 내일 떠납니다) 편지를 받을
수 있었습니다. 당신의 휴가를 걱정하지 않으셔도 괜찮습니다.
당신이 떠난 뒤로 브르타뉴 지방의 날씨는 정말 안 좋았습니다.
가르에 대해 말하자면, 신경이 가장 덜 피곤한 방법을 고른 것은
참 잘하신 일입니다. 상황이 곧바로 나빠질 것처럼 보이지는 않
지만, 이 기계[1]는 최악의 상태로 향하고 있기에 이삼 년 내로 아
주 나빠질 것입니다. 당신을 만나서 우리의 그토록 많은 공통 관
심사에 대해 이야기할 수 있어서 정말 기뻤습니다. 또한 《음소론
입문 *Primer of Phonemics*》이 곧 준비될 것이라는 소식에 즐겁습니다.
저희는 통상적인 상업성에 근거하여 프랑스어 판본을 준비할 수
있기를 손꼽아 기다리며, 이는 분명 수익성 있는 기획이 될 것입
니다. 스바티아와 당신께 다정한 마음을 가득 담아,

클로드 레비스트로스

1　[역주] 레비스트로스가 브라질 상파울루에서 구매해 《슬픈 열대》를 집필한 작은 독
　일제 타자기로 추정된다.

친애하는 로만에게,

코이레 가족이 말하기를 당신께서 저의 긴 침묵에 불평하신다고 들었습니다. 당신께 편지를 참으로 너무 늦게 드리네요. 파키스탄에서 저는 할 일이 너무도 많았고, 유네스코에 정기적으로 보내야 했던 보고서들이 어찌나 부담되었는지 다른 모든 연락을 할 틈이 없었습니다. 그러다가 돌아온 뒤로는 제 앞에 놓인 여러 난처한 일로, 특히 벗들에게 글을 쓰려는 마음이 거의 사라지고 말았습니다. 콜레주에서의 실패는 정말 견디기 어려웠는데, 제게 그 실패가 결정적이었기에 그 어디에도, 그 무엇에도 더 이상 지원하지 않겠다고 결심했을 정도입니다.[1] 하지만 이 결정을 하기까지 꽤 많은 숙고를 해야 했으며, 저 자신을 포함하여 많은 것에서 제 가치관에 변화가 있어야만 했습니다. 제가 침묵을 선호했던 이러한 까닭을 당신께 설명드리는 것입니다. 하지만 제가 처했던 심리적인 상황 외에 다른 이유가 있었을 것이라고 생각하

1　두 번째 지원은 결국 1950년 11월에 두 번째 실패로 이어지는데, 이번에는 그 실패가 더욱 사적이다. 클로드 레비스트로스는 로제 디옹Roger Dion, 1896-1981에게 패배하는데, 그는 지리학자이자 "파리 지역의 역사와 사회구조" 교수직을 역임하던 인물로 신설된 인류학 교수직에 선발되었다.

지 않으시기를 부탁드립니다.

　그나저나 제가 드릴 말씀이 썩 많지는 않습니다. 제가 파키스탄에 있을 때, 유네스코가 제게 맡긴 터무니없는 과제 도중에도 저는 그 어떤 민족학 전문가도 가보지 못한 미얀마 접경 지역에 사는 티베트-미얀마어를 쓰는 부족들에 대한 기초 탐구를 할 수 있었습니다. 그곳은 정말이지 경이로 가득한 곳입니다. 이번 가을에 저의 제자 중 한 명을 그곳으로 보낼 수 있기를 바라며,[2] 1952년에는 어쩌면 제가 다시 갈 생각입니다. 이곳에 돌아온 뒤로 저는 유네스코 보고서와 쿠키Kuki족과 모그Mog족에 대하여 제가 관찰한 것들을 작성하는 데 몰두했습니다. 후자는 《종교역사지Revue de l'histoire des religions》에, 그리고 다른 것은 미국 학회지인 《인간Man》이나 《왕립 인류학 연구소 학회지Journal of the Royal Anthropological Institute》에 실릴 예정입니다. 또한 저는 고등연구원에서 제 수업들을 시작했는데, 이를 통해 제가 지금까지 조금밖에 연구하지 않았던 종교민족학과 관련된 질문들에 이르렀습니다. 죽은 자와 산 자의 관계에서 각기 다른 유형을 연구하고 있습니다.[3] 여기에도 마찬가지로 체계들이 있습니다. 친족과 관련해서는 제가 어려우리라 여기지 않았던 문제들 때문에 전혀 예상하지 못한 모양으로 연구가 완전히 멈춰버렸습니다. 제가 깨달은 바는 기초적인 구조에서 복잡한 구조로 나아가기 위해서는 양쪽의 구조를 동시에 담은, 즉 구조적 기반과 동시에 통계적 기반 위

2　실제로 루시앙 베르노가 그곳으로 떠난다.

3　1951년부터 클로드 레비스트로스는 공식적으로 고등실천연구원의 제5분과의 "원시민족들의 종교" 자리를 맡아 교수가 된다. 《영혼들의 방문La visite des âmes》이라는 제목의 그의 첫 수업은 산 자와 죽은 자들의 관계를 다룬다.

에서 작동하는 (우리는 배우자를 법칙에 따르거나 아니면 임의로 선택할 수 있는데, 후자와 같은 유형의 경우에는 법칙에 위배되지 않는 한에서 그러합니다) 그 중간 단계의 구조들을 그릴 수 있어야 한다는 것입니다. 하지만 저는 이러한 체계들로부터 이론을 도출하지 못했는데, 이는 체계들을 직관적으로 검토하기에는 각각의 체계에서 너무도 많은 수의 해결책들이 가능하기 때문입니다. 몇 주 동안 어느 수학자[4]가 자원하여 자신의 남는 시간 동안 저와 함께 작업하고 있지만, 소통이 여간 어려운 것이 아닙니다.

조머펠트로부터 5월 31일에 시작하는 학회에 초대를 받았는데, 그 계기로 당신을 볼 수 있어서 기쁩니다. 하지만 편지-공문의 용어들 때문에 조금 걱정이 됩니다. "원시 정신mentalité primitive"이라는 말을 언어학적 바탕 위에서 이해해 보면 어떨까 생각합니다. 또한 "논리는 언어에 기반한다la logique est fondée sur la langue"라는 말은 지나치게 과장되었다고 보는데, 그 둘 사이에 어떤 관련이 있다 해도 언어에 내포된 논리적인 수단들을 언어가 실제로 그것들을 사용하는 모습과 혼동해서는 안 될 것입니다. 이러한 점들을 아주 구체적으로 해놓아야 한다고 생각합니다.

저는 방베니스트를 간간이 만나며, 그는 분류적 언어들langues classificatoires에 대한 핵심적인 강의를 했는데, 저희 수업을 다 듣는 학생들을 통해 그 요점을 전해 들었습니다. 당신께서 《파리언

---

4 마르셀폴 슈첸베르제 Marcel-Paul Schützenberger, 1920-1996를 가리키며, 그는 수학자이자 이론정보과학과 조합론의 선구자이다. 레비스트로스가 여기에서 말하는 소위 반복잡계들semi-complexes이라 불리는 이 체계들은 특히 1982년에 클로드 레비스트로스에 이어 콜레주 드 프랑스의 사회인류학 연구소를 맡을 프랑수아즈 에리티에 Françoise Héritier 가 향후 새로 발명한 정보과학의 도구들로 연구된다.

어학회보*Bulletin de la Société de linguistique de Paris*》에서 이미 보셨을 부루샤스키어burushaski[5]에 대한 그의 분석을 보노라면, 저희가 일전에 구석기 시대의 여성생식기 재현부터 신석기 시대의 남성생식기 재현에 이르는 변화에 대해 나눈 대화가 떠오릅니다. 이 점은 다시 다룰 만한 가치가 있어 보입니다.

로즈마리와 저는 당신과 스바티아에게 가장 다정하고 한결같이 신실한 마음을 담아드립니다.

클로드

---

5 부르샤스키어(burushaski 또는 bourouchaski)는 파키스탄에서 사용되는 언어로 비록 인구어 가족과 가깝지만, 그 어떤 언어 가족으로도 분류되지 않는다. 이 언어는 (프랑스어라면 남성과 여성으로 나눌) 명사들을 다음과 같이 구분하는 분류 체계로 유명하다. "남성 인간êtres humains masculins", "여성 인간êtres humains féminins", "셀 수 있는 동물들과 사물들animaux et objets comptables", "셀 수 없는 이름들과 추상적 개념들noms non comptables et concepts abstraits". 여기서 방베니스트의 논문은 〈부르샤스키어 명사 분류에 대한 단상들Remarques sur la classification nominale en burushaski〉, 《파리 언어학회보》, 44권, 1947-1948, 64-71쪽이다.

친애하는 클로드에게,

"헛되기 그지없는 쓸데없는 서류 절차paperasserie plus que vaine", 최근 제가 유네스코에 보낸 전보에 완곡한 어법으로 꼬집어 쓴 이것 때문에 제가 유럽에 가는 것이 불가능해졌습니다.[1] 이 모든 일이 첫 몇 세기 동안 슬라브 문화에 끼친 비잔틴의 영향에 대해 제가 체코어로 쓴 책을 "전복적인" 활동으로 본 어느 추악한 중상모략적인 고발에서 나왔다는 점은 도무지 믿기 어려울 정도입니다.[2] 당신은 저를 잘 알고, 또한 이러한 종류의 고발 및 그 작성자

1　이는 1951년 5월 31일부터 6월 7일 사이, 당시 유네스코에 막 신설된 '국제 철학 인문과학 연구 협의회Conseil international de la philosophie et des sciences humaines' 회의를 위해 파리에 가는 것을 가리킨다. 이 협의회는 국제 언어학자 상임위원회에 속한다 (유네스코 이전에 생긴 기관이지만, 제2차 세계대전이 끝나고 기관장 알트 조머펠트의 권한에 따라 유네스코에 들어간다). 이 모임의 목적은 언어들과 다른 문화적 측면들의 연관성에 대한 연구를 위한 틀을 제공하기 위한 것이었다.

2　필시 여기서 문제되는 책은 1943년 전쟁 도중 뉴욕에서 체코어로 쓰인 《고대 체코인들의 지혜: 국가적 저항 운동의 불변의 기반Moudrost starých Čechů: Odvěké základy národního odboje》(《sagesse des anciens Tchèques: les fondements éternels de la résistance nationale》; 《선집》, 9-1권, 432-538쪽에 재수록)을 가리키는데, 이 책은 체코슬로바키아 민족의 뿌리가 동과 서의 동맹이라는 오래된 전략에 있다고 주장한다. 동과 서의 동맹이다. 이 전략은 언어에서 라틴어가 아닌 교회 슬라브어를 선택했다는 점에서 곧바로 드러난다. 의심할 여지 없는 깊은 학술성에도 불구하고 이 책은 지나치게 직접적인 선동성으로 비판받았는데, 실제로 이는 나치 침략에서 체코슬로바키아 국

들과 독자들에게 제가 공식적으로, 그리고 비공식적으로 무슨 말을 했을지 상상이 가실 테지만, 비록 지금은 모든 것이 해결된 것으로 보임에도 이로 인해 제가 유럽에 가려던 계획은 지연되었습니다. 스텐더페테르센Adolf Stender-Peterson 교수에게 짐 지운 장애물들처럼 이 나라가 슬라브 연구에 가하는 무식한 방해들을 아마 당신도 전해 들은 바 있을 것입니다.

이 모든 것에도 불구하고, 저는 오직 이곳에서만 당신의 연구 활동을 위한 충분히 넓고 자유로운 무대를 찾을 수 있을 것이라고 생각합니다. 이제 저는 클럭혼[3]과 각별한 우정을 나누고 있는데, 며칠 전 그와 나눈 대화에서 그가 당신을 하버드 대학 초빙 교수로 일 년 동안 초대하는 것을 제안했습니다. 당신이 1952년과 1953년에 시간이 되는지 제게 말해주시기 바랍니다. 그리고 다음의 내용은 (그 어떠한 경우의 예외도 없이) 정말이지 아주 엄격한 비밀로 지켜주셔야 하는데, 커뮤니케이션 이론의 다양한 측면과 그것들의 연계에 대한 하버드 대학 연구소의 제 프로젝트는 저에게 직권을 일임하는 형식으로 큰 재단의 지원을 받아 실행될 가능성이 아주 높습니다. 만약 커뮤니케이션의 인류학적, 사회학적 측면들을 연구한다면 관심 있으실지요? 이 지점에 흥

가를 보호하기 위해서였다. 이와 같은 (독일의 요구에 맞선) 전투적인 친슬라브주의 성향이 로만 야콥슨에 대한 고발을 불러왔을지도 모르며, 당시에 그는 아직 미국 국적을 취득하지 못하고 요청하기만 한 상태에서 그 영토를 벗어나려 하지만 거절당한다. 야콥슨이 여러 정보기관과 접촉한다는 소문이 많이 퍼졌지만, 실제로 손에 잡히는 물증은 없었다(이 일화에 대한 설명으로 도움을 준 토마슈 글란츠Tomáš Glanc, 진드릭 토만Jindrich Toman과 파트릭 세리오Patrick Sériot에게 감사드린다).
3 클라이드 클럭혼Clyde Kluckhohn, 1905-1960, 인류학자이자 나바호 원주민들 전문가로 하버드 대학 교수이다.

미로운 문젯거리들이 있을 법하다고 느껴집니다. 클로드, 당신이 그립기도 하거니와 지난 한 해 동안 커뮤니케이션 공학자들과 수학자들(저는 언어학적 문제들을 인상적인 방법으로 다루는 한 사람을 찾는 데 성공했습니다), 그리고 음운론적 분석이나 그 양화量化 따위 분야의 다양한 전문가들과 협업하여 일궈낸 가장 최신 결과물들에 대해 당신과 대화를 나눌 수 없어서 아쉽습니다. 일들은 더욱 분명해지고 구체화되고 있습니다. 이곳에 당신을 오지 못하게 막았던 까닭들이 이제는 과거가 되었으니 이 문제는 다시 논의할 수 있을 것으로 보입니다.

저는 올해 《소리와 의미》를 마무리하려고 완전히 마음을 먹었으며, 그러기 위해서 2월부터는 강의를 하지 않을 것입니다. 이 저서의 프랑스어본에 여전히 관심이 있으신지요?

몇 주 전에 제가 당신께 보낸 슬라브 신화학에 대해, 그리고 이 편지와 함께 보내드리는 이 분야의 제 새로운 글에 대한 당신의 고견을 듣고 싶습니다.

당신의 벗,

로만 야콥슨

친애하는 로만에게,

당신을 못 봐서 애석했습니다만, 당신께 닥친 일처럼 불합리한
이야기들을 매일같이 듣고 있기에 그리 놀라지는 않았습니다. 당
신께서는 꽤 적막했던 언어학대회에 분명히 활기를 불어넣으셨
을 텐데 말이지요. 그곳에는 조머펠트, 방베니스트, 그린버그, 옐
름슬레우, 보그트, 그리고 퍼스[1]가 있었습니다. 우리는 다음의 문
제들을 다루었습니다. 1) 앞으로 연구할 여덟 개의 토착 언어 선
정하기, 2) 이 일을 맡을 수 있는 연구자들 목록 만들기, 3) 이들
이 참고할 수 있게끔 지시사항 작성하기. 매번 모일 때마다 이 마
지막 사항을 이야기했으며 토론이 어찌나 전문적이던지 (예를
들면, 6항에서 "음성적", "음성학적", "음소적" 또는 "음운론적" 따
위 가운데 어떤 말로 해야 하는가) 저는 자리가 영 불편했습니다.
저는 기껏해야 한 번 발언했는데, 시행 세칙을 만들 때 문법과 어

---

1 조지프 그린버그Joseph Greenberg, 1915-2001, 미국인 언어학자로 스탠퍼드 대학 교수
  이다. 루이 옐름슬레우Louis Hjelmslev, 1899-1965, 덴마크인 언어학자로 소쉬르의 제
  자이며, 코펜하겐 언어학회의 설립자 가운데 한 명으로 구조주의의 가장 중요한 인
  물들 가운데 하나이다. 한스 보크트Hans Vogt, 1903-1986, 노르웨이인 언어학자로 코
  카시아 언어들의 전문가이다. 존 루퍼트 퍼스John Rupert Firth, 1890-1960, 영국인 언
  어학자이다.

휘를 구분하지 말자고 주장했습니다. 이렇게 구분하면 언어의 구조에 대해서, 한편으로는 언어학자와 사회학자가 각자의 분야에서 특정한 범주의 어휘들이 구조화되는 정도에 대해서 성급하게 단정 짓는 문제가 생기기 때문입니다. 하지만 옐름슬레우만이 이 점에서 저를 완전히 지지했습니다. 그에 비해 방베니스트는 더욱 유보적이었으며 최종 문서는 부분적으로만 만족스러울 뿐입니다.[2]

코이레 가족을 통해 제 어려움[3]을 전해 들으셨다는 것을 알고 있으며 당신께서 이토록 애정 어린 반응을 보여주셔서 굉장히 감동했습니다. 지금 저는 완전한 혼돈에 처해 있습니다. 묵을 곳도 없고, 일도 끊겼으며, 돈이 필요한 탓에 돈만 벌 목적으로 유네스코의 일을 합니다만, 휴가철이 오기 전에 가장 중요한 문제, 즉 거주 문제를 해결하기를 바라고 있습니다. 미국 방문에 대해서는 다음과 같습니다. 알렉상드르에게 제안되었던 초빙의 형식이라면, 즉 한 학기 동안 일주일에 두세 시간 정도라면 저는 주저 없이 받아들일 터입니다. 한 해 전체라면 급여뿐 아니라 특히 수업의 양에 따라 생각해 볼 것인데, 왜냐하면 제가 미국으로 가는 주된 동기는 연구할 시간을 갖기 위함이기 때문입니다. 만약 당신의 연구소가 모습을 갖춘다면, 저는 비교할 수 없을 만큼 그쪽으로 더 관심이 있을 것입니다. 마침 지난 2년 동안 저의 꿈은 구조를 다루는 연구소를 프랑스에 만들어 기본이 되는 하나의 방법을 순서에 상관없이, 그저 그 방법이 곧바로 적용될 수 있는 곳이

---

2 이 문서는 존 루퍼트 퍼스, 〈일반언어학과 일반문법General Linguistics and General Grammar〉,《서지학회 회보지Transactions of the Philological Society》, 50권, 1호, 1951, 69-87쪽에서 그 전체를 읽을 수 있다.
3 클로드 레비스트로스는 자신의 부인 로즈마리 울모와 막 이혼한 참이다.

라면 어디든지, 즉 인간에 대한 모든 분야의 학문에 적용하는 것이었습니다. 저는 아주 구체적인 프로젝트들을 가지고 있는데, 이는 (조형예술과 음악에 있어) 양식론stylistique, 그리고 비교신화학에 대한 것들입니다. 그리고 제대로 방향을 잡고 저와 연구할 젊은이들도 서너 명 있습니다. 애석하게도 프랑스 구조주의가 (그것이 존재한다면) 좌파로 굳어져 가는 탓에 그들이 저와 동행하면 비자가 나오지 않을 것입니다.[4] 그런데 혹시 특정 연구 몇 개를 "연구 업적이 나오는 만큼만 비용을 지급하는 식"으로 미국보다 비용을 절감할 수 있게 당신 연구소의 유럽 분원을 파리에 만드는 것을 검토할 생각은 없으신가요? 그럴 수 있다면 유럽의 재능 있는 사람들을 활용할 수 있을뿐더러 우리가 왕래할 수 있는 기회도 생길 것입니다. 제가 드리는 이 제안은 순전히 그냥 해보는 말입니다. 어쨌든 저에게는 당신께서 다양한 분과를 아우르는 구조주의적 변혁의 차원에서 실행하실 일은 가르치는 일보다 훨씬 더 흥미롭습니다.

다가오는 몇 달은 고작 몇 개의 계획만 있을 뿐입니다. 케임브리지 대학에서 (영국!) 저에게 이번 겨울 강연을 해달라고 초청하여 그곳에 갈 생각입니다. 저는 파키스탄 치타공 지역의 티베트-미얀마어에 속한 그룹을 관찰한 저의 "현장 답사"에 대한 논문 세 개를 마무리했으며, 당신께서 그 초안을 보셨던 제 연구, 즉 몸의 부위를 가리키는 명사들에 대한 연구에 진척이 있었습니다. 제가 볼 때 남아메리카에는 이 용어들을 구성하는 기묘한 방식이

---

4 이 당시 미국에는 매카시즘이 기승을 부리고 있었으며, 경우에 따라 좌파로 인식된 학생들이 방문할 수 없었다.

있는데, 이는 곧 일반적으로 단음절의 형태소를 시작으로 이어서 둘, 셋 또는 내 음질로 조합됩니다. 어떻게 보자면 마치 "장미와도 같은en rosace" 꼴이 되기 때문에 빠진 용어들을 우선 보이는 대로 연역적으로 도출할 수 있게 합니다. 휴가 동안 이 연구를 마무리하려 합니다. 편지는 되도록 제 편지를 받아 보관해 주는 인류 박물관(파리 16구, 샤요궁)으로 보내주시기 바랍니다. 당신의 벗,

클로드

프레스콧가 20A   1951년 7월 4일

친애하는 클로드에게,

당신의 6월 11일 편지를 받아보고 기쁨에 겨웠습니다. 두말할 필요 없이 저는 항상 당신 곁에 있으며, 당신이 어려움에 처했을 때도 마찬가지입니다. 당신의 편지말고는 파리에서의 만남에 대해그 어떠한 내용도 전해 들은 바가 없습니다. 당신이 이곳에 올 경우 요구하는 부분들은 제가 볼 때 실현 가능해 보입니다. 록펠러가문 사람들의 재정과 연계하여 연구하려는 생각은 얼마 전까지만 해도 완벽하게 실현 가능했지만, 아주 엄밀히 우리끼리 말하자면, 제가 이 기획에 참여시켰던 방베니스트가 뜬금없이 저희를 배제하려고 온갖 애를 쓰며 모든 것을 돌이킬 수 없을 만큼 엉클어뜨리고 말았습니다. 이곳에서는 지금 커뮤니케이션과 관련된 다양한 문제를 다루는 학제간 연구와 실험 프로그램들이 점점 더 확실하게 자리 잡고 있습니다. 여기서 나오는 것 가운데 하나는 커뮤니케이션의 다양한 측면의 원리들을 다룬 저서들의 모음집을 만들려는 기획입니다. 만약 《소리와 의미》가 예정대로올해 마무리된다면, 그중에서 첫 번째로 출간될 것입니다. 이 기획에 저는 커뮤니케이션의 사회학적, 인류학적 측면들을 다루는

당신의 책 하나를 포함시키려 합니다. 이에 동의 여부 및 나아가 더 구체석으로는 어떤 제목, 어떤 대상, 그리고 어떤 일정을 제안 하실지 듣고자 합니다. 라캉[1] 씨 댁은 어떻게 지내는지요? 그들의 소식을 듣지 못하고 있습니다.

　당신의 벗,

로만 야콥슨

1 　로만 야콥슨은 그 당시 그들과 자주 왕래하던 클로드 레비스트로스의 소개로 정신과 의사이자 정신분석학자인 자크 라캉과 그의 부인 실비아 바타유라캉 Sylvia Bataille-Lacan을 만난다. 이후 야콥슨은 프랑스에 들를 때 라캉의 시골 별장이 있는 기트랑쿠르에 자주 묵는다. 라캉이 레비스트로스와 야콥슨의 작업들을 참조한 것(특히 1953년 그의 《로마 강연 discours de Rome》)은 "구조주의" 패러다임의 형성에 많은 영향을 준다.

친애하는 로만에게,

커뮤니케이션 책과 관련한 당신의 편지에 답장을 하지 못해 참으로 죄송합니다. 하지만 저는 연구에서 멀리 떨어져 있어 글을 쓰는 것 자체가 조금 어색해졌습니다. 제 모든 책, 서류, 메모가 짐가방에 있고, 저는 종일 집을 구하는 일에, 당신도 아시다시피 거의 불가능한 그 일을 날마다 하고 있습니다. 이처럼 꽤 오래전에 약속했던 논문들을 완성하는 것이 이미 몇 달이나 늦어졌는데 여유가 생기는 대로 바로 따라잡아야겠습니다. 나아가 신화적 사고思考를 다루는 책은 제가 애써 작업하고 있지만, 집필을 마무리하려면 이삼 년 걸릴 것입니다. 이 모든 것으로 인해 우리의 앞날은 어떤 것도 확정할 수 없게 되었습니다. 원칙적으로, 저는 당신과 의견이 같습니다. 주제가 흥미롭고요. 그렇지만 저는 당신께 그 어떠한 날짜도, 심지어 어느 먼 날짜라도 제안할 수 없는 실정입니다.

제 여행에는 새로울 것이 없습니다. 메리언 스미스Marian Smith 는 제가 보기에 그냥 하는 말로 초대 이야기를 꺼냈던 것 같습니다. 만약 하버드 대학이 저의 체류와 일련의 강연들을 지원할 수

있다면 이를 M. S.에게 알리고 그를 몰아붙여서 여행 경비를 처리하게끔 해야 할 것입니다. 하지만 저는 그렇게 될 거라 믿지 않으며, 그저 "혹시 몰라서" 말씀드리는 것입니다.

참된 우정을 담아,

클로드 레비스트로스

추신: (현재 이스탄불에 있는) 방베니스트가 유네스코를 압박하여 언어학 분야와 관련된 일들을 시작하게 하려는 듯싶습니다.

친애하는 로만에게,

당신의 편지와 새해 인사에 감사드립니다. 저 또한 진심 어린 새해 인사를 드립니다. 저는 5월 말 뉴욕에 도착해 바이킹 재단의 심포지엄(6월 9일부터 20일)에, 그다음에는 7월에 언어학 연구소 학회에 참석할 것이 거의 확실합니다. 8월 1일이면 파리에 돌아와 있을 것입니다. 클럭혼을 대신하여 한 학기를 맡는 가능성에 관심이 많습니다. 하지만 프랑스에서는 부재에 대한 인가를 받는 것이 점점 더 어려워져서(저는 이미 6월 여행을 위해서 제 수업을 과도하게 줄여야만 했습니다), 인가가 가능할지 모르겠습니다. 그렇지만 당신께서도 아시는 유동적인 정치적 상황, 그것에 크게 좌우될 것입니다. 두고 봐야겠지요. 어쨌든 이에 대해 생각해 주셔서 고맙습니다. 제가 오랫동안 언어학에 대해서 아무것도 읽지 않은 터라 당신의 논문들을 손꼽아 기다리고 있습니다. 당신께서 언급하신 해리스Zellig Harris의 책은 도착하지 않았습니

---

1 클로드 레비스트로스와 그의 새로운 연인이자 장차 아내가 될 모니크 로망 Monique Roman의 파리 새 주소이다. 아파트는 노트르담드로레트 동네에 있으며, 이는 그들이 한 주에 며칠씩 가서 지내기를 좋아한 드루오Drouot에서 멀지 않다.

다. 저는 친족 체계, 신화 및 언어학 연구를 동시에 할 수 있는 어떤 구조주의 분석 연구소의 설립에 대해 점점 더 많이 생각하고 있습니다. 이를 위해 한 젊은 텔레비전 엔지니어(망델브로[2]의 조카)와 연락하고 있는데, 그는 코드화가 얼마나 용이한지를 기준으로 언어들을 분류함으로써 이를 통해 언어학에서도 특정한 열역학 법칙을 발견해냈다고 믿고 있습니다. 그는 지금 음소들의 주파수가 통계학적인 도표로 존재하는 언어들의 정보를 얻고 싶어 할 것입니다. 혹시 당신께서 알고 계신 이러한 언어가 있으신지요? 다른 한편으로 그는 폰 노이만[3](게임 이론Theory of Games)의 생각들이 언어학에 적용될 중대한 가능성이 있다고 믿고 있습니다. 저에게 국립과학연구센터가 수학의 몇몇 연구를 인간과학[4]에 적용하는 것에 대한 학회를 10월에 열도록 지원을 약속했는데, 미국을 방문할 때 이에 대한 참고자료들을 모아보려 합니

---

2   브누아 망델브로Benoît Mandelbrot, 1924-2010, 폴란드 출신의 프랑스인 수학자이자 훗날 유명한 "프랙탈frantales" 개념을 창안했으며, 그의 세대에서 가장 영향력 있는 수학자 가운데 한 명이다. 그는 당시 클로드 섀넌에 이어 정보이론에 대한 연구를 하고 있었다. 그는 클로드 레비스트로스 및 로만 야콥슨과 오랫동안 공동연구를 한다.

3   존 폰 노이만John von Neumann, 1903-1957, 헝가리 출신의 미국인 수학자이다. 오스카 모르겐슈테른Oskar Morgenstern과 함께 "게임 이론théorie des jeux"을 고안해 《게임 이론과 경제 행위Theory of Games and Economic Behaviour》(1944)를 썼다. 이 책에서 그들은 최소 두 명의 참가자들 간의 상호작용을 다루는 문제들에 대해 수학적인 해결책을 제시하는데, 참가자는 자신들의 상호작용을 의식하고 있으며 단계마다 상대방의 예측을 고려해야만 한다. 게임 이론은 위너의 사이버네틱스와 섀넌의 정보이론과 같은 수학 이론들의 한 부분을 담당하여 1950년대의 여명에 클로드 레비스트로스와 로만 야콥슨에게 인문과학이 수학화되는 날이 머지않았다는 인상을 준다.

4   [역주] 레비스트로스에게 "인간과학sciences de l'homme"은 "문화적 인간이란 과연 무엇인가"라는 질문을 중심으로 하는 학술 분야를 가리키며 여기에는 인류학, 선사학, 고고학, 민족학, 역사학, 언어학, 철학 등이 속한다. 참고로 레비스트로스의 《구조인류학 2》(1973)의 1부 2장 〈장자크 루소, 인간과학의 창시자〉에 그의 이러한 관점이 잘 드러난다.

다. 특히 이러한 연유로 만약 6월의 바이킹 재단 심포지엄과 겹치지 않는다면, 당신께서 말씀하신 MIT 모임들에 참석하고 싶습니다. 이론과 관련해서는 제가 별로 한 게 없습니다. 집을 구해서 서류들과 책들을 다시 보기 시작한 지 두 달밖에 되지 않았습니다. 제가 할 수 있었던 것이라고는 각종 학술지에 치타공 구릉지와 관련해 수집한 자료들을 보낸 것과 구조주의적 관점 및 폰 노이만적 관점에서 바라본 짧은 철학사 입문 글을 유네스코에 쓴 것뿐입니다.[5] 올봄에 뵙기를 기대하며 당신께 저의 진심 어린 마음을 담아 드립니다.

클로드

---

[5] 이 짧은 "입문introduction"은 유네스코가 1952년 인종차별주의에 대항하기 위해 소책자 전집으로 출판한 《종과 역사Race et histoire》를 가리키는데, 이 전집은 그로부터 사회과학의 고전이 된다(참조. 《종과 역사》, Gallimard, 1987). 이 글은 그의 동료 민족학자이자 유네스코의 인종국 국장이었던 알프레드 메트로Alfred Métraux의 부탁으로 쓰였다. 그 안에서 우리는 게임 이론을 발전의 관념에 적용한 내용을 발견할 수 있다.

파리 9구, 생라자르 길 11   1952년 3월 13일

친애하는 로만에게,

우선, 모니크에게 보내주신 문서에 대해 그를 대신하여 감사드립니다.[1] 미국 대사관이 방문 비자 대신 (그의 미국 가족 때문에) 이민 비자 발급을 선호하는 것처럼 보여 그 문서를 굳이 제시하지 않을지도 모릅니다. 그렇지만 그 과정이 다른 방향으로 바뀐다면 아주 유용할 텐데, 이는 특히 프랑스의 측면에서 고려할 때 그의 부재를 적법하게 만들 수 있기 때문입니다. 저에 대해 말씀드리자면, 저는 하버드 대학으로부터 어떤 소식도 듣지 못했습니다.

거의 비슷한 시기에, 저는 《발화 분석 입문》[2]을 보냈다는 당신의 편지를 받았으며, 이 책과 더불어 제가 많은 관심을 갖고 있는 당신의 별쇄본 세 권도 손꼽아 기다리고 있습니다.

당신께서는 필시 《미국 인류학자》 최신 호에 실린 두 신진(?) 언어학자들이 저의 논문 〈언어, 그리고 사회법의 분석Language and

---

미국인 모친을 둔 모니크 로망은 당시 보스턴에 살고 있었지만, 레비스트로스와 미국에서 결혼하려면 그 또한 방문객 비자를 얻어야 했다.
이는 모리스 할레Morris Halle, 1923-2018과 군나르 판트Gunnar Fant 와 함께 쓴 다음의 책을 가리킨다. 《발화 분석 입문: 변별적 특질과 그 관련량들에 대하여 Preliminaries to Speech Analysis: The Distinctive Features and their Correlates》, MIT Press, 1951.

the Analysis of Social Laws〉관련하여 저를 신랄하게 공격한 내용을 읽어보셨을 것입니다.[3] 저는 당신의 소감을 알지 못한 채 이를 반박하고 싶지 않은데, 이는 한편으로 당신께서 이 논문의 본문을 다시 읽은 뒤 (이렇게 말해도 될지 모르지만) 오케이 하려고 하셨기 때문이며, 다른 한편으로 이 공격의 배후에 당신의 심포지엄 논문에 가해졌던 공격과 어떤 공통점이 있지 않나 싶은, 제가 모르는 그 어떤 **배경**이 분명히 있기 때문입니다. 제게 가해진 비판들은 말이 안 됩니다. 음소를 변별적 요소들의 묶음으로 (당연히 분석을 통해) 소위 말해 "환원"하는 것에 대해, 최소한 프랑스어에서, 저는 어떠한 이상한 점도 느끼지 못합니다. 반면 음소를 어떤 종류인 양 정의하려는 것은 전혀 논리적이지 않은 것처럼 보이며, 이는 (최소한 트루베츠코이가 말하듯이) 음소적 대립들은 그 자체로 이미 변별적인 범주들로 분류될 수밖에 없기 때문입니다.[4] 음운론적 차원과 통사론적 차원의 구분에 대해서 말하자

---

3 같은 학술지에 1951년 4-6월에 실린 레비스트로스의 논문(《미국 인류학자》, 53권, 2호, 1951, 155-163쪽)에 대한 비판적인 반박을 가리킨다. 이 논문은 훗날 《구조인류학》(op. cit., 3장)에 프랑스어로 다시 실리며, 클로드 레비스트로스는 이를 로만 야콥슨에게 이미 보낸 바 있다(위의 1949년 9월 14일 편지 참조). 오마르 카이얌 무어Omar Khayyam Moore와 데이비드 옴스테드David L. Olmsted의 논문 〈언어 그리고 레비스트로스 교수Language and Professor Lévi-Strauss〉(《미국 인류학자》, 54권, 1호, 1952, 116-119쪽)는 당시 (참으로 대담한) 레비스트로스가 전개하던 주장들, 즉 여러 문화권의 언어 구조들과 친족 구조들 사이에 어떤 상동성이 있을 것이라는 의견을 특히 공격하고 있다. 그렇지만 이 논문은 클로드 레비스트로스의 주장들이 "억지스럽거나 분명히 틀리다"며 비난한다. 레비스트로스는 언어학적 층위에서 이루어진 비판들에 신경이 쓰여 지금 공격의 대상이 그와의 우정으로 잘 알려진 로만 야콥슨이 아닌지 묻고 있다. 하지만 이 논문은 영어권 국가들에서 이 대담한 프랑스인 인류학자의 이론적 통찰력을 조롱하는 일련의 긴 글들 중 첫 글이 된다.
4 클로드 레비스트로스는 여기서 니콜라이 트루베츠코이, 즉 러시아인 왕자이자 언어학자로 로만 야콥슨의 매우 친한 벗이자 그와 함께 음운론에 "프라하 학파"를 세운 그에게 의지하고 있다. 트루베츠코이는 음운론을 처음으로 집대성하려고 시도한 책

면, 제 기억이 맞다면, 제게 이 부분을 모호하게 놔두라고 조언하신 것은 바로 낭신이었습니다. 그때 말씀하시기로 세가 암시하는 형태들이 어느 때는 이 중 한 차원에서, 다른 때는 다른 차원에서 나타날 수 있기 때문이라고 하셨지요. 마지막으로, 비록 역사적으로, 그리고 지리적으로 특정된 어떤 구체적인 형태들 사이에서 분명한 차이점들이 있지만, 같은 계열의 다른 언어들에서 나타나듯이, 인도유럽의 친족 체계들의 발전 속에서 어떤 일반적인 경향을 찾을 수 있다고 가정하는 것은 이상할 게 전혀 없다고 생각합니다.

당신께서 그 초고를 보고 동의하셨던 저의 연구, 즉 남아메리카인들의 언어에서 신체 부위를 가리키는 명사들에 대한 연구를 제가 최근에 마무리했기 때문에 이러한 논쟁이 더욱 짜증이 납니다. 그 초고를 방베니스트에게도 보여줬는데 그가 완전히 혹평했습니다. 하지만 제 연구 자료들이 불충분하고 방법론이 순진하기 짝이 없었다 할지라도 그 안에는 흥미로운 어떤 것이 있었습니다. 그것은 바로, 검토의 대상이 된 언어들의 경우 용어들이 형태소의 조합으로 구성된다는 점이며, 이때 이것을 마르코프 연쇄 chaînes de Markov[5]로 해석할 수 있다는 점입니다. 그것이 맞지 않는다고 할지라도 이 가설이 검증되어야 할 가치는 있다고 봅니다. 그

《음운론의 원리》를 1939년 야콥슨의 글들을 모아 부록에 넣은 형식으로 출판한다. 레비스트로스가 여기서 우회적으로 가리키는 저서가 바로 이 책이다. 트루베츠코이는 이 책에서 여러 다른 음운론적 대립 유형을 구분하고 있다.
5 "마르코프 연쇄"는 예측 불가능한 변화 과정을 가리키며, 단계마다 다음 단계에서 여러 상태가 될 확률을 그 전 단계에 비추어 계산한다. 휴대전화의 단어 자동완성 기능을 보면 이러한 작동 원리가 잘 드러나는데, 왜냐하면 우리가 글자를 하나 더할 때마다 알고리즘 추천들이 변하기 때문이다.

리고 능력이 있다면, 단어들이 그와 똑같은 방식으로 구성되는 알곤킨어algonkin로 그러한 검증을 할 수 있을 것이라고 방베니스트에게 환기시킨 바 있습니다. 방베니스트의 비판적인 태도를 접하자 원고를 인쇄하려던 생각을 접었습니다. 6월에 당신께 보여드리겠습니다.

파리 10구, 프티트제큐리 17에 사는 라디오통신 엔지니어인 망델브로의 조카 브누아 망델브로는 아주 젊은 청년입니다. 그는 발표한 논문이 없지만, 최근에 어느 발표에서 자기가 다음과 같은 발견을 했다고 주장합니다. 다수 언어에서 여러 단어상의 정보 분배가 따르는 어떤 법칙이 있는데, 그것이 마치 열역학에서 상수 B가 온도라고 보는 것과 같은 유형이라는 생각입니다. 그는 이 법칙이 지프의 법칙[6]보다 만족스럽다고 생각하고 있습니다.

《입문*Preliminairies*》을 아주 명석한 젊은 수학자인 자크 리게 Jacques Riguet, 파리 5구, 에꼴 길 6으로, 학술지《크리티크*Critique*》를 파리 6구, 베르나르팔리시 길 7로 보내주시기 바랍니다. 당신께서 언급하신 기자가 누구인지 모르겠습니다. 다정한 마음을 담아,

클로드

---

6 지프Zipf의 법칙은 경험적인 법칙으로, 그것에 따르면 어느 한 단어가 나타나는 빈도수는 그 단어가 빈도수 등급에서 차지하는 위치와 함수관계에 놓인다. 그 예로 만약 어떤 자료집에서 가장 많이 나타나는 어떤 단어가 어느 글에서 6000번 등장할 때, 그리고 두 번째로 자주 나타나는 단어가 600번 등장할 때, 100번째로 자주 나타나는 단어는 60번, 천 번째인 단어는 6번 나올 것이다. 브누아 망델브로는 섀넌의 정보이론에 근거하여 어느 공식을 발견했는데, 지프의 법칙은 그중에 속한 특별한 경우였다. 이 발견으로 그는 단숨에 유명세를 탄다.

파리 9구, 생라자르 길 11   [1952년] 3월 17일

친애하는 로만에게,

우리의 편지가 엇갈렸군요. 당신의 말씀이 맞습니다. 《미국 인류학자》에 실린 편지의 답장 준비는 뉴욕에 가서 하겠습니다. 저를 놀라게 하고 또한 상처받게 하는 것은 헤르스코비츠가 저에게 알리지도 않고 그 편지를 발표했다는 사실입니다.

MIT의 발화분석학회에서 제가 발표하는 것은 생각하기 어렵습니다. 이 분야들에 관해서는 제가 배울 것뿐이지 말할 것이 없습니다. 바이킹 재단의 분위기상 지원을 허락한다면(저는 의문이 들지만), 한나절 참가하기 위해 하루 휴가를 내도록 애써보겠지만, 그렇지 않을 경우 제게 이야기해 주시기 바랍니다.

코이레 씨 댁과 저는 《이고르》에 대해 당신께서 쓰신 글에 감명받았습니다.

조만간 뵙지요,

클로드 레비스트로스

프랑스
파리 9구
생라자르 길 11
클로드 레비스트로스 교수 귀하

1952년 3월 19일

친애하는 클로드에게,

당신의 편지 두 통을 받은 뒤 클럭혼에게 연락했는데, 그는 AA에 실린 편지[1]에 대한 평가에 있어, 그리고 당신이 이곳에 도착하시기 전까지 모든 대답을 미루자는 생각이 저희와 일치합니다. 그렇지만 그가 말하기를 그 학술지의 전통은 그 어떠한 검열도 없이 학회 회원들의 비평문들을 즉각 싣는 것이라고 했습니다.

제가 볼 때 당신은 이 "공격"을 너무 진지하게 받아들이는 것 같습니다. 그 누구도 첫 서명자의 이름을 알지 못합니다. 두 번째 서명자는 슬라브 언어학의 문제들로 지극히도 무지몽매한 논문 두세 개를 발표한 학생에 지나지 않습니다. 그는 시끄러운 공격들로 자신을 조금이라도 홍보하려고 애쓰고 있지만 그 공격이 전혀 말이 되지 않는 이유는 이렇습니다. 예를 들어 블룸필드의 《언어Language》[2]에도 핵심적으로 나타나 있는 당신이 정의한 음

---

1 앞서 《미국 인류학》에 게재된 논문을 가리키며, 엄밀히 말하자면 이 논문은 이 학술지를 펴내는 연구자 집단의 회원들이 이 출판물에 대해서 보낸 "편지"를 가리킨다.
2 미국 언어학의 기준이 되는 저서로 미국 "구조언어학linguistique structurale"의 시조로 여겨지는 레너드 번스타인에 의해 1933년 출판되지만, 야콥슨식의 구조주의가 여러 면에서 그것을 뒤집는다.

소 개념은, 이제 미국의 신진 언어학자들 중 젤리그 해리스 같은 이가 쓴 《구조언어학의 방법*Methods in Structural Linguistics*》에서도 중요하게 참고가 되고 있기 때문입니다. 나아가 저의 관점처럼 당신의 관점도 보수적인 이들의 격렬한 비판을 불러일으킬 정도로 꽤 도발적이라는 점은 사실이지 않나요?

지금까지 대체로 좋은 평*une bonne presse*을 받았던 《이고르》[3]에 대해 쓴 제 논문에 당신과 코이레가 긍정적인 반응을 보여 기뻤습니다.

클럭혼을 통해 알게 되었는데, 공식 초대장을 일주일 전에 당신에게 보냈다 하니 조만간 만나기를 고대하고 있습니다. 아마 당신도 알고 있다시피 7월 20일에 인디애나에서 언어학적 인류학에 대한 학회가 열릴 것이며, 저는 학회에 참가하기로 약속했고, 당신과 제가 폐회 강연들을 하기로 되어 있습니다.[4]

이제 중요한 일들로 넘어가지요. 뉴욕의 뛰어난 출판사 와일리앤선즈와 MIT 출판사는 커뮤니케이션의 다양한 측면들을 이어주는 문제들에 대한 총서를 출판하기로 결정했습니다. MIT의 베란즈크Beranzk 교수와 로크[5] 교수, 그리고 저에게 편집위원회를 맡겼습니다. 각각의 책은 대략 300쪽 정도 되어야 하며 저자의 저작권으로 도서 판매가의 약 15퍼센트를 주어야 합니다. 처

---

3 《이고르 전기*La Geste d' Igor*》 논쟁에 마지막으로 대답하며 의견을 발표한 글이다. 로만 야콥슨은 미국 중세학 학술지인 《스페쿨룸*Speculum*》(27권, 1호, 1952, 43-66쪽)에 단호한 논문을 한 편 개제한다.
4 1952년 여름, 클로드 레비스트로스는 미국에서 열린 두 개의 국제학회에 참가한다. 그중 하나는 인디애나의 블루밍턴에서 열린 "인류학자 언어학자 학회Conference of Anthropologists and Linguists"로 로만 야콥슨과 함께 폐회를 위한 결론 발표를 한다.
5 윌리엄 로크William Locke, "말소리 대화 분석 학회들" 학술대회 준비위원회장.

음 나올 책에 대해서 말하자면 제 책 《소리와 의미》를 기획하고 있습니다. 원고는 가을에 넘길 것이며, 봄에 출간될 것입니다. 그 다음 책은 콰인[6]의 책으로 제목은 《언어와 지식*Language and Knowledge*》이며, 원고를 1953년 상반기에 넘겨서 후반기에 출간할 것입니다. 인류학자의 시선, 그리고 사회학자의 시선에서 본 언어에 대한, 혹은 더 일반적으로 기호체계들에 대한 당신의 책은 잠정적으로 대여섯 번째 권의 목록에 들어가 있으며 저희는 당신이 그 책을 집필할 수 있기를 긴히 바랍니다. 당신이 주제를 마음대로 바꿀 수 있습니다. 당신의 동의와 더불어 가제목 및 원고를 넘길 수 있는 날짜를 알려주신다면 제가 얼마나 기쁠지 아시지요. 저희가 가능한 한 최대한 빨리 종합 보고서를 제출해야 하기에 당신에게 빠른 답장을 부탁해도 될까요? 대답이 긍정적이기를 바랍니다.

검토하고 있는 다른 책들 중에는 찰스 모리스Charles Morris[7]의 《언어와 행동*Language and Behavior*》과 페인Fane(?)의 《정보 이론*Information Theory*》이 있습니다. 회화적 상징들에 대한 책을 써달라고 샤피로에게 연락할 것입니다. 수학자의 저서와 언어심리학자의

---

6 윌러드 밴 오먼 콰인Willard Van Orman Quinem, 1908-2000, 가장 중요한 미국인 철학자 가운데 한 명이다. "분석철학"의 걸출한 인물로서 철학에서 언어의 문제가 핵심적인 중요성을 지닌다고 생각했는데, 그는 언어에 대한 논리적 분석을 통하여 철학적 문제들을 다루고자 했다.

7 찰스 윌리엄 모리스Charles William Morris, 1903-1979, 미국인 기호학자이자 철학자로 기호학의 시조이자 위대한 미국인 철학자이자 논리학자인 찰스 샌더스 퍼스로부터 영감을 받아 1930년대에 기호들에 대한 이론을 보급한다. 메이어 샤피로Meyer Schapiro, 1904-1996, 가장 중요한 미국인 예술사학자 가운데 한 명. 콰인, 샤피로, 모리스와 더불어 이 선집은 당시의 가장 중요한 몇몇 인물을 모으려 했으며 인문과학에서 언어를 그 중심에 놓고자 했다.

또 다른 저서 역시 검토 중입니다. 전반적으로 이 기획에 추천할 것이 있는지요? 부탁하건대 최대한 빨리 세게 답상을 수기 바랍니다.

우정을 담아,

로만 야콥슨

파리 9구, 생라자르 길 11　　　　　　　　[1952년] 3월 29일

친애하는 로만에게,

이제 막 《입문》을 아주 감명 깊게 다 읽었습니다. 내용을 전부 이해하기 위해서는 몇 번이나 더 읽어야 하겠지만, 이제 저는 그 방법을 이해한 것 같으며, 또한 이 학설이 앞서 공식화된 모습들에서 여기까지 온 과정을 헤아려 봤습니다. 제가 보기에 세 가지 핵심이 있습니다. 1) 모든 종류의 대립을 근본적인 대립쌍들로, 또는 이 근본적인 대립쌍들의 집단을 기반으로 번역. 이것의 의의는 여전히 "아리스토텔레스적"인 성격을 지니고 있다고 할 수 있는 트루베츠코이의 대립쌍 자질 분류(프랑스어 번역본 77쪽 이하)에 비해서 엄청난 진전이 이루어졌다는 점입니다. 당신께서는 자질qualité을 수량qunatité으로 이행하라고 대립들에 대한 통일된 이해를 명확하게 제시하는 데 완벽하게 성공하셨는데, 각각의 대립은 그들과 **같은**homogène 본성을 지니는, 다소 많은 양의 대립 요소가 개입해야만 서로를 구별할 수 있기 때문입니다. 이 점에 제가 이처럼 더욱 민감한 까닭은 항상 이 문제를 고심했기 때문입니다. 2년 전 인류 박물관의 테라스에서 대화를 나누면서 이 주제에 대해서 제가 당신께 했던 몇몇 반박을 어쩌면 기억하고

계실지도 모르겠습니다. 2) 잉여 개념의 소개 및 그로써 가능해진 놀라운 단순화. 하지만 저는 이 점에 아직 이면 문제점이 있다고 보는데, 이는 당신께서 그 개념을 가지고 처리하신 과정에서 생긴 것이 아니라 그 개념 자체에서 옵니다. 즉 왜 애초에 잉여가 있는가? 그것은 곧 (당신께서 가끔 그것을 인정하시는 것처럼) 잉여가 어떤 데 쓰이기 때문이거나, 이 경우 잉여는 더 이상 잉여가 아니게 되며, 혹은 잉여가 그 어디에도 쓸모없는 경우가 있을 텐데, 그렇다면 그것은 대체 어디에서 오는 것인가? 이에 대해서는 제가 보기에 두 가지 대답이 가능합니다. 잉여가 자재資財, 그러니까 음성 기관의 구조로부터 온다는 것이며, 그리고 이럴 경우 잉여의 존재(및 그 존재함의 불가피성은)는 해부학적, 신체적 또는 음성적인 검토를 통한 증명의 대상이 되어야 한다는 것입니다. 혹은 잉여는 순전히 상대적이라는 것, 즉 우리가 어떠한 특정한 관점에서 볼 때 잉여적으로 나타나는 자질들이 다른 쪽에서 바라볼 때는 더 이상 그러하지 않다는 것, 그리고 처음 관점에서는 정보를 담은 것으로 보였던 자질들이 이렇게 다른 쪽에서 바라볼 때는 잉여적으로 나타난다는 것. 이 경우에 잉여와 정보는 **상보성**을 띠며 하나의 같은 자질이 두 개의 다른 준거 체계 안에서 두 개의 양상 가운데 이것 또는 저것처럼 나타날 수 있는 것입니다. 그렇지만 다시 질문이 생깁니다. 이 다른 관점들이란 무엇인가? 그것들은 어떤 기능을 하며 어떠한 정보체계들이 생겨나게 하는가? 3) 마지막으로, 당신께서 세계 여러 언어에 있어 근본적인 대립들의 체계에 (표음기호법visible speech을 이용하여) 물리적이고 경험적인 기반을 제공하신 점에 대해 짚을 점이 있습

니다. 이러한 대립들이 어떤 객관적인 기반을 가지고 있음을 아는 것이 매우 중요합니다만, 그 증명은 이루어지다가 만 듯싶은데, 이는 우리가 발화에서 관찰할 수 있는 다른 물리적인 양상들이 대립을 형성하기 위해 사용되지 않은 까닭이 무엇인지 알아낼 필요가 있기 때문입니다. 이러한 물리적인 층위에서 그 양상들은 그것들을 다른 것과 구분하는, 그리고 그러한 기능에 적합하지 않도록 만드는 어떤 변별적 성질들을 가지고 있는가? (저 또한 스스로 기꺼이 여기에 속하는데) 잘 모르는 이들은 이 같은 질문을 하게 됩니다. 왜냐하면 최소한 어떤 특정한 경우들에는, 서로 대조되는 두 개의 스펙토그램상의 차이점들이 아주 미미하게 나타나기 때문이며, 우리는 어찌하여 물리적인 차원에서 볼 때 더욱 분명하게 드러나는 다른 차이점들이 아니라 오히려 물리적으로 미미한 이 차이점들이 바로 논리적으로 결정적인 가치를 지니는 이유가 무엇인지 묻게 됩니다. 따라서 제가 보기에는 "**변별적 자질들**"이 경험적인 기반을 가졌다는 점뿐만 아니라 우리가 발견할 수 있는 다른 경험적인 차이점들이 이러한 "**변별적 자질들**"을 구성할 수 없다는 점 역시 보여주어야 할 것입니다.

이러한 생각들을 부정적인 비판이라고 여기지는 말아주시기 바랍니다. 저는 이 글이 얼마나 혁신적이고 치명적으로 중요한지 그것을 읽어가면서 끊임없이 실감하며, 이에 대해 논의하기에는 글의 학적 깊이에 견주어볼 때 제 자신이 너무나도 뒤떨어져 있다는 생각이 듭니다. 이러한 생각들을 전해드리는 것은 그저 제가 그 연구에 가지는 크나큰 관심의 표현이며, 이는 당신께서 감상을 받아보기를 즐기신다는 것을, 잘 알고 쓴 감상이 아니라 할

지라도 그러하시다는 것을 알기 때문입니다.

마지막으로 문제 2)와 3)에 대한 해결책을 찾아줄 부수적인 질문이 하나 있습니다. 우리는 잉여 없는 언어, 즉 유일하며 진정한 의미의 에스페란토어를 만들 수는 없을까요?

이제 당신의 편지에 대답을 드립니다. 저는 여전히 하버드 대학으로부터 어떠한 공식 초빙도 받지 않았습니다. 클럭혼과 제가 현재 나누는 서신에는 이 초빙 기간을 1952년의 마지막 세 달로 한정하는 가능성을 논하고 있는데, 초빙 기간을 1월 말까지 연장할 경우, 저는 일상의 어려움들보다 더욱 큰 어려움을 겪을 것입니다. 왜냐하면 저는 바이킹 재단의 심포지엄에 참석하기 위해 이미 6월, 제가 대학에서 지켜야 할 의무들에 대해 매우 이례적인 조치들을 취해 놓았기 때문입니다. 이 점에 대해 그저 눈감고 넘어가고 싶지만, 이 짧은 기간 사이에 같은 사항으로 재차 양해를 구하기도 무척 어렵습니다.

MIT의 선집을 위해 책을 써달라는 당신의 제안은 저를 당혹스럽게 합니다. 커뮤니케이션 이론을 확장시키기 위해서 민족학으로 무엇을 **할 수 있을 법한지** 막연하게 설명할 수 없습니다. 이제는 말만 하지 말고 실제로 무언가를 해 나가는 것을 시작해야 합니다. 하지만 저는 혼인 규칙들에는 제가 구조들에서 연구한 규칙체계들 이외에도 이러한 규칙들이 적용되는 지역의 인구 수치에 대한 세부적인 정보 및 혼인 선택에 대한 통계도 반드시 있어야만 한다고 생각합니다. 이 내용은 블루밍턴에서 열릴 모임[1]

---

1 이는 1952년 찰스 프레데릭 보글린이 인디애나 대학에서 주최한 인류학자들과 언어학자들을 위한 학회를 가리키는데, 로만 야콥슨과 클로드 레비스트로스는 이곳에

을 위해 제가 다음 주에 보글린에게 보낼 짧은 글의 주제인데, 이 글에서 저는 혼인 교환들의 서로 다른 체계를 각각의 사람과 연관되는 정보량에 따라 분해하려 하고 있습니다. 그렇지만 이 정보량은 금지의 정도 및 분류뿐 아니라 인구량과도 함수관계에 있습니다. 우리 사회보다 인구가 훨씬 적으면서도 똑같이 금지된 혼인 관계들을 제재하는 어느 사회에서는 무작위로 택한 한 여성이 근친일지 아닐지의 확률은 같습니다. 따라서 이때 정보는 일관성을 이루는 데 가까워지는 반면 우리 사회의 경우, 그 정도는 대단히 낮습니다. 그렇지만 이 자료들이 존재하지 않기 때문에 저는 이처럼 난관에 봉착해 있습니다. 다른 연구 분야에서 저는 현재 당신께서 사용하신 치환의 방법들과 매우 비슷한 방법들로, 그리고 이진법을 사용해서 신화들을 다루고 있습니다. 그로부터 나온 결과는 기가 막히도록 많은 것을 담고 있습니다. 저는 북아메리카의 신화 전체를 체계화하는 중이며, 그러면서 그동안 전혀 짐작하지 못했던 것들을 발견했습니다. 하지만 원문에 대한 어떠한 참조도 없이 신화들의 번역만을 가지고 (더군다나 4분의 3의 경우 번역본이 없습니다) 작업하는 것이 적합할까요? 이 점이 매우 회의적이며 신화의 번역본이 혹은 통역으로 얻은 2차 판본과 원본의 관계가 마치 하나의 신화를 다룬 두 판본의 원본이 서로 관계 있다는 것을 증명해야만 이러한 회의가 사라질 것입니다. 실제로 제 방법은 각기 다른 신화들을 비교하는 대신, 한 신화의 알려진 모든 판본이나 서로 매우 가까이 사는 주민들

서 만난다(이에 대해서는 앞선 1952년 3월 19일 편지 참조).

의 신화들을 체계적으로 분석하는 것입니다. 그렇지만 이러한 증명이 정당하다고 보일지 모르겠으며, 어떻게 증명을 하는지도 알지 못합니다. 따라서 이 기회를 놓치는 위험을 감수하더라도, 당신을 직접 만나 이러한 이론적인 문제들을 이야기하기 전에는 당신께 단호한 대답을 드리지 않는 편을 선호합니다. 그때 가서 어쩌면, 당신 덕분에 제가 어떤 해결책을 떠올릴 수도 있겠지요.

참된 우정을 담아,

클로드

프랑스
파리 9구
생라자르 길 11
클로드 레비스트로스 교수 귀하

1952년 4월 7일

친애하는 클로드에게,

저희의 《입문》에 대한 당신의 날카로운 감상에 감사를 드립니다. 다른 누구보다 당신은 핵심 부분들을 짚어냈습니다. 당신에게 동의하며, 당신이 제기한 문제들에 대해서 제가 이곳에서 당신을 맞이하는 날 같이 이야기 나누면 좋겠습니다. 지금으로서는 이 책의 혁신들 가운데 가장 의미 있는 것은 상보성의 원리[1]를 음운론적 구조들의 위상학에 적용한 것이라는 점을 강조하고 싶으며, 이에 관해 7f쪽 마지막 문단을 참조하기 바랍니다. 또 다른 급진적인 혁신은 2.5절에 기록된 변별적 자질들의 독립성이라는 견해를 제가 일관적으로 받아들였다는 점에 있습니다.[2] 여기서

---

1 일반적으로 상보성의 원리 le principe de complémentarité 가 가리키는 것은 두 음소가 완전히 상보적인 분포들로 나타날 때(예로 프랑스어의 개모음들 뒤에 나타나는 "l 구개음 mouillé "이 개모음들 앞에 나타날 때는 "l 비구개음 non mouillé "인 것), 그것들은 그 어떠한 변별적 가치도 갖지 않으므로 하나의 같은 음소의 두 변이형 varlantes 으로 여겨도 된다는 것이다. 로만 야콥슨과 공동 저자들은 여기서 이 원리를 변별적 자질에 대한 것으로 확장시켜 그것들의 수를 획기적으로 줄이고자 한다.
2 이 주장이 말하는 바는 각각의 언어에 고유하게 있는 특정한 음소들과는 별개로 독립적인 변별적 자질들이 있으며, 이것들은 모든 언어에 보편적인 총람 répertoire 을 구성한다는 것이다. 이 주장에 대해 언어학에서 여전히 논쟁이 끊이지 않는다. 인류학에서도 이와 비슷한 문제가 제기되는데, 곧 자연/문화, 위/아래 같은 대립들이 문화적 맥락으로부터 분리될 수 있는지의 문제다.

도출된 몇몇 결론을 《소리와 의미》에서 다룰 것입니다.

꼬이레의 신상은 어떤지요? 그의 최근 편지를 받고 저는 굉장히 슬펐습니다.

저는 당신이 이미 하버드의 공식 초빙을 받았을 것이라고 확신합니다.[3] 오늘 수업 중에 슬라브와 관련하여 당신 저서의 핵심들에 대해 이야기했으며, 학생들에게 당신이 앞으로 할 수업들을 강력하게 추천했습니다.

《입문》에 대한 우리 프랑스 동료들의 반응이 너무도 궁금하군요. 저의 최근 출판물들 중 많은 것을 오로지 프랑스에만 보냈음에도, 당신의 편지와 《이고르》에 대한 알렉상드르[4]의 답변을 제외하고는 그 어떤 반응도 없습니다.

우정을 담아,

로만 야콥슨

---

3 1952년 3월 클로드 레비스트로스는 하버드 대학의 사회관계학과로부터 공식적인 가을 학기 강의 초빙을 받는다. 클라이드 클럭혼과 학과장 탤콧 파슨스는 이러한 뜻을 담아 그에게 서신을 보낸다.
4 알렉상드르 코이레(그에 대해서는 1948년 5월 12일 편지의 각주 참조).

파리 9구, 생라자르 길 11   1952년 5월 5일

친애하는 로만에게,

최근 당신께서 보내주신 것들은 너무도 흥미롭습니다. 커뮤니케이션과 관련된 참고문헌 목록은 유용합니다. 당신의 슬라브 연구 논문은 제게 조금 벅차지만 도출된 결론들은 매우 설득력이 있으며, 저는 결과의 중요성을 가늠하고 있습니다. 그러나 그중에서도 특히 러시아어에 대한 논리적 묘사를 다룬 마지막 논문에 관심이 갔으며, 저는 그에 대해 많이 생각했습니다. 당신의 도표 B보다 한 걸음 더 나아갈 수 있지 않을까요? 제가 한번 시도해 봤습니다. 서로 다른 음소 그룹들에 대해 여러 코드를 사용하기보다는 단 하나의 코드를 사용하고, 대신 이것을 서로 다른 방식으로, 그러니까 두 개의 방식으로 적용하는 방법입니다.[1] 제가 진행하는 방식은 다음과 같습니다.

1) 11가지 **자질들**features에 번호를 붙입니다. **모음성**vocalic, 1; 자

---

1 음소들을 더욱 기본적으로 대비되는 자질들로 분해하여 어떤 특정한 자질들은 기본적이고 보편적(보기를 들면 자음적 또는 모음적)이고, 다른 음소들은 부차적이고 여차하면 회귀하다(유성의/무성의)고 보면서 음소들을 이와 같은 위계에 따라 정돈하려는 야콥슨의 독창적인 작업에서 한 걸음 더 나아가기 위해 문제를 풀 듯 시도하는 클로드 레비스트로스의 모습이 이하 몇 장의 글에 나타난다.

음성consonantal, 2; 집중성compact, 3; 저음조성grave, 4; 지속성continu-ant, 5; 유성voiced, 6; 예음조성sharp, 7; 분산성diffuse, 8; 강세성stressed, 9; 비음성nasal, 10; 조음성strident, 11.

2) 각각의 음소를 특징짓기 위해 답변되어야 할 질문들의 수를 기준으로 음소들을 분류합니다. 여기서 "답변되어야 할 질문"이란 곧 + 기호인지 - 기호인지를 가리킵니다. 만약 질문에 대한 기호가 없거나 질문이 표에 속하지 않는다면, 저는 그 질문이 어느 한 음소를 구별하려 할 때, 또는 어느 한 집단의 음소들을 다른 집단들과 구별하려 할 때 "유의미하다meaningful"고 여기지 않습니다.

3) 이렇게 해놓은 다음 저는 어디에서나 발견되는 다음의 질문: 1이냐 2이냐?(**모음성**이냐, **자음성**이냐?), 이 질문은 j를 제외한 모든 음소에서 잉여적이라고 봅니다(따라서 저는 당신의 -- 두 개를 기호의 부재와 동일시합니다). 이를 통해 j를 제외한 모든 음소에 적용되는 첫 이분법이 나옵니다. 그리고 j는 이 체계를 정의하는 대립들 총체에 대립하는 꼴로 정의됩니다.

4) 이제 [모든 음소-j]라는 총체를 살펴볼 때, 그것은 다음의 질문으로 다시 이분됩니다. **집중성**이냐, **비집중성**이냐? 이 질문은 [모든 음소-j]-[l l, r r]에 대한 (긍정적이거나 부정적인) 답변을 내포하는데, 이때 [l l, r r]은 탈락합니다.

5) 같은 방식을 다음의 질문에도 적용합니다. **저음조성/고음조성** 이 대립은 유의미한가? 여기서 다음이 탈락합니다. a a'.

6) 다음의 질문. "**지속성 대 비지속성, 유의미한가 아닌가**"로 인해 다음이 탈락합니다. m m, n n, 'u u' o'〈식별 불가한 문자〉[2] 'i i.

7) … "**유성 대 무성**" 등등, c x 탈락.

8) "예음조성 비예음조성" 등등, S z 탈락.

9) "비음성 대 비비음성" 등등, g g, k k 탈락(이 점은 이상해 보입니다. 하지만, 이 단계에 속하는 모든 음소에서 이 대립은 유의미한데, 이는 g g, k k의 대립이 나타나지 않는 정의인 "비비음성", 바로 이 특징을 g g, k k를 제외한 음소들 모두가 갖기 때문입니다.

10) "조음성 대 비조음성"으로 다음이 탈락합니다. v v, f f, b b, p p, z z, 〈식별불가한 문자〉 s. 이러한 마르코프식 방식[3]에 비추어 볼 때 따라서 이제 남는 것은 다음의 집단입니다. t t, d d, ŝ.

현재까지는 이 방법이 아주 잘 맞아떨어졌는데, 다만 제가 음소들을 개별적으로 구별한 것이 아니라 이제 분석되어야 할 음소들의 다발들로 구별했다는 문제가 분명 있습니다. 이를 위해 저는 저의 코드를 다시금, 하지만 다른 방식으로 적용하기 시작했습니다. 각각의 대립이 다른 대립들과의 관계 속에서 **유의미한**지 묻기보다는, 대립들을 하나씩 따로 가져다가 각각의 음소다발에 비추어 보면서 그 가운데 어떤 것들이 (음소들이) 해당 대립과 관련하여 양성인지 음성인지를 따져보고 있습니다. 요컨대 저는 순서를 거꾸로 뒤집어서 하는 셈입니다. 그렇기 때문에 저는 마지막 집단인 t t, d d, ŝ부터 시작하는데, 여기서 ŝ는 그 **조음성**으로 인해 탈락합니다. 비음성/비비음성은 불필요합니다(또다시 이 주제와 관련하여 같은 문제점입니다). **예음조성/비예음조성**을 고려하며, 이는 t를 t로부터, d를 d로부터, l을 l로부터, r을 r로부터 구분할 수 있게 해줍니다. 다음으로 저는 **유성/무성**에 비추어 d를

2　[역주] 원문에서 식별 불가한 문자이다.
3　1952년 3월 13일 편지의 각주 "마르코프 연쇄" 참조.

t로부터, v를 f로부터, b를 p로부터, g를 k로부터, z를 S로부터 구분합니다. 그다음으로 **저음조성/고음조성**으로 m을 n으로부터, /ie/를 /ou/로부터 구분하고, **지속성/비지속성**으로 c를 x로부터, l을 r로부터 구분합니다. 이제 제게 남은 것이라고는 모음들을 세분하는 작업뿐인데, 당신께서는 이것을 **분산성**과 **강세성**을 가지고 하시지만, 저의 방법으로 할 때는 이들을 우리가 사용 가능한 **집중성/비집중성**으로 대체할 수 있다는 조건하에서는 (그렇지만 이것이 가능할까요?) 그것이 필요 없습니다. 마지막으로 **비음성/비비음성**에서 이상한 점들이 몇 가지 있는데, 이는 곧 *비음적* 음소들을 특정하는 데 이 구분이 필요 없지만(이들은 순행적인 배열인 **지속성/비지속성**과 역행적인 배열인 **저음조성/고음조성, 예음조성/비예음조성**으로 충분히 이분화됩니다), 여전히 g g, k k 집단이 속한 비비음적 자음들을 이분화하기 위해 필요하기 때문입니다.

아마도 이 모든 것은 별다른 의미가 없을 것입니다. 저의 유일한 변명이라면, 제가 저의 이해를 넘어서는 모든 언어학적 용어를 상징기호들로 대체했다는 점, 그리고 순전히 기호상징들만 조작하는 것으로 모든 것이 맞아떨어지는 것처럼 보인다는 점입니다.

수학에 대한 세미나는 재미있습니다. 특히 피에르 오제[4], 후레비치Witold Hurewicz, 그리고 방베니스트는 세미나에 빠지지 않고

---

4 피에르 오제 Pierre Auger, 1899-1993, 핵물리학 전문가. 그는 전쟁 중에 망명해 있던 미국에서 클로드 레비스트로와 로만 야콥슨을 만났다. 프랑스 해방 이후 그는 고등교육 국장이 되어 여러 국제기관과 협력한다. 레비스트로스는 그의 책 《미시적 인간 *L' Homme microscopique*》(1952)을 자기 저서에서 여러 번 인용하면서, 한편에는 부분들로 구성되지 않은 통일체라는 의미에서 "절대적 대상"인 사회과학의 대상들(신화, 친족 구조들 등등)을, 다른 편에는 원자적 구조들의 대상들을 놓고 이 둘을 대조한다.

참석하며, 내일은 바로 방베니스트가 발표를 합니다. 현재로서 저희는 문제들의 범위를 규정하고 공통의 언어를 찾기 위해 그저 두서없이 이야기하는 데 만족하고 있습니다. 이러한 일련의 모색 기간이 지나고 개학이 오면, 저희는 최종 계획을 짜고 순서에 맞게 고른 문제들을 헤쳐나갈 것입니다.

참된 우정을 담아,

클로드

제가 쓴 글을 다시 읽다 보니 제 뜻이 분명한지 확실하지 않습니다. 따라서 저는 언어적 코드의 "순행적인" 사용에 대해 다음과 같이 면밀하게 설명드립니다.

(+) 또는 (-) = (+)   아무것도 없음 = (-)

반면 "역행적인" 사용은 바로 위에 나온 등식의 첫 번째 항처럼 각 대립을 + 또는 -로 나눕니다. 우리는 따라서 다음과 같은 것을 봅니다.[5]

- "순행적" 사용:
- 역행적 사용:

---

5   여기 이 도식 두 개는 가지들이 서로를 의지하고 있는 나무 구조들을 그리는 두 방법에 대응한다. 클로드 레비스트로스는 음소들을 식별하는 장치가 마치 선택지 두 개를 주면서 자극들을 소환하는 장치와 같다고 보는데, 이 장치는 그다음에 다시 새롭게 두 갈래로 갈라지고, 그렇게 갈라진 두 가지에서도 그 과정은, 세 번째 분기에서 그러하듯, 반드시 다시 반복되는 식으로 진행된다. 이러한 식으로 음운론적 정보를 재현하는 것은 정보과학의 기획과 흡사 닮았으며, 클로드 레비스트로스가 이 지점에서 언어학, 특히 촘스키식의 언어학 질문들 및 논리에 기반하여 나무의 형태로 재현하는 방법 등을 예견한다는 점은 매우 놀라운 일이다.

217

달리 말해, 저의 도표는 당신의 A와 B 사이에 위치합니다. 즉 저는 3항 논리를 2항 논리의 이중 연산으로 환원시킵니다.

마지막으로, 코드가 "순행적"으로 사용되고 난 다음에는 그 "역행적" 사용은 규칙에 따를 때 단지 네 개의 연산만 필요하게끔 합니다 — 왜냐하면 이분화할 것이라고는 두 개(연산 한 번), 네 개(연산 두 번)… 열두 개(연산 네 번)로 된 항들의 집단들뿐이기 때문입니다.

Tableau (matrice de traits distinctifs) — disposé verticalement sur la page.

Les oppositions suivantes sont-elles significatives en ce qui concerne ces phonèmes ? »	(classification, colonne de droite)
vocalic versus non consonantal ? (questions 1, 2)	
compact versus non compact ? (questions 1, 2, 3)	
grave versus acute ? (questions 1, 2, 3, 4)	
continuant versus n. contin. ? (questions 1, 2, 3, 4, 5)	
voiced versus unvoiced ? (questions 1, 2, 3, 4, 5, 6)	
sharp versus n. sharp ? (questions 1, 2, 3, 4, 5, 6, 7)	
nasal versus n. nasal ? (questions 1, 2, 3, 4, 5, 6, 7, 10)	
strident versus n. strident ? (questions 1, 2, 3, 4, 5, 6, 7, 10, 11)	
sharp or non sharp	
voiced or unvoiced	
grave or acute	
continuant or non continuant	

Classifications (colonne de droite, de bas en haut) :
- strident
- sharp / non sharp — voiced / unvoiced — acute (n. continuant)
- sharp / non sharp — unvoiced / voiced — grave (n. continuant)
- sharp / non sharp — unvoiced / voiced — grave (continuant)
- sharp / non sharp — unvoiced / voiced — acute (n. continuant)
- sharp / non sharp — voiced / unvoiced — (n. continuant / continuant)
- unvoiced / voiced — (continuant / n. continuant)
- sharp / non sharp — acute (grave) — (continuant / n. continuant)
- sharp / non sharp — continuant / n. continuant

파리 9구, 생라자르 길 11   1952년 10월 28일

친애하는 로만에게,

지난주가 되어서야 막 돌아온 방베니스트를 만날 수 있었습니다. 그는 《소리와 언어》에 흔쾌히 동의하며 당신께서 직접 프랑스어 판본을 준비해 주신다면 감사드린다고 합니다. 이것을 어떤 기금 으로 출판할지 아직 모르지만, 이 작업은 필시 수익성이 있으므 로 극복할 수 없는 어려움이 없기를 바랍니다.

당신께서 말씀하신 우첼로[1]를 여전히 찾아다니고 있는데, 벌 써 품절된 것은 아닌지 꽤 걱정됩니다. 그렇지만 저는 기회가 될 때마다 전문 서점들에 문의하고 있습니다.

MIT를 위한 책에 관해서 말씀드리자면 일은 꽤 진척이 있었 습니다. 모임의 핵심부를 제가 구성했으며, 저희는 책의 내용들 및 참가자들에 대한 임시 계획에 서로 동의했습니다. 아래와 같 이 보내드리건대, 매우 혼란스럽고, 저희가 차차 채워 나갈 빈틈 들이 있습니다.

---

1   [역주] 이탈리아 화가 파올로 우첼로 Paolo Uccello 의 회화 작품을 가리키는 것으로 보 인다. 야콥슨은 에세이 《언어학과 시학 *Linguistics and Poetics*》(1960)에서 이 작품을 언 급했다.

임시 제목: 사회과학의 수학적 경향들

I) 사회통사론

1. 머리말(CLS)

2. 수학적 서문 (사회과학에서 어떤 종류의 수학이, 어떠한 이유로 사용될 수 있는지), 슈첸베르제 (신진 수학자이자 유전학자, 위너와 서로 잘 아는 사이)

3. 코알리시옹coalition의 위상수학 (망델브로)

4. 사회유전학 소고 (쉬첸베르제)

5. 친족 이론과 정보 이론 (LS와 X^2)

6. 구조인구통계학 소고 (쉬터Jean Sutter와 타바Léon Tabah, 저의 최근 베너그렌[3] 논문에서 그들의 최근 연구들을 분석한 바 있습니다)

7. 어느 도심 지역의 구조(송바르 드 로Chombart de Lauwe, 파리 밀집 지역의 구조 현상들에 대해 최근 책을 펴낸 저자)

8. 사회운동의 통계학적 측면들(펜로즈Roger Penrose, 영국인 수학자)

II) 경제과학

9. 폰 노이만적 관점에서 본 경제 문제들, 그리고 커뮤니케이션 이론 (길보Georges Guilbaud, 국립통계연구소)

10. 거대한 기업들 내 구조적 현상들 (X)

---

2 [역주] 저자 미정을 의미한다.
3 1970년 12월 22일 자 편지 참조.

III) 심리학

11. 뇌 활동과 커뮤니케이션 (페사르Alfred Fessard, 콜레주 드 프랑스)

12. 실어증과 커뮤니케이션 (생트안 병원의 두 젊은 정신과 의사)

13. 심리학과 사이버네틱스 (피아제Jean Piaget)

14. 집단의 미시사회학 (모코르Paul - Henri Maucorps, 미국인 페스팅거Leon Festinger, 트리스트랑Jean - Paul Trystram)

15. a) 대중의견의 구조 (영국인 아이젠크Hans Eysenck)

15. b) 정신분석학과 커뮤니케이션 (라캉Jacques Lacan)

IV) 미학

16. 고대 수학미학 비판 (길보)

17. 미학의 새로운 수학적 방법들:

a) 문학적 문체

b) 조형 예술

c) 음악 (길보와 X…)

V) 역사와 종교

18. 물리학, 인간과학과 사회과학에서 시간의 관념 (오제)

19. 성서와 커뮤니케이션 (2월 ?)

20. 신화적 사유 (LS)

21. 수학적 총론 및 앞으로의 전망 (리게, 관계 일반에 대한 이론을 연구하는 젊은 수학자)

222

이 모든 것은 좋고 멋진 일입니다. 그런데 저희에게 문제가 하나 있습니다. 저희는 이 책이 통일성 있고 진정한 의미에서 공동 작업이 되도록 하기 위해 약 일 년 정도의 기간 동안 매주 열릴 세미나 작업의 결과물이 되었으면 합니다. 출판하려면 2천 달러 정도가 필요합니다(녹음, 타이핑, 인쇄, 영국인들의 여행 경비 등등). 이 비용을(이 정도 금액에 얼추 비슷하게 상응할 것으로 보이는) 저자 인세를 미리 받는 형태로 와일리 출판사로부터, 혹은 MIT나 록펠러 재단으로부터 지원금 형식으로 받을 수 있을까요? 이 문제는 긴급한데, 비용을 제외하고는 저희는 시작할 준비가 되었기 때문입니다.[4]

로크는 파리에 와 있습니다. 저희는 다음 주에 그와 함께 모일 것입니다. 파리에는 별 새로운 일이 없으며 다들 휴가에서 이제 막 돌아오고 있습니다. 저는 아무도 만나지 않았는데, 1938년에서 1939년의 자료들을 사실상 모두 가져다 쓸 투피카와이브 Tupi-Kawahib족에 대한 저의 단독 저서를 마무리하느라 아주 바쁩니다.

약속하셨던 커뮤니케이션의 문제들에 대한 참고문헌을 잊지 마시기 바랍니다.

참으로 다정한 마음을 담아,

클로드

---

4   이 세미나는 1953년 3월부터 그해 내내 매주 열렸다. 이곳에서 수학자 조르주 길보와 로저 펜로즈, 심리학자 장 피아제, 정신분석학자 자크 라캉, 사회학자 폴앙리 송바르도, 언어학자 에밀 방베니스트, 그리고 물리학자 피에르 오제가 모인다. 하지만 이 세미나는 그 어떤 책으로도 출판되지 못하여 로만 야콥슨이 매우 애석해했다.

프랑스
파리 9구
생라자르 길 11
클로드 레비스트로스 교수 귀하

1952년 11월 3일

친애하는 클로드에게,

저는 토요일에 당신의 편지를 받아 오늘 (월요일) 당신의 상황을 제출했는데, 제가 보기에는 지체 없이 공식적으로 확정되고 실현될 듯싶은 동의의 약속을 받았습니다. 부탁하건대 공식 확정이 없는 한 이 정보를 엄격히 비밀로 해주기 바랍니다. 만약에 혹시라도, 당신이 꼭 그렇게 해야만 하는 필요성을 느낀다면, 로크에게는 당신이 제 편지들 중 하나를 받아 읽으면서 제가 당신을 위해 어떤 절차들을 진행하고 있고, 그것에 대해 긍정적이라고 암시하는 정도로 해주세요. 당신과 로크의 만남에서 어떤 말들이 오갔는지 간략하게나마 제게 전해줄 수 있다면 좋겠군요. 엄밀하게 **우리 사이에만**entre nous 하는 말인데, 당신도 분명 눈치 챘겠지만, 그는 쓸모 있는 기획가이지만 다른 것들에서는 꽤 피상적입니다. 당신이 요청한 지원을 받게 된다면, 저는 당신의 그룹이 이 매력적인 도서 기획을 완수할 수 있도록 최선을 다함으로써 그 책이 첫 발을 잘 내딘 우리 선집 작업의 첫 번째 책들 가운데 하나로 출간되기를 바랍니다.

제 책은 제가 원하는 템포보다 느리게 마무리되고 있는데, 이

는 제가 너무도 자주 방해를 받으며, 한편으로는 제가 처음에 예측하지 못했던 더욱 많은 수의 기호학적, 의미론적 문제들을 넣게 되면서 그것들을 해결하고 발전시키기 위한 시간이 필요하기 때문입니다.

좌우간에 조만간 준비되기를 바라고 있습니다.

당신에게 저희 향후 계획들의 소식을 부지런히 알리다 보니, 저희가 관심을 가지는 다른 주제들은 뒷전이 되어버렸군요. 하지만 며칠 안으로 제가 당신에게 약속했던 참고문헌을 드디어 보내겠습니다.

우정의 마음을 담아,

로만 야콥슨

추신: 블루밍턴 학회를 통틀어 우리의 마지막 두 강연[1]만 게재하기로 결정되었다는 것을 당신도 아마 알고 있겠죠. 웃긴 일이지 않나요?

---

1 이 두 글은 《국제 미국 언어학 저널 부록Supplement to International Journal of American Linguistics》 19권, 2호(1953)에 게재된다. 클로드 레비스트로스의 결론을 맺는 글, 〈커뮤니케이션 일반 이론을 위하여Towards a General Theory of Communication〉는 《언어학과 인류학Linguistique et anthropologie》이라는 제목으로 프랑스어로 다시 쓰여 《구조인류학》(op, cit)의 네 번째 장이 된다. 〈인류학자들과 언어학자들이 모인 합동 학회의 결과들Results of a Joint Conference of Anthropologists and Linguists〉이라는 제목으로 쓴 로만 야콥슨의 결론들은 《선집》(2권, 554-557쪽)에 재수록되며, 프랑스어로는 《일반 언어학 소고》(op. cit., 1권, 1장: 〈언어학자들과 인류학자들의 공통 언어Le langage commun des linguistes et des anthropologues〉)에 재수록된다.

프랑스
피리 9구
생라자르 길 11
클로드 레비스트로스 교수 귀하

1952년 11월 10일

친애하는 클로드에게,

지난번 당신에게 편지를 쓰면서 제게 조르주 뒤메질의 책《인구어 신들*Les Dieux des Indo-Européens*(《신화들과 종교들*Mythes et Religions*》[1])》(PUF, 1952)을 친절하게도 보내줄 수 있는지 묻는다는 말을 깜빡 잊었습니다. 그렇게 해줄 수 있다면 정말 고맙겠습니다. 당신의 사람들을 지원하기 위해 제가 최근에 넣은 요청에 대한 대답이 오는 대로 당신에게도 즉각 알리겠습니다.

　우정의 마음을 담아,

로만 야콥슨

1　[역주] 전집 이름이다.

프랑스
파리 9구
생라자르 길 11
클로드 레비스트로스 교수 귀하

1952년 11월 13일

친애하는 클로드에게,

저의 최근 편지에 두 번째로 이렇게 붙여 보냅니다만, 마찬가지로 당신의 재정지원 요청에 대한 더 구체적인 대답을 할 수 없습니다. 자금이 나오는 곳들에 이를 전달한 뒤 해결되기를 기다리고 있기 때문인데, 구두로 전해 들은 바로는 긍정적일 것으로 생각합니다. 런던 임페리얼 컬리지의 체리Colin Cherry 교수는 우리의 총서 《소통하는 소통들Communications en communication》을 위해 여러 명이 참여하는 학회를 구상한 바 있습니다. 하지만 실현되지 않았습니다. 대신에 그는 우리에게 의사소통 이론의 발전화 현황을 살펴보는 주제로 개인 저작물 작업을 제안했으며, 그 일환으로 이 분야에서 가장 유망하고 열정적인 사람들에 대한 간략한 요약을 보내줬습니다. 바로 이런 이유로 앞서 언급했던 런던 학회에서 제가 구상했던 망델브로와의 반가운 공동작업이 당신의 계획과 이어져야 하며, 그러면 우리는 이 뛰어난 학자의 능력을 최대한 활용할 수 있을 겁니다. 우리를 만나기 위해 오려는 망델브로의 계획이 이루어져서 그와 개인적으로 만나기를 간절히 고대하고 있습니다.

당신의 충실한,

로만 야콥슨

프랑스
파리 9구
생라자르 길 11
클로드 레비스트로스 교수 귀하

1952년 11월 25일

　　　　친애하는 클로드에게,
(의사소통 관련 연구를 위한 포드 재단의 재정 지원을 받은)MIT
의 국제연구소로부터 다음과 같은 내용의 편지를 받았다는 소식
을 당신에게 전하기 위해 급히 씁니다. "클로드 레비스트로스 교
수의 지도하에 준비 중인 학회의 목차는 굉장히 흥미로워 보입
니다. 저희 연구소는 이 계획을 위해 2000달러의 예산을 기꺼이
지원하고자 합니다."
　며칠 뒤 이 연구소 사람들과 다시 만날 텐데, 그때가 되면 모든
것이 공식적으로 결정될 것입니다. 이 지원금의 출처에 대해 언
급하지 마시라 당신에게 부탁해도 되겠습니까? 그 어떠한 소문
이나 음모가 퍼지지 않도록 부탁드리는 것이며, 때때로 이런 것
들 때문에 지원이 막판에 엎어지는 경우가 있기 때문입니다. 로
크에게도 말하지 마시고 그저 당신이 최근 편지에 언급했던 공
동 작업을 진행하기 위해, 그리고 당신의 편지에도 나오듯이 그
작업을 통해 나올 여러 연구를 한데 모은 저서를 위해, 제가 어느
학술기관의 2000달러에 이르는 지원을 당신에게 약속했다는 점
징도는 지체 없이 말해줘도 괜찮습니다. 이 계획과 관련하여 당

신이 원하는 점들을 저에게 편지로 즉각 알려주기를 부탁드리며, 또한 당신과 당신의 사람들이 완성할 책을 언제쯤 받아볼 수 있을지 최대한 빨리 알려주시기를 바랍니다.

우리의 총서에 관한 기획 전체는 이제 가장 순조로운 방법으로 진행되고 있습니다.

당신의 소식들을 하루 속히 받아보기를 간절히 바라며,

당신의 벗,

로만 야콥슨

파리 9구, 생라자르 길 11   [1952년] 12월 1일

친애하는 로만에게

행복한 전조들로 가득 찬 당신의 25일 편지에 지체 없이 답장을 드립니다.

1) 혹여나 하는 경솔함에 대해서는 전혀 걱정하지 마시기 바랍니다. 저는 로크를 다시 만난 적이 없으며, 저희가 가까운 시일에 다시 만날 까닭도 없거니와 제 사람들에게도 이와 관련하여 입을 열지 않겠습니다.

2) 강의 작업을 위한 초기 예산은 다음과 같습니다. 지금으로서는 일단 한 해 동안 일주일마다 진행할 강의 비용이 되겠습니다(한 회당 소요 시간: 서너 시간).

a) 장소, 난방, 조명. 유네스코에서 지원됨, 따라서 무료.

b) **테이프 녹음기**. 제가 빌려보도록 하겠으니 일단 구매 비용에 넣지 않겠습니다.

c) 발표문들과 토론들을 옮겨 적고, 타이핑하고, 필요에 따라 로네오 등사기로 등사하면서 파트 타임으로 일할 간사. 일 넌에 360,000.

d) 소량의 자기 테이프: 20,000.

e) 문구류, 교신 비용 및 약소한 사무용품: 50,000.

f) 미국인 네 명의 여행 경비와 체류비(한 사람당 열흘): 200,000.

곧 초기 예상치로 630,000프랑 또는 대략 1,800달러가 되겠습니다. 한 해를 나기에는 이것으로 충분할 듯싶습니다. 만약 강의가 1953년 12월에 끝난다면(우리가 1953년 1월부터 시작할 수 있다고 전제한다면), 책의 최종 원고는 1954년 중에 준비될 것입니다. 그렇지만 제가 당신께 공식적인 약속을 드릴 수 없는데, 이는 공동 작업이라는 점, 즉 한 개인의 문제만으로 모든 게 늦어질 수 있기 때문입니다.

당신의 벗,

클로드 레비스트로스

친애하는 클로드에게,

저는 밀리칸Max Millikan의 설명이 담긴 12월 15일 자 편지의 복사본[1]을 받았습니다. 장학금 수혜자의 지원서는 행정상 필요한 형식이라고 합니다. 그럼에도 당신의 경우는 이미 확정되었으며, 당신의 공식적인 서신을 받는 대로 그들이 지원금을 보내기로 약속했습니다.

당신의 벗,

로만 야콥슨

---

[1] MIT 국제연구소 소장은 이 세미나를 재정적으로 후원하기 위해 2000달러를 제안한다.

친애하는 클로드에게,

당신의 소식을 직접 받아본 지 오래되었습니다만, 출판 기획과 연계된 당신의 수업이 시작되었음을 알고 매우 기뻤습니다. 이제 두 가지 긴급한 현안이 있습니다. 첫 번째로는 저와 함께 수학과 언어학의 공통 문제들에 대해 즐겁고도 알찬 대화를 많이 나눴던, 세계적인 위상수학 전문가 중 한 명인 MIT의 후레비치Witold Hurewicz 교수가 올봄에 콜레주 드 프랑스에 초빙되어 강의를 하게 되었습니다. 그는 당신의 책을 알고 있으며 당신과 연락이 닿기를 매우 바라고 있습니다. 당신에게 그를 기탄없이 소개해도 괜찮겠습니까?

두 번째 현안은 극비리에 부쳐주십시오. 클럭혼과 파슨스[1], 곧 저희 학교의 사회관계학과 학과장, 그리고 자신의 가장 최신 저작에서 사회 문제들에 기호학적 접근을 옹호한 사회학자, 이 두 사람이 인류학 전임 교수직을 제안하면서 당신을 하버드로 초빙하기 위해 분주히 노력하고 있습니다. 저만 알고 있겠으니, 혹

---

1 탤컷 파슨스Talcott Parsons, 1902-1979, 사회 문제들에 의미론적 접근을 취한 걸출한 사회학자이자 하버드 대학 교수이다.

시 이 제안을, 그러니까 경제적인 면뿐만 아니라 앞으로 당신에게 가져다줄 많은 작업을 고려한 측면에서도 가장 매력적인 이 제안을 당신이 받아들일 의향이 있는지 물어봐도 괜찮겠습니까? 당신을 이곳에 데려올 수 있다면 저는 두말할 나위 없이 가장 기뻐할 것입니다. 우리 둘은, 앞서 말씀드린 두 미국인과 함께 기막힌 일을 할 수 있을 것입니다. 프랑스에 대해 말하자면, 당신은 이곳을 길고도 편안하게 다닐 수 있을 것입니다. 다시 말하지만, 제가 참고하기 위해서라도 이 문제에 대한 당신의 생각이 어떤지 알고자 합니다.

당신의 벗,

로만 야콥슨

파리 9구, 생라자르 길 11   [1953년] 3월 9일

친애하는 로만에게,

당신의 편지에 감사드립니다. 제 안부를 전해드리지 못했는데, 지원금이 늦게 지급되면서 제 수업이 생각했던 것보다 더 늦게 시작했기 때문입니다. 사실 아직도 받은 것이 없는데, 그렇지만 포드 재단에서 다른 용도(신화 분석)를 위해 받은 지원금들을 임시로 끌어 쓰고 있습니다. 지난주에 첫 수업이 있었으며 크게 환영받았습니다. 이제부터 저희는 매주 수요일 18시 30분에 수업할 것입니다.[1] 방베니스트 역시 참가를 수락했습니다! 저는 후레비치 교수를 만나는 것이 당연히 매우 기쁘며, 그가 제 수업에 하루 참가해 주면 좋겠습니다.

하버드 대학 초빙 가능성과 관련해서 말씀드리자면, 애석하지만 오해가 길어지고 있네요. 몇 주 동안의 체류에는 항상 준비되어 있지만, 그보다 더 긴 체류를 위해서 제가 맡은 일들을 내려놓는 일은 현재로서는 생각할 수 없다고 클럭혼에게 제가 아주 명확하게 설명했다고 생각했습니다. 이로 인해 **"서운한 마음"**이 들

---

1   이 세미나는 유네스코가 소재한 마제스틱 호텔에서 열렸다.

지 않도록 이를 잘 이해시켜 주시면 좋겠습니다. 그나저나 저는 런던, 옥스퍼드, 케임브리지에서의 학회를 위해 영국에 다녀왔는데, 제가 이해한 바 그곳에서 가장 선망하는 대상은 미국이 아니라는 점입니다. 대학의 차원에서 영국이야말로 우리가 양쪽에서 좋게 생각하는 모든 것을 훌륭하게 모아 놓은 것처럼 보였습니다. 그리고 제가 옥스퍼드 대학에서 만난 세즈넥Jean Seznec은 자신의 선택을 후회하지 않는 것 같았습니다. 케임브리지에서 들은 이야기인데, 파슨스가 내년에 그곳에서 강의를 한다고 합니다.

여기에서는 연구 구상에 딱히 새로울 만한 게 없습니다. 신화에 대한 제 이론[2]은 더 구체화되고 발전하고 있으며, 모든 면에서 할 것이 참 많습니다. 선생님께 앵무새가 있다고 하더군요. 음운론 체계는 언제쯤일까요? 당신의 신실한 벗,

클로드

---

2 1950년대 전체를 걸쳐 클로드 레비스트로스는 다른 것들과 함께 푸에블로 원주민들의 신화를 탐구하며 신화에 대한 구조적 분석의 첫 화두들을 발전시킨다. 이와 같은 새로운 방향성은 고등실천연구원에서 "원시민족들의 종교들" 자리를 역임하며 진행한 세미나에서 나타나는데, 이 자리는 1954년 클로드 레비스트로스의 요청에 의해 "글이 없는 민족의 종교들"라는 이름으로 다시 태어난다.

친애하는 로만에게,

오늘 아침 보스턴에서 걸려온 모니크 어머니의 전화를 받았습니다. 어렵지 않게 이해했습니다만, 그 전화는 조금은 지나치게 친절한 "파티"로부터 비롯된 것이겠지요. 부탁드리지만, 자기가 무슨 말을 하는지 알고 있는 사람들끼리 논의할 때조차 충분히 어려운 전문적인 문제들을, 이에 대해 문외한인 사람들과 얽히지 않게 해주시기 바랍니다.[1] 개인적으로 말씀드리는데, 이 주제와 관련하여 쓴 제 가장 마지막 편지의 내용에 더 이상 붙일 말이 없으며 변경할 내용도 없습니다. 하버드 대학에 몇 주 동안 머물기 위해 가는 일이라면 언제나 매우 기쁩니다만, 세계정세의 변화 및 그 심리적, 정신적 영향들에 비추어 볼 때 저는 여전히 이주를 생각할 수 없습니다.

방베니스트는 지난주 수업에서 빼어난 발표를 했는데, 이에 대해 수학자들이 열성적으로 토론을 했습니다. 요셀린 데 용이 저

1　점점 구체화되던 하버드 대학의 초빙 건을 우회적으로 나타내는 것으로, 모니크의 모친은 그들이 가까운 곳에 다시 올 수 있으리라는 희망에 부풀어 로만 야콥슨만큼이나 이주를 권장했고, 로만 야콥슨은 그와 힘을 합쳐 모니크와 레비스트로스에게 친밀한 중압감을 행사하려 한 것으로 보인다.

를 위해 펴낸 작은 논문집을 읽으셨는지요(《국립 민족학 박물
관지*Mededelingen van Het Rijksmuseum voor Volkenkunde*》, 레이던, nº 10,
1952)[2]? 정말 친절하고 아주 너그럽습니다.

　당신의 벗,

클로드

2　얀 페트루스 엔야민 데 요셀린 데 용·Jan Petrus Benjamin de Josselin de Jong이 쓴 책《친
　　족과 결혼에 대한 레비스트로스의 이론*Levi-Strauss's Theory on Kinship and Marriage*》은
　　1969년《친족의 기본 구조》가 영어로 출판되기 이전까지 친족의 인류학에 대한 레비
　　스트로스의 이론들을 간접적으로나마 매우 이른 때에 접근하게 했다는 장점이 있었다.

친애하는 로만에게,[1]

흔쾌히 저희 어머니와 이야기해 주셨더군요. 감사합니다. 당신께서 이곳에 언젠가 오시기를 바라며, 저 또한 미국에 방문하기를 바라겠습니다.

곧 만나 뵙기를 바라며, 당신의 벗,

모니크 로만

---

1 모니크의 이 편지는 바로 앞에 나온 레비스트로스의 편지에 첨부되었다.

파리 9구, 생라자르 길 11　　　　　1953년 11월 23일

　　　친애하는 로만에게,

당신의 편지에 더 빨리 답장을 드리지 못해 죄송합니다만, 저희 모임의 편성을 위한 회의를 많이 하다 보니 조금 더 기다렸다가 당신에게 몇몇 안부를 전하는 편이 나을 듯싶었습니다. 로크와 점심 식사는 아주 잘 했습니다. 이 점과 관련해서는 어떠한 걱정도 하지 않으셔도 됩니다. 그는 이 총서의 담당자로서 굉장히 겸손한 자세를 취하고 있으며, 모든 학술적 결정권이 당신에게 있음을 쉬지 않고 강조하고 있습니다.

　　피에르 오제가 (그 물리학자, 유네스코의 자연과학 부서장) 저희 모임에 합류했음을 알려드립니다. 그는 필시 두 가지 공헌을 할 것입니다. 하나는 물리학과 사회과학 모두에서의 제약의 관념에 대해서, 그리고 다른 하나 역시 이 두 관점에서 보는 시간이라는 관념에 대해서 말이지요. 피아제[1]도 합류했으며(형식논리를

---

[1]　장 피아제Jean Piaget, 1896-1980, 스위스인 생물학자이자 심리학자로 특히 지능 발달 문제들에 관심을 가졌으며, 구조주의와 어느 면에서는 가까워지면서 "발생적 인식론l'épistémologie génétique"이라는 이론을 만들었다. 게다가 그는 《크세쥬Que sais-je?》 시리즈 중 구조주의에 대한 집필을 맡았다(《구조주의Le Structuralisme》, PUF, 1968).

다룬 그의 최근 연구들과 더 오래된 연구, 즉 아이들의 논리에 대한 연구들을 넣어서), 있을 수 있는 모든 논리의 한계를 짓는 문제를 다룰 것으로 보입니다. 저는 이것이 어떤 가치가 있는지 모르나 이 책의 위신을 세워줄 것입니다. 그는 또한 폴라니라는 영국인[2]이 합류하게끔 저희를 도와줄 텐데, 그의 말로는 폴라니가 록펠러의 지원을 받고 있다고 합니다. 마지막으로 라캉은 예정되었다시피 정신분석에 대한 부분을 맡을 것입니다.

이처럼 모든 것이 순조롭습니다. 당신께서 그토록 빠르게 약속받으신 내용들이 (누가 보낸 것인지 제가 알 수 있다면 좋겠네요) 실현되는 즉시 저희는 곧바로 일을 시작할 수 있을 것입니다. 제가 (어제) 유네스코의 후원 아래 국제사회과학회의 사무총장[3]으로, 그리고 회장으로는 (러셀 세이지 재단을 이끄는) 도널드 영 Donald Young이 선출되었다는 소식, 그리고 사회과학 분야에서 국제적으로 영향력 있는 기관들을 모두 통합하는 이 국제사회과학회로부터 저희가 필요하다면 어려움 없이 연구 지원을 받을 수 있다는 점을 이와 관련된 분들에게 알리셔도 괜찮습니다.

어제 보통 우편으로 뒤메질의 책을 보내드렸습니다.

---

2 이는 1940년부터 미국에 살며 연구한 책 《거대한 전환 *The Great Transformation*》(1944)의 유명한 저자 칼 폴라니 Karl Polanyi, 1886-1964가 아니라 그의 남동생 마이클 폴라니 Michael Polanyi, 1891-1976를 가리킨다. 그 역시 유대교를 믿는 헝가리인이자 1930년대에 대영제국으로 망명하여 1955년까지 맨체스터 대학의 교수를 역임한다. 의학 전공자로서 물리학·화학 분야 연구들을 하던 그는 과학철학에 관심을 가진다. 1919년 벨라 쿤 Béla Kun의 헝가리 민주공화국의 실험에 참가하기도 했던 그는 록펠러 재단과 가깝게 지낸 유럽의 자유주의자 쪽으로 선회한다.

3 1953년부터 1961년까지 유네스코의 국제사회과학연구협의회에서 거대한 국제기관의 학술적 정책들을 이끄는 역할과, 연구 기관들과 미국 재단들을 잇는 역할이다.

에니악ENIAC[4]이 앨라배마주 세 곳의 결과로 수백 개의 변수를 적용하여 득표수의 정확한 수치를 계산함으로써 아이젠하워의 당선을 예측했다는 것이 사실입니까? 이에 대한 미국 언론의 발표된 기사가 있다면 읽어보고 싶습니다.

당신의 충실한,

클로드

추신: 당신의 편지를 망델브로에게 언급했더니 그가 직접 당신과 연락을 취하겠다고 합니다. 봄에 MIT에 간다고 합니다.

---

4 전자식 숫자 적분 및 계산기Electronic Numerical Integrator and Computer. 완전히 진자화된 첫 컴퓨터로 이를 발명한 펜실베이니아 대학의 강의실 하나를 통째로 차지했던 거대한 장치이다.

클로드 레비스트로스 교수 귀하   프랑스
                                                                    파리 9구
                                                           생라자르 길 11

                                                         1953년 11월 24일

친애하는 레비스트로스에게,

탤컷[1]이 11월 12일 당신에게 보낸 자신의 편지 복사본 한 부를 제게 보내왔습니다. 저는 열흘 휴가에서 갓 복귀한 참입니다. 그래서 답장이 이렇게 늦어졌습니다.

저희는 당신을 이곳에서 만나기를 손꼽아 기다리고 있습니다. 이러한 초대는 이 나라와 다른 곳들에 있는 각계각층의 사람들, 곧 매우 다양한 연령대의 사람들과 대화를 나눈 지 거의 3년의 기간 끝에 이뤄진 것입니다. 제 생각에 저희 대학의 상황이 인류학뿐만 아니라 다른 인접 분야들도 꽤 당신의 마음에 들지 않을까 싶습니다. 아시다시피 당신이 흥미로워하는 연구들과 밀접한 작업들이 MIT에서 꽤 많이 이뤄지고 있으며, 이와 관련된 이들은 당신과 함께 일하기를 고대하고 있을 것입니다. 솔직히 말씀드리자면 짐작하건대, 당신을 잡아두고 있는 문제는 하버드 대

---

1   11월 12일, 탤컷 파슨스는 클로드 레비스트로스에게 "종신 정교수직"을 제안하는 공식 편지를 보내는데, 이는 하버드 대학의 정년이 보장된 교수직, 즉 미국의 고등 연구 기관에서 역임할 수 있는 가장 높은 등급의 직책이다. 이 편지는 이 계약의 경제적(1년에 12,000달러), 교원적, 행적적 조건들을 자세히 밝히며 의무와 권리를 세밀히 전달한다(그 예로 7년마다 안식년 따위). 일반적으로 볼 때 이것은 특출나게 이로운 제안인데, 그럼에도 클로드 레비스트로스는 거절한다.

학이나 특정 집단과 관련된 것이라기보다는 프랑스를 떠나 미국으로 향하는 더욱 넓은 의미의 문제라고 봅니다. 물론 첫 번째 문제와 관련해서라면 제가 드릴 수 있는 말은 없습니다. 그렇지만 두 번째에 대해서는 감히 한두 마디 하고자 합니다. 요즘 미국 정계에 분명히 존재하는 몇몇 강력한 세력이 못마땅해 보일 것으로 사료됩니다.[2] 확언하건대, 비단 하버드 대학뿐만 아니라 그러한 흐름에 거스르는 매우 강력한 경향들이 이곳에 있습니다. 당신은 이 나라를 아주 잘 알고 계시며 미국을 오해하기란 정말 쉽다는 점도 알고 계시겠지요. 하지만 아무래도 당신이 유럽의 신문과 잡지에 실린 매우 선별적인 정보에 어쩔 수 없이 영향을 받지는 않은지, 그리고 고작 일부인 각종 고정관념에 기반하여 판단하는 건 아닌지 모르겠습니다. 어쨌든 저는 이 문제들에 대한 입장을 재고해 주시기를, 그리고 복잡하기 짝이 없는 상황을 지나치게 급히 판단하지 않기를 권고드립니다. 저의 이러한 말들이 주제넘게 보이지 않기를 바랍니다. 제가 정말로 솔직하지 않았다면 애초에 이렇게 글을 쓰지 않았을 것입니다.

다른 측면으로, 저희 박사과정 학생들의 수준이나 그들이 얼마나 열렬하게 당신과 함께 공부하고 싶어 하는지에 대해서도 말씀드릴 수 있습니다. 하지만 이렇게까지 할 까닭은 없지 않나 싶습니다. 제가 드릴 수 있는 그 어떤 자세한 내용이라면 언제든지 물어보시기를 바랍니다. 당신을 만나 뵙고 정치적인 측면들에 대해 말할 수 있기를 바라지만 탤컷이 저 못지않게 잘할 수 있으

---

2 메가시즘이 초래한 정치적 형국을 우회적으로 표현하였다.

리라 확신합니다.[3] 저희의 제안을 진지하게 검토해 주시기를, 그리고 너무 급하거나 가벼이 부정적으로 대답하시지 않기를 바라마지않습니다.

진심 어린 마음을 담아 드리며,

클라이드 클럭혼

[전보]
1953년 12월 3일
파리 생라자르 길 11 클로드 레비스트로스 교수

제 생각에 당신이 받은 그 제안은 저작들을 만들고 제자들을 길러내는 데 가장 큰 가능성을 열어줄 것이며, 우리가 이전처럼 효율적으로 같이 작업할 수 있게 해줄 것입니다.[1] 로만

---

1   로만 야콥슨은 클로드 레비스트로스를 매사추세츠 케임브리지로 "이동"시키는 일에 분명히 열성을 다했다. 하지만 그 어떤 것도 도움되지 않았다. 클로드 레비스트로스는 1953년 12월 말, 그 결정을 탤컷 파슨스와 클라이드 클럭혼에게 알린다.

프랑스
파리 9구
생라자르 길 11
클로드 레비스트로스 교수 귀하

1954년 3월 6일

친애하는 클로드에게,

저는 당신의 연구 모임의 목적이었던 "예정된 책"이 **무기한 연기** 되었다는 편지를 받고 매우 놀랐습니다. 왜 저에게 직접 알려주지 않았는지요? 당신으로 인해 저는 커뮤니케이션 "연구편집위원회"의 동료들뿐 아니라 저희 편집자들인 와일리 출판사와 더 테크놀로지 출판사와의 관계에서 굉장히 불편한 상황에 놓였습니다. 당신도 알다시피 이 책을 위한 초기 공동 작업 지원은 저희 편집위원회, 특히 제 노력의 일환으로 승인된 바 있습니다. 체리의 책과 저의 책이 첫 저서로 1955년 상반기에 출간될 것이며, 1956년에 출간될 그다음 두 저서는 콰인의 《언어와 지식》, 그리고 당신의 공동저서입니다. 다른 네 권은 그 뒤에 나올 것으로 기획되어 있었습니다. 당신이 최근에 풀Pool[1]에게 보낸 편지로 우리의 기획에 해가 되는 결함이 생겼으며, 이것이 연구의 큰 손해와 실망감을 뜻한다는 점은 굳이 말하지 않겠습니다. 저는 당신이 1952년 논문들에서 그토록 믿음직스럽게 다루었던 문제들, 즉

---

1 [역주] 미국의 인류학자 데이비드 맨들바움David G. Mandelbaum의 별명으로 추정된다.

커뮤니케이션과 관련된 문제들의 사회학적, 인류학적 측면들에 대해 당신이 개인적으로 책을 준비하는 것을 진지하게 검토하시기를 간곡히 부탁드립니다. 조교직을 위한 재정 지원을 찾는 것은 쉽습니다. 당신이 또 한 번의 부정적인 답변으로 저를 실망시키지 않기를 바랍니다. 여유가 나는 대로 안부를 전해준다면 제게 큰 도움이 될 것입니다.

　당신의,

로만 야콥슨

친애하는 로만에게,

말씀하시는 풀 씨가 누구인지 몰라 당신의 노여움을 잘 이해하지 못하겠습니다. 얼마 전에 밀리칸 씨에게 제 수업을 위해 제가 받았던 1천 달러의 지원금을 돌려주겠다고 편지를 보낸 것은 사실입니다. 저는 몇 가지 이유 때문에 그렇게 했습니다. 1) 현재 저의 재정에서 이만큼의 금액은 MIT와는 다르게 더욱 자유롭게 사용할 수 있습니다. 2) 저는 밀리칸과 약정했던 바와 다르게 기획했던 원고를 연말까지 제출할 수 없다고 생각했으며, 또한 제가 다른 형태의 합의를 이끌어낼 수 있던 참에 MIT와의 관계에서 불성실한 상황에 처하고 싶지 않았습니다. 그렇지만 그 기획은 취소되지 않았으며, 그 근거는 제가 밀리칸에게 쓴 그 편지에 **지원금**을 보존해 주기를, 즉 원고를 제출하는 한에서만 청구할 수 있도록 제안한 바 있습니다. 이는 저와 공동 작업하는 이들에게 압박을 가하는 부차적인 방안이 될 수 있습니다. 저희가 일 년 전부터 해왔듯이 공동 작업에 기여할 연구물을 **작성하는 것**만을 위해서 그들이 재정을 지원하고, 그리고 출판의 형태를 갖추지 못한 채 그저 글을 무기한 늘어놓기만 하는 대화들을 전사해 낼 때

재정 지원을 받을 수 있다고 그들에게 알렸습니다. 당신께서 보시다시피 이 같은 내용들은 밀리칸과 제가 동의했던 조항들과 관련된 순전히 행정적인 의견 조정이었으며, 어떠한 연유로 이런 사무적이며 부수적인 문제들이 당신을 불편하게 했을지 저는 도통 모르겠습니다.

그렇다 해도 저는 이 책이 언제 준비될지 잘 모르겠습니다. 개략적으로 완성된 몇몇 다양한 단원이 있기는 하지만, 하나의 전체를 이루기는 어려워 보입니다. 이러한 공동 작업들은 까다롭습니다. 지금까지 열린 토론들에서 많은 것을 얻었지만, 무르익을 수 있도록 성찰에 시간을 주어야 합니다. 게다가 길어지고 있는 망델브로와 슈첸베르제의 부재는 오직 그들이 돌아와야 메워질 수 있는 빈자리를 만들어 놓았습니다[1]. 당신께서는 《소리와 의미》를 위해 예정보다 몇 년을 더 보내셨으니 (망델브로가 제게 편지하기를 이제 그 책이 완성되었다더군요) 단계들을 건너뛸 그 어떠한 이익이나 효용도 없다는 점을 누구보다 잘 이해하실 것입니다. 이 책은 어떠한 결과들이 도출되었다는 것을 증명할 뿐이지 책이 그 자체로 목적은 아닙니다.

당신의 간청에도 불구하고, 저는 사회과학에서 커뮤니케이션 개념에 대해 어떠한 피상적인 제기提起도 전개하지 않겠다는 생각에는 추호도 변함이 없습니다. 그럴 수 있으려면 제게는 부족한 학제를 아우르는 역량이 있어야 합니다. 반면 저는 지금 신화

---

[1] 이 책은 결국 출판되지 못했다. 그렇지만 이 세미나의 활동을 담은 회의록은 다음과 같이 발표된다. 〈인간의 수학 Les mathématiques de l'homme〉, 《국제인간과학회보 *Bulletin international des sciences de l'homme*》, 6권, 4호, 1954, 643-653쪽.

학을 세 부분으로 다루는 큰 책을 녹음기에 대고 "말하는 것"에 몰두하고 있습니다. 이론과 방법론을 남은 도입부, 제 이론을 증명하는 데 가장 유리한 예시로 여겨지는 푸에블로족 신화에 대한 길고도 정밀한 분석, 마지막으로, 만약 제 수학자 동료들이 동참한다면, 적절한 공리화가 담긴 수학 부록.[2] 필시 올해 안에 준비될 것입니다. 이것이 당신의 선집에 들어맞는다고 생각하신다면 (당신께서는 원고를 읽는 형태로만 결정하실 수 있겠습니다만) 영문본 편집을 기꺼이 당신께 위임하겠습니다. 물론 이 결과물의 완성은 다른 여러 영향을 받을 텐데, 특히 시카고 대학 출판부가 기획하고 있는 《구조들*Structures*》의 영문본을 위해 그 책을 전부 다시 손봐야 하는 것처럼 말입니다.[3]

　　당신의 신실한,

　　　　　　　　　　　　　　　　　　　　　　　　　　　　클로드

2　이 책은 클로드 레비스트로스가 이러한 형태로 출간하지 않았다. 반대로, 그의 학생 가운데 한 명이자 그의 작업 중 이 부분에 매우 깊이 연루되었던 루시앙 세박Lucien Sebag, 1934-1965은 푸에블로족 신화에 대한 책을 쓰고, 그의 사후 다음의 제목으로 출판했다. 《푸에블로 원주민들에 있어 세상의 발명*L'Invention du monde chez les Indiens Pueblo*》, Maspero, 1971.
3　《구조들: 친족의 기본 구조*Structures: The Elementary Structures of Kinship*》(Beacon Press, 1969)의 두 번째 개정판에 따르면 이 책의 영어 판본은 1969년에나 출간된다.

친애하는 클로드에게,

저는 다시 하버드 대학으로 돌아와 일상적인 일들로 분주합니다. 두 분과 함께 지낼 수 있었음에, 그리고 우리가 함께 다루는 문제들을 조금이나마 대화할 수 있었던 것과 당신이 하고 있는 연구들을 말해주셔서 매우 좋았습니다. 제가 볼 때 당신의 《신화론*My-thologie*》은 구조인류학의 가장 위대한 작품이 되어 가고 있습니다. 저는 우리가 나눈 대화 중에 당신이 제기한 문제들에 대해 계속 생각하고 있습니다. 와슨[1]이 그의 저서 두 권을 당신께 보냈습니다. 이와 관련하여 어떤 것이라도 《디오게네스*Diogène*》와 당신이 언급했던 프랑스 학회지에 써주시기 바랍니다.

저의 여름 계획들은 구체화되고 있습니다. 저는 7월 말에 뮌스터에서 트루베츠코이를 기념하는 행사에서 발표해야 합니다. 8월에는 제 책 작업을 하기 위해 노르웨이에 머물 수 있기를 바

---

1 로버트 고든 와슨Robert Gordon Wasson, 1898-1986, 그의 부인인 발렌티나Valentina Pavlovna Wasson, 1901-1958와 함께 《버섯, 러시아, 그리고 역사 *Mushrooms, Russia and History*》(1957)를 썼다. 이 책은 버섯 민족학을 나눈 글로 클로드 레비스트로스가 이를 비록 조금은 "망상적"이라고 하면서도 매우 관심 있어 했다. 레비스트로스는 열정적인 버섯 애호가로서 이 분야가 민속학에서 아주 유망하다고 생각했다.

라고 있고, 9월 상반기는 모스크바에서 슬라브 학회를, 이후에는 라이프치히에서 언어와 사유에 대한 학회를, 그리고 불가리아와 루마니아를 방문하고자 합니다. 이러한 저의 여정 중에, 가는 길이거나 오는 길이거나, 당신을 볼 수 있다면 좋겠습니다. 저희가 우체국을 통해 보낸 책들은 도착했습니다만, 아직 레리스의 책은 소식이 없습니다.[2]

두 분께 저희의 가장 다정한 마음을 담아 드리며,

당신의,

로만 야콥슨

---

2   미셸 레리스Michel Leiris, 1901-1990, 민속학자이자 작가로 레비스트로스 내외의 벗이다.

친애하는 로만에게

당신의 편지에 감사드립니다. 저희 모두 당신을 잠깐이나마 맞이하여 정말 기뻤고, 이러한 일이 하나의 관습으로 발전되기를 바랍니다. 이제부터 당신께서 유럽에 오실 때마다 파리를 거쳐 가신다면 좋겠네요! 저의 《구조인류학*Anthropologie structurale*》[1]은 막 출간되었으며, 당신뿐만 아니라 클럭혼에게, 그리고 당연히 하버드 대학에도 한 부씩 보냈습니다. 와슨이 자신의 버섯을 알리기 위해 몇 자 적었다고 합니다만, 저는 아직 아무것도 받지 못했습니다. 《디오게네스》[2]와 《렉스프레스*L'Express*》에 비평을 하나씩 꼭 보내겠습니다. 그나저나 3주 전부터 제 연구는 완전히 멈췄는데, 이는 4월에 있을 이사[3]를 위해 모든 책을 포장해야 했고, 책들을 꺼내서 다시 비치했을 때는 6월이 되어 있을 것이기 때문입니

---

1 《구조인류학》은 논문을 모은 기획 모음집으로 플롱 출판사에서 1958년 출간되었다.
2 클로드 레비스트로스는 《슬픈 열대》(1955)가 가져온 성공 이후로 저자로서 새로운 지위를 얻었으며, 이로 인해 매우 파급력 있는 매체들과 이어진다. 《디오게네스》는 1953년부터 유네스코의 후원으로 출간된 잡지이다.
3 클로드 레비스트로스는 파리 16구의 마로니에 길 2번지로 이사하는데, 그곳에서 삶의 마지막까지 거주한다. 그의 둘째 아들 마티유 레비스트로스Matthieu Lévi-Strauss가 1957년 8월 25일에 태어나면서 이사하였다.

다… 코이레는 형제를 잃었는데, 그로 인해 큰 충격을 받았습니다. 라캉 씨 댁은 3주 전부터 겨울 스포츠를 위해 떠나 있습니다. 저희는 그들을 기다리고 있습니다.

　모든 정다운 마음을 담아,

클로드

클로드 레비스트로스 교수 귀하
1958년 7월 10일

친애하는 클로드에게,

당신의 책 덕분에 저는 몇 시간 동안 아주 재미있는 독서 경험을 했을 뿐만 아니라 구조인류학과 구조언어학을 지원하기 위해 현재와 다가올 날들에 취해야 할 대책들을 생각하느라 사색에 잠겼습니다. 부분마다 당신과 함께 이야기 나누고 싶은 질문들이 많이 있습니다. 저는 7월 19일에 유럽으로 향합니다. 7월 26일과 27일쯤에 제가 레이던에서 전화해서 가을 중에 당신과 더욱 긴 약속을 잡겠습니다. 당신이 파리에 있기를 바랍니다.

모니크에게 저의 가장 깊은 마음을, 라캉 씨 댁에는 저의 가장 다정한 인사를 전하여 주기 바랍니다.

당신의 벗,

로만 야콥슨

친애하는 클로드와 모니크에게,

새해를 맞아 저의 가장 다정한 소망을 두 분께 담아 드립니다! 제가 항공우편으로 클로드에게 보낸 《조롱 수수께끼*Mock Mystery*》[1]가 제시간에 도착했을 것 같습니다. 당신의 감상을 받아 볼 수 있다면 좋겠네요. 지금은 당신에게 프롭의 《민담 형태론*Morphologie du conte*》[2]을 보냅니다. 《슬라브 언어학과 시학 국제학회지*Interna-*

---

1 《중세 조롱 수수께끼: 그 오래된 체코 향수 가게*Medieval Mock Mystery: The Old Czech Unguentarius*》를 가리키며, 이는 레오 스피처 Leo Spitzer를 기리기 위한 책에 실린 뒤 《선집》(프랑스어 판 〈중세의 익살스러운 수수께끼 Le mystère burlesque au Moyen Âge 〉, 《크리티끄*Critique*》, 322호, 1974, 261-289쪽)에 실려 재출간된다.

2 스바타바 피르코바 야콥슨(로만 야콥슨의 부인)이 영어로 번역하고 그 서문을 쓴 1928년 러시아에서 출간된 블라디미르 프롭(1895-1970)의 중대한 저서 《민담형태론*Morphology of the Folktale*》(1958)을 가리킨다. 이 책에서 그는 러시아 "환상민담 conte merveilleux"의 일반적인 이야기 틀, 즉 31개의 "기능들 fonctions " 및 17개 인물유형의 틀로 모든 환상민담을 재구성할 수 있다고 믿었다. 이 "기능들"은 에피소드의 유형들로, 예를 들어 길을 떠나는 영웅 등과 같은 기능이 경우에 따라 다양한 형태를 취하면서 각기 다른 방법으로 도입될 수 있는, 모든 민담에 보편적으로 나타나는 유형들을 가리킨다. 이러한 일반화들로 프롭은 러시아 환상민담에 대한 진정한 공식을 정립한다. 야콥슨과 마찬가지로 프롭 역시 스탈린 권력이 "형식주의자들 formalistes "로 여기는 이들 가운데 속한다. 따라서 그는 향후 저서들에서 민담들의 사회 역사적인 맥락을 강조한다. 야콥슨은 프롭의 연구를 레비스트로스에게 소개하며, 레비스트로스는 롤랑 바르트에게 프롭을 읽게 한다. 프랑스에서는 거의 잘 알려지지 않은 《민담형태론》은 1965년 마르그리트 데리다 Marguerite Derrida (철학자 데리다의 부인)가 프랑스어로 번역한다. 야콥슨은 이 "형식주의자" 학파의 유산을 전수하기 위해 평생

tional Journal of Slavic Linguistics and Poetics》의 제2권을 위해 당신이 제게 약속했던 교정본을, 영어로나 프랑스어로나, 제가 올봄 안에 받아볼 수 있다면 정말 고맙겠습니다. 교정본은 네덜란드, 레이던, 주테르바우드서 싱얼 55, C. 판스호네벨트로 보내주시면 되겠습니다.

이곳에서 저는 의례적으로 진행되는 일들을 많이 하고 있습니다. 게다가 저는 미국 인류학회의 언어학대회에서 언어의 정보 모델에 대해 발표해야 하며, 또한 MIT에서 언어의 근본 구성 요소들에 대한 공개 토론회를 기획해야 합니다. 봄 학기 동안 책 《소리와 의미》를 마침내 마무리하여 스탠퍼드 대학의 행동연구소에 보낼 수 있기를 바라고 있습니다.

편지 주세요, 두 분 모두.

당신의 벗,

로만 야콥슨

을 노력하며, 이 노력은 특히 문학 분야에서 두드러진다(참조. 무엇보다 다음의 모음집 《문학이론 *Théorie de la littérature*》, op. cit.).

친애하는 로만에게,

당신의 15일 자 편지와 더불어 당신께서 적어주신 기원 문구, 그리고 당신의 훌륭한 논문(《조롱 수수께끼》)에 담긴 헌사에 답장을 드리는데, 저의 50번째 생일에 거의 맞춰 도착했기에 저는 매우 감동받았습니다… 이 논문은 (이에 대해 말하는 것으로 시작하자면) 제가 오래전부터 관련 자료들을 모으고 있는, 바로 웃음이라는 문제에 매우 큰 기여를 하고 있습니다.[1] 원시적이라고 불리는 사회들의 신화와 의식에 나타나는 웃음대립쌍(웃다/웃지 않다)을 분석하노라면 그것이 다음에 상응한다는 점이 분명하게 드러납니다. 실제 맥락에서는 지나칠 정도로 결합되었거나 또는 분리된, 두 차원 또는 세계에서 이루어지는 커뮤니케이션에서의 열림/닫힘. 부활절의 경우도 완전히 이와 같은데, 예수의 십자가형 죽음이 ─ 그리고 이제 이것이야말로 바로 **믿지 말아야 할** 그 무엇인데 ─ 사람과 구세주를, 자연적인 것과 초자연적인 것 등

---

1 [역주] 레비스트로스가 직접 쓴 내용이다. 스웨덴 동료들이 제게 말하기를 오늘날까지 아직도, 논문 심사 중에 두 번째 "상대자opposant"는 광대처럼 굴어야만 한다고 합니다. 1958년 11월 28일.

의 관계에서 따로 떼어놓기 때문입니다. 바로 이 때문에 신비 안에 우스꽝스러움을 끼워 넣는 것입니다. 또한 이 증명이 매우 뚜렷해질 때는 우리가 같은 신화나 의식 체계에서 웃음이 권장되거나 금지되는 상황들을 동시에 분석하는 경우입니다. 저는 작년에 아메리카인의 몇몇 신화와 의식을 가지고 수업한 바 있습니다. 당신께서 261쪽에 인용하신 알루트aléoute족의 신화는 당연히 이시스가 오시리스를 부활시키는 것과 똑같습니다. 이러한 방향으로 연구할 것들이 많을 것입니다.

당신의 논문과 동시에 저의 50번째 생일을 위한 또 다른 선물이 도착했습니다. 콜레주 드 프랑스에서 저를 위해 사회인류학 석좌교수 자리를 만들었습니다(메를로퐁티가 제안하고 지지했습니다).[2] 당신께서 기뻐하실 것 같아 내밀히 말씀드리는 것이오니 아직 미국의 동료들에게는 말하지 마시기 바랍니다. 당신께서도 아시다시피 이 관습은 이름을 공공연히 밝히지 않은 채로 먼저 석좌교수 자리를 만든 다음, 몇 달 뒤 임용자 선거가 열립니다. 현재로서는 조용히 있으면 되겠습니다…

브러일로이우[3]가 제네바에서 며칠 전 심장마비로 급사했다는 소식을 들으셨는지 모르겠습니다.

요리의 기원에 대해서 언급하자면, 혹시 탈무드에서 어떠한 이유로 보리를 소리 지르면서 요리하고 렌즈콩은 침묵 속에서 요

---

2 1958년 11월 30일, 클로드 레비스트로스의 벗이자 1952년부터 콜레주 드 프랑스 교수인 모리스 메를로퐁티가 실제로 교수총회에서 〈사회인류학 교수직 신설을 위한 보고서Rapport pour la création d'une chaire d'anthropologie sociale〉를 발표한다.

3 콘스탄틴 브러일로이우Constantin Brăiloiu, 1893-1958, 루마니아 태생의 민족음악학자이다. 다른 이들뿐 아니라 특히 클로드 레비스트로스의 벗인 질베르 루제Gilbert Rouget와 같이 작업했다.

리하라고 하는지 당신께서는 아실까요? 이와 관련해서 말해줄 것이 있다면 제게 큰 도움이 될 것입니다(참고문헌. S. 크라우스 S. Krauss, 《탈무드 고고학 *Talmudische Archäologie*》, Leipzig, 1910, 1권, 120쪽, 510쪽).

모니크와 저는 스바티아와 당신께 가장 다정한 마음을 담아 드립니다. 곧 뵙기를 바라며,

클로드

추신: 프롭에 대해 미리 감사드립니다. 교정은 시기에 맞춰 이뤄질 것입니다.

친애하는 클로드에게,

당신의 좋은 소식들을 전해 들어 저는 매우 기뻤으며, 당신을 곧 만나러 가서 두 분과 함께 이 선출을 축하할 수 있도록 최선을 다해보겠습니다.

저의 《중세 조롱 수수께끼》에 대한 당신의 감상은 아주 흥미롭습니다. 렌즈콩과 정적의 연관성에 대한 당신의 질문에는 스바티아가 그 주제에 대해 모스크바 학회에서 발표한 바 있습니다. 제가 당신에게 그것을 보낸 적 있었는지 정확하게 기억이 안 납니다. 어쨌든 두 번째 사본을 보냅니다. 보리와 소음의 연관성에 관해서는 탈무드 연구의 세계적인 전문가인 울프슨[1]에게 조언을 구하겠으며 당신에게도 적어 보내드리겠습니다.

당신에게 부탁을 하나 드리고 싶습니다. 저를 위해 사본 두 개

---

1 해리 오스트린 월프슨Harry Austryn Wolfson, 1887-1974, 철학자이자 철학사가, 하버드 대학 교원이다. 1930년 후반까지 반유대주의가 흐르던 아이비리그(미국 일류 대학의 몇몇 집단) 대학에서 교수가 된 첫 유대인들 가운데 한 명이다. 그는 유대연구소의 소장을 맡으면서 유대철학(스피노자Benedict de Spinoza)뿐만 아니라 이슬람 철학(이븐 루시드Ibn Rushd)과 기독교 철학(교부 철학)의 고전들에 대한 철학적 저서를 쓰는데, 이는 철학 원문에 대한 탈무드적인 해석학 방법에 기반했다.

를 구입하여 하나는 얀 코트 교수에게,[2] 다른 하나는 저에게 보내
줄 수 있는지요?

　　　친애하는 모니크에게,
부탁드리건대, 클로드가 저를 위해 이 일을 할 때 도와주시기 바
랍니다.
　당신께 적어드린 바 있듯이 저는 《소리와 의미》를 마무리하
기 위해 올봄 스탠퍼드 대학의 행동연구소에서 머물 것입니다.
여름 끝자락에 저는 확실히 유럽에 다시 갈 것입니다.
　두 분께 저의 깊은 마음을 담아 드리며,
　당신의 벗,

　　　　　　　　　　　　　　　　　　　　　　로만 야콥슨

2　얀 코트 Jan Kott, 1914-2001, 폴란드인으로 연극이론가 및 비평가이다. 《셰익스피어
　　우리의 동시대인 *Shakespeare notre contemporain*》의 저자로 1962년에 그 번역본이 줄리
　　아르 출판사에서 출간되었다.

파리 16구, 마로니에 길 2   1959년 6월 17일

친애하는 로만에게,

당신께서 말씀하신 "아스디왈Asdiwal족"[1]에 대한 내용뿐만 아니라 저에게 전해주신 이 모든 흥미로운 소식을 당신의 편지를 통해 받아 보며 저는 정말 기뻤습니다. 스탠퍼드 대학에서 제 논문으로 이루어진 토론들의 구체적인 내용에 아주 관심이 가는군요. 그 논문은 이곳에서 그 누구의 눈에도 띄지 못했습니다. 이 논문은 거의 다 써가는 책의 한 단원으로 《아메리카 신화 탐구 실습 *Exercices pratiques de mythologie américaine*》이라는 제목으로 출판할 생각입니다. 제가 콜레주에서 수업할 것이므로 그 내용을 몇 년 동안 수업에서 사용 후에 출판하고자 합니다. 사실, 저는 아직 선출되지 않았습니다. 이는 3월에 이뤄진 저의 공식 선출 및 지난달 정신과학한림원이 비준한 콜레주 드 프랑스의 투표에 이어 앞으로 다가오는 몇 주 안에 이루어질 일입니다. 하지만 현재는 고등연

---

1 〈아스디왈 이야기La geste d'Asdiwal〉, 《1959년 고등실천연구원 연감*Annuaire de l'École pratique des hautes études*》에 게재된 논문(《구조인류학 2 *Anthropologie structurale deux*》, op. cit., 9장에 재수록). 이는 브리디시 컬럼비아의 개니다 연안 지방의 신화 및 그 변이형들에 대한 분석으로, 향후 네 권의 《신화론》(1964-1971)에서 아메리카 원주민들의 신화를 방대하게 다루기 전에 나온 가장 완벽하고 기준이 되는 구조적 분석이다.

구 교수들이 (이전처럼 장관령이 아니라) 대통령령으로 임명되기 내문에 이러한 격식은 너욱너 많은 시산을 끌 것입니다… 이일이 저에게 가져다주는 확실한 결과는 곧 제가 방문, 절차 및 기타 성가신 일들 때문에 한 해를 통째로 허비하게 될 것이라는 점입니다. 어쩔 수 있나요? 마무리하긴 해야지요.

정보의 디지털화를 주제로 한 어느 학회에 참가하기 위해 파리에 온 할레 씨[2]를 통해 어제 저녁에 좋은 소식들을 들었습니다. 이 학회는 사회과학 연구에도 자리를 조금 할당해서 제가 그곳에 가기도 합니다. 프롭의 책에 대해 말하자면, 정말 애석하게도 저는 그 책을 **받아본 적이 없으며** 당신 부인의 논문 역시 마찬가지입니다. 그러므로 가까운 시일 내에 그에 대한 서평을 받아볼 수 있으리라고 여기지 마시기 바랍니다. 만약 저에게 그 책이 있었더라면 기꺼이 서평을 썼을 것입니다. 저는 이 책이 다루는 것들에 긴밀하게 관심을 두고 있습니다.

저희는 매우 혹독한 겨울을 났습니다. 왜냐하면 모니크의 어머니께서 9월에 저희와 작별하시자마자 바로 위중한 병세에 놓이셨으며 몇 달 뒤, 후송 불가한 상태로 오마하에 입원하셨습니다. 모니크가 왕복 일주일이라는 짧은 일정으로 다녀왔지만, 불과 며칠 후에 돌아가셨기에 모니크는 그 누구에게도 이 소식을 알릴 틈이 없었습니다. 그는 이 깊은 슬픔으로 몹시 힘들어했으며, 이제야 겨우 기운을 차리기 시작했습니다.

---

2 모리스 할레, 로만 야콥슨의 제자이자 동업자. 그는 야콥슨과 몇몇 중요한 저서를 출간하며, 이후 언어학, 나아가 더 일반적으로는 인문과학과 사회과학의 주된 패러다임이 되면서 구조언어학을 대체하는 촘스키의 생성문법이 자리 잡는 데 공헌한다.

보리와 렌즈콩에 대해 알아봐 주셔서 고맙습니다. 그것은 사실 탈무드에서 아모리인Amorrhéens[3]의 미신인데, 식물의 종을 정확하게 식별하여 정의한 것인지는 의문스럽습니다. 그러한 식별이 맞다 하고, 거기에 제가 했던 연구를 적용하면, 정적/소음이라는 대립쌍으로 해석할 수 있겠습니다. 이는 끓이는 형태의 요리(렌즈콩)와 끓이지만 요리가 아닌 형태, 즉 발효(보리)의 대립쌍과 비슷합니다. 하지만 이것은 순전히 가설일 뿐입니다. 비정상적인 겉모습으로 태어난 아기들에게 로마에서 붙이던 아그리파 Agrippa라는 이름의 어원에 대해 혹시 의견이 있으신지요? 어쩌면 어근인 *agr-*(투박한, 야만의)와 어떤 관련이 있을까요? 그리고 혹시 슬라브 사회에서 이와 비슷한 관습들이 있는지 아시는지요? 이 부분에 엄청나게 중요한 신화학적 문제가 얽혀 있는데, 저희에게는 유럽 쪽과 관련해서는 단편적인 것들밖에 없지만 아메리카 쪽 소재들로는 아주 잘 해석할 수 있답니다.

　10월에 저는 부재할 일이 전혀 없습니다. 당신을 이때 뵙기를 고대합니다.

　다정한 마음을 담아,

클로드

3　아모리인(Amorrhéens 또는 Amorrites), 메소포타미아 지역 민족의 이름으로 (기원전 2000년 전보다 이전의) 아카드 연대기와 구약에도 나온다.

발레로그(가르)   1959년 8월 8일

친애하는 로만에게,

당신의 3일 자 편지를 저희가 9월 8일 정도까지 머물 이곳 시골에서 받아 봅니다. 확실히 10월에 파리에서 당신은 저희를 만날 것이며, 모니크와 저는 그 생각에 기쁩니다. 저는 1월 5일로 확정된 저의 콜레주 드 프랑스 기조 강연을 분명 준비하고 있을 것입니다.

프롭의 책과 당신 부인의 논문은 잘 도착했습니다. 그것들을 이곳에 가지고 왔으며 프롭의 책부터 읽기 시작했습니다. 아주 흥미로우면서도 몇몇 방식과 기획의 측면에서 보자면 예지적이지만, 엄밀한 의미에서 볼 때는 구현이라는 측면에서 지나치게 형식주의적이고 자주 동어반복적이어서 사뭇 실망스럽습니다. 제 입장에서는 민족학적 맥락을 고려하지 않고 구전문학에 대한 구조적인 분석을 할 수 없습니다. 그렇기 때문에 첫 시도에서 환상 민담을 고른 선택은 그다지 좋았다고 볼 수 없으며, 환상 민담은 민족학적 맥락이 즉각 주어지지 않아 동시에 재구성해야 하기 때문입니다.

올가을 충분히 전개된 비평[1]을 기꺼이 쓰겠습니다. 올해가 가기 전에 당신께서 받아 보실 것입니다.

저희의 모든 선한 마음을 담아,

클로드

---

1   클로드 레비스트로스의 비평으로 《구조인류학 2》의 8장에 재수록되기 전에 프랑스어(《응용경제학연구소 논문집Cahiers de l'Institut de science économique appliquée》, 9호, 1960, 3-36쪽)와 영어로 (《국제 슬라브 언어학 및 시학 저널International Journal of Slavic Linguistics and Poetics》, 3호, 1960, 122-149쪽) 동시에 게재된 이 논문은 실제로 꽤 비판을 받는다. 1920년대로 거슬러 올라가는 프롭의 작업이 지닌 선구자적인 면을 인정하면서도, 러시아 민담에 대한 그의 접근법에 그 자신의 접근법을 마치 형식주의(내용과 형태가 분리된, 따라서 형태는 추상화를 통해 만들어진)와 진정한 구조주의(구조가 곧 내용들의 변형과 동연적인, 따라서 변형들과 떨어질 수 없는)로 대비시킨다. 프롭은 이로 인해 상처를 받지만, 이러한 구분은 오늘날까지 너무도 자주 추상적인 "형태주의"로 혼동되는 레비스트로스식 구조주의를 제대로 이해하기 위해서 매우 중요하다.

친애하는 로만에게,

당신을 자주 생각했음에도 당신께 편지 드리기에는 올해 제게 너무도 많은 걱정과 어려움이 있었습니다. 당신께서 파리에 오시기 전에 제가 도와드릴 일이 있다면 말씀해 주시기 바랍니다.

다정한 마음을 가득 담아,

모니크

친애하는 로만에게,

당신의 〈음운론적 진전에 관한 고찰들Remarques sur l'évolution pho-
nologique〉을 부탁했던 제 친구가 제게 막 전화를 걸었습니다. 정
말 애석하게도 그는 당신의 글을 더 좋게 손볼 수 없을 것 같다고
합니다.[1] 글이 너무 전문적이고, 글을 가볍게 할 만한 자유를 누릴
만큼 논문을 충분히 이해하지 못한답니다. 하지만 그가 말하기
를, 문체가 가끔 난해하지만 결코 부적절하지는 않다고 합니다.

클로드와 저는 이러한 작업을 진지하게 맡아줄 다른 사람을
알지 못하여 더 도움을 드릴 수 없어서 죄송합니다.

당신이 즉흥적으로 했던 그 학회 발표는 여전히 제 기억 속에
울리고 있으며 저를 매료시켰습니다. 다른 곳에서는 당신의 발표
를 절대 들을 수 없을 것이기 때문에 언젠가 저희가 당신을 파리
에서 강연하도록 초대할 수 있기를 고대합니다.

또한, 당신을 다시 볼 수 있어서 아주 행복했습니다.

---

1 이는 1929년 체코어로 쓰인 로만 야콥슨의 오래된 논문을 프랑스어로 번역하는 작
   업인데, 이를 의뢰받은 모니크 레비스트로스의 친구는 이 글이 요구하는 전문성 때
   문에 작업을 포기한다.

크리스티나[2]에게 저희의 안부를 전해주시기 바라며, 그에 대한 미국의 반응이 궁금합니다. 그리고 당신께도 저희의 다정한 마음을 담아 드리며,

모니크

---

2 크리스티나 포모르스카 Krystyna Pomorska, 1928-1986, 폴란드인 슬라브 학자이다. 야콥슨과는 1958년 11월 폴란드에서 열린 문학 이론에 대한 학회(〈폴란드 문학이론 컨퍼런스 The Polish Conference on Literary Theory〉, 크리니차즈드루이 Krynica-Zdrój, 1958년 10월 16-20일)에서 만났을 것으로 보인다. 러시아 문학의 전문가인 그는 야콥슨의 시 이론들을 산문에 적용하는 작업에 헌신했으며, 그 시기에 야콥슨의 새로운 반려자가 된다. 두 사람은 함께 여러 저서를 출간하는데, 그 가운데《대담 Dialogues》(Flammarion, 1980)도 있다.

보일스턴 홀 301

파리 16구
마로니에 길 2
클로드 레비스트로스 교수 귀하

1960년 2월 26일

친애하는 클로드에게,

당신의 콜레주 드 프랑스 첫 수업의 **눈부신 성공**을 프린스턴을 통해 전해 들었으며, 이러한 소식들은, 우리가 커뮤니케이션 이론에서 말할 때 완전히 중복되고 예측 가능하다고 하지만, 정말이지 다시 한번 저를 아주 기쁘게 했답니다.

저는 이번 달에 아주 바쁜데, 하버드 대학에서 의례적인 일들과 수업들, MIT 커뮤니케이션 센터의 조직화 작업[1], 수학자, 논리학자 및 언어학자 이렇게 각각 세 곳의 미국 학술회로부터 공동 지원을 받아 4월에 열리는 언어의 구조와 그 수학적인 양상들에 대한 학회 준비,[2] 그리고 8월에 폴란드에서 열릴 시학에 대한 학회를 준비해야 합니다.[3] 게다가 수없이 많은 교정쇄의 교정

---

1 1957년 로만 야콥슨은 MIT의 전자공학을 위한 연구 실험실에 소속된 "커뮤니케이션 연구 센터"를 세워달라는 부탁을 받는다. 이 연구 센터는 언어학자와 전자공학자뿐만 아니라 수학자, 심리학자, 신경학자, 논리학자가 모이는 공간이다. 모리스 할레와 노엄 촘스키가 그곳에 참여했다.

2 로만 야콥슨은 그곳에서 기조 강연을 한다. 그 원문이 출판되었다. 〈서문Introduction〉, 《언어의 구조와 그 수학적 측면들 *Structure of Language and its Mathematical Aspects*》, 미국 수학회, 1961; 《신집》, 2권, 568-569쪽에 재수록.

3 〈Poèzíía grammatiki i grammatika poèzii〉라는 제목으로 영문으로 발표된 글, 〈문법의 시와 시의 문법 Poetry of Grammar and Grammar of Poetry〉(《선집》, 3권에서 재인

들과 헌정문들도 있습니다. 새로운 생각을 떠올리기 위한 여유
는 일마 남지 않는 꼴이며, 그렇시만 이러한 생삭들 가운데 몇 가
지는 당신과 함께 다룰 수 있다면 좋겠군요. 저희는 6월에 영국
에 있을 텐데, 저는 그곳에서 (현재 이 내용은 철저하게 **우리만** 알
고 있어야 합니다) 6월 9일에 케임브리지 대학으로부터 명예박
사 학위를 받을 예정이며, 만약 모니크와 당신이 6월에도 여전히
파리에 있다면 그곳에 들르고 싶습니다. 당신은 어떤 생각이신지
알려주시기를 부탁드립니다.

막 시비옥[4]으로부터 인류학대회의 민족연구 분과에 와달라는
초대와 당신의 초대를 전해 받았는데, 제가 여름 막바지 일정에
대해 몇몇 결정을 내려야 하기 때문에 조만간 당신께 답장을 드
리겠습니다.

저희의 가장 다정한 마음을 담아 두 분과 라캉 씨 댁에 드리며,
당신의 벗,

로만 야콥슨

용;그리고 프랑스어로 〈문법의 시와 시의 문법 Poésie de la grammaire et grammaire de la
poésie〉,《시학의 문제들 Questions de poétique》, op. cit., 219-233쪽;〈시학에 대한 여덟
가지 문제들 Huit Questions de Poétique〉, Seuil, Points Essais 총서, 제85권, 1977, 89-
108쪽). 이는 중요한 글인데, 이 글에서 전개된 몇몇 특정 가정은 야콥슨과 레비스트
로스가 보들레르 Charles Baudelaire 의 〈고양이〉(1857)에 대한 연구를 같이 발표하도
록 이끌었기 때문이다.
4   토머스 시비옥 Thomas Sebeok, 1920-2001, 헝가리 출신의 미국인 언어학자이자 기호학
자이다. 로만 야콥슨의 제자로 세계 기호학의 가장 걸출한 인물 가운데 한 명이 된다.

파리 16구, 마로니에 길 2   1960년 3월 7일

친애하는 로만에게,

당신의 편지와 더불어 제 기조 강연에 대한 감상에 감사드립니다. 지면 우편으로[1] 그 글을 막 보내드렸는데 너무 실망하지 않으시면 좋겠습니다. 정말이지 강의를 한다는 것은 어찌나 힘든 일이던지요! 그 습관을 완전히 잃었지 말입니다…

6월에 뵙기를 고대합니다. 그렇지만 저희는 매물로 나온 집들을 보러 시골에 짧게 몇 번 다녀올지도 모릅니다. 그러니 도착하실 때 반드시 저희에게 그 날짜를 미리 알려주시기 바랍니다.

8월에 열리는 인류학회, 그리고 구전문학을 다루는 학회는 시비옥의 제안인데, 저는 이 학회의 프랑스 쪽 프로그램을 맡아 그를 돕고자 합니다.

다정한 마음을 가득 담아,

클로드

---

1   항공편이 아니라 배나 기차, 차편으로 보내는 우편. 이 기조 강연의 원문은 콜레주드 프랑스가 출판하며, 《구조인류학 2》에 다음의 제목으로 재수록된다. 〈인류학의 장 Le champ de l'anthropologie〉. 이 글은 인류학을 현대 사상의 기본이 되는 분과로 정착시켰다.

보일스턴 홀 301   301파리 16구
                                                        마로니에 길 2
                                                        레비스트로스 내외께

                                                      1960년 5월 19일

　　　친애하는 모니크와 클로드에게,

제 계획이 점점 정해지고 있습니다. 6월 6일쯤부터 15일까지 영
국(케임브리지, 런던, 옥스퍼드)에 있다가 파리로 가서 적어도 닷
새를 지낼 생각입니다. 이때 파리에 계실지 답장을 부탁드립니
다. 당신의 답장을 받는 대로 저를 위해 지난번과 같은 호텔을 예
약해 주십사 부탁드리려 합니다. 라캉 씨 댁과 코이레 씨 댁도 이
때 파리에 있을까요?

　　두 분과 나눌 이야기가 꽤 있으며 뵙기를 고대하고 있습니다.

　　클로드, 당신이 프롭에 대해 쓴 훌륭한 논문이 드디어 발표된
다니, 아마 제가 파리에 도착하기 전에 발표될 듯싶은데, 저는 정
말 기쁩니다. 당신의 아주 흥미로웠던 기조 강의에 대해 몇몇 의
견과 제안이 있지만, 이러한 제 감상은 우리가 파리에서 만날 때
까지 미루도록 하겠습니다.

　　다정한 마음을 담아,

                                                      로만 야콥슨

파리 16구, 마로니에 길 2   1960년 5월 27일

친애하는 로만에게,

물론이지요, 저희뿐만 아니라 라캉 씨와 코이레 씨도 여기 있을
것입니다. 파리는 제법 붐비고 있습니다. 그러니 당신의 도착일
과 더불어 예약하고 싶은 호텔을 (또는 동네를) 최대한 빠른 시
일 내에 알려주시기 바랍니다.

곧 만날 테니, 더 긴 이야기는 하지 않겠습니다.

다정한 마음을 담아,

클로드

보일스턴 홀 301   파리 16구
                                      마로니에 길 2
                                      레비스트로스 교수 귀하

                                      1960년 6월 3일

친애하는 클로드에게,

저는 대략 6월 18일쯤 파리에 도착할 것이며, 제가 영국으로 떠
나는 날인 6월 6일 이후에 더 구체적으로 알려주겠습니다. 7일부
터 11일 사이 제 우편 주소는 케임브리지 킹스 칼리지입니다. 케
임브리지에서 파리 방문과 관련된 세부 내용을 확정하기 위해 당
신에게 전화하겠습니다.

저는 프랑스에 일주일 넘게 있지 않을 생각입니다. 제가 요즘 아
주 바쁜 시기를 보내면서 끔찍하게 피곤하기 때문에, 만약 라캉 씨
댁과 저를 시골에 이틀간 초대해 주신다면 아주 기쁠 것입니다. 파
리에 대해 말하자면, 레지나 드 파시 호텔이 매우 편리해 보입니다.

두 분을 만나 알찬 대화를 나누기를 고대하고 있습니다.

안녕히,

로만 야콥슨

파리 16구
마로니에 길 2
레비스트로스 교수 귀하

1960년 10월 3일

친애하는 클로드에게,

바르샤바에서의 일정, 그리고 특히 시에 대한 학회는 모두 아주 흥미로웠습니다. 북극을 거치는 비행 편을 통해 캘리포니아로 가서 긴급한 작업을 하고 오느라 돌아오는 길에 파리에 들를 수 없었습니다. 그건 그렇고, 저는 그린란드에 잠깐 있었는데, 그곳은 어떤 절충도 허락하지 않을 만큼 혹독하지만, 그러면서도 매혹적인 곳이었습니다.

바르샤바 강연 때 발표한 제 글의 영문본과 이 글에 실린 도해 圖解들 가운데 영어로 된 것 하나를 보내드립니다. 저는 이 문제와 관련하여 다양한 도해들과 더불어 조금 더 긴 이론 부분이 합쳐진 작은 책을 준비하고 있습니다. 이러한 맥락에서 당신의 감상과 제안을 제게 보내주실 수 있다면 정말 고맙겠습니다.

두 분께서는 어떻게 지내는지요? 당신의 학회 강연을 스바티아가 저에게 어찌나 열정적으로 칭찬하던지요. 11월에 저는 일주일 동안 소피아에 갈 일이 있는데, 비록 당신과 함께 이야기하고 싶은 여러 문제와 새로운 착상들이 있지만, 그때 파리에 들르기는 아무래도 어려울 듯싶습니다. 모니크에게 제 따뜻한 인사를

건네주기를 바라며, 또한 그가 제게 약속했던 것, 곧 크리스티나를 위해 보내주기로 했던 당신의 책의 폴란드어 번역본 한 부를 부탁한다고 전해주기 바랍니다.[1] 라캉 씨 댁과는 어떻게 지내고 있는지요? 두 분께 제 깊은 마음을 보내드립니다.

다정한 마음을 담아,

로만 야콥슨

---

1 《슬픈 열대》를 가리키는 것으로 보인다.

매사추세츠, 케임브리지
보일스턴 홀 301
하버드 대학
로만 야콥슨 교수 귀하

1960년 10월 7일

친애하는 로만에게,

감사하게도 당신의 편지와 함께 보내주신 별쇄본들을 이제 막 받았는데, 저는 바로 얼마 전에 시비옥이 편집한 시적 언어에 대한 당신의 최신 연구를 담은 책을 받았습니다.[1] 이 모든 것을 저는 신중하게 읽을 것이며, 제 강의에서 한 회 또는 여러 회 동안 다룰 소재가 될 것입니다.

저는 바르텐슈타인 성에서 막 돌아왔는데, 그곳에서 크로버의 주재로 인류학 학회가 열렸습니다.[2] 안타깝게도 크로버는 파리에서 급사했는데, 그는 미국으로 돌아가기 전에 파리에서 며칠을 보내던 참이었습니다. 그 전날에 저는 그와 전화 통화를 했고, 이틀 뒤에 저희 집에서 저녁을 먹기로 했었습니다. 제 생각에 그는 위대한 시대의 마지막 사람이었기 때문에 이는 참으로 한 시대

---

1 〈언어학과 시학 Linguistics and Poetics〉, in Thomas Sebeok (dir.), 《언어에 있어 스타일 Style in Language》, MIT Press, 1960, 350-377쪽; 《선집》, 3권, 18-51쪽에 재수록. 프랑스어로는 《일반 언어학 소론 Essais de linguistique générale》, op. cit., 1권, 11장. 이 강의들은 앞으로의 대화에서 꽤 큰 부분을 차지할 〈고양이〉에 대한 그들의 공동 작업을 촉발한다.
2 매년 의례적으로 오스트리아의 바르텐슈타인 성에서 열리던 학회로 베너그렌 재단에서 인류학 연구를 새정직으로 후원했다.

의 종언을 의미합니다.[3]

　그리스티나에게 약속했던 책은 조금 늦게 보냈지만, 그래도 이번 달이 지나기 전에 받을 것입니다. 저희는 당신께서 11월에 파리에 들를 수 있기를 바랍니다.

　다정한 마음을 담아,

클로드

3　이 주제에 대해서는 1950년 1월 27일 자 편지 참조.

미국
매사추세츠, 케임브리지
보일스턴 홀 301
하버드 대학
로만 야콥슨 교수 귀하

1960년 11월 16일

친애하는 로만에게,

시에 대해 나누었던 우리의 대화가 저를 계속 애먹였습니다.[1] 여기에 제가 쓴 두 개의 글을 첨부하여 보내드리는데, 하나는 보들레르, 다른 하나는 네르발Gérard de Nerval의 시에 대한 것이니 너그러운 마음으로 봐주시기 바랍니다. 아마도, 보기 좋게 절반 정도는 틀렸을 것이지만, 만약 나머지 부분에서 맞는 것이 있다면 그것만으로도 새로운 해석 한 종류를 제시하기에는 충분할 것입니

---

1 이전 편지들에서 언급되었던 로만 야콥슨의 글들, 즉 클로드 레비스트로스가 읽기로 약속했던 《언어학과 시학》과 《문법의 시와 시의 문법》을 주제로 진행된 대화이다. 이 글들에서 야콥슨은 시에 대한 여러 정의를 제안한다. 시는 메시지 그 자체를 두드러지게 하려는 목적을 가진 메시지를 만들어내는 것에 다름 아니다(이것은 야콥슨이 "시적 기능fonction poétique"이라고 부르는 것에 대응한다). 시는 결합의 축(곧 내용을 만들어내기 위해 랑그의 여러 다른 구성원을 조합하는 것과 관련된 축)에 선택의 축(곧 하나의 똑같은 자리에 대해서 랑그에서 고를 수 있는 여러 가능성 가운데 하나를 고르도록 강요하는 축, 보기를 들면, 주어의 자리에 "나je", "너tu" 따위를 고르는 것)이 끼어드는 것으로 정의될 수도 있을 것이다. 즉 언어의 일반적인 사용과는 달리, 내용이 자기 자신 위로 접히는 것이다. 분명, 이 두 번째 정의는 첫 번째 정의와 정합적이다. 이렇듯 내용이 자기 자신 위로 접는 것은 어떤 평행성parallélisme의 모습을 띠는데, 각운과 운율은 특별한 경우에 지나지 않는다. 야콥슨은 특히 문법적 병행 관계들을 강조하는데, 이는 그것들이 시의 연구에서 조금밖에 연구되지 않는 측면이 있기 때문이다. 전체적으로 그는 소쉬르가 애너그램 연구들에서 보여줬던 그 정신 안에서 이러한 대칭, 반복, 변조에 대한 인식을 넓히고 있다.

다. 저는 당신께서 이것들에 대해서 어떻게 생각하시는지 알고 싶습니다.

다정한 마음을 담아,

클로드

Les chats

Charles Baudelaire

Les amoureux fervents et les savants austères

Aiment également, dans leur mûre saison,

Les chats puissants et doux, orgueil de la maison,

Qui comme eux sont frileux et comme eux sédentaires.

Amis de la science et de la volupté,

Ils cherchent le silence et l'horreur des ténèbres ;

L'Érèbe les eût pris pour ses coursiers funèbres,

S'ils pouvaient au servage incliner leur fierté.

Ils prennent en songeant les nobles attitudes

Des grands sphinx allongés au fond des solitudes,

Qui semblent s'endormir dans un rêve sans fin ;

Leurs reins féconds sont pleins d'étincelles magiques

Et des parcelles d'or, ainsi qu'un sable fin,

Étoilent vaguement leurs prunelles mystiques.

고양이

샤를 보들레르

불타는 연인이나 대쪽같은 현인들도
중년에 접어들면 너도나도 좋아한다
사납고도 순한 고양이, 집안의 자랑거리,
그들처럼 추위를 타고 꼼짝도 안 하지

앎과 관능의 벗,
고양이가 찾는 것은 고요, 그리고 암흑의 공포
자존심을 굽혀 복종할 줄 알았다면
에레보스의 명 받드는 상여마로 쓰였을 터

생각에 잠긴 채 고결한 자태를 품은 그는
끝 모를 꿈속으로 잠들어 가는 듯한
고독의 심연에 길게 누운 우람한 스핑크스

풍요로운 허리는 온통 마법처럼 반짝이고
금빛 조각들과 고운 모래가
신비로운 눈동자에 은은하게 별 뿌리네

I. — 구성은 산문의 그것과 사실상 거의 같습니다. 그렇지만:

A) 내재운들들이 있습니다: 불타는 <u>fervents</u> / 현인들 <u>savants</u> / 연인 <u>amoureux</u> / 추위를 타고 <u>frileux</u> (첫 번째 4행연), 다음에 대응합니다: 앎 <u>science</u> / 고요 <u>silence</u> (두 번째 4행연); 다음에: 생각에 잠긴 채 <u>son-geant</u> / 길게 누운 <u>allongés</u> / (심연 <u>fond</u>)(첫 번째 3행연): 다음에: 허리 <u>reins</u> / 온통 <u>pleins</u> / 고운 <u>fin</u> (두 번째 3행연).

B) 자음운들이 있(는 듯싶)습니다. 다음의 배열에서 r이 나오는 높은 빈도에 저는 매우 놀랐습니다:

Ils cheRchent le silence et l'hoRReuR des ténèbRes;

L'ÉRèbe les eût pRis pouR ses couRsiers funèbRes

S'ils pouvaient au seRvage incliner leuR fieRté.

(고양이가 가르랑거리는 소리?) 그리고: Qui SEMblent S'ENdormir dANS un rêve SANS fin, 마지막 3행연의 세 개: étinCELLES-parCELLES-prunELLES 또한 우연은 아닌 것 같습니다 (참조. 첫 번째 4행연: EUX··· frilEUX··· EUX)

II. — 이 소네트 전체는 고양이라는 등장인물을 통해 매개된 일련의 대립들로 명확하게 구성되어 있습니다. 하지만 이 대립들은 다시 두 개의 논리 범주들로 이분되며, 이때 이 가운데 하나는 반의성反意性의 형식에 따라 구성되어 있습니다:

넌 <u>saison</u> (시간) / 집 <u>maison</u> (공간); 불타는 <u>fervents</u> (더위) / 추위를 타는 <u>frileux</u> (추위); 관능 <u>volupté</u> (긍정적) / 공포 <u>horreur</u> (부정적); 말

coursiers(능동적)/스핑크스sphinx(수동적); 반짝임étincelles(능동적)/별étoiles(수동적).

그리고 다른 하나는 근접성의 형식에 따라:

대쪽같은austères(사전적 정의: "그 무엇도 그것의 딱딱함을 부드럽게 하지 못하는")/꼼짝 안 하는sédentaires / 앎science / 고요silence; 암흑ténèbres / 상여funèbres.

III. — I과 II의 상호작용이 있습니다; 다음을 비교해 보자면:

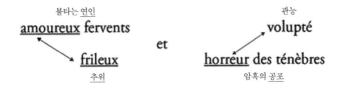

달리 말하자면: 첫 번째 4행연의 연인amoureux과 추위를 타는 frileux은 음성적으로 등가(내재운)이지만 불타는fervents(amoureux의 질적 형용사)은 의미적으로 frileux에 대립합니다. 두 번째 4행연의 관능volupté은 의미적으로 암흑ténèbres의 성질을 나타내는: 공포horreur에 대립합니다. 이처럼 하나의 의미적 대립은 음성적 등가와 대칭을 이룹니다. 이러한 구조에 연산적인 가치를 부여하는 것이 다음 구문의 특수성(시 안에서는 상대적이고 언어 안에서는 절대적인)을 설명할 수 있는 유일한 방법으로 보입니다: "암흑의 공포l'horreur des ténèbres", 곧 의미의 측면에서 볼 때는 등가이기까지 한 것 말입니다.

IV. — III에 묘사된 형식적인 구조는 마지막에 가서는 기의의 층위에 나타나는 것처럼 보입니다. 정말이지 두 개의 3행연은 이러한 면에서 서로에게 대립합니다. 첫 번째 3행연은 고양이를 ─스핑크스에 견주면서─ "고독의 심연au fond des solitudes"에 둡니다, 곧: 사막 안에dans le désert (=모래). 두 번째 3행연은, 그와 반대로, "모래le sable"를 ("금빛 조각들과 고운 모래가 Et des parcelles d'or, ainsi qu'un sable fin") 고양이 안에 둡니다. 이 시는 따라서 어떠한 특정한 관계에 비추어 볼 때는 (혹은 더 낮게 표현하자면: 어떠한 특정한 변형의 값을 치르면서) 담는 것contenant과 담아지는 것contenu의 관계가 뒤집힐 수 있다는 점을 입증하고 있습니다.

하지만 우리는 처음부터 세 개의 용어로 된 구조를 다루는 작업을 마주합니다: 연인amoureux, 현인들savants, 고양이chats, 곧 이 가운데 두 개는 동시에 사람들이면서 극성極性을 띠는 용어들, 다른 하나는 동물이면서 매개적인 용어(왜냐하면 극성을 띤 용어들을 서로 가깝게 만들어주는 비유적인 방법을 제공하기 때문에). 게다가 더욱 놀랍기로는, 다른 축(도덕적)에서 볼 때 이번에는 오히려 매개적인 용어가 절대 극성의 축이라는 성질을 갖게 된다는 것입니다. 참조. 다음 일련의 용어들: 자랑거리orgueil-자존심fierté-고결한nobles, 즉 오직 고양이와만 관련된 것들.

다른 한편으로는, 다음의 쌍: 연인amoureux -현인들savants은 감각적sensuel / 지성적intellectuel이 그러한 것처럼 그 안에 대립이 있는데, 매개는 고양이에 의해서 이루어집니다. 이때 고양이는 한편으로 그들 각각에게 똑같지만: 순환doux, 추위를 타는frileux, 꼼짝 안 하는sédentaires ("내재운들"의 의미적 치환), 다른 한편으로

는(사나운puissants, 풍요로운 허리reins féconds), (연인들의 관계라는 경우에서처럼) 고양이가 감각적으로 그 성질이 수식되며, 마찬가지로 현인들은 지성적으로 수식됩니다. 왜냐하면 보들레르식 연인들은 비생산적stériles이기 때문입니다.

공간/시간의 대립을 비교하면: "중년mûre saison"은 지속적인 반면 "집maison"은 말하자면, 우선은 "사태적circonscriptif"이라고 할 수 있겠으며, 다음과 같은 체계를 이룹니다:

앞의 내용을 다음과 같이 정리할 수 있습니다:

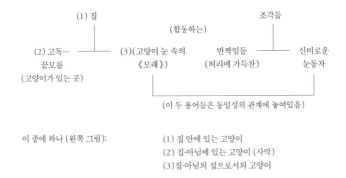

이 중에 하나 (왼쪽 그림):
(1) 집 안에 있는 고양이
(2) 집-아님에 있는 고양이 (사막)
(3) 집-아님의 집으로서의 고양이

1) 사람과 동물의 관계에서 "도덕적인" 도치는 감정적이고 경험적인 비유(les amoureux··· et les savants··· <u>aiment</u>··· les chats··· qui <u>comme</u> eux···)를 지시적이고 논리적인 환유로 변모하게 합니다(외부(모래, 사막, 무한)를 내부 안에(눈동자, 고양이, 집)).

2) "비유" 측면은 음성적 등가들의 체계가 뒷받침합니다(내재운, 자음운).

3) "환유" 측면은 의미적 대립들의 체계가 뒷받침합니다.

4) 3에 제기한 구조의 매개를 통해 ─ 그리고 분명 다른 것들도 있을 것입니다 ─, 2)와 3)은 논리성에 따라 작동하며, 이는 마치 고양이가 논리상 amoureux와 savants들에 대해서 작동하는 것과 같습니다.

─────────────

추신: 또한 우리가 주지해야 할 것은 두 행 간격으로 떨어져 있는 다음의 반복, 곧 쓰다<u>pris</u>, 품다<u>prennent</u>, 이와 같은 것들이 보들레르와 같은 순수주의자에게는 어떤 의미를 가진다고 볼 수밖에 없습니다: 음성적 측면에서 보자면 그것들은 "고도-각운"을 이루지만, 의미적 측면에서 보자면 그것은 정반대를 이룹니다(수동과 능동-문법적이 아니라 논리적으로, 곧: 쓰이다<u>être pris</u>, 능동적 역할을 하기 위해, 그리고 품다<u>prendre soi-même</u>는 수동적 역할).

재추신: -II 밑에, 대립들과 함께 다음을 덧붙일 것: 마법처럼 <u>magique</u> ("힘") / 신비로운<u>mystique</u>("숨겨진 뜻").
　-III 밑에, 어쩌면(?) :
그들의 허리는<u>Leurs reins</u>⋯ 온통<u>sont pleins</u>
　　　　　　　　　　마법처럼 반짝이고<u>d'étincelles magiques</u>
　　　　　　　　　　(문법적으로 수동)
　　　　　　　　　　(의미론적으로 능동)
별 뿌리네<u>Étoilent</u>⋯⋯⋯⋯ 신비로운 눈동자에<u>leurs prunelles mys-</u>
<u>tiques</u>
　(문법적으로 능동)　　　　(의미론적으로 수동)
　(이러한 도치는 첫째 행의 도치를 증폭시키면서 반복하는데, 첫

째 행에서는 <u>명사+형용사</u>로 된 두 개의 쌍이 나열되어 있지만, 내재운들로 인해 음성적 등가성이 문법적 대립과 모순됩니다:

Les amoureux fer<u>vents</u> et les sa<u>vants</u> austères)

(능동적)   (수동적)

<u>마지막 내용</u>(이기를 바라며, 왜냐하면 이 소네트는 끝이 없습니다!); 각운들에 대한 관찰들:

<u>첫 번째 4행연</u>: tères, taires / zon.

> 이것은 굉장히 강하고 단순한 대립이며, 이는 음성적으로도, 그리고 남성각운과 여성각운의 대립을 구현하는 층위에서도 그렇습니다.

<u>두 번째 4행연</u>: rté, pté / bre.

> 마찬가지로 똑같이 강한 대립이지만 훨씬 더 미묘합니다. 왜냐하면 <u>등가</u> 하나와 (첫 두 자음), <u>대립</u> 하나로 분석 가능하기 때문이며, 하지만 이 대립은 남성/여성의 관계에서 굉장히 타당합니다: e 묵음과 é.

<u>3행연들</u>: tude / fin / ique

> 여기에서는 문법적이고 의미론적인 관계들로 넘어갑니다. 실제로: 문법적 각운들 두 쌍, 하나는 <u>명사</u>들끼리 다른 하나는 <u>형용사</u>들끼리. 하지만 대립의 이러한 "평평함platitude"은 그 자체로 서

로 겹쳐진 각운인 fin / fin과 대립 및 상관관계를 이루는데, 이러힌 각운은 동시에 히니의 음성적 등가성(다른 두 쌍의 문법적 등가성을 강조하면서) 및 의미적 대립 (이 경우에는 4행연들의 각운들 상에 나타나는 억양상, 음성상 대립들과 대비되면서) 실현합니다.

따라서, 이미 밝혀낸 모델들과 비슷한 틀 위에서 각운들이 다음과 같은 체계들을 만들어낸다고 할 수 있습니다:

첫 번째 4행연:
음성적 대립(억양적 대립은 유표적이지 않습니다).

두 번째 4행연:
음성적 등가성+뚜렷하게 유표적인 억양적 대립.

3행연들:
문법적인 등가성들+음성적 등가성+의미적 대립.

(주의: 문법적 등가성들은 내적 대립을 내포합니다(형용사 / 명사); 음성적 등가성은 반면에 내적 대립이 없습니다(반복되는 각운); 의미적 대립, 이것은 내적 등가성이 없습니다: "끝"은 끝없음의 반대입니다).

	현실 경험적인	가상의		진실 예언적인
I	외래적인			내재적인
II	한계를 제시함	빛을 부정함 부	한계를 부정함 정	빛을 제시함 긍정
III	보어로서 고양이	주어로서 고양이		보어로서 고양이
IV	환유 > 은유	은유 > 환유		환유 > 은유

Gérard de Nerval

Le réveil en voiture

Voici ce que je vis : - / Les arbres sur ma route
Fuyaient mêlés, / ainsi qu'une armée en déroute ; /
Et sous moi, / comme ému par les vents soulevés, /
Le sol roulait des flots de glèbe et de pavés. /

Des clochers conduisaient parmi les plaines vertes
Leurs hameaux aux maisons de plâtre, / recouvertes
En tuiles, / qui trottaient ainsi que des troupeaux
De moutons blancs, / marqués en rouge sur le dos. /

Et les monts enivrés chancelaient : / la rivière
Comme un serpent boa, / sur la vallée entière
Étendu, / s'élançait pour les entortiller… /
-J'étais en poste, / moi, / venant de m'éveiller ! /

역마차 안에서 깨다

세라르 드 네르발

내가 본 건 이거라네, 달리는 길 옆 나무들
뒤섞여 흩어지는 게 마치 후퇴하는 군대처럼
밑으로는 강한 바람에 동한 듯
땅바닥이 흙덩이와 돌멩이로 물결치듯 흘렀다네

녹지 평야 한복판 종탑이 이끄는
기와로 덮인 석고 가옥의 마을들
어슬렁거리는 게 흰 양 떼도 그러한데
등마다 붉은 표식이 새겨진 양들

술 취한 산은 휘청거리네, 강은
마치 보아뱀처럼 계곡 전체에
길게 굽이치며 산을 옥죄려 하는데…
── 역마차 안에 나는, 막 깼을 무렵이었다네

─────────

I. 행들의 분절은(/로 표시됨) 명백하게 비대칭적이며 시련을 불러일으킵니다. 분절은 따라서 비음들의 주기성에 대립합니다 :

fuyaient Mêlés aiNsi qu'une arMée…

et sous Moi comme éMu···

leurs haMeaux aux MaisoNs···

de MoutoNs blaNcs Marqués···

et les MoNts eNivrés chaNcelaient···

éteNdu s'élaNçait pour les eNtortiller

j'étais eN poste Moi veNaNt de M'éveiller,

이는 자동차가 구르는 소리를 암시합니다. 참조. 제목:

le réVeil en Voiture

여기서는, v의 반복에 의해 같은 리듬을 떠올리게 합니다(참조. v는 밑에서 논의함).

── 12개 행 중에 ── 비음이 없는 유일한 행은:

땅바닥이 흙덩이와 돌멩이로 풀결치듯 흘렀다네Le sol roulait des flots de glèbe et de pavés,

(반-모음을 통한 자음운과 함께).

따라서: 비대칭성은 억양의 층위에서, 대칭성은 음성의 층위에서 구현됩니다. 이 대칭성은 그 자체에 있어 비연속적이고 주기적이거나(비음들), 혹은 연속적이며 주기적이지 않습니다(l이 두드러지는 반모음들).

II. — 방금 위에서 언급한 기능과 같은 기능을 이 시의 전체를 관통하며 완수하는 것처럼 보이는 비음들을 차치하고서, 이제는, 각 부분에 따라 조금씩 달라지지만, 눈에 띄게 누적되는 음소들의 경우를 봅시다:

r, l, v

행 1과 2:   Voici ce que je vis: les arbres sur ma route

······armée en déroute

행 3과 4:   ······les vents soulevés

Le sol roulait des flots de glèbe et de pavés.

행 5와 6: v가 아주 많은 각운으로 강조됩니다: vertes, -vert

행 7과 8:   ···qui trottaient ainsi que des troupeaux

(자음운 tr, tr에 의해 강조됨)

···marqués en rouge sur···

행 9와 10:   ···enivrés chancelaient: la rivière

···· sur la vallée entière

(이 마지막 v는 entière에 의해서 의미적으로 강조되며 "불협화적인" 진행을 통해 준비됩니다:

Comme un serpent boa..)

행 11과 12=(¹)   ···s'élançait pour les entortiller

········ m'éveiller !

이처럼 첫 번째 4행연의 바탕에는 r, l, v;

두 번째 4행연의 바탕에는 v, r;

세 번째 4행연의 바탕에는 v, l이 있습니다.

저는 r, l, v의 삼각형에 대한 음운론적인 해석을 시도하는 위

험을 감수하지 않겠으며, 단지 이 경우에 단순한 음소와 복잡한 음소의 대립, 지속성과 비지속성의 대립이 있다고 짐작할 뿐이며 ─ 이것이 만약에 맞다면, 그것은 I로 돌아가게 합니다.

III. ─ 의미적 관점에서 보자면 이 시는 네 개의 비유를 연달아 표현합니다: 후퇴하는 군대armée en déroute – 물결flots – 목동과 양떼berger et troupeaux – 뱀과 먹이serpent et proie.

이 가운데 첫 두 개는 단 하나의 용어로 구성되어 있으며: armée, flots; 마지막 두 개는 저마다 두 개의 용어로 구성되어 있습니다: berger-troupeau; serpent-proie. 두 번째와 세 번째는 "바른" 방향으로의 진행을 표현합니다: flots, berger는 자신의 무리를 이끕니다; 첫 번째와 마지막은 "예상 밖의" 방향으로의 진행을 표현하는데, 하나는 긍정적(serpent-proie), 다른 하나는 부정적이며(armée en déroute), 그 구조 전체는 따라서 I에 묘사된 ─ 음성적이고 억양적인 ─ 구조적 전체와 상응합니다.

(1) 당연하게도 이것은 음운론적이지 않은데 왜냐하면 l≠I, 그렇지만 어쩌면 이 지점에서 생존 페르스Saint-John Perse의 대전제, 즉 프랑스 시는 듣기 위해서가 아니라 읽히기 위해서 만들어졌다는 대전제를 끌어와야 할지도 모르겠습니다…

파리 16구
마로니에 긴 2
클로드 레비스트로스 교수 귀하

1960년 12월 8일

친애하는 클로드에게,

저는 이 두 시에 대한 당신의 너무도 인상적인 연구에 이보다 더 고마울 수 없습니다. 특히 보들레르의 소네트와 그에 대한 당신의 해석에 감탄했습니다. 많은 탐구 끝에 이제 소네트를 형태론적, 통사론적, 음운론적 단위들로 나누면서 당신의 주석들을 보완하고 발전시키는 데 성공한 것 같습니다. 하루이틀 내로 결과들을 요약해서 당신에게 보내주겠습니다.

당신이 동의한다면 저의 구체적인 제안은 우리가 함께 이 시의 구조에 대한 소고를 써서 이 소고를 공동 논고의 형식으로 제가 준비하고 있는 책《문법의 시와 시의 문법 *Poésie de la grammaire et grammaire de la poésie*》에 넣자는 것입니다. 이 책에는 저의 바르샤바 강연 원고를 다시 손본 글과 더불어 각각의 경우마다 분석의 대상이 되는 시의 원문에 대한 여러 설명-묘사를 담고 있을 것입니다. 〈고양이〉 외에도 데보르드발모르Marceline Desbordes - Valmore 의 시 한 편에 대한 저의 분석, 15세기 체코와 세르비아-크로아티아의 시 한 편, 시드니Philip Sidney와 마벨Andrew Marvell,[1] 괴테의

시 한 편씩, 푸시킨의 시 두 편, 19세기 말 시 세 편 — 폴란드, 불가리아, 루마니아 —, 그리고 20세기 초 러시아 시 두 편을 넣고자 합니다.[2] 당신에게 약속한 저의 감상들을 받으면 제게 편지를 주십시오. 당신이 승낙한다면 저는 매우 기쁠 것입니다. 그 소네트는 프랑스어의 음운구조에 대한 몇몇 특정한 문제와 다른 설명은 다루지 못했던 문제들, 즉 시의 구조에 대한 몇몇 일반적인 문제에서 시사하는 바가 매우 크다고 생각합니다. 나아가 저는 우리가 같이 작업하여 쓴 소고가 있는 것도 좋을 것이라는 생각을 합니다.

주디트[3]는 어떻게 지내는지요? 저의 가장 다정한 마음을 라캉에게, 그리고 저의 가장 우정 어린 안부를 모니크에게 보내며,

당신의,

로만 야콥슨

---

1 17세기 영국인 사제들이었던 두 저자를 가리킨다.
2 이 책은 출판되지 않으나 (1981년 출판된) 《선집》의 3권이 그 자리를 차지한다.
3 주디트 라캉 Judith Lacan, 자크 라캉의 딸.

파리 16구
마로니에 길 2
클로드 레비스트로스 교수 귀하

1961년 2월 25일

친애하는 클로드에게,

제가 〈고양이〉를 쓰고 있을 때 이 소네트에 대한 분석을 거의 다 마무리한 무렵이었지만, 당신을 위해 편지를 쓸 시간이 없었고, 2월 1일부로 스탠퍼드에 구한 집의 월세를 내고 있음에도, 그리고 다들 저를 기다리고 있음에도 그곳에 갈 시간이 없었습니다. 이제 저는 이틀 뒤 스탠퍼드로 향하며 도착하는 대로 첫 번째로 할 일은 이 소네트에 대한 저의 필기를 모두 당신에게 보내는 것입니다. 반복해 말하건대, 이번 여름에 나올 저의 책을 위해 이 주제에 대해 같이 소고를 하나 썼으면 정말 좋겠습니다. 이 책을 위해 저는 매우 집중하여 작업했으며, 그러던 도중에 수많은 다양한 관점이 떠올랐습니다. 당신이 저의 제안을 승낙하기를 매우 바라며, 제게 보내준 아주 흥미로운 두 권의 최근 출판물들, 참으로 많은 깨달음을 주는 방송 대담들,[1] 그리고 특히 신화 분석이 눈을 사로잡는 당신의 수업 요약본[2]에 진심으로 감사드립니다.

---

1   조르주 샤르보니에Georges Charbonnier, 《클로드 레비스트로스와의 대화*Entretiens avec Claude Lévi-Strauss*》, Plon-Julliard, 1961.

2   매년 콜레주 드 프랑스는 《콜레주 드 프랑스 연감*Annuaire du Collège de France*》에 〈강의 요약Résumé des cours〉을 게재한다.

두 분에게 저의 가장 우정어린 마음을 담아 드리며,

우정의 마음을 담아,

로만 야콥슨

추신[3]

친애하는 모니크에게,

밑의 주소로 다음의 것을 보내주면 정말 고맙겠습니다. 캘리포니아, 스탠퍼드, 행동과학을 위한 고등과학연구소(내일부터 8월까지 제 주소입니다),《정상 및 이상심리학 잡지*le Journal de psychologie normale et pathologique*》, 3호, 1958(프랑스 대학 출판부).

다정한 마음을 가득 담아

---

3   로만 야콥슨이 프랑스어로 직접 쓴 문구이다.

친애하는 로만에게,

당신의 편지에 감사드립니다. 모니크가 프랑스 대학 출판부와 통화했습니다. 언어에 대한 특별 호는 품절되었다고 합니다. 그렇지만 당신께서 특별 호에서 관심을 가지는 것이 무엇인지 알려주십시오. 제가 그 부분을 복사하겠습니다. 같은 학회지의 최신호에는 z/l 대립에 대한 뒤랑 양의 흥미로운 논문이 있습니다.

당신과 〈고양이〉에 대해 발표한다면 매우 기쁠 것이라는 말씀은 굳이 드릴 필요도 없습니다. 하지만 당신께서 그 문제를 다시 다루실 때 제가 처음에 기여했던 부분들이 너무도 보잘것없어 언급할 가치도 없지 않을까 싶습니다. 어쨌든 그사이 저는 다른 시에 대해서 여러 착상을 모아 놓았는데, 이는 제가 끝없는 호기심으로 기다리고 있는 첫 시에 대한 당신의 의견들, 그 의견들에 대한 저의 답변과 함께 알려드리겠습니다.

다정한 마음을 담아,

클로드 레비스트로스

추신: 저의 학생 중 한 명이 당신께 편지를 드릴 것입니다. 그는 당신의 번역자가 되기를 바라고 있습니다.[1]

---

1 니콜라 뤼베Nicolas Ruwet, 1933-2001, 벨기에인 언어학자를 가리키며 그는 로만 야콥슨의 논문들을 모은 《일반 언어학 소론 *Essais de linguistique générale*》의 번역자가 되는데, 이 책은 그의 작품에 프랑스 대중이 접근할 수 있도록 기여한다.

친애하는 클로드에게,

당신처럼 말해보자면, 〈고양이〉는 저를 정말 애먹였으며, 다른 여러 급한 임무도 제 작업을 늦추는 데 한몫했습니다. 현재 저는 제 주석들을 마무리했고 당신의 주석들을 아울러 작업했으며, 또 한 우리가 같이 작업한 소고를 **초고의 상태로** 여기 연구소에서 발 표했는데 사람들이 대단히 많은 관심을 가졌고 쓸모 있는 토론도 나누었습니다. 그 글은 복사 중이며, 머지않아 당신도 받을 것입 니다. 이 글에 대해 지적할 내용을 알려준다면, 인쇄에 들어가 있 는 시 문법 책에 넣을 수 있도록 우리 공동 연구물의 최종 원고를 최대한 빨리 준비해 준다면 매우 **고마울** 것입니다.

메를로퐁티의 갑작스러운 죽음에 저는 몹시 놀라고 상심했습 니다.[2] 그의 부인에게 이 말을 전해주십시오. 메를로퐁티처럼 제 가 깊이 아끼고 존경한 이의 죽음으로 저는 몸을 가눌 수도 없어 조문 편지를 쓸 수조차 없습니다.

편지는 제가 8월 말까지 머무를 스탠퍼드의 연구소로 보내주

1 이 편지는 로만 야콥슨이 프랑스어로 썼다.
2 1961년 5월 3일, 모리스 메를로퐁티가 심장마비로 사망했다.

기 바라며, 그 이후 저는 오슬로, 헬싱키, 오흐리드, 바르샤바 등지로 갔다가 10월 중간에 파리를 거쳐 돌아올 것입니다.

프랑스 시의 문법적 구조들에 대해 당신이 새로 발견한 내용들을 적어주기 바랍니다. 보들레르는 굉장합니다.

모니크와 당신에게 가장 다정한 마음을 담아,

로만

친애하는 로만에게,

편지에 답장하는 것을 하루하루 늦췄는데, 아주 오래전부터 제게
보내주시기로 한 글이 도착하기를 날마다 기다리고 있었기 때문
입니다. 그렇지만 계속 늦어지기만 하니 이렇게 편지를 드리고
자 합니다. 저 역시 우정뿐만 아니라 감사함으로 인연을 가꾼 메
를로퐁티의 급작스러운 사망 소식에 당신과 마찬가지로 매우 충
격을 받았습니다. 당신도 아시다시피 제가 콜레주에 들어간 것은
그의 덕분입니다.[1] 전혀 예상치 못한 일이었습니다. 그는 잘 지내
고 있었고, 자신의 심장을 걱정한 적이 없었습니다. 그는 연구실
에서 죽어 있었습니다. 이 상실을 지금 더욱 깊이 실감하는 까닭
은 제가 그의 철학과는 너무 멀다고 느끼고 있음에도 불구하고
"철학" 석좌교수직을 맡을 사람이 달리 없어 이제는 제가 그를 대
체해야 하기 때문입니다. 우리는 사유하는 사람이 오직 그뿐이라
고 말할 수 있습니다. 그가 떠나니 남은 것이라고는 역사학자들

---

1 1958년 12월 26일 자 편지 참조. 1961년 이후로 레비스트로스는 자신의 콜레주 드
    프랑스 사무실에 메를로퐁티의 사진을 항상 걸어놓고 보관한다. 이듬해, 즉 1962년
    출간된 《야생의 사고》는 메를로퐁티를 기념하며 그에게 헌정된다.

이나 주석가들뿐입니다. 필시 이 석좌교수직에 변화를 주어야 할 것입니다.[2]

모니크와 마티유는 이탈리아에 가 있습니다. 저는 파리에 남아 토테미즘에 대한 짧은 책을 마무리한 다음 같은 주제에 대해 두 번째 책을 쓰고 있습니다.[3] 이 일은 잘 진행되고 있지만, 이처럼 방대하고도 진부한 문제에 새바람을 불어넣기란 어찌나 힘이 드는지요! 신화에 대한 저의 많은 착상이 그 책에 들어갔으며, 또한 다루고 있는 고유명사에 대한 문제들을 당신과 이야기하고 싶습니다. 방베니스트의 조언에 대해 말씀드리자면, 저는 가디너 William Gardiner의 작은 책을 읽었지만, 재미로만 읽어볼 만하고 언어의 문제로 읽히지는 않아 브뢴달Viggo Brøndal이 더 흥미로울 것 같습니다.[4] 그 중점은 곧 많은 수의 원시사회에서는 현재의 우리가 종의 이름을 구성하는 방식과 완전히 똑같은 방식으로 고유명사들을 구성한다는 점입니다. 따라서 고유명사들은 어떤 유일한 총체에 속하는 계층을 가리키며, 이는 마치 귀족 작위爵位들의 경우와 비슷합니다. 여기서 이름과 칭호의 관계에 대한 문제

---

2 1962년, "지식의 철학" 교수직이 신설된다. 쥘 뷔유맹Jules Vuillemin이 1990년까지 역임한다.

3 《오늘날의 토테미즘Le Totémisme aujourd' hui》과 《야생의 사고》는 같이 착상되고 출판된 쌍둥이 책이다.

4 《야생의 사고》 3장에서 레비스트로스는 어떤 하나의 고유명사가 지니는 개별화의 마지막 단계를 따져본다. 고유명사를 마치 이해하는 능력의 잔여물 정도로 취급하는 몇몇 인류학자에 반하여 레비스트로스식 주장은 고유명사들이 의미를 가지고 있다고 전제한다. 고유명사들은 세상을 분류할 때 자리를 배정한다. 이 글을 쓸 무렵 레비스트로스는 이름을 바꾸는 복잡한 절차를 밟고 있었다. 공식적으로 그는 클로드 레비Claude Lévi라 불리지만, 모두가 그를 레비스트로스라는 이름으로 알고 있다. 그는 이 성姓을 지키고 공식화하고자 한다. 그리고 이는 국가법률자문회가 받아들여 확정되며, 1961년 8월 24일 관보官報에 게재된다.

가 나옵니다. 마찬가지로, 우리가 정관사를 붙여 "해"와 "달"이라고 부르는 이유는(반면 화성, 금성, 알데바란이라고 부르면서), 곧 해와 달을 우리가 하나의 같은 계층에 속한 두 개의 구성원이라고 여기기 때문입니다. 요컨대 우리가 A, B, C를 삼각형의 꼭짓점이라고 할 때 이것들을 고유명사라고 할 수 있을까요?

학생 한 명으로부터 방대한 원고를 받았습니다. 랭보 시에 대한 구조적 분석. 이 작업은 제가 보기에 방향은 잘 잡은 것 같으나 통사론적, 음성학적 층위에서 전문성이 충분하지 않습니다. 이 원고로 무엇을 해야 할지 잘 모르겠네요.

제가 기다리는 글을 받는 대로 당신께 또 편지 쓰겠습니다.

다정한 마음을 담아,

추신: 《롬므》의 첫 호[5]를 지금쯤 당신께서 받으셨어야 할 것입니다. 《프랑스 인류학 학술지*Revue française d'anthropologie*》. 논문 한 편을 기대합니다!

---

5 1961년 세 분과의 권위자들, 즉 인류학(레비스트로스), 언어학(방베니스트), 지리학(구루), 이들이 창간한 《롬므》는 창립자의 구조주의적 패러다임과 연관된 프랑스 인류학에 대한, 꼭 이론적이지만은 않은 중요한 국제학술지가 된다.

파리 16구
마로니에 길 2
클로드 레비스트로스 씨 귀하

1961년 7월 18일

친애하는 클로드에게,

편지를 보내주셔서 진심으로 감사드립니다. 속상하게도, 제가 쓴 〈고양이〉에 대한 초고를 받은 하버드 대학의 조교가 제가 부탁했던 타자 원고본을 아직도 안 보내줬습니다. 그에게 전보를 보내 즉시 타이핑해 달라고 부탁하겠습니다. 그러고는 원고를 수정하여 당신에게 닿도록 하겠습니다. 이 원고를 하나의 **밑그림** 정도로만 여겨주시기 바라며, 당신이 마음대로 재구성하고, 발전시키고, 늘리고 보충해도 됩니다. 저는 이 과제에 열정적이었지만 어렵기도 했으며, 그 소네트의 온전히 문법적인 부분에 대해 제가 전개한 내용에 당신이 만족하기를 바랍니다.

다른 그 무엇보다 저는 당신의 비판적인 감상들을 받아보기를, 그리고 나아가, 빠를수록 좋겠지만, 최종본을 손꼽아 기다리고 있습니다. 우리의 공동 연구가 포함될 것 같은 여러 언어로 쓴 《문법의 시와 시의 문법》은 올가을 무통에서[1] 출판할 듯싶습니

---

1   무통 데 그로이터 Mouton de Gruyter (1907년 창간), 프랑스-네델란드의 출판사로 로만 야콥슨의 《선집》과 및 1967년 《친족의 기본 구조》를 수정한 두 번째 판본을 출판한다.

다. 저는 당신이 최근 편지에서 언급한 이 분야에 대한 당신의 심화된 연구 소식을 받아보는 네 아주 관심이 많습니다. 네보르드 발모르의 《애가 *L' Élégie*》에 대해 쓴 장의 타자본을 당신에게 조만간 보내드릴 수 있기를 희망합니다. 그 책은 그 글의 이론 부분 및 민속학 분야의 유사성에 대한 논의 외에도 (영국, 프랑스, 러시아, 독일, 그리스, 루마니아, 체코, 폴란드, 불가리아, 세르비아-크로아티아) 시 일흔 편의 분석을 담을 것입니다.

정말 고맙습니다. 《롬므》를 받았습니다. 아주 마음에 듭니다만, 지금은 여기 사람들이 돌려 보고 있습니다(포티스Robert Fortis, 얄만Igor Yalman, 김부타스Marija Gimbutas). 제가 《롬므》를 더 집중해서 읽는 대로 당신에게 감상을 전하겠습니다.

8월 말에 유럽에 갈 예정입니다. 오슬로, 헬싱키, 유고슬라비아 및 폴란드, 그리고 10월 16일쯤 파리에 들를 것으로 보입니다. 당신과 라캉이 그곳에 있을지요? 이야기할 것들이 많습니다.

모니크에게 제 모든 다정한 마음을 전해주기 바랍니다.

다정한 마음을 담아,

로만 야콥슨

　　친애하는 로만에게,

우선, 고유명사와 관련된 참고문헌들에 대해 **정말** 감사드리며 개
학하면 그 문헌들을 얻어보도록 하겠습니다. 솔직히 말씀드리자
면, 이 주제에 대해 제가 쓴 50여 쪽의 글은 언어학을 거의 다루
지 않습니다. 이 글은 무엇보다 원주민이 고유명사와 관련하여
만든 이론들, 그리고 그들이 사용하는 분류체계 안에 속한 **그들의**
고유명사에 대한 것입니다. 하지만 이러한 저의 작업 같은 것이
그동안 전혀 없었기 때문에 이렇게 모아 놓은 자료들이 언어학자
들에게 유용할 것으로 보입니다.

　　저는 당신의 〈고양이〉를 열중해서 읽었습니다. 이 글에서 제
가 그토록 조금밖에, 그리고 막연하게 찾아낼 동안 당신께서 도
출한 것을 보니 정말 환상적입니다! 단 한 가지 염려되는 부분이
있는데, 이는 제가 다른 소네트를 분석하려 시도하면서 이미 문
제를 겪었던 부분입니다. 당신께서 제기하신 몇몇 특정한 규칙성
은 언어에서 잉여성으로 설명되는 것들이 아닐까요? 또한 의도
되고 의미 있는 것을 우연적이거나 그저 불가피한 것과 구분하
려면 어떻게 해야 할까요? 어쨌든 이 글은 그 자체로 충분한 것

으로 보이며, 저의 보잘것없는 역할을 언급하지 않고 발표되어야 할 것입니다. 왜냐하면, 사실 있는 그대로 보자면, 제가 한 역할이 없기 때문입니다.

반면, 당신의 편지 주제는 당혹스럽게 하는데, 제가 보기에 당신께서는 어떤 최종 글(?)과 관련하여 저에게 그 무언가를 기대하시는 것처럼 보입니다. 당신께서 하신 분석의 가공할 만한 전문성을 인지하시나요? 잘 이해하려면(이때는 용어들의 측면에 국한하여 말하는 것입니다), 완전히 다룰 수 있으려면, 제가 당신과 같은 수준을 유지하면서 이 분석을 의미론적 층위까지 넓힐 수 있으려면, 당신께서 분명 그러셨을 것처럼 (그러니 놀라지 마십시오!) 제게 몇 달 간의 여유와 성찰이 필요합니다. 그런데 이 글을 올가을에는 넘겨야 하신다고요… 하지만 저는 한 달 동안 지중해에서 토테미즘에 대한 첫 책의 **타자본**을 검토하는 데 집중할 것이라는 점을 알아주시기 바랍니다. 그리고 그곳에서 돌아오는 대로 저는 (고유명사들에 대한 장이 있는) 두 번째 책을 마무리할 것인데, 원고를 다 쓰기는 했지만 초안에 지나지 않으며 아직 결론 부분이 없습니다. 마지막으로 이 모든 것이 10월 말에는 마무리되어야 제가 11월 1일부터 수업을 준비할 수 있을 것입니다. 제게 그 무엇인가를 기다리신다면 자세히 말씀해 주시기 바라며, 부탁드리건대 최대한 간소하게 구상해 주시기 바랍니다. 어쨌든 10월에 당신을 본다니 기쁩니다.

다정한 마음을 담아,

클로드

파리 16구
마로니에 길 2
클로드 레비스트로스 씨 귀하

1961년 7월 28일

친애하는 클로드에게,

저의 분석들에 대한 당신의 평가가 긍정적이어서 아주 기쁩니다. 언어가 만들어내는 잉여들의 문제는 걱정하지 않습니다. 우선, 제가 그 소네트에서 분리해 낸 거의 모든 문법 요소는 자동적이거나 순전히 우연이라고 보기 어렵습니다. 오히려 그 가운데 몇몇은 사용되고 있는 언어 틀을 위반합니다. 다음으로, 언어라는 표현 형식이 강제하는 규약들이 있는 경우라고 할지라도, 글자라는 것이 납작한 성질을 지니고 있다는 점 때문에 회화에도 반드시 따라야 하는 규약들이 있는 면과 같습니다. 화가가 이러한 규약들을 사용하는 것은 그의 작품의 구조적 특성으로 연구되어야 합니다.

당신이 이 연구를 우리의 공동 작업으로 발표하는 것에 동의한다니 저는 아주 기쁩니다. 저는 두 저자의 이름이 동일 선상에 명시되어야 한다는 점을 강조하며, 뿐만 아니라 당신이 언급한 이 논문에 대한 협력을 거절하지 않고 미루지 않기를 부탁합니다. 저는 당신이 부차적인 연구를 굉장히 빨리 마무리할 수 있다고 확신합니다.

다음과 같은 방식으로 일을 진행하기를 제안합니다. 제가 보

내준 부분의 언어와 문체를 당신이 조금 손볼 수 있을지요? 우리의 공동 작업물에서 세가 기여한 부분에 나오는 서의 언어학적 분석들을 그대로 놔둘 수 있는지, 그리고 가능하다면 당신이 수정한 몇몇 부분을 지면 밑에 개인적인 각주나 혹은 본문에 덧붙이거나 수정하는 식으로 추가할 수 있을지요? 제가 맡은 부분 중 한 곳, 그러니까 〈고양이〉의 변신들에 대한 당신의 기발한 관찰과 거리를 두는 그 부분을 수정하고, 나아가 필요하다면 더 전개해 줄 수 있을지요? 당신이 원고를 수정해서 10월 말쯤 저에게 보내 제가 훑어보고 무통에 보낼 수 있도록 해준다면 대단히 고맙겠습니다. 이 제안을 거절하지 말아주십시오. 우리의 이토록 긴밀하고도 진정으로 뜻이 통하는 공동 작업이 올겨울에 20년째가 됩니다. 당신이 보냈던 한 편지에서 흔쾌히 승낙했던 것처럼 우리가 함께 연구하여 발표하는 것을 허락해 주기 바랍니다.

당신은 몇 달간의 연구가 필요하다고 말하는군요! 저는 당신이 이 과제를 매우 신속하게 해낼 수 있다고 확신하며, 만약 당신이 순전히 문법과 관련된 제 분석들을 책임지는 것이 걱정된다면, 그리고 당신이 원한다면, 이것들에 대한 책임은 전적으로 저에게 있다고 각주를 달아도 괜찮습니다.

당신에게 이 부탁을 이토록 강조하는 까닭은 저의 생각들[1]과 유아어[2] 이후로 그 어떠한 책도 《시의 문법 *Grammaire de la poésie*》만큼 저를 사로잡지 않았으며, 저는 다른 책들보다 이 책과 마음

---

1   《다른 슬라브 언어들과 비교한 러시아어의 음운론적 진화에 대한 생각들*Remarques sur l'évolution phonologique du russe comparée à celle des autres langues slaves*》, Jednota, 1929.

2   《유아어, 실어증, 그리고 음성구조의 일반법칙들*Kindersprache, Aphasie und Allgemeine Lautgesetze*》, Almqvist & Wiksell, 1941.

속으로 더 깊이 이어져 있는 것 같습니다. 이는 어쩌면 제가 특히 좋아하는 두 분야, 즉 언어와 시가 이 책 안에서 아주 잘 어울리기 때문입니다.

부탁하건대, 제게 최대한 빨리 답장을 보내주기 바라며, 제 기대를 저버리지 말아주십시오. 또한 당신은 다른 프랑스 시 몇 편에 대한 견해를 보내주기로 약속한 바 있습니다. 부탁하오니, 보내주십시오.

저는 뒤 벨레Joachim du Bellay의 굉장한 소네트를 이제 막 분석했습니다. 시집 《올리브L'Olive》의 113번인데(우리 삶이 하루보다 짧다면… Si nostre vie est moins qu'une journée…), 저는 이 결과물들을 제 책의 주요 장에 덧붙여 넣을 것입니다. 이 소네트의 문법이 얼마나 정교하게 짜였는지 놀랄 정도입니다. 그 문법적 짜임새는 가장 전형적인 르네상스 양식의 걸작 가운데 하나입니다.[3]

모니크에게 저의 가장 다정한 안부를 드리며,

다정한 마음을 담아,

로만 야콥슨

추신: "가공할 만한 전문성technicité redoutable"에 대해서 말하자면, 사용된 모든 용어와 개념이 마루조의 책 《언어학 용어 사전》에 나옵니다.[4]

---

3   로만 야콥슨은 이 시를 오래 연구하며 이에 대한 긴 분석을 《선집》 4권(239-274쪽)에 실어 출간한다.
4   쥘 마루조Jules Marouzeau, 《언어학 용어 사전Lexique de la terminologie linguistique》, Geuthner, 1933. 1943년에 보충하여 출간한 편집본으로 음운론 및 구조언어학의 개

친애하는 로만에게,

제가 발레로그(가르)로 떠나기 전날인 오늘 당신의 편지를 받아 부지런히 답장 드립니다 —8월 내내 저의 주소는 이곳입니다. 당신께서 10월 말 전에 무통에 글을 보내지 않아도 된다면 제가 생각했던 것보다 상황이 나쁘지 않군요. 저는 9월에 저희 일에 대해 생각해 보겠으며, 파리에 계시는 10월 동안 하루 시간을 내서서 〈고양이〉에 함께 집중할 수 있도록 노력해 주시기 바랍니다. 어떻게 말씀하시든지 당신의 글은 제 안에 깊은 존경심을 불러일으키며, 저는 당신을 직접 만나 힘을 얻지 않고서는 사뭇 아무것도 할 수 없을 것처럼 느껴집니다. 그렇지만 우리가 함께 작업할 수 있다면, 그 사색의 결과물을 곧바로 타이핑하는 것은 쉬울 것입니다.

현재로서 저는 이 작품을 두 개의 6행연으로 나누는 다음의 2행연, "에레보스 등등 l'Érèbe, etc."에 대한 당신의 중요한 주석에 매우 감탄했습니다. 이 2행연을 화성법에서 (톤을 바꾸기 위한)

넘들을 소개한다.

316

"전조轉調"라고 부르는 것과 같다고 생각해야 하지 않을까요? 당신께서 말씀하시다시피 첫 6행연의 "어조"는 직접적이고 경험적인 양태를 취하고 있습니다. 여기서 문제는 다른 어조로 넘어가는 것, 즉 과장된 두 개의 다른 어조가 서로를 보충하면서 서로에게 대항하는 어조로 넘어가는 것입니다. "Ils prennent en songeant, etc.", 이것들은 "안이 밖으로 뒤집힌inside out" 고양이를 가리킵니다. 그리고 "Leurs reins féconds, etc.", 이것은 "바깥이 안으로 뒤집힌outside in" 고양이입니다. 이는 따라서:

첫째 6행연: 안 = 밖 ·············· 《현실》

둘째 6행연: $\left\{ \begin{array}{l} 밖 > 안 \\ 안 < 밖 \end{array} \right\}$ ·············· 《초현실》

현실에서 초현실로 넘어가기 위해서는 비현실로 전조가 일어날 것입니다.

따라서 양면성을 내부적으로 지낸 6행연 하나(amoureux et savants); "전조"가 있는 2행연, 마지막으로 두 개의 3행연으로 된 6행연 하나(이는 곧 외부적 양면성). 두 개의 존재 양식(amoureux et savants)이 초현실의 두 양식과 짝을 이룹니다(표를 첨부함).[1]

1 표는 발표된 논문을 새수록한 곳에서 볼 수 있다(부록 1, 449쪽 참조). 클로드 레비 스트로스가 보낸 편지들을 모아 놓은 기록 보관소에는 이러한 표를 찾을 수 없다. 잃어버린 것일 수도 있다.

보들레르의 다른 소네트 "연인들Les amants"("Nous aurons des lits, etc.")을 가지고 제가 하려던 제안은 시간이 부족한 까닭에 몇몇 짧은 지적 이상 드리지 않겠습니다.

첫째 4행연은 아주 효율적인 방법으로 매우 복잡한 체계를 보여주는데, 이 체계란 곧 <u>위</u>와 <u>아래</u>의 이중적인 대립(하나는 매개가 있는, 하나는 매개가 없는) 및 비유("comme des tombeaux")와 환유("pleins d'odeurs légères")의 하나의 대립을 가리킵니다.

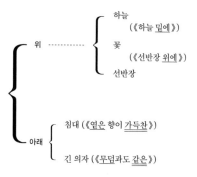

분명한 것은 아래BAS의 경우를 볼 때, 침대들은 상대적으로 더 높고 장의자divan들은 더 낮으며, 또한 위HAUT의 경우는 하늘들이 더 높고 선반 가구들은 더 낮으며, 꽃들이 그 사이를 매개하고 있습니다.

그렇지만 꽃들은 다시 그들 스스로 <u>étranges</u>에 의해 소개되며, 이때 후자는 <u>échangeront</u>을 예고하는데, 그 안에는 <u>ange</u>라는, 이 작품을 관통하는 지고至高의 매개자를 가리키는 용어가 있습니다. 이는 곧 연속적으로 제시된 양면성들의 교환을 통해서 통일성이 갖춰지는 것을 보여줍니다. 이때 양면성들이란 보기를 들

면 불규정적인 복수성(침대들des lits, 장의자들des divans; 이중적 양면성(두 마음deux cœurs, 두 개의 횃불deux flambeaux, 이중 조명 double lumière, 두 양심deux esprits …); 단순한 양면성rose et bleu; 교환échANGE; 통일성(éclair unique); **통일성**UNITÉ(ange); 양면성 (fidèle et joyeux); 규정적인 복수성(거울들les miroirs, 불꽃들les flammes).

이 복잡한 체계는 어느 하나의 음운 구조에 의해 매개된 것으로(?) 보입니다(쌍들의 기막힌 분배를 보십시오.

제가 틀리지 않았다면, 앞과 뒤, 중간에서 찾을 수 있습니다.

첫 매개적 용어의 등장인 les fleurs, 이것은 완벽하게 갖춰진 음소적 배열과 함께 나타납니다: étranges fleurs écloses. 그렇지만 전체적으로 보면 pl과 fl가 두드러지게 나타나면서 거대한 폭발을 예고합니다: éclair… sanglot… chargé, 그리고 이들은 다시 다음 용어들 앞에 옵니다: entrouvrant… portes… viendra… ternis… mortes.

음성적 측면에서 볼 때 다음 행에서 얻을 수 있는 것은 분명히도 많습니다만: "Les miroirs ternis et les flammes mortes", 저는 아직 헷갈립니다. 제가 보기에 여기에는 이중 도치 같은 것이 있어 보입니다.

divans··· comme des <u>tombeaux</u> ≡ flammes <u>mortes</u>

(sémantique)

lits··· o<u>deurs légères</u>   ≡ miroirs <u>ternis</u>

(phonétique)

(chaleur <u>dernière</u>?)

(하지만 침대들은 장의자들에 비교했을 때 "높으며haut", 불꽃들 역시 거울들과 비교했을 때 같은 경우입니다. 참조. "joyeux" plus "haut" que "fidèle", 그리고 충실한 것들은 바로 거울들입니다···)

다정한 마음을 담아,

클로드

'연인들'의 공시적, 통시적 구조

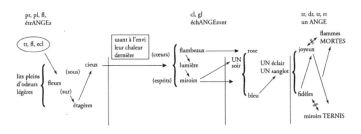

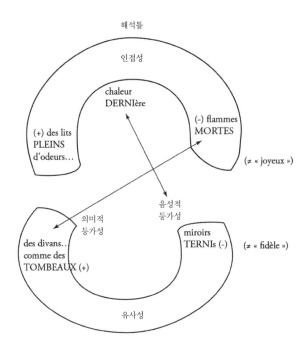

(미시구조)

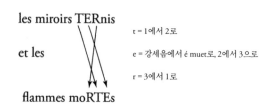

les miroirs TERnis
et les
flammes moRTEs

t = 1에서 2로

e = 강세음에서 é muet로, 2에서 3으로

r = 3에서 1로

앞의 틀과 마찬가지로,
네 개의 대립쌍이 있다:
1-2
2-3
3-1
강세음 - é muet

친애하는 로만에게,

여기 모니크와 제가 다시 읽고 수정한 〈고양이〉를 보내드립니다. 오직 문체만 아주 조금 손봤습니다. 꽤 쉽게 읽히는 편입니다.

19일에 방베니스트를 만나 《롬므》에 발표한 글에 대해 이야기를 나눌 것입니다.[1]

좋은 여행이 되셨기를 바랍니다.

다정한 마음을 담아,

클로드

---

1 방베니스트는 《롬므》에 실린 언어학 논문들의 책임자다.

친애하는 클로드에게,

제가 복귀하면서 받아 본 우리 논문을 이렇게 보내주셔서 진심으로 감사드립니다. 《롬므》에 발표될 예정인가요? 그럴 경우라면 이 편지와 함께 당신께 짧은 정오표를 보내드립니다. "Substantivé"는 잘 쓰이는 전문적인 표현입니다. "Adverbal"은 동사와 결부된다는 뜻으로 부사라는 의미에서 부사적인 형태들과는 구분되어야 합니다. 우리 논문을 위한 표를 하나 작성하기 시작했는데, 당신에게 조만간 보내겠습니다.

두 분의 감미로운 환대에 깊이 감사드립니다. 당신과의 작업은 참으로 즐거운 일이며, 모니크의 훌륭한 안목은 이곳의 여러 부인에게 기쁨을 선사했습니다. 두 분께 저의 깊은 마음을 담아 드리며,

언제나 당신의,

로만 야콥슨

[···]¹

---

1   정오표는 책에서 삭제되었다.

친애하는 로만에게,

보내주신 23일 편지와 정오표에 감사드리며 그것으로 사본들을 교정하겠습니다.

방베니스트가 《롬므》에서 게재를 수락한다는 훈훈한 의견과 함께 (1962년 창간호) 감상을 적어 (별첨) 제게 〈고양이〉를 돌려보냈습니다.[1] 당신께서 어떻게 생각하시는지 최대한 빨리 말해주실 수 있으신지요? 2와 3에 관련해서 수정이나 덧붙일 내용이 있다면 알려주시기 바랍니다. 4와 5에 대해서는, 당신께서 괜찮으시다면, 4와 관련해서 제기된 불명료함을 덜어내기 위해 제가 글을 약간 수정하겠으며, 5와 관련해서는 방베니스트에게, **바람직하게도**, 이 부분을 지적해 준 것에 감사를 표하는 문장을 하나 넣으려고 합니다.

다정한 마음을 담아,

클로드

---

1 뒤메질의 이 감상은 〈샤를 보들레르의 〈고양이〉 "Les chats" de Charles Baudelaire〉의 지면 밑 각주 형식으로 들어가 있다. (부록 1 참조.)

친애하는 클로드에게,

당신의 10월 27일 편지에 감사드립니다. 방베니스트가 동의한 우리의 논문이 《롬므》에 실려 기쁩니다.

동의합니다. 논문 마지막에 "mûre saison"에 대한 흥미로운 의견을 말해준 방베니스트에게 고마움을 표시하는 **각주** 하나와 그 의견을 그대로 또는 핵심을 담아서 인용하기 바랍니다.[1]

그의 첫 번째 의견에 대해서 말하자면, 실베스트르 드 사시Sil-vestre de Sacy 판본은 다른 판본들과 같은 실수를 했다. 즉《르 코르세르》[2]에 실린 글이 존재하지 않는 이본이라고 보는 것인데, 우리가 논문의 서두에 이미 말했듯이 《르 코르세르》에 실린 글은 《악의 꽃》에 실린 글과 단어 하나하나 일치하고 있습니다. 아마

---

1 "어쩌면 우리는 중년에 접어든 연인들과 현인들을 〈거짓 사랑L'amour du mensonge〉에 나오는 "지혜로운 사랑 (…) 최고의 맛을 내는 가을 열매savant amour (…) fruit d'automne aux saveurs souveraines"와 비교해 볼 수도 있다." 이에 대해 어떻게 생각하는지요? [역주] 방베니스트의 흥미로운 의견을 가리키면서 레비스트로스가 이처럼 각주로 인용하기 바란다고 말하고 있다.

2 《르 코르세르Le Corsaire》(1823-1852). 공연, 문학, 예술, 스타일과 패션을 다룬 잡지로 1847년 11월 14일 자에 처음으로 보들레르의 이 소네트가 게재되며, 이는《악의 꽃Les Fleurs du Mal》(1857)에 재수록된다.

도 통상적으로 인용하는 이본들은 1848년 《벨기에 잡지》에 실린 레체켄의[3] 논란이 있는, 그리고 보들레르의 원문을 왜곡하는 논문(미국에 있는 도서관들에서는 찾을 수 없는 이 논문)에 속한 것들입니다.

방베니스트의 두 번째 의견을 보고 저는 18쪽 첫 문단 마지막에 다음과 같이 덧붙였습니다.

"첫 반구半句들이 서로 운이 맞는 한 쌍의 행들로 시작하고 끝나며: ¹*fervents* - ²*également*; ⁵*science* - ⁶*silence*"

세 번째 의견: 19쪽 마지막 문단의 두 번째 줄에 나오는 "줄들 lignes"을 "행들vers"로 대체해 주기 바랍니다. 프랑스 문체론과 러시아 문체론의 차이를 나타내는 또 다른 예시입니다. 후자는 다음의 반복을 허용하지 않습니다. "넷째 행의 그것, 네 개의 행… celle du quatrième vers, les quatre vers… "

4에 대해서: 다음의 수정들을 제안합니다 —— 22쪽, 둘째 문단:

"지옥에 맞닿아 있는 암흑 지대", 곧 "암흑의 세력들" 및 특히 "어둠의 형제"인 에레보스의 환유적 대체어"와 의미적으로 밀접 L'affinité sémantique entre l'*Érèbe* ("la région ténébreuse confinant à l'Enfer", substitut métonymique pour "les puissances des ténèbres" et particulière pour *Érèbe*, "frère de la Nuit")

25쪽 위에서 일곱째 줄: "에레보스처럼comme l'Érèbe,"

32쪽 밑에서 여섯째 줄: "에레보스의 역량에 의해 해석된, 그

---

3   레체켄Retchezken은 다음의 세 벨기에인 작가들이 글을 쓰며 함께 쓴 필명이다. 레옹 주레Léon Jouret, 1828-1905, 음악학자이자 작곡가. 레옹 고셰즈Léon Gauchez, 1825-1907, 예술비평가이자 미술상. 그리고 에두아르 바켄Édouard Wacken, 1819-1861, 극작가, 시인, 비평가이다. 이 글들이 실린 《벨기에 잡지*Revue de Belgique*》의 편집장이다.

리고 에레보스의 역량에는, 어느 의도interprété par les puissances de l'Érèbe, et, aux puissances de l'Érèbe, une intention "

또한 저는 16쪽 위에서 다섯째 줄 앞부분에 다음과 같이 덧붙이고 싶습니다.

"이 4행연은 그 남성운에 비모음이 없는 유일한 연이다voyelles nasales, et ce quatrain est l'unique strophe dont la rime masculine n'as pas de voyelle nasale "

또한 부탁하건대, 41쪽 세 번째 줄의 마침표 뒤에 새로운 "각주"를 가리키는 내용을 덧붙여주기 바랍니다.

"L. 뤼드로프Lucien Rudrauf의 《각운과 성 Rime et sexe》(1936)이라는 작은 책을 보면 "프랑스 시에서 남성 및 여성 각운의 교차 배치에 대한 이론" 설명에는 모리스 그라몽과의 "논쟁이 뒤따른다"(47쪽 이하). 후자에 따르면 "16세기에 정립된 교차 배치와 단어 말미에 강세가 붙지 않은 e의 존재나 부재에 따라 여성 각운과 남성 각운 용어들을 써왔는데, 이는 단어 말미에 강세가 붙지 않은 e는 대다수의 경우 여성을 가리켰기 때문이다. 작은 수고양이un petit chat /작은 암고양이une petite chatte ". 차라리 여성 각운을 남성 각운에 대비시키는 여성 굴절접사는 항상 "강세가 붙지 않은 e"를 가졌다고 말할 수 있을 것이다. 하지만 뤼드로프는 몇몇 의문을 제기한다. "그렇지만 교차 배치 규칙의 정립 및 두 종류의 각운을 나타내기 위해서 사용한 "남성"과 "여성" 형용어구들의 선택에서 16세기 시인들을 안내했던 것이 오직 문법적인 고려뿐이었을까? 플레이아드의 시인들les poètes de la Pléiade이 시구를 지을 때 노래를 떠올렸다는 점, 그리고 노래는 말하는 것에

비해 강한 (남성적) 음절과 약한 (여성) 음절의 교차 배치를 훨씬 더 강조한다는 점들을 잊지 말자. 음악적 관점과 성적 관점이 문법적 유사성과 함께 제법 의식적으로 어느 정도 역할을 한 것이다…"(49쪽). 행의 마지막에 오는 강세가 붙지 않은 e의 존재나 부재에 따라서 각운을 이렇게 교차 배치하는 것이 더 이상 실재하지 않음에 따라, 그라몽은 그것이 자음 혹은 강세가 붙은 모음으로 끝나는 각운들에게 그 자리를 내어줬다고 본다. "모음으로 끝나는 모든 것은 남성적"(46쪽)이라는 점을 인정하면서도 동시에 뤼드로프는 자음 각운들을 위한 24개 등급표를 정립하려고 시도했는데, 이것은 곧 "가장 거칠고 남성적인 것부터 시작하여 가장 여성적인 감미로운 어말음들finales"(12쪽 이하)을 가리킨다. 즉 문제가 되는 등급표에서 폐쇄자음으로 된 각운은 남성 축의 극단을 이루며 (1등급) 접근음은 여성 축의 극단을 이룬다(24등급). 자음 각운을 이렇게 분류하려고 시도한 것을 우리가 "고양이"에 적용한다면 우리는 남성 축으로 점진적으로 이동하다가 마지막에는 각운들의 두 성의 대비가 완화되는 것을 볼 수 있다. 1 austères - 4 sédentaires (liquide : 19°) ; 6. ténèbres - 7 funèbres (occlusive sonore et liquide : 15°) ; 9 attitudes -10 solitudes (occlusive sonore : 13°) : 12 magiques - 14 mystiques (occlusive sourde : 1°)."

순결 같은 경우는《시의 문법》에 넣으면 되겠습니다.

다정한 마음을 담아,

로만

친애하는 로만에게,

이미 받은 정오표와 함께 저희 글에 추가할 부분들을 보내주셔서 감사합니다(이 주제에 대해 말하자면 당신께서 흡족해하신 부분들은 제가 수정한 것이 아니라 그저 미처 교정을 못 봤던 것들입니다).

논문은 1962년 초 인쇄에 들어갈 것입니다. 물론 교정쇄를 보내드리겠습니다.

저는 두 번째 책을 마무리했는데, 첫 번째 책이 이미 교정쇄가 나온 것을 비추어 보면 때가 되어 나온 셈입니다.

다정한 마음을 담아,

클로드

1962년 1월 12일

　　친애하는 로만에게,

자크 라캉이 제게《르 코르세르》의 문예란에 대한 당신의 부탁을 막 전해줬습니다. 제가 담당하는데, 그건 어렵습니다. 당연하게도 이번 호는 아스널에서 나올 수 없을 것이며[1] 마이크로필름은 (규정에 의해 복사가 금지되었습니다) 중앙도서관에서 만드는 데 몇 달씩 걸립니다… 그럼에도 저는 잘 아는 총괄 행정담당자(줄리앙 캉 Julien Cain)에게 개인적으로 연락하여 먼저 처리해주십사 부탁해 두었습니다. 이제 기다리는 일만 남았습니다.

　　당신의 지시사항에 따라 다시 읽고 수정한 우리 논문은 조판에 들어갔습니다. 교정쇄를 보내드리겠습니다. 저의 작은《토테미즘》은 출간을 앞두고 있으며, 큰 책은 4월 출간을 위해 인쇄업자에게 들어가 있습니다.

　　이런 것들을 빼면 새로운 일은 딱히 없습니다.

　　다정한 마음을 담아,

클로드

1　《르 코르세르》가 보관되고 분류된 파리의 아스널 도서관을 가리킨다.

프랑스
파리 16구
마로니에 길 2
클로드 레비스트로스 교수 귀하

1962년 1월 16일

친애하는 클로드에게,

《르 코르세르》에 실린 보들레르의 소네트의 마이크로필름으로 당신을 번거롭게 해서 미안합니다. 그렇게나 오래 걸리고 복잡할 줄은 상상하지 못했습니다. 왜 보들레르 편집자 중 어느 누구도 그 글을 읽지 않았는지 이제 설명이 되는군요. 우리 논문이 올봄 저의 《시의 문법》에 다시 실릴 때는 논문의 도입 문단을 발전시키고, 《르 코르세르》가 그 시를 복사한 사진들과 샹플뢰리[1]의 주석을 추가할 필요가 있어 보입니다. 이렇게 하면 그보다 더 나중에 나온 이 소네트 판본과의 있지도 않은 간극이라는 오래된 전설을 무너뜨릴 수 있고, 보들레르 문헌 연구에서 소홀히 취급되었던 소네트의 날짜라는 주제와 관련해 새로운 증거들을 제시할 수 있을 것입니다. 당신은 어떻게 생각하는지요?

저는 여전히 《롬므》로부터 우리 논문의 교정쇄를 기다리고 있

---

1 쥘 프랑수아 펠릭스 위송Jules François Felix Husson, 플뢰리Fleury 또는 샹플뢰리Chamfleury, 1821-1889라 불리는 문학전문 기자, 예술 비평가, 그리고 다음의 책을 펴낸 저자로 잘 알려져 있다. 《고양이, 역사, 풍속, 관찰, 일화 Les Chats, Histoire, moeurs, observations, anecdotes》(1869). 1847년에 보들레르의 이 소네트가 처음으로 발표된 "고양이 트롯Le Chat Trott"의 문예란에서, 샹플뢰리는 이 소네트가 이미 1840년 3월에 쓰여졌을 것이라고 주장한다.

습니다 — 이와 관련해서, 여전히 그 학술지의 이름을 쓰는지요?

다정한 마음을 담아,

로만 야콥슨

[1962년] 1월 20일

친애하는 로만에게,

당신의 편지에 감사드립니다. 국립도서관이 예상보다 매우 신속하게 보내주신 복사본들을 첨부합니다. 저는 복사본들이 만족스럽지 않습니다. 그렇지만 제가 받은 편지에 설명되어 있기를 (제가 요청했던) 마이크로필름은 복사본보다 더욱 훼손되었을 것이라는 점입니다(왜 그런지는 말이 없습니다. 추측하건대 종이가 투명하기 때문이지 않을까 싶습니다. 마이크로필름은 많은 경우 복사본보다 후면 인쇄에서 더욱 다루기 힘듭니다). 그 편지가 더 설명하기를 복사도 가능하다고 합니다. 물론 가능하겠지만, 그다지 잘되지는 않을 것입니다…

어쨌든 제가 이에 항의하기 어려운 까닭은 "특급 우선 순위"의 형태로 저희에게 큰 특권을 허락했기 때문입니다. 보통의 경우라면 요청이 많아 서너 달은 족히 걸렸을 것입니다.

네, 《롬므》는 늘 그렇게 불리고 있지만, 저희는 아마도 소송을 거칠 것이며[1] 이에 대해 교육부 장관이 소송 준비가 되었다고 표

---

1 실제로 이 이름은 여러 정기간행물이 이미 쓰고 있었다.

명하고 있습니다. 이번 주에 출간된 1권 3호에 있는, 성스러움의 표현으로서 색채에 대한 논문을 제가 아주 흥미롭게 봤는데 당신께도 알려드립니다. "환유와 은유"에 대한 당신의 글은《현대》에 막 발표되었습니다.[2] 샹플뢰리의 글을 게재해야 한다는 당신의 생각은 전적으로 타당합니다. 당신께 말씀드리지는 않았습니다만, 방베니스트가 이 문제에 대해 어찌나 불신을 피력하던지 소네트를 복사해 그를 설득하려고 아스널에 한 명을 보내서 당신께서 찾은 내용을 검증해야 했습니다. 이러한 태도로 반응할 사람이 비단 그뿐만은 아닐 것입니다.

　다정한 마음을 담아,

　　　　　　　　　　　　　　　　　　　　　　　　　클로드

2　이는 〈언어의 두 측면과 실이증의 두 유형 Deux aspects du langage et deux types d'aphasies〉,《현대 Les Tempsmodernes》, 188호, 1962, 853-880쪽을 가리킨다(《언어의 근본 요소들 Fundamentals of Language》, Mouton de Gruyter, 1956, 2장의 번역).

프랑스
파리 16구
마로니에 길 2
클로드 레비스트로스 교수 귀하

1962년 2월 7일

    친애하는 클로드에게

늦여름에 출간될 저의 《문법의 시와 시의 문법》을 위해 기획된 우리의 보들레르 논문을 무통의 데 리데르 씨가 보내달라고 요청했습니다. 리데르는 이 책 안에 《르 코르세르》의 사진 복사본들과 이 주제에 대한 샹플뢰리의 자료들을 넣어 출판하는 데 동의했습니다. 《롬므》에 발표된 그대로 우리 논문이 최종본이 담긴 판본 한 부를 저에게 보내준다면 정말 고맙겠습니다.[1] 그러면 저는 첫 문단을 늘려서 〈고양이〉 최초 판본의 글과 날짜를 더욱 남김없이 이야기하겠으며, 나아가 제가 쓴 문단의 초고를 보내 당신이 확인하고 승인할 수 있게끔 하겠습니다. 그렇게 하면 그 글을 리데르에 바로 보내줄 수 있을 것입니다.

    저는 다음 달쯤 출간되는 작은 책 《러시아 서지학 연구*Studies in Russian Philology*》와 올봄에 출간 예정인 《선집》의 첫 권 마무리 작업 등으로 매우 바쁩니다.[2]

---

1 〈샤를 보들레르의 〈고양이〉"Les chats" de Charles Baudelaire〉, art. cité(부록 1 참조).
2 로만 야콥슨의 지난 출판물들을 영문판으로 출간하는 시기였다. 출판물들은 그의 인상적인 학술 작업을 모아 놓은 《선집》에 실렸다. 1962년부터 1980년 초반까지, 그리고 사후 출판의 형식으로까지 이 선집을 이루는 책들이 연이어 출간된다.

모니크를 위해 저의 가장 소중한 마음을 담아 보내며, 당신의 신간과 더불어 우리 논문의 사본을 받아보기를 기다리며,

다정한 마음을 담아,

로만 야콥슨

1권 《음운론적 연구 *Phonological Studies*》(1962), 2권 《단어와 언어 *Word and Language*》(1971), 3권 《문법의 시와 시의 문법 *Poetry of Grammar and Grammar of Poetry*》(1981), 4권 《슬라브 서사시 연구 *Slavic Epic Studies*》(1966), 5권 《운문, 대가들과 탐험가들 *On Verse, Its Masters and Explorers*》(1979), 6권 《초기 슬라브 길과 교차로 *Early Slavic Paths and Crossroads*》(1985), 7권 《비교신화학에 대하여:언어학, 신화학 연구 *Contributions to Comparative Mythology:Studies in Linguistics and Philology, 1972-1982*》(1985), 8원 《마무리 책 1권: 주요 연구들 *Completion Volume One:Major Works, 1976-1980*》(1988), 9권 《마무리 책 2권: 선집 외 연구들 *Completion Volume Two: Uncollected Works*》(2013).

친애하는 로만에게,

당신의 7일 편지를 제가 잘 이해하지 못했습니다. 우선, 항공등기 우편으로 약 15일 전에 당신께 보내드린 《고양이 트롯*Chat Trott*》의 복사본을 잘 받으셨다는 말이 그 어디에도 없네요. 그다음으로, 논문이 이미 교정쇄에 들어갔는데도 정말 다시 손보고 싶으신 건가요? 만약 그렇게 하고 싶으시다면 최소한으로 자제해 주시기 바랍니다 —《롬므》에 실리는 판본만이라도 말이지요. 당신께서는 이미 교정쇄를 받으셨을 터입니다. 저희는 교정쇄가 급히 필요합니다.

다정한 마음을 담아,

클로드

추신: 제게는 교정쇄가 한 본뿐이라서 당신께서 그 사본을 계속 가지고 계시게 둘 수는 없습니다. 개인적으로 사용할 복사본을 하나 만드실 수 있겠습니까? 미리 감사드립니다.

프랑스
파리 16구
마로니에 길 2
클로드 레비스트로스 교수 귀하

1962년 2월 14일

친애하는 클로드에게,

어제 저는 《롬므》로부터 교정쇄를 받았습니다. 당신이 최종적으로 우리 논문을 몹시 훌륭하게도 손봤더군요. 교정쇄에 오류가 거의 없습니다. 제가 몇 안 되는 교정을 더해 당신에게 돌려드립니다. 제 최근 편지가 당신의 편지와 엇갈렸고, 복사본에 대해 감사를 드린 제 앞선 편지는 당신에게 다다르지 못한 듯싶군요. 제가 며칠 안으로 보내드리겠지만, 첫 문단에 덧붙일 몇몇 내용을 당신이 동의하면, 《시의 문법》을 위해 리데르에게 전해주려 하니 두 번째 교정쇄 한 부를 제게 보내줄 수 있겠습니까? 첫 문단에서는 《르 코르세르》에 실린 소네트 글 및 그 기원에 대한 샹플뢰리 관련 정보들을 다루면서 조금 내용이 늘어날 것입니다.

저는 오늘 제 논문이 실린 《현대》 세 부를 받았습니다.[1] 번역의 수준을 아직 살피지는 못했습니다.

다정한 마음을 담아,

로만 야콥슨

---

1   이 주제에 대해서는 앞선 1962년 1월 20일 자 편지 각주 참조.

프랑스, 파리 16구
마로니에 길 2
클로드 레비스트로스 교수 귀하

1962년 2월 16일

친애하는 클로드에게,

우리 우편들이 이렇게 엇갈리면서 구조적으로 끔찍한 일이 되었네요. 어제 저는 편지와 함께 교정쇄들을 당신께 보냈고, 오늘은 당신의 12일 자 편지를 받았습니다. 《롬므》에 실릴 판본에는 그 어떠한 변화도 줄 생각이 없습니다. 오탈자 수정이 마무리되는 대로 논문은 나올 수 있을 것입니다. 만약 당신이 교정쇄의 다른 사본들을 갖고 있지 않다면 출판부에 넘긴 타이핑한 원고는 가지고 있는지요? 그렇지 않다면 저는 애석하게도 인쇄된 글을 기다리는 수밖에 없는 처지입니다. 두 차례에 걸쳐 저의 감사한 마음을 표하면서 귀중한 복사본을 잘 받았다고 말한 바 있습니다. 이 글의 기본을 다루는 부분은 《시의 문법》에 실릴 우리 논문을 보충하는 식으로 전재轉載될 것입니다. 혹시나 《르 코르세르》 판본에 실린 소네트와의 연대年代를 위해 첫 문단을 늘이는 것이 아니라면, 《시의 문법》에 실릴 우리 논문과 관련해서는 어떠한 변화를 줄 마음이 없습니다.

저의 깊은 마음과 감사를 담아 드리며,

로만 야콥슨

프랑스
파리 16구
마로니에 길 2
클로드 레비스트로스 교수 귀하

1962년 3월 28일

친애하는 클로드에게,

교정쇄의 사본을 보내주어 고맙습니다.《시의 문법》을 위해 무통에 직접 보낼 것입니다. 이 책을 위한 우리 논문의 첫 문단 지면 하단에 주석 하나만 추가하고자 합니다. 이 주석 초안[1]을 첨부하여 보냅니다. 확인하고 제게 다시 보내줄 수 있겠습니까?

우리 논문이 실릴《롬므》는 언제 나올지요?

《선집》1권이 조만간 저의 "회고"[2]와 같이 나올 예정인데, 당신의 감상을 받고자 합니다.

다정한 마음을 담아,

로만 야콥슨

---

1 이 초안은 책에 넣지 않았다.
2 《선집》의 모든 권은 "회고retrospect"로 마무리되는데, 이를 "회상rétrospection"으로, 또는 덜 우아하지만 더 흔히 쓰이는 말로는 "돌이켜 보기mise au point rétrospective"로 번역할 수도 있을 것이다. 이 글들은 모두 프랑스어로 번역되어 한데 모아 츠베탕 토도로프Tzetan Todorov의 서문과 함께《언어와 함께 한 삶. 한 학자의 자화상 Une vie dans le langage. Autoportrait d'un savant》(Minuit, 1984)에 실려 출판되었다.

친애하는 로만에게,

사소한 보충에 대해서는 굳이 묻지 않으셔도 됩니다. 당연히 동
의하지요…

논문을 실은 《롬므》의 해당 호는 미뤄졌는데, 저희가 기다리
던 논문 하나가 마지막 순간에 누락되면서 대체해야 했기 때문
입니다. 해당 호는 4월 말이나 5월 초에 나올 것입니다. 별쇄본은
받아 보실 수 있습니다. 다른 한편으로는, 《롬므》에 실린 어느 논
문을 설명하기 위해 〈로잔 신문Gazette de Lausanne〉 문예란에 〈고
양이〉 발췌본이 발표될 텐데, 《롬므》와 비슷한 시기에 나올 예정
입니다. 노먼이 《구약Vieil Testament》에 대해 쓴 책이 네덜란드 한
림원의 출판물 중 하나로 나왔는데 읽어보셨는지요?[1] 제가 보기
에 이 책은 구조주의에 잘 맞는군요.

저의 《토테미즘》은 다음 주에 나옵니다. 곧바로 당신께 보내
드리겠습니다. 그리고 《야생의 사고》라고 이름 붙인 가장 큰 책

1   빌럼 노먼Willem Noomen, 《"구약의 신비"의 운율 형태들에 대한 연구Étude sur les
    formes métriques du "Mystère du Vieil Testament"》, Noord-Hollandsche Uitgevers Maatsch-
    appij, 1962.

은 5월 15일 즈음 나올 것입니다. 그래서 3개월 전부터 저는 교정쇄에 파묻혀 지내고 있습니다. 반면, 이제 막 마친 올해 강의 준비로 모아 놓았던 최근 자료들을 담은 (아직 불확실한 제목의) 신화학 저술이 있는데, 부활절 방학이 돌아오는 대로 이 작업에 다시 착수할 수 있기를 바라고 있습니다.[2]

다정한 마음을 담아,

클로드

---

2   이 당시 클로드 레비스트로스는 그의 《신화론》 집필에 착수하여 1971년까지 네 권으로 나올 이 긴 작업을 위해 거의 모든 연구 시간을 할애한다.

프랑스, 파리 16구
마로니에 길 2
클로드 레비스트로스 교수 귀하

1962년 6월 27일

친애하는 클로드에게,

제가 어찌나 급한 업무가 많았는지 당신이 보내준 신간 두 권 및 우리가 함께 쓴 논문이 실린 학술지에 대한 답장이 늦어졌습니다. 흥미진진한 두 저서를 읽으면서 당신에게 말하고 싶은 것은 이 책들이 출간되어서 기쁘다는 것입니다. 당신은 토템과 관련된 문제의 모든 미묘한 부분들까지 전부 해결했고, 《야생의 사고》에서는 현대 인류학의 핵심 문제들을 인류학적 언어학의 전개 방식, 방법 및 반복되는 모티프들과 함께 멋들어지게 엮었습니다. 당신이 고유명사를 다룬 장은 언어학 이론에 훌륭하고도 직접적인 기여를 하고 있습니다. 저는 우리가 더더욱 같은 방향을 향해 나아간다는 게 매우 기쁘며, 분명 저의 다음 책은 당신이 발견하고 구성한 내용들을 아주 많이 참조할 것입니다. 책의 구성적 측면에서 볼 때 유일하게 피상적이고 설득력이 덜한 장은 당신과 사르트르의 논쟁입니다. 사르트르의 책과는 비교할 수 없을 만큼 훨씬 더 과학적인 이 저서의 결론에서 그의 책을 다루는 것이 과연 가장 적절했는지 의문이며, 우리의 그간 대화들을 떠올리면 당신이 이 주제에 대해 좋은 말들을 많이 할 수 있다는 것을 알지

만, 이 변증법의 문제는 분석의 대상이 된다기보다는 그저 암시
하는 정도에 그치는 것 같습니다.[1]

저는 우리가 〈고양이〉로 같이 작업을 해서 좋습니다. 이 논문
이 마음에 듭니다. 별쇄본은 몇 개나 받을 것이며, 어떻게 나누어
줄 것인가요? 저자 둘의 이름으로 배포할 수 있도록 해봅시다. 이
글을 받아 볼 프랑스의 서신 교환자들의 목록을 다음과 같이 제
안합니다. 라캉, 그라바Grabar [2], 코이레, 두 아라공,[3] 앙드레 마종
(그가 제게 한 부를 보내달라고 부탁했는데, 그가 말하기를 자신
이 보들레르에 관심이 많기 때문이랍니다), 엘리시프,[4] 니콜라 뤼

---

1 로만 야콥슨은 《야생의 사고》에서 가장 널리 알려진 마지막 장이자 장폴 사르트르
와의 격한 논쟁을 가리키는데, 이로 인해 사르트르는 1960년 《변증법적 이성 비판
Critique de la raison dialectique》을 출간하며 이 책에서 (철학의 고유한) 변증법적 이성
과 (인문과학이 접근할 수 있는) 분석적 이성을 대비시킨다. 첫 번째 이성은 용어들
을 모순에 의해 생겨난 과정 중의 일시적인 구현들로 파악하는 한편, 두 번째 이성은
용어들을 멈춰져 있는 상태로 그 자신들 이상도 이하도 아닌 그 존재 그대로 파악하
게 한다. 클로드 레비스트로스는 두 "이성"에서 그 우선성의 순서를 뒤집어 곧 철학
과 인류학의 우선순위를 뒤집는다. 이 당시, 이러한 주장은 실존주의의 왕위를 빼앗
는 구조주의의 대관식처럼 여겨졌다. 로만 야콥슨이 우회적으로 가리키는, 그리고
즉 클로드 레비스트로스가 그곳에서 "변증법적 이성"에 덜 비판적이었을 "그간 대화
들"은 의심의 여지 없이 레비스트로스가 1956년, 야콥슨의 예순 번째 생일을 맞아
그에게 헌정한 책에서 〈구조와 변증법Structure et dialectique〉이라는 제목으로 발표했
던 논문을 가리킨다(《구조인류학》, op. cit., 12장에 재수록). 로만 야콥슨은 자신이
언제나 (현상학의 경우도 그랬듯이) 변증법적 사고와 가까운 사이라고 밝혔으며, 이
러한 사고는 그가 볼 때 진정한 철학적, 이론적 적수인 원자적 실증주의에 대항할 뿐
만 아니라 대립들은 대립적인 용어들에 선행하며, 또한 세상에 대한 우리의 지각을
미리 구조화한다는 생각을 자리 잡게 하였다.
2 [역주] 올레그 그라바Oleg Graba 혹은 그의 형 앙드레 그라바André Graba 로 추정
된다.
3 엘자 트리올레Elsa Triolet와 루이 아라공Louis Aragon 부부를 가리킨다. 로만 야콥슨
은 블라디미르 마야콥스키Vladimir Mayakovsky의 벗으로서 엘자 트리올레의 언니인
릴리 브릭Lili Brik과 관계를 맺고 있었다. 그는 파리에 들를 때마다 아라공"들을" 방
문하는 것을 절대 빼먹지 않았으며, 또한 그곳의 아주 소박한 러시아 망명인들의 공
동체에도 자주 다녔다.
4 세르주 엘리시프Serge Elisseeff, 1889-1975, 러시아 출신의 프랑스인 동양학자이자 은

베, 파리 14구, 주르당가 47, 파리국제대학촌, 파리 프랑스 해외 영토문화원, 숩친스키 Ivan Souvtchinsky, 파리 15구, 생상스 길 15, 피에르 기로 Pierre Guiraud, 그리고 어쩌면 미랑벨.[5] 이곳 및 서유럽과 동유럽의 여러 나라에서 별쇄본을 원하고, 또 받기 마땅한 일흔 내지 여든 명 정도의 목록이 있으니, 우리가 사본을 얼마나 받을 수 있는지 알려주기를 기다리고 있겠습니다.

저는 이번 달 말에 열리는 국제언어학자대회 때까지 이곳에 머무를 듯하며, 그 이후로는 영국, 코펜하겐, 키이우와 바르샤바에서 여러 일정이 있습니다. 가는 여정이나 돌아오는 여정 중에 파리에 들를 생각입니다. 두 분과 라캉 씨 댁은 파리에 언제 있을 것인가요? 모니크와 당신이 이번 여름을 잘 보내기를 바라며,

다정한 마음을 담아,

로만 야콥슨

퇴한 일본학자이다. 1934년부터 1957년까지 하버드 대학 교수, 이후 소르본 대학 교수를 역임했다.

5 앙드레 미랑벨 André Mirambel, 1900-1970, 그리스 학자이다. 현대 그리스어를 가르치던 동양언어국립연구원에서 1958년부터 1969년까지 원장을 역임했다.

　　친애하는 로만에게,

당신의 편지에 감사드립니다. 《야생의 사고》가 마음에 드셨다니, 특히나 고유명사에 대한 장에 문제가 있어 보이지 않는다고 하시니 저는 기쁩니다. 제 마음대로 해석한 것이 아닌가 걱정하고 있었습니다… 사르트르를 다룬 장에 대해 말씀드리자면, 이상하고 "어울리지 않는" 것처럼 보일 수 있겠지만, 이를 판단하려면 사실 프랑스적 맥락에서 보아야 하는데, 이는 곧 사르트르가 그의 책에서 개진하는 의견들이 사실은 굉장히 방대한 토대 위에 놓인 이론적인 내용에 근거하기 때문입니다. 이 장은 몇 달간의 수업 내용을 정리한 것이므로 절대 "개략적"이지 않습니다. 그렇지만 바로 이 때문에 유감스럽게도 이 장은 우회적입니다. 마지막으로, 부정적으로 제기하는 경우를 제외하면 이 장은 변증법의 문제와 관련 없다는 점을 짚고 싶습니다. 이 장의 진정한 목적은 역사적 인식이 야생의 사고 위에 그려지고, 밖에 있지 않다는 점을 보여주기 위한 것입니다. 즉 마치 백인과 문명화된 인간에게 특권을 주는 그러한 생각이 아니라, 그와는 반대로 그 지식이 야생의 사고에 속한다는 점을 말입니다.

지금 〈고양이〉 별쇄본 50부가 당신에게 가고 있습니다. 저는 당신의 편지에 언급된 주소들에 (거기에 리치[1]와 조미펠드를 더하여) 제가 가진 나머지 별쇄본을 보내겠지만, 당신의 편지를 받은 무렵 이미 제 일을 마쳐 남은 것이 거의 없기 때문에 더 보내드릴 수가 없습니다.

지난달 저는 런던에 갔었는데, 그곳에서 아주 친절하고도 우리의 생각에 아주 열려 있는 리치라는 사람을 만났습니다. 그는 당신으로부터 아주 큰 영향을 받고 있었답니다! 여전히 스탠퍼드에 있는 니드햄[2]이 비컨 출판사를 위한 저의 《토테미즘》 번역을 마쳤다고 합니다. 장자크 루소의 탄생 250주년[3]을 기념하기 위해 지난주에 들른 제네바에서는 레이몽 드 소쉬르를 만났습니다.[4] 세월이 지났음에도 그는 한 치도 변하지 않았답니다. 그가 당신에게 안부를 전해달라고 했습니다. 그 뒤로 저는 파리에 홀로 있으며 (모니크와 마티유는 이탈리아의 바닷가에 가 있습니다) 쉬지 않고 신화학 책을 위한 작업을 하고 있습니다. 정말 흥미진진하기는 하지만, 어찌나 힘이 드는지요!

---

1 에드먼드 리치Edmund Leach, 1910-1989, 영국인 민족학자이자 카친kachin (미얀마) 사회 전문가이다. 케임브리지 교수를 역임한 그는 클로드 레비스트로스를 존경하면서도 《친족의 기본 구조》가 "화려한 실패"라고 잘라 말한 바 있다. 그는 꼼꼼한 예시들을 들면서 레비스트로스식 사유의 일반화들을 비판했다.

2 로드니 니드햄Rodney Needham, 1923-2006, 친족 문제들에 대한 민족학 전문가로서 1962년 레비스트로스에 대한 책을 하나 쓴다. 《구조와 정서Structure and Sentiment》. 그는 1969년 출간된 《친족의 기본 구조》 영국 번역본을 총괄했다.

3 클로드 레비스트로스의 강연 "장자크 루소, 인간과학의 시조Jean-Jacques Rousseau, fondateur des sciences de l'homme"은 《장자크 루소Jean-Jacques Rousseau, Neuchâtel, La Baconnière 1962》 239-248쪽에 출판되며, 《구조인류학 2》의 2장으로 출간된다.

4 레이몽 드 소쉬르Raymond de Saussure, 1894-1971, 제네바인 정신과 의사이자 정신분석학자로 전쟁 기간 도중 뉴욕에서 만났다. 그는 페르디낭 드 소쉬르의 아들이다.

이번 가을 당신을 다시 볼 수 있다니 기쁩니다. 발레로그에서 대여섯 주를 보낸 다음 저희는 가장 늦어야 9월 10일, 분명 다시 파리로 돌아올 것입니다. 라캉 씨 댁 관련해서는 제가 당신께 그 무엇도 말씀드릴 수 없는 것이 그들을 오래 못 봤기 때문입니다.

다정한 마음을 담아,

클로드

프랑스, 파리 16구
마로니에 길 2
클로드 레비스트로스 교수 귀하

1962년 9월 27일

친애하는 클로드에게,

토요일, 저는 모스크바로 떠나고 바르샤바를 거쳐 10월 10일 런던에 도착할 것입니다. 런던, 골더스 그린, 세인트존스 길 24, V. 월퍼트V. Wolpert 씨의 주소로 제게 편지를 보낼 수 있습니다. 저는 영국에서 몇 개의 강연이 있으며, 그다음에는 두 분과 라캉 씨를 만나기 위해 10월 20일 오전 10시에 런던에서 BEC를 통해 도착하는 예약편을 잡았습니다. 파리는 10월 24일 수요일 오전 중으로 떠나 미국으로 갑니다. 저는 지금 라캉 씨에게도 마찬가지로 편지를 쓰고 있습니다. 저의 파리 일정을 두 분과 그들 두 분이 짜준다면 정말 고맙겠습니다. 데 리데르 씨를 통해 제《선집》 1권을 받았기를 바랍니다. 아직 아니라면 곧 받을 것입니다. 두 분 각각을 만나 이런저런 모든 이야기를 하기를 고대하고 있습니다.

다정한 마음을 담아,

로만

프랑스, 파리 16구
마로니에 길 2
클로드 레비스트로스 교수 귀하

1963년 2월 6일

친애하는 클로드에게,

제《선집》중 슬라브 서사시 연구만을 다룬 4권을 끝내기 위해
지독히도 힘든 일정을 보내고 있습니다. 이 책의 "회고" 부분을
위해서 저는 서북 지역의 아메리카 원주민들의 나나욱Nanauk 신
들에 대한 더욱 구체적인 정보가 꼭 필요합니다. 혹시 당신에게
참고문헌이 조금 있다면 제게 보내주시면 정말 고맙겠습니다.
2월 말까지 제 주소는 다음과 같습니다. 일리노이주, 시카고, 시
카고 대학, 슬라브 학과. 보아스가 꽤 오래전 이 신과 그 실재했
던 원형에 대해서 아주 흥미로운 이야기를 해준 적이 있는데, 그
어떤 참고문헌도 알려주지 않았습니다.

런던에서 바르샤바로 갈 때 5월 24일과 25일 즈음에 파리에 들
르는데 두 분을 만날 수 있다면 좋겠네요. 음식과 관련한 대립쌍들
에 대한 당신의 최근 수업에 경탄을 금치 못하고 있습니다.[1]

두 분에게 저희의 가장 다정한 새해 인사를 드리며,

---

1 클로드 레비스트로스는《신화론》중 1권, 음식을 다루는 책을 준비하고 있다.《날것
과 익힌 것 *Le cru et le cuit*》, op. cit.

다정한 마음을 담아,

로만

친애하는 로만에게,

아직 읽지 못한 별쇄본들에 연이어 당신의 편지가 도착했으며 이에 감사드립니다. 저 역시 특히, 제 무지를 고백하기 위해 서둘러 편지를 드립니다. 제가 틀리지 않았다면, 언급하신 내용은 러시아의 총독인 바라노프Baranoff와 그의 이동이 혼동되어 동일하게 여겨지는 어느 신을 가리키는 것이지요? 제 기억에는 아주 흐릿하게만 남아 있습니다. **맞혀보자면**, 다음 자료들을 제안드립니다. 아우렐 크라우즈Aurel Krause, 《틀링기트 원주민들 외*The Tlingit Indians, etc.*》, 군터Frederica de Laguna Gunther 역, 1956(독일어 원본의 연도는 기억이 나지 않습니다),[1] 하지만 이 책을 제가 가지고 있지는 않습니다. 그럼에도 지금 문제 되는 이 이야기를 예전에 읽은 적이 있는 듯싶습니다. 이 책이 맞을지요? 그리고 같은 생각에, 혹시 몰라서. 에먼스G. T. Emmons, 〈원주민이 바라본 라 페루즈 호와 틀링기트의 조우Native Account of the Meeting between La Pérouse and the Tlingit〉, 《미국 인류학자》, 1911. 비올라 가필드Viola Garfield

---

1 《Die Tlinkit-Indianer》, Jepa, 1885.

나 프레데리카 데 라구나에게 간단한 전화 한 통으로 정확한 답변을 얻으실 수 있을 것입니다.

음식 신화를 다루는 제 연구에 지장이 조금 있었는데, 이는 살레시오회 수도사들이[2] 쓴 《보로로 백과사전》 1권이 출판된 데다가 그 책이 파리에 오기까지 기다려야 했기 때문입니다. 그러고는 그 책에 담긴 새로운 정보들에 비추어 제 글을 다시 시작해야 합니다. 올봄에 저는 이러한 개정 작업으로 바쁠 것이며, 방학이 오기 전에 이 글을 인쇄 넘길 수 있기를 바라고 있습니다. 그리고 나서, 두 번째 부분을 시작해야 하겠지요⋯

모니크는 마티유와 함께 산악 지방에 갔습니다. 그러니 크리스틴과 당신께 한시적으로 제 마음만 담아 보내 드립니다.

클로드

추신: 파리에 돌아오면서 지난번에 알렉상드르[3]를 만났습니다. 그가 겪은 사고의 그 어떠한 신체적이나 정신적인 흔적도 찾아볼 수 없지만, 그럼에도 도Do[4]는 어떠한 흔적이, 아마도 정신적으로 남은 것 같다고 여기는 듯합니다.

---

2 세자르 아우비제치César Albisetti·안젤루 자이미 벤투렐리 Ângelo Jayme Venturelli,《보로로 백과사전 Enciclopédia Bororo》, Museu regional Dom Bosco, 1962. 긴 민족학적 소론의 형식을 띠는 항목들을 포함한 이 대단히 놀라운 저서는 총 세 권으로 된 사전인데, 20세기 초 브라질 국가가 시행한, 그리고 여전히 존재하는 멸종 정책 이후 뒤따른 화해의 일환으로 마투 그로수 Mato Grosso 지역에 있는 보로로족 국가에 들어가 지낸 몇몇 살레시오회 수도사가 만들었다. 살레시오회는 1874년 돈 보스코 Don Bosco 가 세운 공동체이며, 그 이름은 성 프란치스코 살레시오 Saint François de Sales 로부터 온다.
3 알렉상드르 코이레.
4 도미니크 코이레Dominique Koyré, 알렉상드르의 부인.

프랑스, 파리 16구
마로니에 길 2
클로드 레비스트로스 교수 귀하

1963년 5월 14일

친애하는 클로드에게,

몇 번의 강연을 위해 저는 5월 16일부터 5월 23일까지 런던과 옥스퍼드에 있을 것입니다. 저는 크리스티나와 함께 5월 23일, 파리에 도착할 것입니다. 저희는 5월 25일 바르샤바로 떠날 것이며, 아메리카로 돌아가는 길에 저는 다시 파리에 오지만 크리스티나는 바로 아메리카로 떠날 것입니다. 저는 6월 3일 도착하여 5일에 떠납니다. 저에게 런던으로, 즉 런던 NW11, 세인트존스 24, 윌퍼트 c/o로 편지를 주시거나 최소한 공항으로 메시지를 남겨 제가 어디로 가야 할지 알려주시기 바랍니다. 자크[1]에게도 같은 부탁을 적어 보내며, 저는 두 분의 결정이 모두 마음에 들 것입니다 ─ 당신의 집이나 자크의 집과 가까운 곳의 어느 호텔이든 그의 멋진 집의 방 하나이든. 저는 모니크와 당신과의 만남을 매우 고대하고 있습니다.

다정한 마음을 담아,

로만

1   자크 라캉.

프랑스, 파리 16구
마로니에 길 2
클로드 레비스트로스 교수 귀하

1964년 6월 17일

친애하는 클로드에게,

저희가 서로 안부를 전하지 않은 지 꽤 오랜 시간이 흘렀는데 제가 그동안 바빴던 것만큼 당신 역시 바빴을 것으로 생각합니다. 당신의 《신화론》이 출판되었다고 전해 들었는데, 어서 보고 싶군요.[1]

저는 7월 말에 아메리카를 떠나 우선 모스크바에서 열리는 인류학대회에 가서 "비교신화학에서의 언어학적 논증[2]"에 대해 발표할 것이며, 그다음에는 바르샤바에서 열리는 운율에 관한 학회에 갑니다. 9월 초에는 코펜하겐에서 연구할 계획이며, 그다음에는 돌아오는 길에 크리스티나와 함께 9월 중순에 하루나 이틀 동안 파리에 들를까 합니다. 당신의 일정을 제게 보내줄 수 있겠습니까? 당신과 이야기하고 싶으며 질문이 많이 있습니다.

두 분 모두에게 알차고 편안한 여름이 되길 진심으로 바랍니다.

다정한 마음을 담아,

로만 야콥슨

1 《날것과 익힌 것》, op. cit.
2 〈비교신화학에서의 언어적 증거들 Linguistic Evidence in Comparative Mythology〉, 《선집》, 7권, 12-32쪽.

친애하는 클로드에게,

당신과 이렇듯 좋은 대화를 나눌 수 있어서 정말 행복했습니다. 돌아오는 길에 저는 당신의 《신화론》을 읽었으며 아주 깊이 감명받았습니다. 당신이 제기한 문제들 가운데 몇 개를 구두로 대화할 수 없다는 것이 얼마나 아쉬운지요.

촘스키[1]는 11월 12일과 13일 이틀이나 사흘 동안 파리에 있을 것입니다. 그는 당신과 정말로 이야기를 나누고 싶어 하며, 당신도 그럴 것이라고 확신합니다. 그는 파스칼 연구소에서 강연을 하나 합니다. 그가 당신에게 전화할 것입니다.

제가 떠나기 전에 당신에게 전화했지만, 연락이 닿지 못했습니다. 저의 주된 질문은 《인류학 동향Current Anthropology》에 실린 당신의 작업들에 대한 토론에 참가해 달라는 솔 택스[2]의 초대와 관련이 있습니다. 원칙적으로 동의했지만, 그 어떤 최종 답변도

---

[1] 노엄 촘스키Noam Chomsky, 1928년 출생, 미국인 언어학자이다. 1955년부터 MIT에서 야콥슨의 학생이자 동료였던 그는 "생성문법"이라는 이름을 붙인 언어학 분야에서 중대한 방법론적 혁명을 가져온 인물이다. 그는 "인지과학"을 보편화하는 데 기여했다. 촘스키와 야콥슨은 20세기에 가장 영향력 있던 두 언어학자이다.
[2] 솔 택스Sol Tax, 1907-1995, 미국인 인류학자로 그 학문 분과에서 중심적인 역할을 했던 《인류학 동향》 창간자이다.

하지는 않았습니다. 이 일과 관련해서 당신은 어떤 입장인지요?
제가 이것을 해야 할지요? 제게 알려주시기 바랍니다.

두 분께 저희 둘의 가장 따뜻한 마음을 담아 드리며,

우정의 마음을 담아,

로만 야콥슨

파리 16구, 마로니에 길 2   1964년 10월 26일

친애하는 로만에게,

당신께 더 명확히 밝혀 드리고 싶지만, 저는 이 기획에 대해 직접적으로나 우회적으로나 한 번도 들어본 적이 없으며, 솔 택스가 어떤 생각인지 전혀 알 수 없군요.

저희가 파리에서 그토록 짧게 볼 수밖에 없다니 아쉽기 짝이 없습니다. 다음 기회 때 이를 만회해야겠군요. 《신화론》 2권 집필은 진척이 있습니다. 이제 곧 시작하는 수업들만 아니었다면 올해 안으로 마무리할 수 있었을 것입니다. 바라건대, 봄이 되겠지요.

크리스티나와 함께 저희의 다정한 마음을 나누시기 바랍니다.

클로드 레비스트로스

프랑스, 파리 16구
마로니에 길 2
클로드 레비스트로스 교수 귀하

1965년 8월 17일

　　　친애하는 클로드에게,

당신의 소식을 전해 들은 지 참으로 오래되었군요. 저만큼 당신
또한 바쁠 것으로 생각합니다.

　며칠 있으면 저는 바르샤바와 코펜하겐을 향해 떠날 것이며,
9월 8일에 저희는 파리에 올 것입니다. 처음에는 당신의 새집을
방문할까 생각했습니다만,[1] 교정을 봐야 할 교정쇄가 쏟아지는
바람에 더 일찍 케임브리지를 떠날 수 없었습니다. 9월 중순이면
당신은 이미 도시로 돌아왔겠지요. 저는 앞뒤로 어려운 달들을
끼고 그 사이에 프랑스 어디론가 가서 9월 20일까지 휴식을 취
할 생각입니다. 편지로 당신의 일정을 알려주시기 바랍니다. 9월
1일부터 7일 사이 코펜하겐에서의 제 주소는 다음과 같습니다.
샬로텐룬드, 스코브리데르 크로엔 호텔. 파리로 제게 편지를 쓰
실 것이라면 우편을 실비아[2]의 주소로 보내주시기 바랍니다.

　당신과 좋은 대화를 나누기를 손꼽아 기다리고 있습니다.

1　1964년 모니크와 클로드 레비스트로스가 구입한 코트도르 지방 리뉴롤에 있는 이
　집은 이제부터 그들의 휴양지가 된다.
2　실비아 라캉Sylvia Lacan.

모니크에게 제 진심 어린 인사를 전해주시기 바랍니다.

다정한 마음을 담아,

로만 야콥슨

미국
매사추세츠, 케임브리지
보일스턴 홀 301
하버드 대학
로만 야콥슨 교수 귀하

파리, 1966년 2월 18일

친애하는 로만에게,

《아르*Arts*》에 실린 당신의 인터뷰 및 이 주간지의 다음 호에 실린 마르티네André Martinet의 믿기 힘든 반박을 별첨하여 당신께 보내드립니다. 보시면 아시겠지만, 당신께 반박하고 있지만 실제로는 저를 공격하고 있습니다.[1] 그 술책이 어찌나 조악한지 거기에 제가 답변할 까닭이 없습니다. 대답하면 혼란만 생기고, 또한 제

---

1 〈언어학, 과학 중의 과학이 될 것인가? ─ 클로드 본푸아가 로만 야콥슨에게 묻다 La linguistique va-t-elle devenir la science des sciences?–Un entretien de Claude Bonnefoy avec Roman Jakobson〉, 《아르》, 20호, 1966, 10-11쪽(부록 2에 옮긴 글); 〈로만 야콥슨에게 앙드레 마르티네가 답하다 André Martinet répond à Roman Jakobson〉, 《아르 에 루아지르*Arts et loisirs*》, 21호, 1966, 14쪽. 먼저는 로만 야콥슨과 가까웠던 앙드레 마르티네는 곧 경험주의자의 입장을 취함으로써 야콥슨의 보편주의와 대립하여 훨씬 더 비판적이 된다. 여기서 문제가 되는 논문은 실제로 꽤 신의를 저버리는, 흡사 모독에 가까운 공격을 보이고 있다. 그가 야콥슨을 "피상적인, 너무도 제한적인 혹은 그 수준이 의심되는 관찰들로부터 일반화를 하는 것", "앞에 나오는 정식定式들에서 이미 자주 다루기도 했던 지극히 일반적인 내용들"을 감추면서 "근사치들이 덮고 있는 투박한 정식들"을 만드는 것과 같은 점들을 꼽아 비난하며 야콥슨의 동료인 레비스트로스를 "탈신화화" 하도록 유도하고 있다. 마르티네는 로만 야콥슨이 그의 대담에서, 인간을 인간이게끔 하는 고유한 특성으로 도구를 만들어내는 능력과 더불어, 음소들을 지각하는 능력을 근친상간의 금기와 관련 짓는 것을 로만 야콥슨의 비전문성이라 예시로 든다. "이 무모한 정식은 여성들을 사회적 커뮤니케이션의 단위로 보는 레비스트로스의 정식을 모방할 뿐이다. 그의 정식은 레비스트로스와 마찬가지로 흰히 역설적인 성격을 가지고 있으며, 마찬가지로 깊이가 없다."

가 사용할 주장들을 오히려 그들이 당신에게 사용할 수 있는 손쉬운 기회를 줄 것입니다. 따라서 당신의 입장에서 무엇을 할지, 스스로 결정하시면 될 듯싶습니다.

다정한 마음을 담아,

클로드

프랑스, 파리 5구
마르셀랭베르틀로 광장 11
고등실천연구원
사회인류학 연구소
클로드 레비스트로스 교수 귀하

1966년 2월 25일

친애하는 클로드에게,

제가 R. 고델의 《일반언어학강의의 자필본 자료들Les Sources man-
uscrites du Cours de linguistique générale》(1957) 136쪽에서 찾은, 니벨룽
겐에 대한 소쉬르[1]의 대단한 자필 주해 인용문을 보내주기로 약

---

1 페르디낭 드 소쉬르Ferdinand de Saussure, 1857-1913, 스위스인 언어학자로 그가 죽
은 뒤 1916년, 그의 제자 두 명이 쓰고 출판한 《일반 언어학 강의Cours de linguistique
générale》를 통해 구조주의 및 "사회적인 삶 속에서 이뤄지는 기호들의 삶에 대한 과
학"을 가리키는 용어인 "기호론sémiologie"을 만든 인물이다. 1957년 로베르 고델
Robert Godel의 책 《F. 드 소쉬르의 일반 언어학 강의의 자필 원고들Les Sources manu-
scrites du Cours de linguistique générale de F. de Saussure》의 출간 및 1960년 소쉬르의 상속자
들이 그의 자필 원고들을 제네바 도서관에 기증하면서 구조주의가 전제하는 과학적
완고함과는 꽤 거리가 먼, 또 다른 소쉬르를 발견한다. 여전히 그 어떤 것도 출판하지
않은 채, 전설들 및 애너그램에 대한 가설들과 골자學子들을 한껏 늘리는 소쉬르를
말이다. 이러한 소쉬르는 그 무엇보다 기호들의 변신에 관심을 가졌는데, 이는 (소
쉬르가 인구어 전문가, 즉 역사비교언어학의 전문가였다는 사실을 잊은 채) 공시성共
時性과 정태성靜態性에 사로잡힌 소쉬르의 인상에서 상기되는 것과 상반된다. 정통
구조주의의 상징적인 본보기로 여겨지는 로만 야콥슨과 클로드 레비스트로스가 이
"또 다른 소쉬르" 안에서 스스로를 알아본다는 점은 놀라운 일이다. 야콥슨이 인용하
는 (그리고 그가 그의 글들에서 자주 언급할) 이 구절은, 기호의 변신은 모든 기호가
지닌 일반적인 성질이라는 점, 따라서 우연적이지 않고 본질적인 성질이라는 점을
힘주어 말하고 있다. 레비스트로스 또한 이 인용구를 자주 언급한다(그중에서도 특
히 아메리카 원주민들의 신화에 대한 면밀한 묘사가 곧바로 제시되어 있는 《신화론》,
3권, 〈식사 예절의 기원L'origine des manières de table〉, 259쪽 참조). 야콥슨은 소쉬르의
미간행 자필 원고들의 내용을 많이 밝혀냄으로써 사람들이 소쉬르를 알아가는 데
기여했으며, 레비스트로스에게도 그렇게 하기를 북돋는 한편 이러한 원고들 중 하나
에 대해 논문을 한 편 작성하도록 이끈다. 이는 〈종교, 언어 그리고 역사:소쉬르의 미

속한 바 있었지요. "우리는 같은 이름을 가지고 인물들이 바뀌는 것에 대한 다음과 같은 고찰을 볼 수 있다. "언어학의 상위 분야에서와 같이 이 분야에서도 사태의 핵심을 파고들다 보면 사유의 모든 모순은 결국 존재하지 않는 존재, 그러니까 보기를 들면 **단어, 신화의 인격**, 또는 **알파벳의 한 글자**처럼 철학적인 의미에서 결국 **기호**의 여러 다른 형태에 불과한 것들의 그 **정체성**이란 무엇인지 또는 그 정체성의 성격들이 무엇인지에 대한 불충분한 성찰로부터 생긴다." 주석에 소쉬르가 다음과 같이 덧붙였다. "이렇듯 잘못된 발상은 철학 그 자체도 마찬가지다"."

제게 보내준 복사본들에 감사드립니다. 같은 날 저는 솔레르스가 보낸 두 개의 글도 받았습니다.[2] 늘 그렇듯이 저의 인터뷰는 굉장히 부정확하게 재구성되었는데, 저는 마르티네의 유명한 개념을 가리키는 용어를 지나가듯이 간단히 언급만 했을 뿐인데도 마치 마르티네의 소위 "발견"을 반복하여 강조한 것처럼 되었습니다. 그의 반박은 **저속한 정신**조차 못 되는 **저속한 멍청함**에 속하며, 그 글은 제가 다 읽지도 못했습니다. 제가 언젠가 어딘가에서 다루면서, 그를 직접 언급하지 않은 채, 곤경에 빠진 그의 모습을 비웃을 겁니다.

제 책이 나왔어야 할 텐데, 데 리데르에게 부탁하여 당신께 한 부를 즉시 보내게끔 하겠습니다.[3]

간행 글 한 편에 대하여 Religion, langue et histoire:à propos d'un texte inédit de Ferdinand de Saussure〉라는 제목으로《먼 곳의 시선 *Regard éloigné*》(1983)의 10장으로 실린다.

2   필립 솔레르스 Philippe Sollers, 1936년 출생, 프랑스인 작가로 그 당시 구조주의에 참여했고, 또한 로만 야콥슨의 글을 몇 개 실은《텔 켈 *Tel Quel*》의 편집장이다. 여기서 말하는 "두 개의 글"은 클로드 레비스트로스의 앞선 편지에서 언급된 글을 가리킨다.

3   "슬라브 서사시 연구 Slavic Epic Studies"라는 제목이 붙은《선집》4권을 가리킨다.

당신 두 분을 볼 수 있어서 언제나처럼 좋았습니다.

우정의 마음을 남아,

로만 야콥슨

친애하는 로만에게,

〈스물아홉 가지 유형의 평행성들〉에 감사드립니다. 참으로 비범한 글이며, 이러한 형태의 대칭, 즉 물리학자들이 만족하는 것보다 더 많고 다양한 형태를 모두 반영하는 상像들을 알아낼 수 있었으면 합니다. 소쉬르의 예견적인 인용문도 고맙습니다.[1] 저는 4월 6일부터 9일까지 시카고에, 10일부터 12일까지 워싱턴에 있을 것입니다. 다시 한번 피곤한 여행이겠네요.[2]

다정한 마음을 가득 담아,

클로드

[1] 이는 9세기 일본의 승려 구카이空海가 당나라 왕조 초기의 중국 문예에 대해 쓴 다양한 논고들을 모아 놓은 〈스물아홉 가지 유형의 평행성들Les Vingt-neuf parallélismes〉이라는 문서를 가리킨다. 로만 야콥슨은 그의 하버드 대학 동료이자 중국학자인 제임스 로버트 하이타워James Robert Hightower로부터 이 글의 영문 번역본을 받아 레비스트로스에게 전달한 바 있다. 야콥슨은 같은 해 발표된 논문 한 편에서 이 원문뿐만 아니라 시적 평행성들의 유형화에 대한 다양한 연구들을 다룬다. 〈문법적 평행성과 러시아에서의 양상Grammatical Parallelism and its Russian Facet〉,《언어Language》, 42권, 2호, 1966, 399-429쪽;《선집》, 3권, 8장 및 프랑스어로는 《시학의 문제들Questions de poétique》 저서 표기, 234-279쪽에 재수록. (오늘날 우리는 구카이의 논고를 다음의 글에서 프랑스어로 읽을 수 있다. 〈평행성에 대한 당나라 논고들Traités Tang sur le parallélisme〉,《극동극서Extrême-Orient Extrême-Occident》, 11호, 1989, 109-124쪽.)

[2] 1966년 4월, 클로드 레비스트로스는 시카고에서 바이킹 재단으로부터 금색 훈장을 받게 되는데, 국제 인류학 공동체의 투표로 수여되는 명예로운 상이다.

프랑스, 파리 16구
마로니에 길 2
클로드 레비스트로스 교수 귀하

1966년 3월 28일

친애하는 클로드에게,

당신의 편지에 감사드립니다. 3월 26일부터 4월 10일에 저는 조지아주에 있는 오사보 섬에서[1] 평온하게 글을 쓰고 있을 테지만, 11일이 되는 대로 케임브리지로 돌아올 것이니, 당신이 우리를 보러 당신을 위한 방이 있는 내 집에 들른다면 기쁠 겁니다. 11일이나 12일 이른 아침이나 늦은 저녁에 제게 전화를 걸어줄 수 있을까요? 집 전화번호는 868-5619입니다. 당신과 짧은 대화라도 나눌 수 있다면 참 좋겠네요.

다정한 마음을 담아,

로만 야콥슨

---

1 오사보Ossabaw는 시아일랜드 군도의 섬들 가운데 하나로 미국의 조지아주 연안 맞은편에, 사바나에서 20킬로미터 정도 떨어진 남쪽에 위치하며, 풍부한 생태계가 특징이다. 1961년부터 오사보 재단은 그곳을 생태계 보존 지역뿐만 아니라 지식인들과 예술가들의 은퇴를 위한 곳으로 변모시켰다. 로만 야콥슨은 1960년대 중반부터 이 섬에 매우 정기적으로 들르며 매우 고요한 이곳에서 수많은 논문과 책을 썼다.

친애하는 로만에게,

당신께서 칠순을 바라보신다는 걸 믿으려면 저는 거울을 들여다 봐야겠습니다. 적어도 당신은 그대로니까요. 우리가 만날 때마다 당신은 처음 모습 그대로인 듯 보입니다. 온건하고 다정하며, 생기 있으면서 강렬한 호기심에 이끌린, 토론하기 위해 언제나 준비되어 있는 ─ 어떤 시간에나 말이지요! ─, 새롭고도 깊은 통찰이 풍부한 그 모습. 존재 자체가 위대한 인물들을 몇 안 되지만 만나 보았습니다. 저는 이러한 수식어를 소수의 사람에게만 망설임 없이 붙였습니다. 하지만, 이 수식어를 온 마음으로 적용하는 사람이 있다면, 바로 당신입니다!

친애하는 로만, 생신 축하드립니다. 당신께서 부디 길고도 행복한 삶을 사셔서 당신 안에 있는 모든 위대한 작품을 저희에게 전해주기를 바랍니다.

클로드 레비스트로스

프랑스, 파리 16구
마로니에 길 2
클로드 레비스트로스 교수 귀하

1966년 5월 31일

친애하는 클로드에게,

9월에 있을 기호학회와[1] 관련하여 졸키에프스키Zbiginiew Zolk-iewski에게 보내기 위해 당신의 몇몇 조언을 적어달라고 했던 저의 긴급한 부탁에 당신이 대답하지 않았습니다. 다시 한번 부탁드립니다.

이 우편과 함께 별쇄본 두 부를 보내며,《선집》의 다른 두 권을 위한 작업을 하는 중입니다.

두 분께서 편안하고 알찬 여름을 보내시기를 바랍니다.

다정한 마음을 담아,

로만 야콥슨

추신: 8월 초, 저는 모스크바에 갔다가 소피아-바르샤바-코펜하겐-암스테르담을 거쳐 아메리카로 돌아올 것입니다. 파리에

---

1 카지미에시에서 1966년 9월 12일부터 18일까지 폴란드 과학 학술원의 후원으로 열린 국제 학회로 기호학의 기반을 세운 모임이다. 이곳에서 기호론(모든 기호체계 연구)과 언어학(언어들에 대한 연구)의 관계들에 대한 논의가 진행되었다.

들르는 것은 여의치 않아 보이는데, 유네스코가 3월에 저희 그룹 회의를 하자고 요청하고 있습니다.[2]

---

2   로만 야콥슨이 1968년 10월에 참여했다는 기록밖에 발견된 것이 없지만, 아마도 "유네스코 사회과학 특별위원회"일 것이다.

친애하는 클로드에게,

저는 모스크바로 떠나기 전, 라호이아에서[1] 이틀을 지내고 돌아왔습니다. 9월 말에 돌아온 다음 뒤메질과 관련된 기획을 위해 최선을 다해보겠습니다.

제가 당신에게 강조하여 부탁한 일을 했는지요? 그랬기를 간절히 바라며, 아니라면 꼭 해주기를 바랍니다!

10월 말에는 그르노블에, 그리고 11월 초에는 니스에 있을 것입니다. 그르노블로 가는 길과 니스에서 돌아오는 길에 파리에 들를 수 있기를 바랍니다. 당신과 나누고 싶은 이야기가 정말 많습니다.

다정한 마음을 담아,

로만 야콥슨

---

1 캘리포니아주 샌디에이고에서 가까운 동네로 소크 연구소가 소재한 곳이다. 야콥슨은 이곳에서 6월과 7월을 보냈다.

친애하는 클로드에게,

저는 1월 31일 저녁에 파리에 오며 2월 6일까지 머물 것입니다
(3월에는 오지 않을 것입니다). 요즘 제가 아주 관심 있는 신화학
과 학문의 분류와 관련된 몇몇 문제에 대해 당신과 많은 대화를
나누고 싶습니다. 구조주의에 대한 최근의 논쟁 또한 이야기 나
누고 싶습니다.[2]

당신에게 전화를 한 통 걸겠습니다. 저는 실비아 집에 머무르
고 있습니다.

두 분의 벗,

로만

추신: 방베니스트도 초대할 수 없을까요?

---

1 시칠리아에 있는 몬레알레 돔의 모자이크를 모사한 우편엽서, 지상 낙원에 들어서
  는 아담이 그려져 있다
2 여기서 로만 야콥슨은 구조주의를 유행시키고, 사르트르식의 마르크스주의적 실존
  주의와 "새로운 철학"으로서 구조주의의 대립에 대한 토론을 불러일으킨 미셸 푸코
  의 《말과 사물*Mots et les Choses*》 및 자크 라캉의 《에크리*Écrits*》 출간에 뒤따른 논쟁을
  암시하는 것처럼 보인다. 클로드 레비스트로스는 구조주의에 대한 철학적 해석들에
  서 언제나 거리를 둔다. 하지만 1960년 중반부터 공론장에 구조주의가 자리 잡는 것
  을 그가 막을 수 없었다.

프랑스, 파리 16구
마로니에 길 2
클로드 레비스트로스 교수 귀하

1967년 11월 20일

친애하는 클로드에게,

당신이 보내준 너무도 아름다운 "별들Étoiles"[1], 그리고 (편집자가 제게 가져다 보여준 편지 더미 중에서) 당신의 훌륭한 편지는 제게 큰 감동을 주었으며, 솔직한 말로 그 편지는 큰 자극제가 되어 제가 진지한 연구에 더욱 매진하게끔 하였으니 진심으로 감사드립니다.[2] 클로드, 저에게 당신처럼 진실한 벗이 있다니 너무도 좋은 일입니다.

현재, 저는 당신의 문헌 하나를 참고하여 과학들 사이에서 언어학의 위치에 대한 보고서를 다시 작성하면서 발전시키고 있는데, 이는 《선집》 2권에 실리지만 따로 나오기도 해야 합니다.[3] 당

---

1 이는 야콥슨의 일흔 번째 생일을 맞이하여 그에게 헌정된 책에 싣기 위해 클로드 레비스트로스가 쓴 글이다. 〈별들의 성Le sexe des astres〉, 《로만 야콥슨을 기리며:그의 일흔 번째 생일을 맞아 쓰인 에세이들To Honor Roman Jakobson:Essays on the Occasion of his Seventieth Birthday》, 1966년 10월 11일, Mouton de Gruyter, 1967;《구조인류학 2》, op. cit., 11장에 재수록.

2 로만 야콥슨은 레비스트로스가 그의 일흔 번째 생일에 그에게 썼던 1966년 5월 12일 자 편지를 말하고 있다. 로만 야콥슨 사망 이후 이 편지는 수정을 가해 다음의 제목으로 출판되었다. 〈어느 한마디A Statement〉, 《로만 야콥슨을 위한 헌사A Tribute to Roman Jakobson》, 1896-1982, Mouton de Gruyter, 1983, 70-71쪽.(부록 7에 실린 미간행된 번역을 참조.)

3 이는 클로드 레비스트로스를 위한 다음의 글을 가리킨다. 〈다른 과학들에 비추어 본

신이 보기에 그 글에 새로운 생각들이 담겨 있기를 바랍니다. 자콥과 우리가 나눈 대화가 그 뒤로도 이어지고, 또한 대중에게 발표되기도 했는지요?[4]

저는 또한 인도유럽 비교신화론에 제출할 글을 마무리하고 있는데, 당신에게도 조만간 복사본 한 부를 보내겠습니다.

예일 프랑스 연구에 실린 우리의 〈고양이〉에 반박하는 논문은 터무니없이 무지하기 짝이 없습니다.[5] 저는 공개 강연에서도 이렇게 표현한 바 있으며 저의 책 《문법의 시와 시의 문법》에 〈시 분석 또는 무능한 독자에게 고함Analyse de la poésie ou recours au lectorat médiocre 〉이라는 제목의 짧은 에세이 하나를 넣고자 합니다.

　　언어학Linguistics in Its Relation to Other Sciences 〉, 《제10회 언어학자 대회 논문집Actes du Congrès des linguistes》, Éditions de l'Académie de la République socialiste de Roumanie, 1969; 《선집》, 2권, 655-696쪽에 재수록.

4　로만 야콥슨, 클로드 레비스트로스, 그리고 생물학자들인 프랑수아 자콥François Jacob 및 필리프 레리티에Philippe L'Héritier 와의 이 대화는 녹화되어 실제로 1968년 2월 19일 텔레비전으로 송출되었다(이 주제에 대해서는 1968년 1월 23일 자 편지 각주 참조).

5　미카엘 리파테르Michael Riffaterre, 1924-2006, 프랑스인 언어학자로 1950년대에 미국으로 망명했으며 프랑스 문학 이론의 중요한 인물이 된다. 그는 로만 야콥슨과 레비스트로스가 〈고양이〉를 분석한 글을 비판하는 논문을 한 편 발표한 바 있었다(《시적 구조들을 묘사하기:보들레르의 〈고양이〉에 대한 두 접근법Describing Poetic Structures:Two Approaches to Baudelaire's " Les chats" 》, 예일 프랑스 연구, 36-37권, 1966, 200-242쪽; 《구조문체론 소론Essais de stylistique structurale》, Flammarion, 1971에 재수록). 그는 이 논문에서 야콥슨과 레비스트로스가 보통의 독자라면 지각할 수 없을 층위에서 문법적 분석이나 개념들을 다룬다고 지적했다. 야콥슨은 우선 리파테르의 몇몇 언어학적 오류를 꼬집은 다음, 그의 비판이 모든 독자를 "형편없는 독자"라는 기준으로 생각한다고 지적한다. 이후로 나올 일련의 글들 가운데 시작에 불과한 리파테르의 이 비판적인 글은 수많은 연구자를 불러모을 뿐 아니라 문학 이론에서 가장 좋은 방법론은 무엇인가 하는 문제에 대한 논쟁의 한복판에 로만 야콥슨과 레비스트로스의 논문을 가져나 놓는다. 이 글들은 모리스 델크루아Maurice Delcroix 와 발터 게흐츠Walter Geerts (dir.), 《보들레르의 〈고양이〉. 방법론들의 충돌 "Les chats" de Baudelaire. Une confrontation de méthodes》, op. cit.에 있다.

"reins féconds"는 리프[6]가 해석하는 대로밖에 해석될 수 없는지, 아니면 어떤 남성다운 상징으로 해석될 수도 있는지 말해주시기 바랍니다. 일견에는 "다산多産의 féconds"가 철저하게 여성적인 수식어로 보입니다.

국제 학회에서 구술 코드화의 구조적 원리들에 대해 발표하기 위해 3월 10일과 15일 사이에 며칠간 파리에 가기로 했습니다. 두 분을 보기를 매우 고대하고 있습니다.

다가오는 새해를 맞아 두 분께 저의 가장 진심 어린 소망을 담아 드리며,

다정한 마음을 담아,

로만 야콥슨

추신: 당신이 동의한다면, 최선의 방법은 〈고양이〉를 헐뜯는 사람들에게 우리가 같이 글을 써서 답변하는 방법일 것입니다. 이 제안이 괜찮은지 말해주기 바랍니다. 제 생각에는 쓸모 있을 것 같습니다. 인구어 친족 관계 용어들에 대한 소쉬르의 필기를 알고 있는지요? A. 지로틀롱A. Giraud-Teulon, 《결혼과 가족의 기원들Les Origines du mariage et de la famille》(Genève, 1884), 494-503쪽에 실려 출판되었습니다.

6 리파테르

"rein" 아마도 남성적 함의含意: "그는 허리가 튼튼하다il a les reins solides" 따위, 하지만 "**다산의**fécond"는 더욱 복잡.《백과전서*Ency-clopédie*》에 실린 볼테르Voltaire의 "다산의fécond" 항목 및《리트레 *Littré*》에 실린 다산의/비옥한fécond/fertile에 대한 논의를 참조하십시오. 제 생각에 문자 그대로라면 여성은 다산적인 반면 남성은 비유적인 의미에서 그럴 수 있어 보입니다. 보기. "다산하는 창조자un créateur fécond".

친애하는 로만에게,

벨레스Veles 신[1]에 대한 당신의 조예 깊은 논문에 감사드립니다. 그 내용이 너무도 슬라브적이고 문헌학적이라 제가 어떤 의견을 드릴 수는 없지만, 언제나 그러하듯, 당신의 글을 읽으면서 많은 것을 배웠습니다.

우리 텔레비전 프로그램[2]의 첫 편집본을 봤습니다. 방송을 한 시간으로 줄이기 위해 당연히 많은 부분을 잘라냈지만, 전체로 보자면 (그다지 재미를 불러일으키지는 않지만) 준수한 편이며 당신은 중요한 자리를 차지했습니다. 시청한 모든 사람은 당신의 "풍모"에 깊은 인상을 받았습니다. 이 프로그램은 2월에 방송될 것이며, 《프랑스 문예지Les Lettres françaises》에서 (자기녹음 테이

---

1 〈신 벨레스와 그의 인도-유럽 동족어들The Slavic God Veles and his Indo-European Cognates〉, 《비토레 피사니를 기리며Studi linguistici in onore di Vittore Pisani》, Paideia, 1969, 579-599쪽;《선집》, 7권, 33-48쪽에 재수록.

2 이는 1968년 2월 19일 텔레비전으로 송출된 방송 〈살기 그리고 말하기Vivre et parler〉를 가리키며 클로드 레비스트로스, 로만 야콥슨, 생물학자인 프랑수아 자콥과 필립 레리티에가 출연한다. 그들은 언어의 세계와 생물체의 세계의 관계들에 대해 토론을 나눈다. 야콥슨은 다음과 같은 결론을 내린다. "자연과 문화 사이에는 그 어떠한 철의 장막도 있을 수 없다Il ne peut y avoir de rideau de fer entre la nature et la culture." (이 토론을 글로 옮겨 부록 3에 수록함.)

프를 옮겨 적은) 그 대본 그대로 출판할 것입니다. 다른 프로그램 (당신께서 혼자 나오는 그 프로그램)에 대해 말하자면, 3월로 예정되어 있으며 제가 그전에 분명 보겠지만, 아직은 준비가 안 되어 있습니다. 제 프로그램[3]은 지난 일요일에 나왔습니다. 당신께서 아시다시피 우리는 파리라는 무대에서 주목받고 있으며, 특히 저는 지난주 국립과학연구소로부터 인문과학 분야에서 최초로 금조 훈장을 받았습니다.[4] 구조주의는 공식적인 학설이 되어가고 있습니다. 금세 곧 비난하겠지만 말이지요…

다정한 마음을 가득 담아,

클로드

---

3 이는 1968년 1월 21일 텔레비전으로 송출된 방송 〈어느 한 시선Un certain regard〉을 가리키며, 미셸 트레게 Michel Tréguer 가 레비스트로스를 인터뷰했다(방송은 인터넷으로 볼 수 있다. 〈Claude Lévi-Strauss-Un certain regard〉, Ina.fr, 1968년 1월 21일).
4 1968년 1월 17일.

친애하는 로만에게,

우리가 출연한 프로그램이 지난 월요일에 방송되었습니다. 한 시간으로 줄여졌고, 따라서 일관성이 잘 지켜지지는 않았습니다. 《프랑스 문예지》가 대본을 출판했습니다.[1] 감상들을 보면 우호적이지만, 전체적으로 볼 때 방송은 어렵고 엄숙하며 어떻게 보면 지루하기까지 합니다. 하지만 결국, 그것이 진실입니다. 최종본에서 당신은 큰 비중을 차지하고 있으며, 텔레비전에 나온 당신의 모습이 아주 잘 어울립니다.

당신만의 방송[2]은 프랑스 시간으로 3월 17일 오후 10시쯤으로 예정되었습니다. 하버드 대학이 고위층에 개입해서 그 방송을 텔스타나 얼리버드[3]를 통해 미국에 재송출하는 것만 남았습니다.

저희는 아직 파리에서 당신의 **기념논문집***Festschrift*[4]에 대해 아무

---

1 〈"Vivre et parler":un débat entre François Jacob, Roman Jakobson, Claude Lévi-Strauss et Philippe L'Héritier〉,《아르》(부록 3 참조).

2 이는 1968년 3월 17일 텔레비전으로 송출된 방송 〈어느 한 시선〉을 가리킨다.

3 [역주] 텔스타Telstar와 얼리버드Early Bird는 미국과 유럽을 이은 당대의 통신위성들 이름이다.

4 독일어 "기념 *Festschrift* "은 야콥슨을 기리는 "기념논문집"을 가리킨다.《로만 야콥슨을 기리며 *To Honor Roman Jakobson*》

것도 못 본 상태입니다.

다정한 마음을 담아,

클로드

친애하는 로만에게,

훌륭한 별쇄본들을 보내주신 것에 감사를 드리기 위해 한참 전에 편지를 드렸어야 했는데, 오늘에서야 슬픈 소식과 더불어 이렇게나마 전해드리게 되어서 송구스럽습니다. 방베니스트에게 그저께 심장마비가 왔습니다. 그는 병원에 있는데, 전해 듣기로는 의식이 없는 상태이며 반혼수 상태라고 합니다.[1]

그가 《인도-유럽의 제도들Institutions indo-européennes》 두 권을 마침내 출판한 이 순간에 이러한 불행이 닥쳤으니 저는 정말이지 완전히 낙심했습니다. 그리고 그가 만약 죽거나 혹은 가르칠 수 없는 상태로 살아남는다고 할 때 그의 뒤를 이을 사람이 처할 상황들을 떠올리자니 전율을 금치 못합니다.[2]

이렇다 할지라도, 모니크와 제가 두 분께 부디 행복한 새해를 빌어 드립니다.

다정한 마음을 담아,

클로드

1 방베니스트는 이후 7년 뒤인 1976년 사망할 때까지 말을 하지 못한다.
2 클로드 레비스트로스는 콜레주 드 프랑스에서 방베니스트의 승계를 말하고 있다. 방베니스트는 1937년부터 1969년 사이 이곳에서 비교문법 교수직을 역임했다.

　　　친애하는 클로드에게,

당신의 7월 1일 편지를 받고 나서, 저는 촘스키에게 방대한 편지를 썼는데 그의 답장을 당신에게 보냅니다. 그가 입장을 바꿀 것으로 보이지는 않지만, 그럼에도 그는 제가 9월 초에 케임브리지에 돌아오면 자신과 이야기 나누자고 한 부탁을 미루어 보건대 어떤 여지가 남아 있다는 인상을 받았습니다. 저는 그를 만날 것이며, 모든 문제에 대해 대화를 나눌 테니 제가 9월 16일부터 19일 사이에 파리에서 당신을 만날 때 그 결과에 대해서 말해주도록 하겠습니다. 정말 오랫동안 만나지 못한 두 분을 다시 만나기를 매우 고대하며, 저희가 나눠야 할 이야기들이 제법 많이 있습니다.

　　다정한 마음을 담아,

로만 야콥슨

매사추세츠 20139, 케임브리지,　　　　　　 1970년 7월 23일[1]
MIT, 외국어문학과

친애하는 로만에게,

명백하게도, 콜레주 드 프랑스의 제안을 듣게 되어 정말 기쁘며 그 제안에 마음이 많이 가는 것이, 이로 인해 얻을 명예와 더불어 기회들을 생각할 때, 그리고 이곳을 주름잡고 있는 굉장히 혼잡한 이 상황에서 잠시 떠나 시간을 보낼 수 있다는 생각에 제게 점점 더 매력적으로 다가오기 때문입니다. 그렇지만, 현실적으로 앞으로의 일들을 그려보면 이는 실현 가능하지 않아 보입니다. 제 아이들은 자주 이사를 다니기에는 아직 너무 어리며, 저는 그토록 긴 기간 동안 떨어져 있고 싶지 않습니다. 그리고 최소한 현재로서, 저는 이곳에서 맡은 수많은 일 가운데 단 하나도 그만둘 수 없는 실정입니다. MIT뿐 아니라 저희의 프로그램에 매우 깊이 참여하고 있으며, 평화운동 및 투쟁 중인 미국 좌파를 위해서도 마찬가지입니다. 이러한 상황에서 저는 모든 힘을 다해 이러한 약속들을 이행해야 한다고 느낍니다. 따라서 송구스럽지만, 저는 이 초대에 불응할 수밖에 없는 처지입니다.

1　노엄 촘스키가 로만 야콥슨에게 쓴 편지가 첨부되었다.

최근 몇 달은 믿을 수 없을 정도로 정신없었습니다. 어느 정도 진지하게 다시 연구할 수 있게 된 것이 불과 몇 주밖에 되지 않았습니다. 사뭇 흥미로운 박사 논문들이 꽤 있으며 — 이번 달에 논문 심사 여섯 개가 예정되어 있습니다 —, 그렇지만 모두 만족스러운 것만도 아닙니다. 저는 통사론과 의미론의 최근 문제들을 다룬 긴 논문 한 편을 막 마무리했습니다. 논문의 복사본이 마련되는 대로 당신께 한 부 보내드리겠습니다. 저희는 8월 1일 웰플리트로 한 달간 떠납니다. 떠난다면 저는 대단히 행복할 것입니다.

캐롤Carol Chomsky이 당신께 진심 어린 안부를 전해 드립니다. 9월에 당신을 볼 수 있기 바랍니다(저희는 9월 1일에 돌아옵니다 — 시간이 된다면, 제가 떠나기 전에 서로 만나기를 바랍니다).

다정한 마음을 담아,

노엄

콜레주 드 프랑스 파리,   1970년 9월 25일
사회인류학 석좌교수

친애하는 로만에게,

여기에 메이예의 기조 강연의 복사본을 보내드립니다. 7쪽에 소
쉬르를 기리고 있습니다.

다른 한편으로는 당신께서 가지고 계신 편지는 당연히 방베
니스트가 《페르디낭 드 소쉬르 연구지 *Cahiers Ferdinand de Saussure*》
(vol. 21, 1964)에 실은 것들 사이에 포함됩니다. 1906년 1월
10일 자 편지에 다음과 같이 적혀 있습니다. "11월에 콜레주 드
프랑스에서 내 친척 나비유 씨가 한 강연들"(따라서, 의심의 여지
없이, 1905년에 한 강연들입니다). 남편이 사망한 뒤 소쉬르 부인
이 쓴 1913년 5월 25일 자 편지에는 메이예가 자신의 기조 강연
에서 한 증언을 묘사하고 있습니다. 1911년까지 이어진 이러한
서신 교환으로부터 우리는 소쉬르가 콜레주에 오지 않았다고 도
출할 수 있습니다. 그렇지 않았다면 편지들에 나타나 있었을 것
입니다.[1]

---

1   이 자료는 로만 야콥슨의 논문을 뒷받침하는데, 이 논문이란 페르디낭 드 소쉬르가
     애너그램에 대해 앙투안 메이예에게 쓴 1906년 11월 12일 자 편지를 가리키며, 지금
     부터 이어질 편지들은 이 문제를 다루고 있다.

기록보관소에 가서 나비유가 한 강연들의 날짜와 제목들, 그리고 소쉬르에게 그 뒤로도 초빙 요청을 한 흔적이 있는지 확인해 보자고 요청했습니다. 기록보관소 담당자가 가끔 나오기 때문에 현재로서는 조금 시간이 걸릴 것입니다.

제가 파리에 돌아왔을 때 일이 많아진 연유로 당신을 더 오래 못 보았던 것이 아쉽습니다.

다정한 마음을 담아,

클로드

추신: 방베니스트의 서문을 보시면 아시겠지만, 1907년 9월 23일의 편지에 앞서 소쉬르가 메이예에게 "사투르니아saturnien 운율[2] 연구를 언급한 첫 소식"을 전달했을 편지가 빠져 있다는 것을 방베니스가 알고 있었습니다. 이게 혹시 당신의 것일까요?

---

2 [역주] 라틴어로 된 초기 로마시의 운율을 가리킨다.

파리 5구
마르셀랭베르틀로 광장 11
콜레주 드 프랑스와
프랑스 고등실습연구원
공동 소속의
사회인류학 연구소

미국
매사추세츠. 02138, 케임브리지
보일스턴 홀 301
하버드 대학
로만 야콥슨 교수 귀하

파리, 1970년 9월 30일

친애하는 로만에게,

제가 기대했던 것보다 빨리 기록보관소로부터 정보가 왔습니다. 그것을 여기 동봉해 보내드리며, 제가 앞서 보내드렸던 메이예의 기조 강연과 마찬가지로 이것은 당신께서 제게 물어보셨던 모든 질문에 답을 하고 있습니다.

《롬므》는 당신의 글[1]과 소쉬르의 편지를 게재하기를 기뻐하

---

1 로만 야콥슨의 논문은 실제로 1971년 발표된다. 앙투안 메이예 Antoine Meillet, 1866-1936, 20세기 초의 위대한 프랑스인 언어학자이다. 콜레주 드 프랑스 교수로서 일대一代의 언어학자들을 일구며, 이 중에는 방베니스트와 뒤메질도 있다. 이 편지는 소쉬르가 그의 친구이자 옛 제자인 메이예에게 보낸 편지 하나를 가리킨다. 소쉬르는 이 편지에서 처음으로 애너그램을 연구하고 있다고 밝히며, 실패하기까지 몇 년 간 이 문제에 골몰한다. 그는 실제로 인구어 시의 큰 부분이 애너그램, 곧 한 단어와 같은 음소들을 가졌지만, 음소들이 다르게 배열된 다른 단어 속으로 그 단어를 숨기는 원리로 이루어졌다는 점을 밝혔다고 믿었다. "애너그램"이라는 단어는 보통 글자들의 뒤바뀜들(보기를 들면, "역 엄마 gare maman"는 "애너그램 anagramme"의 애너그램이다)에 붙는 말이지만, 소쉬르는 오히려 음소들의 뒤바뀜을 가리키기 위해 사용한다. 보기를 들면 어느 신의 이름은 글에 암호화되어 들어 있지만, 찬가에서는 절대로 그 이름이 입으로 말해지지 않는다. 소쉬르는 우선 사투르니아 시형詩形(신비한 운율로 된 고대 로마의 시형으로 매우 적은 예시들만 남아 있다), 그다음으로 호메로스의 서사시에 적용된 이러한 주장을, 그 이후에 고대 베다 시에 대해서, 나아가 라틴 시 전체, 그리고 결국에는 라틴어 산문, 현대의 라틴 시 콩쿠르까지 연구한다. 그는 현대의 한 라틴어 시인에게 자신의 가설들을 보여준 뒤 답장을 받지 못하자 이 연구를 그만둔다. 장 스타로뱅스키 Jean Starobinski, 1920-2019, 문학 이론가이자 스위스 사상사思想史 연구자인 그는 1964년부터 이 글들 가운데 몇몇을 논문으로 발표했다

고 만족할 것이며, 이는 이것이 만약 **애너그램**에 대한 것이라면 그 관심이 오직 언어학적이지만은 않고 민족학이 포함된 모든 기호과학과 연관이 있기 때문입니다.

다정한 마음을 담아,

클로드 레비스트로스

(이것들은 종국에는 널리 알려질 다음의 책에 실린다. 《단어들 속의 단어들. 페르디낭 드 소쉬르의 애너그램 *Les Mots sous les mots. Les anagrammes de Ferdinand de Saussure*》, Gallimard, 1971). 로만 야콥슨은 그 시절 이 연구를 진지하게 받아들인 몇 안 되는 언어 학자들 가운데 한 명이었다. 그는 이 연구들을 통해 실제로 야콥슨 자신의 논지들, 즉 시에 대한 언어학적 분석 및 시를 이루는 여러 다른 부분 사이의 평행성들을 세 워 만듦으로써 담화의 선조성線條性을 거스른다는 생각의 선구자가 바로 소쉬르라 고 하게 된다. 이와 같은 논지들이 보들레르의 〈고양이〉에 대한 분석을 불러일으킨 것이다. 따라서 클로드 레비스트로스가 로만 야콥슨에게 애너그램에 대한 글을 요청 하는 것은 그들의 공동 작업의 연장선상에서 이루어지는 것이다. 참조. 로만 야콥슨 이 주해를 달고 출판한 《애너그램에 대해 페르디낭 드 소쉬르가 앙투안 메이예에게 보낸 편지들 가운데 첫 번째 편지 *La première lettre de Ferdinand de Saussure à Antoine Meillet sur les anagrammes*》.

미국

매사추세츠. 02138, 케임브리지

보일스턴 홀 301

하버드 대학

로만 야콥슨 교수 귀하

파리, 1970년 12월 22일

　　　친애하는 로만에게,

제가 축제에 맞춰 파리를 떠나려던 참에 당신께서 그레마스[1]와

나눈 서신의 복사본을 받았는데, 저는 이로 인해 아주 당황스럽

습니다. 실제로 이분이 제게 우르비노에서 있었던 자신의 업무에

대해 꽤 모호한 용어들로 이야기했을 때, 저는 그것이 국제기호

학협회[2]와 충돌하는 어떤 기획에 대한 것이라고는 단 한 순간도

생각하지 못했으며, 그보다는 그저 학회들과 세미나들을 주최하

는 어떤 교육연구 기관의 기획이라고 생각했습니다. 말하자면 약

간 바르텐슈타인 성에 있는 베너그렌 연구소처럼 그들이 국제적

인 차원에서 활동하면서도 국제 인류학 및 민족학 연합과는 그

목적이나, 성격, 그리고 구성이 완전히 다르듯이 말입니다.[3]

1　알지르다스 줄리앙 그레마스Algirdas Julien Greimas, 1917-1992, 리투아니아 출신 프랑
　스인 언어학자 겸 기호학자이다. 굉장히 영향력 있는 사조인 구조의미론의 창시자이
　며 야콥슨보다는 덴마크인 옐름슬레우와 더욱 가까웠다. "기호학적sémiotique"이라
　고 불린 이 사조는 특히 비언어적, 시각적 기호들 등등에 대한 연구 같은 수많은 작업
　을 불러왔다. 1966년부터 1970년까지 그의 세미나 및 "코뮈니카시옹Communication"
　집단과 관계 있는 연구자들은 클로드 레비스트로스의 사회인류학 연구소에 자리를
　잡는다.
2　국제기호학협회는 1969년 야콥슨, 방베니스트, 그레마스, 크리스테바, 시비옥, 로트
　만이 창설했다. 이 협회는 여전히 지금도 있다.

이러한 생각에서, 그리고 그레마스에게 도움을 주기 위해서 제가 다른 분들에 이어 그의 위원회에 참여하기로 했던 것입니다. 하지만 당신의 해석이 정확하다는 것이 드러나면, 저는 당연히 이러한 결정을 유지하지 않을 것입니다. 왜냐하면 당신께서 임시 의장을 맡기로 하신 위원회에 직접적으로 대항하는 계획에 참여하는 것은 저의 뜻과 가장 멀기 때문입니다. 저는 파리에 돌아가는 대로, 당신께서 그레마스에게 보내신 편지가 그 필요성을 보여줬듯이, 이 일에 대해 명확한 해명을 듣겠으며, 제가 받을 설명들을 당신께도 알려드리겠습니다.

당신께서 《롬므》에 보내주기로 약속하셨던 글, 그러니까 소쉬르가 메이예에게 보낸 미간행 편지에 대한 그 글을 이참에 상기시켜드려도 될지요? 당신께서는 두 달 전에 연이은 두 우편물을 통해 저에게 이 주제와 관련하여 모아달라고 하셨던 자료 전부를 받으셨어야 합니다. 저는 해당 호에 진정한 "기호학적 séméiologique" 성격을 부여하기 위해 당신의 논문을 1971년 봄에, 그러니까 제가 라벨의 〈볼레로〉를 분석한 글과 동시에 꼭 발표하고 싶습니다.[4] 그렇지만 이렇게 하기 위해서는 다가오는 몇 주 안

3 야콥슨과 그레마스의 논쟁은 1970년 11월에 우르비노 대학에 세워진 "국제 기호학 언어학 연구소" 소장직을 맡아 달라는 대학 총장의 요청을 그레마스가 받아들여 시작됐다. 이 연구소의 목적은 여름 세미나들을 주최하고 연구자들을 맞이하는 데 있었다. 그레마스는 운영위원회를 섭외하기 위해 (레비스트로스를 포함하여) 명망 있는 여러 인물에게 연락을 하는데, 로만 야콥슨은 이러한 시도를 당시 막 생겨난 국제 기호학협회에 대적하는 것으로 여겼다. 야콥슨은 운영위원회 제안을 받은 사람들에게 그레마스에게 보냈던 준엄한 편지 사본을 보냈다. 레비스트로스는 이러한 전언傳 言에 답을 하는 것이다. 그레마스 역시 응수하여 자신의 답변을 돌렸으며, 그 내용은 관련된 인물들 대다수를 만족시켰다. 우르비노 연구소는 국제 기호학에서 높은 위치를 차지하게 되었다. (작업 중인 그레마스 사상 전기 관련 내용들을 읽을 수 있도록 허락해 준 토마스 브로든Thomas Broden에게 감사를 표한다.)

으로 제가 글을 받아 보아야 합니다.

　새해를 맞아 모니크와 저는 당신과 크리스티나께 가장 다정한
소망을 담아 드립니다.

클로드

4　클로드 레비스트로스는 이곳에 라벨 Maurice Ravel 의 〈볼레로 Boléro〉에 대한 구조적
　　인 분석을 발표하는데, 이 글은 《신화론》의 마지막 권, 《벌거벗은 인간 L' homme nu》
　　(1971)을 장식했다. 이는 마치 음악이 신화에 바치는 궁극적인 헌정과도 같은데, 레
　　비스트로스는 이 두 상징 체계를 자주 비교했다.

프랑스, 파리 5구
마르셀랭베르틀로 광장 11
고등실천연구원
사회인류학 연구소
클로드 레비스트로스 교수 귀하

1971년 1월 5일

친애하는 클로드에게,

저는 케임브리지에 있는 마르타의 포도밭에 이틀간 있다가 돌아왔으며, 지금은 조지아주의 오사보에 가서 몇 주 동안 글을 쓰며 쉬려 합니다. 그곳에서 당신에게 소쉬르에 대한 글을 보내겠으며 제 프랑스어를 고쳐주십사 부탁드립니다.

그레마스의 옳지 못한 술책에 대해, 특히 이탈리아를 위시하여 모든 곳으로부터 매우 확고한 규탄을 전해 받고 있습니다.

모니크와 당신에게 저희의 가장 다정한 마음을 보내드리며,

다정한 마음을 담아,

로만 야콥슨

친애하는 클로드에게,

1월 9일부터 저희는, 그러니까 크리스티나와 저는, 조지아주의 사바나에서 그다지 멀리 떨어지지 않은, 거의 인적이 드문 섬[2]에 살고 있으며 사람의 손이 닿지 않은 숲과 원고들 사이에서 시간을 보내고 있습니다. 내일 친구 한 명이 사바나로 배를 타고 갈 것인데, 약속했던 제 논문을 그가 당신에게 보낼 것입니다.

저에게는 사전도, 글을 쓰는 기계도 없으며, 있는 책이라고는 《페르디낭 드 소쉬르 연구지*Cahiers Ferdinand de Saussure*》 두 권, 스타로뱅스키의 논문이 실린 프랑스의 《메르쿠리우스*Mercure*》, 그리고 당신이 보내주는 것들밖에 없습니다. 제 논문은 애를 먹고 있지만, 2월 15일에 돌아갈 케임브리지에서는 논문을 쓸 시간이 없을 것입니다. 그러므로 당신의 동료들 가운데 한 명에게 저의 프랑스어를 고쳐달라고, 그리고 제 논문을 타이핑해 달라고 부탁하십시오. 비용은 흔쾌히 내겠습니다! 작은 노란색 종이에 세부 내역을 정리하여 기입해 주면 고맙겠습니다. 저는 소쉬르의 편지를

---

1   로만 야콥슨이 프랑스어로 직접 쓴 편지이다.
2   이는 오사보 섬을 가리킨다(이에 대해서는 1966년 3월 28일 자 편지 주석 참조).

그의 철자법을 따르면서 단어 하나하나 옮겨 적었습니다. 어떻게 해서든 당신에게 복사본을 보내겠습니다. 잘 가지고 계세요!

만약 수정되고 타이핑된 그 논문을 케임브리지에 있는 저에게 보내준다면, 저는 다시 읽고 참고문헌에 대한 몇몇 세부적인 부분을 추가해 보겠습니다. 이럴 경우 당신은 2월이 가기 전에 논문을 받아 볼 것인데, 만약 시간적 여유가 없다면 타이핑한 글을 곧바로 인쇄업자에게 보내 제게 교정쇄를 보내주라고 요청하시기 바랍니다. 케임브리지로 편지 주시기 바랍니다.

저희의 다정한 마음을 담아 두 분께 드리며,

로만

프랑스, 파리 5구
마르셀랭베르틀로 광장 11
고등실천연구원
사회인류학 연구소
클로드 레비스트로스 교수 귀하

1971년 2월 19일

　　　친애하는 클로드에게,

저는 오사보 섬에서 몇 주를 보내고 이제 막 돌아왔으며,《롬므》에 실린 저의 논문과 관련하여 보내준 당신의 편지를 발견했습니다.[1] 추가 자료들에 감사드립니다. 이 자료들은 제가 교정쇄를 받으면 활용하겠습니다. 저는 4월 중순까지 이곳에 머무를 것이며, 그 이후에는 로마와 피사로 가서 몇몇 강연을 하기로 약속했습니다. 이탈리아로 가는 길과 돌아오는 길에 파리에 들를 것이니 두 분을 만나 아름다운 대화를 나눈다면 정말 행복할 것입니다. 섬에 있을 때 저는 확고하게 근면한 기운에 차 있었고 그 뒤로도 이를 유지하고 있습니다. 저는 수많은 연구를 마침과 동시에 시작하고 있습니다. 우리가 만날 때 연구에 대해 더 말해주겠습니다.

　　당신에게 큰 부탁이 하나 있는데 거절하지 않을 것이라 생각합니다. 현재 미국은 경제위기로 대학 신진 강의자들의 학술 생

1　이는 (로만 야콥슨의 주해를 달고 출판된)《애너그램 대해 페르디낭 드 소쉬르가 앙투안 메이에에게 보낸 편지들 가운데 첫 번째 편지 *La première lettre de Ferdinand de Saussure à Antoine Meillet sur les anagrammes*》를 가리킨다. 로만 야콥슨의 이 논문은 레비스트로스의 다음 논문과 함께 실린다. 〈모리스 라벨의 "볼레로" "Boléro" de Maurice Ravel〉,《롬므》, 11권, 2호, 1971, 5-14쪽.

활과 삶 자체가 온갖 골칫거리와 장애물에 치이는 상태가 되었습니다. 제 질문에 대답하는 짧은 편지 형식으로 클로드 캐리 Claude Carey 교수를 잘 안다고(저는 당신이 그를 기억한다고 확신합니다), 그리고 무통에서 보낸 그의 책 《러시아 연애 격언Les Proverbes érotiques russes》의 교정쇄들이 막 도착하여 읽어본 적 있다고, 또한 그의 작업을 민속학에서, 그중에서도 특별히 격언들의 구조 분석과 연애적 상징들에 대해 흥미롭고도 적합한 공헌으로 여긴다는 편지를 제 이름으로 보내주기를 부탁드립니다. 그는 정식 임용자가 아니기 때문에 브라운 대학 슬라브학과의 **조교수** 자리가 위협받고 있으며, 학과장인 토머스 위너Thomas Winner가 저의 추천서에 덧붙일 당신의 글 몇 줄이 아주 큰 도움이 될 것이라고 말했습니다. 최대한 빨리 부탁합니다 ─"시간을 벌면, 모든 걸 번다temps gagné, tout gagné."

이 젊고 재능 있는 사람이 러시아 문학과 프랑스와 러시아의 문학 연관성에 대해 연구를 착수하려던 참에 자기 경력에 치명적일 실패를 겪는다면 저는 매우 안타까울 것입니다. 우리가 함께 구르비치Gourvitch의 위협에 맞서 가빈을 구했던 방법을 아직도 기억하고 있으니[2] 이번에도 다시 한번 서로 힘을 모아 젊은 프랑스인 학자를 치졸한 관료들의 공격으로부터 구해줍시다.

부탁하건대 제게 즉시 대답해 주기 바랍니다.

다정한 마음을 담아,

로만 야콥슨

---

2 1947년 12월 11일 자 편지 각주 참조.

프랑스, 파리 16구
마로니에 길 2
클로드 레비스트로스 교수 귀하

1971년 6월 21일

　　친애하는 클로드에게,

허가와 불허가의 징조라는 주제에 대해 제게 보내셨던 귀한 참
고문헌 ─ 그러니까, 필럿D. C. Philott, 〈벵골 아시아 학회지와
회보Journal and Proceedings of the Asiatic Society of Bengal〉, n. s., vol. 3,
619쪽 ─ 을 그 논문의 제목과 게재된 책의 출판년도를 추가하
는 형식으로 보완해 준다면 정말 고맙겠습니다. 당신의 연구소에
분명 이 책이 있어야만 할 것입니다. 이곳 하버드 대학에는 그 책
이 없다고 하네요.

　　저의 모든 고마움을 담아,

로만 야콥슨

프랑스, 파리 5구
마르셀랭베르틀로 광장 11
사회인류학 연구소
클로드 레비스트로스 교수 귀하

1971년 11월 22일

친애하는 클로드에게,

당신의 책은 훌륭하며 두말할 나위 없이 대단합니다.[1] 곧 발표될 어느 인터뷰에서 제가 말했듯이 그 마지막 부분은 지극히도 중요하고 적합합니다. 철학자들이 구조적 과학을 악용하는 것에 맞서는 당신의 캠페인에 저도 물론 완벽하게 동의하지만, 철학 일반에 대한 당신의 **말장난들**boutades은 과장된 면이 없지 않아 있습니다. 저는 코이레와 마찬가지로 우리가 원하든 원하지 않든 간에 철학적 전제들이 과학적 발견들을 뒷받침하고, 또 그것들과 같이 간다고 생각합니다 — 당신의 발견들만큼 다른 발견들 또한. 그나저나 당신이 제게 보내준 별쇄본들, 그중에서도 특히 라벨에 대한 당신의 짧은 작품이 제 마음에 쏙 듭니다.

저의 2월 계획에 대해 확정하거나 부정하는 당신의 한마디를 기다립니다.[2] 예견된 일정에서 한 시간도 넘기고 싶지 않지만, 부탁하건대 당신이 날짜를 제안해 줄 수 있을지요?

---

1 〈벌거벗은 인간L'homme nu〉,《신화론》제4권.
2 이는 1972년 2월 3일부터 8일까지 콜레주 드 프랑스에서 진행할 야콥슨의 강연 계획을 가리킨다.

소쉬르에 대해 쓴 당신의 논문[3]은 아주 정확합니다만, 첫 문단에서 사실과 관련하여 제가 사소한 교정 몇 개를 하겠습니다. 이 편지와 함께 보냅니다.

저희의 멕시코 여행은 제게 굉장히 인상 깊고도 아주 도움이 되었는데, 이는 실어증과 관련된 새로운 발견들, 즉 그것의 언어학적 해석을 구체화하고 발전시킨 발견들 덕분입니다.[4] 현재 저는 화요일마다 예일 대학에서 수업을 하고 있습니다. 조금 피곤하지만, 그럼에도 재미있습니다.

모니크와 당신에게 저의 가장 따뜻한 마음을 담아,

다정한 마음을 담아,

로만 야콥슨

---

3 《종교, 언어, 역사:소쉬르의 어느 미간행 원고에 대하여 *Religion, langue et histoire:à propos d' un texte inédit de Ferdinand de Saussure*》

4 야콥슨은 그의 논문집 《유아어와 실어증》(1969)에서 실어증의 현상들은 언어학적 법칙들을 따르며, 예를 들어 특정한 음운론적 대립들이 다른 대립들보다 더욱 안정적이라는 점에서 그 현상들이 언어 습득의 보편적인 단계들을 드러낸다는 주장을 펼친 바 있었다.

친애하는 로만에게,

어제 저희 총장[1]이 저를 부르기에 만났습니다. 그가 제게 알려주기를 15일 전부터 살페트리에르의 레르미트[2]가 방베니스트를 돌보고 있다고 하더군요. 그리고 제게 설명하기를, 나이 제한[3]을 이유로 행정 규정들이 허락하지 않아 그의 바람과는 다르게 당신을 콜레주에 계속 모실 수 있는 방법이 없다고 합니다. 반면, 당신의 명망에 근거하여 저희가 당신에게 재차 청을 넣어 이번에는 더욱 긴 기간 동안, 즉 4개월에서 6개월 중 당신께서 원하시는 기간 동안 초빙 교수로 모시는 방법이 가능합니다. 가장 좋은 방법은 1972년의 마지막 두 달부터 1973년의 첫 서너 달까지 이어지는 형태일 것입니다. 하지만 만약 당신께서 원하신다면, 1973년 1월에 초빙이 시작되는 것으로 할 수도 있습니다.

그리하여 제가 당신께 자세히 묻겠다고 약속했습니다. 어떻

---

1   이 당시 콜레주 드 프랑스의 총장은 에티엔 볼프Étienne Wolff, 1904-1996로 프랑스인 생물학자, 발생학자이자 콜레주 드 프랑스 교수를 역임했다.
2   프랑수아 레르미트François L'Hermitte, 1921-1998, 프랑스 신경학의 거장이며, 살페트리에르 병원에서 실어증에 이른 방베니스트를 돌보았다.
3   콜레주 드 프랑스에서는 정년이 70세로 정해져 있었다. 하지만 로만 야콥슨은 이 당시 76세였다.

게 생각하시는지요? 만약 당신께서 1972년 12월부터 바로 오시고사 한다년, 제게 알려주셔야지만 6월 10일 전까지 시간에 맞춰 제가 제안서를 적어 낼 수 있습니다. 만약 당신께서 모든 것을 1973년로 미루고 싶으시다면 저의 제안서는 역시나 6월 혹은 부득이한 경우에는 11월에 제출하면 되겠습니다.

저는 따라서 당신의 반응을 기다리고 있습니다. 다정한 마음을 가득 담아,

클로드 레비스트로스

프랑스, 파리 5구
마르셀랭베르틀로 광장 11
콜레주 드 프랑스
클로드 레비스트로스 교수 귀하

1972년 5월 2일

친애하는 클로드에게,

당신과 모니크가 미국에 머무는 동안 만나지 못해 저는 매우 서운했지만, 당신의 강연[1]에 대해 극찬하는 것을 전해 들었습니다.

당신의 4월 20일 편지에 매우 감사드립니다. 레르미트가 방베니스트를 돌보고 있다니 기쁩니다. 좋은 결과가 있기를 기대해 봅니다.

저의 부탁을 살펴봐 준 볼프에게 고마운 마음입니다.[2] 그 새로운 기획은 저의 마음을 끄는데, 이에 찬성할 튼튼한 논거와(당신과의 가까운 거리, 파리에서 체류, 강연자에게 꽤 영감을 주는 환경에서 열리는 중요한 강연들), 다른 한편으로는 반대할 논거들이 있습니다(특히 저의 빽빽한 일정에 비추어 볼 때 연구와 집필에 투자해야 할 집중력과 시간이 너무 많습니다). 이론적으로 마음이 가긴 합니다만, 제가 당신에게 최종 답변을 하기 전에 다음

---

1 클로드 레비스트로스는 특히 1972년 3월 28일 뉴욕의 버너드 컬리지에서 버지니아 길더슬리브Virginia Gildersleeve, 1877-1965를 기념하는 강연을 한다. 〈구조주의와 생태 學Structuralisme et écologie〉, 《먼 곳의 시선》, 7장.
2 이는 콜레주 드 프랑스의 초빙 교수가 되어주기를 바라는 초대를 가리키는데, 로만 야콥슨은 1972년 12월, 실제로 그 해 두 번째로 초대를 받아들인다.

403

의 질문들에 당신이 대답해 준다면 좋겠습니다. 11월에서 2월 혹은 11월에서 1월 중 어느 때가 좋을까요? 주당 강의 시간은 얼마나 됩니까? 강의들이 수업이어야 하는지, 아니면 더 자유롭게 관련된 주제들을 다루는 형식으로 해도 될지, 나아가 다양한 주제들을 다뤄도 되는 것인지요? 직위는 무엇이 될 것이며, 급료는 얼마인지요? 언어학 그리고/혹은 시학의 이론들 또는 9세기 슬라브 시처럼 어떤 전문적인 것을 선호하시나요? 질문들로 당신을 번거롭게 해서 미안합니다만, 당신의 답변을 받는 대로 당신 역시 저의 답을 받을 것입니다.

저는 집필에 완전히 몰두하고 있으며, 뒤 벨레의 소네트에 대해 쓴 타이핑 원고 몇백 쪽을 이제 막 편집자에게 보냈습니다. 질문이 하나 더 있습니다. 당신도 기억하겠지만, 제가 1942년에 다섯 차례 강연한 "소리와 의미에 대해 sur le son et le sens"를 여전히 원고의 형태로 가지고 있는데, 드노엘공티에 Denoël - Gonthier 가 《매개 총서 Bibliothèques Médiations》 선집의 일환으로 문고본 형태로 출판 제안을 했습니다. 이 제안을 받아들여야 할까요?[3]

다정한 마음을 담아,

로만

3 결국에는 1976년 미뉘 Minuit 출판사가 출판한다.

파리 5구, 75
마르셸랭베르틀로 광장 11
콜레주 드 프랑스와
프랑스 고등실습연구원
공동 소속의
사회인류학 연구소

USA
매사추세츠 02138,
케임브리지
보일스턴 홀 301
하버드 대학
로만 야콥슨 교수 귀하

파리, 1972년 5월 9일

친애하는 로만에게,

당신의 5월 2일 편지에 부지런히 답장드립니다. 저희가 당신을 보기 위해 보스턴에 잠깐 갔다 올 수 있었다면 정말 좋았겠지만, 제게 주어진 일정에 비추어 봤을 때 도저히 생각조차 할 수 없었습니다.

이제 당신의 편지에 대답을 드립니다.

1) 제가 마감 기한인 6월 10일까지 제안서를 할 수 있다는 조건하에서 11월부터 1월, 혹은 11월부터 2월의 기간은 아무 문제 없습니다.

2) 매달 한 시간짜리 수업을 네 번 당신께 부탁드릴 것이며, 이는 곧 일주일마다 한 번 혹은 당신께서 어느 때 자리를 비우셔야 한다면 다른 형태의 배열이 될 것입니다.

3) 당신은 이러한 수업들에서 당신께서 원하시는 것을 그대로 하셔도 괜찮습니다. 일반적인 수업을 하셔도 되고, 아니면 다양한 주제들을 아우르는 강연들을 하셔도 됩니다. 분명 당신의 프랑스 청중은 언어학 이론이나 시학에 대한 강연들을 제법 기대하겠지만, 아마도 조금은 축소된 규모의 사람들 앞에서 9세기 슬라브 시학에 대한 강연을 몇 번 하셔도 아무런 문제가 없을 것입니다.

4) 당신의 지위는 지난번과 같을 것입니다. "외국인 교수들만을 위한, 국가 석좌교수직으로서 초빙 교수". 당신께서 시난번에 한 날 동안 계실 때 받으신 금액과 같은 금액이 매달 급료로 지급됩니다.

저는 이제 당신께서 괜찮으신지 아닌지 답장을 기다립니다.

다정한 마음을 담아,

클로드 레비스트로스

파리 5구, 75
마르셀랭베르틀로 광장 11
콜레주 드 프랑스와
프랑스 고등실습연구원
공동 소속의
사회인류학 연구소

USA
매사추세츠 02138,
케임브리지
보일스턴 홀 301
하버드 대학
슬라브어문학과
로만 야콥슨 교수 귀하

파리, 1972년 5월 30일

친애하는 로만에게,

당신의 전보를 잘 받았으며 그 내용을 총장에게 알렸더니 비록 그가 처음에 생각했던 것보다는 짧은 기간이지만, 당신께서 다시 한번 저희와 함께하신다니 기뻐했습니다.

11월이나 12월에 도착하셔서 편하신 때 하시면 됩니다. 만약 날짜를 정하지 않으셨다면, 저는 차라리 11월 15일이나 12월 15일을 제안드리는데, 11월 초는 늘 대학들의 개학과 겹쳐서 여전히 정신없기 때문입니다. 그리고 12월 15일 이후는 성탄절 방학 기간입니다.

다른 한편으로, 당신께서 지난번 규모의 인파를 맞이할 준비가 되셨는지, 아니면 저희가 홍보를 최소한 줄여 — 이론적으로 — 사람들이 조금 덜 오도록 하는 것을 선호하시는지 궁금합니다.

마지막으로, 당신께서 (원칙적으로는 매주 한 번씩) 하실 네 번의 강연의 제목들을 적절한 때에 제가 알아야 하는데 9월까지 기다릴 수 있습니다.

당신의 인터뷰 글 및 저와 관련된 문제에 대한 친절한 말씀에

감사드립니다.

다정한 마음을 가득 담아,

클로드 레비스트로스

프랑스, 파리 16구
마로니에 길 2
클로드 레비스트로스 교수 귀하

1972년 6월 6일

    친애하는 클로드에게,

5월 30일 편지에 감사드립니다. 당신이 제안한 날짜들에 동의하지만, 네 번의 강연은 3주 동안 집중할 수 있을 것 같습니다. 청중의 수와 강연 제목에 대한 제 답변을 9월까지 미루는 것을 이해해 주시기 바랍니다. 제가 요즘 할 일이 태산이라 며칠 안으로 당신에게 다시 편지를 쓰겠습니다.

    두 분에게 진심을 담아 드립니다.

    다정한 마음을 담아,

로만 야콥슨

파리 5구, 75   1972년 6월 15일
마르셀랭베르틀로 광장 11
콜레주 드 프랑스와
프랑스 고등실습연구원
공동 소속의
사회인류학 연구소

친애하는 로만에게,

당신의 편지에 감사드립니다. 모양을 좋게 하기 위해, 성탄절 방학이 21일에 시작하여 3주밖에 없는 12월을 제안드립니다. 다가오는 6월 25일 열리는 이번 학사 년도 연말 회의에서 초빙 안건이 최종 통과될 것입니다.

　다정한 마음을 담아,

　　　　　　　　　　　　　　　　　　　　클로드 레비스트로스

파리 5구, 75   USA
마르셀랭베르틀로 광장 11   매사추세츠 02138,
콜레주 드 프랑스와   케임브리지
프랑스 고등실습연구원   보일스턴 홀 301
공동 소속의   하버드 대학
사회인류학 연구소   슬라브어문학과
                     로만 야콥슨 교수 귀하

파리, 1972년 6월 26일

친애하는 로만에게,

어제 회의에서 콜레주는 당신을 12월에 초빙하자는 저의 제안을 만장일치로 통과시켰습니다. 12월은 성탄절 방학으로 3주밖에 없으므로 당신께서 하실 네 번의 강연들은 1일과 20일 사이에 이뤄질 것입니다. 공식적으로 당신을 초빙하기 위해 총장이 서한을 보낼 것입니다. 제 개인적으로는 10월 1일 전까지 당신의 강연들 제목을, 그리고 홍보와 관련해서 당신께서 원하시는 바를 알아야 합니다. 지난번처럼 많은 사람이 몰리는 위험을 감수할지, 아니면 청중을 제한하는 조치를 취할 것인지 말입니다. 당신께서 원하신다면, 강의의 일부분 혹은 전부를 슬라브 연구에 할애할 수 있겠지만, 이는 당신께서 결정하실 사항입니다.

8월 내내 연구소가 닫혀 있기 때문에 여름 동안에는 마로니에 길의 주소 혹은 몽티니쉬르오브 21520, 리뉴롤로 편지를 보내시는 편이 나을 것입니다.

다정한 마음을 담아,

클로드 레비스트로스

프랑스, 파리 16구
마로니에 길 2
클로드 레비스트로스 교수 귀하

1972년 7월 18일

친애하는 클로드에게,

당신의 배려에 감사드립니다. 볼프 씨께 서한을 보내 그의 제안을 수락하면서 제 강연 기획의 제목들을 9월에 알려주기로 약속했습니다. 그는 제게 당신과 연락하여 편성을 논의하라고 했는데, 9월에 하면 되겠습니다. 현재 저는 긴급히 넘겨야 할 작업들과 7월의 무더위에 매우 지쳐 있습니다. 올해 역시 불행하게도, 당신을 보러 리뇨룰에 가는 것이 불가능할 듯싶습니다. 저는 10월 초까지 이 나라에 머물러 있어야 하며 8월 말에 볼로냐에서 열리는 국제언어학대회에 참석하지 않을 것입니다.

당신이 휴가를 아주 잘 보내기를 바라며,

다정한 마음을 담아,

로만 야콥슨

미국
매사추세츠 02138, 케임브리지
보일스턴 홀 301
하버드 대학
슬라브어문학과
로만 야콥슨 교수 귀하

파리, 1972년 9월 11일

친애하는 로만에게,

저는 이제 막 파리에 돌아왔으며, 제가 보기에 곧 12월에 콜레주드 프랑스에서 하실 강연 기획들 제목을 알려줄 시간이 된 듯싶습니다. 또한 홍보의 일환으로 올해 초처럼 많은 사람을 끌어모을 것인지, 아니면 어떻게 하든 그 소문이 파리에 퍼지지 않기를 바라기는 어렵겠지만, 당신의 강연들을 더욱 제한된 청중에게만 알릴 것인지 결정하셔서 제게 알려주시기 바랍니다.

저는 당신의 지시와 명령을 기다리고 있겠습니다.

다정한 마음을 가득 담아,

클로드

파리 5구, 75
마르셀랭베르틀로 광장 11
콜레주 드 프랑스와
프랑스 고등실습연구원,
사회인류학 연구소
클로드 레비스트로스 교수 귀하

1972년 9월 15일

친애하는 클로드에게,

당신의 9월 11일 편지에 감사드립니다. 저의 첫 두 강연은 12월 첫째 주, 그러니까 12월 4일과 8일 사이에 열어야 할 것 같으며, 그다음 두 강연은 그다음 주, 그러니까 11일과 15일 사이에 열어야 할 것 같습니다. 두 강연 사이에 하루 정도의 여유가 있는 편을 선호하겠습니다.

당신이 반대하지 않는다면 첫 두 강연의 공통된 제목으로 다음을 제안하고자 합니다. "언어과학에서 의미론의 자리". 다른 두 강연은 "시에서의 언어학적 문제들(시 분석: 비판들에 답하다)".

청중을 제한하는 문제에 대해서 말하자면, 저는 조금 염려가 됩니다. 제한하면 반감을 사기만 할 것이며, 또한 비효율적일 것입니다. 더 큰 강당이 없다면, 추가로 강의실을 마련해 사람들이 그쪽에도 자리 잡을 수 있도록 음향 시설을 갖추는 한편 충분한 수의 복사본을 미리 준비해서 칠판을 대체하는 방법을 계획해 볼 수 있겠습니다.

어쨌든 저는 이번에 대중 앞에서 뒤 벨레의 소네트 분석을 하려고 합니다. 이 주제와 관련하여 저의 프랑스어 연구는 올봄에

발표될 것입니다.[1]

만약 당신이 다른 제안이나 질문이 있다면 제게 최대한 빨리 적어 보내주기 바랍니다. 크리스티나와 저는 10월 7일 로마로 떠날 것이며, 10월 말부터 11월 말까지 유럽에 머물면서 부다페스트, 소피아, 그리고 포르투갈 등지에 있을 것입니다. 좌우간 당신은 제 유럽 우편 주소들을 알고 있지요.

저희가 12월에 당신을 찾아가 만나는 이 일정을 손꼽아 기다리고 있습니다.

다정한 마음을 담아,

---

1   이는 소네트 《올리브》(1550)의 〈우리의 삶이 하루보다 짧다면 Si notre vie est moins qu'une journée… 〉에 대한 분석을 가리킨다. 〈"우리의 삶": 조아킴 뒤 벨레의 어느 한 소네트에 실린 단어들의 구성과 구조에 대한 관찰들"Si nostre vie": observations sur la composition & structure de mots dans un sonnet de Joachim du Bellay〉이라는 제목의 이 논문은 향후 어느 이탈리아 학회의 논문집에 1973년에 게재된다(《선집》, 3권, 19장에 재수록).

　　　　친애하는 클로드에게,
10월 10일부터 18일 사이 제 주소는 다음과 같습니다.
　이탈리아, 로마
　비알레 외무부 길 5/6
　CIS(국제학생회)
　그리고 전화번호는 3962951. 다음으로, 제 유력한 일정은 부
다페스트의 소피아, 그리고 리스본에서 파리로 가게 되겠고, 파
리에는 11월 30일에 도착할 듯싶습니다. 로마나 리스본에서 당
신에게 전화하겠습니다.
　두 분께 진심을 담아 드리며,
　당신의 벗,

　　　　　　　　　　　　　　　　　로만 야콥슨

　추신: 시학에 대한 이번 저의 강연을 하나는 뒤 벨레의 소네트
에 대한 매우 자세한 이야기들로, 다른 하나는 보들레르의 〈고양
이〉와 《우울Spleen》에 관한 언어학적 분석의 비판적인 입장들에

대한 답변으로 진행할 것입니다. 강연을 제대로 진행하기 위해서는 이들 시 세 편을 복사하여 준비해야만 할 것인데, 그리해야 그 자리에 있는 청중뿐만 아니라 다른 강의실의 청중들도 따라올 수 있기 때문입니다. 당신은 제 조교로부터 며칠 안으로 이 시들을 받을 것입니다.

R.J.

프랑스, 파리 16구
마로니에 길 2
클로드 레비스트로스 교수 귀하

1972년 10월 10일

친애하는 레비스트로스 교수님 귀하,

야콥슨 교수님께서 12월 콜레주 드 프랑스에서 열리는 강연에 사용하려는 시들의 본문들을 보내드립니다. 떠나시기 전, 절의 숫자들과 시의 제목들을 덧붙이셨습니다.

　진심을 담아,

　파멜라 체스터Pamela Chester, 야콥슨 교수의 조교

[첨부 서류]

조아생 뒤 벨레Joachim du Bellay

〈올리브 확장본L'olive augmentée〉(1550)

소네트 108번

I　1　우리의 삶이 하루보다 짧다면

　　2　영원 안에서 한 바퀴 도는 일 년이

　　3　돌아올 거라는 희망 없이 우리의 날들을 이끈다면

　　4　태어나는 모든 것이 소멸한다면,

II　1　갇혀 있는 내 영혼아 너는 무엇을 생각하느냐?

2 왜 너는 해의 어둠을 즐기느냐,

3 더욱 밝은 곳으로 날아가기 위해,

4 깃털 가득한 날개를 등에 지고 있으면서

III 1 여기, 모든 영혼이 욕망하는 선이 있도다,

2 여기, 모두가 갈구하는 쉼이 있도다,

3 여기, 사랑이, 여기에 즐거움 또한 있도다.

IV 1 여기, 가장 높은 천국으로 인도된 내 영혼이여!

2 너는 이 형상을 볼 수 있으리

3 이 땅 위에 내가 사모하는 아름다움.

친애하는 로만에게,

부활절 휴가를 보내기 위해 온 리뉴롤에서 저를 맞이한 10일 자 편지에 감사드립니다. 저에게 마티유의 병은 이제 안 좋았던 기억일 뿐이며, 당신의 파리에서의 지루함도 마찬가지이길 바랍니다. 네, 시학에 대한 당신의 책을 며칠 전에 잘 받았는데, 저는 그 안에서 리파테르에 대한 가혹한 비판과 (그런데 그에게 그토록 많은 관심을 두시는 것은 그에게 과한 영광이 아닐까요?) 이 책의 탄복할 만한 다른 연구들[1]도 잘 봤습니다. 대다수는 제가 이미 알고 있었지만, 한데 아우르고 나니 특별히 인상적이었으며 서로 떠받치는 모습이다 보니 각 연구에 더욱 설득력이 생깁니다. 저에 대해 말씀드리자면 가면에 대한 책[2]의 집필에 들어갔지만, 동시에 시간을 너무도 많이 뺏기는 수없이 많은 부차적인 일이 가득합니다. 모니크와 저는 두 분께 가장 따뜻한 마음을 담아 드립니다.

클로드

1 《선집》 3권 《문법의 시와 시의 문법》을 가리키며, 이 선집 〈회고〉에는 미카엘 리파테르의 논문에 대한 가차없는 반박이 실려 있다(1967년 11월 20일 자 편지 각주 참조).
2 이로부터 2년 뒤인 1975년, 스키라 출판사에서 《가면의 길 La Voie des masques》이라는 제목으로 출판되었다. 브리티시-콜롬비아의 가면들을 구조적으로 분석한 책이다.

프랑스, 파리 16구
마로니에 길 2
클로드 레비스트로스 교수 귀하

1973년 4월 26일

친애하는 클로드에게,

당신에게 두 가지 질문이 있습니다. 우선 첫째, 당신이 바너드 칼리지Barnard College에서 한 강연의 본문을 감사하게 잘 받아 보았습니다.[1] 이를 읽기 시작하며 깊은 인상을 받았는데, 아주 급한 일들로 멈출 수밖에 없었고 이튿날에는 본문을 찾을 수 없게 되었습니다. 제가 이탈리아 백과사전 측에 보내야 할 구조주의에 대한 글을 쓰기 위해서는 그 글이 너무도 필요합니다. 항공 우편으로 사본 한 부를 다시 보내주시기를 긴히 부탁합니다.

둘째로는 우리의 〈고양이〉를 더 설득력 있고 이해하기 쉽도록 손봤습니다. 저의 《선집》들에 속하는 《문법의 시 *Poetry of Grammar*》를 위해서입니다. 물론, 무통에 보내기 전에 당신에게 보내서 당신의 감상 및 동의를 얻겠습니다. 그렇지만 콜레주에서의 강연 이후 당신은 제게 에레보스에 대해 다른 착상들을 가지고 있다고 말한 바 있습니다. 저는 당신에게 이 새로운 직관이 무엇인지 여러 번 물어보고 싶었으나 해야 할 이야기가 너무도 많았

---

1   1972년 5월 2일 자 편지 참조.

421

던 데다가 만남이 그토록 짧았기에 당신이 언급했던 것에 대해 묻지 못했습니다. 부탁히건대 당신이 어떤 생각을 하고 있었는지 제게 알려줄 수 있겠습니까?

이탈리아인들을 위한 저의 글에 대해 말하자면, 본질에 관해 온전히 구조주의적으로 사고하는 저의 접근법을 더욱 급신석이 고 일관성 있는 방식으로 재고했습니다. 당신과 마주 보고de vive voix 이에 대해 이야기할 수 없다니 정말 아쉽습니다. 제가 파리 에 언제 돌아갈지 모르겠습니다.

두 분께, 아니 (마티유를 포함하여) 세 분께 저의 진심 어린 마음을 보내 드리며,

우정의 마음을 담아,

로만 야콥슨

프랑스
파리 16구
마로니에 길 2
클로드 레비스트로스 교수 귀하

1974년 2월 28일

친애하는 클로드에게,

당신이 에라스무스 상을 수상했다는 소식과 그에 뒤따른 모든 것을 읽고 매우 기쁘고 존경스러웠습니다.[1] 저는 여러 집필 계약에 파묻혀 있으며 읽어야 할 교정쇄들이 셀 수도 없을 만큼 많이 있습니다. 마침내 《방베니스트 논문집*Mélanges Benveniste*》에 실을 글 두 편을 보냈으며,[2] 나아가 완성된 책인 트루베츠코이의 서신들[3] 및 스타이니츠의 《전집*Œuvres*》[4] 등을 위한 서문들도 보냈습니다.

---

1   1973년, 클로드 레비스트로스는 암스테르담에서 "유럽 문화의 이미지를 형성하는 데 기여한" 인물들에게 수여되는 명망 높은 에라스무스상을 받는다.

2   〈문법적 파편들의 규칙 Les règles des dégâts grammaticaux〉, 《언어, 담화, 사회. 에밀 방베니스트를 위하여 *Langue, discours, société. Pour Émile Benveniste*》, Seuil, 1975, 11-25쪽; 〈언어과학에 있어 중세적 통찰력에 대한 주해 Glosses on the Medieval Insight into the Science of Language〉, 《에밀 방베니스트를 위한 언어학 논문집 *Mélanges linguistiques offerts à Émile Benveniste*》, Société linguistique de Paris, 1975, 289-303쪽.

3   《N. S. 트루베츠코이의 편지들과 필기들 *N. S. Trubetzkoy's Letters and Notes*》(1975)을 보면 트루베츠코이와 로만 야콥슨이 1920년대와 1930년대에 나눈 서신들을 (러시아어로) 읽을 수 있다.

4   볼프강 스타이니츠Wolfgang Steinitz, 1905-1967, 독일인 언어학자 겸 민속학자로 로만 야콥슨의 벗이다. 유대인이자 공산주의자인 그는 1933년 독일을 피해 소비에트연방에 정착하며, 향후 다시 (그가 1941년 로만 야콥슨을 맞이할) 스웨덴으로 가기 위해 소비에트연방을 떠난다. 그는 훗날 전쟁 이후 독일 민주 공화국의 중요한 학자가 된다. 로만 야콥슨은 그의 사후 출판된 저서들 가운데 첫 책의 서문을 쓴다. 〈서문 Ge-leitwort〉, 《동東-자코비안 양식 연구 1 *Ostjakologische Arbeiten* 1》, Mouton de Gruyter,

그보다 더 빼곡하기로는 제가 약속은 했지만 아직 완성하지 못한 글들의 목록입니다.

에티엔 볼프가 《두 세상 매거진 *Revue des deux mondes*》에 신겠다며 저에게 콜레주의 일반언어학에 대한 논문을 긴히 요청했습니다. 제가 보기에 그는 이유를 잘 알면서 이런 부탁을 한다고 보이며, 저 또한 그것이 제게 도움되기도 하기 때문에 논문을 쓰려 하는데, 당신이 콜레주의 기록보관소로부터 브레알[5]의 서두 강연과 방베니스트의 강연을 복사나 스캔한 것을 얻어줄 수 있다면 고맙겠습니다. 당신이 보내준 메이에의 문서는 가지고 있으며, 이 선언적인 세 글을 비교하면 많은 것을 얻을 수도 있을 듯싶습니다.

토도로프[6]는 《포에티크 *Poétique*》에 민속학만 다루는 호를 준비하는 중이라며 제게 참여를 부탁했습니다. 만약 당신이 반대하지 않는다면 《롬므》에 실으려 한, 아직 쓰지 않은 보가티레프Pavel Bogatyrev에 대한 논문을 당신에게 보내는 대신, 민속학 이론에 기여한 보가티레프의 글에 대한 저의 소감을 빠르게 모으고자 합니다. 물론 당신이 동의하는 경우에 말입니다. 부탁하건대 이에 대해 한 줄 흘려 써주기 바랍니다.

1975, IX-XV쪽.

5 미셸 브레알Michel Bréal, 1832-1915, 라인 지방 출신 프랑스인 언어학자이다. 근대 의미론의 창시자로 여겨지며 콜레주 드 프랑스 교수를 역임했다.

6 츠베탄 토도로프Tzvetan Todorov, 1939-2017, 불가리아 출신 프랑스인 문학이론가로, 야콥슨이 유명세를 타기 시작한 1910년대와 1920년대에 "러시아 형식주의"를 알리는 데 기여한다(《문학 이론 *Théorie de la littérature*》 참조). 그는 문학의 영역에 구조적 분석을 소개하며 훗날 잘 알려진 에세이스트 겸 사상사학자가 된다. 그는 로만 야콥슨의 여러 저서를 프랑스어로 편집한다.

가까운 미래에 두 분을 만날 수 있기를 바라며 저의 가장 행복한 추억을 보내 드립니다.

다정한 마음을 담아,

로만 야콥슨

친애하는 로만에게,

브레알과 방베니스트의 기조 강연은 콜레주가 출판하지 않았으며(항상 출판했던 것은 아닙니다), 기록보관소에 그 어떤 흔적도 남아 있지 않습니다. 이곳저곳 알아보다가 브레알이 직접 자신의 책《신화학과 언어학에 관한 논문집*Mélanges de mythologie et de linguistique*》(Hachette, 1877)에 게재한 그의 기조 강연을 찾아냈는데, 콜레주 도서관이 모아 놓은 그의 글 가운데 대다수는 강의록이나 요약본의 형태로 그의 강의들과 연관 있음에도 불구하고 이 책은 없습니다. 방베니스트의 강연에 대해서 말씀드리자면 오리무중입니다. 계속 알아보고 있습니다. 만약 찾으면 당신에게 보내드리겠습니다. 현재로서는 브레알의 강연 복사본을 여기에 첨부하여 당신에게 보내드리는 것으로 만족해야겠습니다.

　《롬므》를 위한 보가티레프[1]에 대한 당신의 논문이 아쉽지만

1　표트르 보카티레프Petr Bogatyrev, 1893-1971, 민족학자 겸 민속학자이다. 로만 야콥슨과 함께 모스크바 언어학파를 세우고 함께 여러 논문을 발표한다. 그의 아들인 시인 겸 독일학자 콘스탄틴 보카티레프Konstantin Bogatyrev에게 헌정된 논문 한 편에서 야콥슨은 그를 기념한다. 콘스탄틴 보카티레프는 소비에트 권력에 박해를 받다가 흐루쇼프Nikita Khrouchtchev에 의해 복권되지만, 알렉산드르 솔제니친Alexandre Soljenitsyne과 안드레이 사하로프Andreï Sakharov의 처우에 대해 항의하는 일련의 성

그것을 《시학》에 보내는 것이 더 편하고 어쩌면 더 적절할 수도 있습니다.

모니크와 저는 당신과 크리스티나에게 저희의 가장 다정한 마음을 담아 드립니다.

클로드

명들을 발표하던 중 1976년 4월 26일, 모스크바 문인의 집 현관 앞에서 두개골이 골절되어 사망한 모습으로 발견된다.〈표트르 보가티례프: 변모 전문가 Petr Bogatyrev: Expert in Transfiguration〉, 라디슬라프 마체카 Ladislav Matejka (dir.), 《소리, 기호 그리고 의미: 프라하 언어학파 50주년 기념집 Sound, Sign and Meaning: Quinquagenary of the Prague Linguistic Circle》, University of Michigan Press, 1976, 29-39쪽;《선집》, 7권, 31장에 재수록).

몽티니쉬르오브 21520   1974년 8월 4일
리뉴롤

친애하는 로만에게,

7월을 벤쿠버에서 보내고 돌아와 파리를 지나가면서 《언어학*Lin-guistics*》에 실린 당신의 훌륭한 논문을 봤습니다.[1] 저희는 8월 동안, 9월 10일쯤까지 리뉴롤에 있을 것입니다. 이곳에 오셔서 저희를 만나실는지요? 저희 집에서 40킬로미터 거리에 있는 쇼몽은 바젤-파리 노선으로 기차가 정기적으로 거쳐 가는 역입니다.

전화는 샤티옹쉬르센(코트도르)를 통해서 리뉴롤르 1번으로 거시면 됩니다.

샤티옹으로 자동전화를 거신 다음 (80~93-91-11) 교환원에게 리뉴롤 1번을 부탁하시면 됩니다.

당신을 이곳에서 보면 참 좋겠습니다. 모니크와 저는 두 분께 가장 다정한 마음을 담아 드립니다.

클로드

---

1 클로드 레비스트로스는 1974년 7월 일정 기간 동안 부인과 아들과 함께 캠핑카를 몰며 브리티시-콜롬비아 지역의 스키나 계곡과 프레이저 계곡을 누빈다. 이 논문은 다음 책에 대한 서평이다. 프랑수아 자콥, 《생명체의 논리*La Logique du vivant*》(1970): 〈삶과 언어 Life and Language〉, 《언어학*Linguistics*》, 138권, 1974, 97-103쪽;프랑스어 역, 〈삶과 언어Vie et langage〉, 《변증법들*Dialectiques*》 7호, 1974, 63-69쪽.

친애하는 로만에게, 제게 마티유가 언젠가 작성한 "교신" 목록을 부탁하셨지요. 그것을 다시 찾았습니다. 여기 있습니다.[1]

다정한 마음을 담아,

클로드

E = 갈색

A = 파란색

I = 빨간색

O = 보라색

---

1 로만 야콥슨은 공감각 현상에 관심을 가진다. 이 현상은 기호의 자의성을 반박할 수 있게 하는데, 야콥슨이 볼 때 이 기호의 자의성은 기표의 선조성線條性(곧 하나씩 이어진 기호들밖에 없다는 것)과 더불어 소쉬르 언어학 가운데 시대에 뒤떨어진 공리들이다. 야콥슨은 음소적 상징주의와 "언어의 소리의 마법"에 대해, 또한 특히 공감각들에 대한 문제, 그 가운데서도 u와 i 같이 어두운 모음들과 밝은 모음들의 관계에 대해 그의 마지막 책《언어의 음소적 뼈대La Charpente phonique du langage》(Minuit, 1980)에서 길게 논의한다. 소쉬르 역시 굉장한 공감각자였다는 점은 주목할 만하다 (파트리스 마니글리에Patrice Maniglier,《기호들의 불가사의한 삶. 소쉬르와 구조주의의 탄생La Vie énigmatique des signes. Saussure et la naissance du structuralisme》, Léo Scheer, 2006, 262쪽 이하 참조).

U = 연보라색(녹색)

F = 파란색

G = 갈색

H = ?

J = 노란색

L = 분홍색

M = 파란색

P = 회색

N = 분홍색

Q = 노란색

S = 녹색

T = 주황색

W = ?

V = 노란색

B = 분홍색

C = 빨간색

D = 검정색

K = 연보라색

R = 파란색

Z = 녹색

X = 노란색

프랑스
파리 16구
마로니에 길 2
클로드 레비스트로스 교수 귀하

1974년 12월 4일

친애하는 클로드에게,

마침내 파업이 끝난 듯싶으며, 이제는 더 이상 프랑스로 붙인 편지들이 되돌아오는 일이 없기를 바랍니다. 구조주의에 대한 당신의 글은 가장 뛰어나며, 비록 저나 당신이나 이 작가에 심취하지 않는다 할지라도 아카데미와 함께 몽테를랑을 다루는 능력은 정말 인상적입니다. 카유아의 "대답"은 윤리적, 미학적, 과학적 이 세 모든 층위에서 믿기 힘들 정도로 수준이 낮습니다.[1]

마티유의 공감각적 경험들에 대한 정보를 보내줘서 정말 고맙습니다. 참으로 굉장히 놀랍군요.

밀라노 학회의 논문집에 대해서 말하자면, 저는 〈기호학의 발전에 대한 단상〉을 조금 더 길게 써봤으며 머지않아 발표되기를 바라고 있습니다.[2] 뜻깊던 과거 대화들에 비해 마지막 만남이 충

---

1 클로드 레비스트로스가 아카데미 프랑세즈의 앙리 드 몽테를랑 Henry de Montherlant, 1895-1972의 자리에 선출된 것과 그 수락에 따른 변함 없이 의식적인 절차를 가리킨다. 선출자의 선임자에 대한 송사頌辭, 그리고 아카데미의 한 회원의 환영 담화. 여기서는 로제 카유아 Roger Caillois, 1913-1978가 그 역할을 맡는데, 클로드 레비스트로스와 얽힌 옛 논쟁을 카유아는 훌륭하지만 저의가 있는 그의 담화에 담아 다시 꺼내려 한다. 〈클로드 레비스트로스의 수락 담화에 대한 답변 Réponse au discours de réception de Claude Lévi-Strauss〉, Academie-francaise.fr, 1974년 6월 27일, 참조.

분한 대화를 나누기에는 짧았다는 느낌이 들어 저는 우리에 대해 자주 생각하고는 합니다.

두 분에게 저의 깊은 마음을 담아 드리며,

마음을 담아,

로만 야콥슨

---

2 로만 야콥슨, 〈기호학의 발전에 대한 단상Coup d'oeil sur le développement de la sémiotique〉, Indiana University Publications, 1975.

프랑스, 파리 16구
마로니에 길 2
클로드 레비스트로스 교수 귀하

1975년 12월 9일

친애하는 클로드에게,

드디어 도착한 당신의 훌륭한 《가면들》에 감사드립니다. 이 글은 여러 층위에서 이뤄지는 연구를 위한 매우 넓고 아주 다양한 시각을 가질 수 있게 해줍니다. 당신이 1943년 《르네상스》에 실렸던 논문부터 오늘에 이르기까지 거쳐온 이 대단한 여정은 인상적입니다.[1]

새해를 맞아 두 분께 저희의 진심 어린 소망을 담아 드리며,

당신의 벗,

로만 야콥슨

---

1 여기서 야콥슨은 논문 두 편을 헷갈리고 있다. 《르네상스*Renaissance*》에 실린 논문은 〈남아메리카 원주민들의 전쟁과 상업Guerre et commerce chez les Indiens de l'Amérique du Sud〉(《르네상스》, 1943, 1-2, 122-139쪽)을 다룬다. 그가 이 편지에서 가리키는 논문은 다음과 같다. 〈미국 자연사박물관의 북서 연안의 예술The Art of the Northwestern Coast at the American Museum of Natural History〉, 《보자르 예술지*Gazette des Beaux-Arts*》, 6회, 24호, 1943, 175-182쪽. 이 논문은 이미 브리티시-콜롬비아의 예술을 상찬하고 있다.

프랑스
파리 16구
마로니에 길 2
클로드 레비스트로스 교수 귀하

1978년 4월 6일

친애하는 클로드에게,

저희가 서로 나누던 서신들이 그리우며 당신이 최근 볼티모어에 들렀을 때 다시 만났으면 참 좋았겠지만, 그때 저는 조지아주 근처 외딴 섬에 있었습니다. 두 분을 정말 만나고 싶으며, 실제로 이야기 나눌 중요한 문제가 몇 개 있습니다. 저는 어느 젊은 미국인 언어학자와 함께 언어의 음운구조에 대한 책을 이제 막 마무리했으며, 그 책에서 저는 이 분야 전체에 그간 무엇이 이루어졌고, 무엇이 잘못 이루어졌으며, 무엇이 누락된 것인지 다루었습니다. 이 책은 곧 영어와 프랑스어로 나올 것 같습니다.[1]

부탁하건대 7월 중순에 당신이 파리에 있을지 제게 최대한 빨리 알려주기를 바랍니다. 저희는 6월 초 며칠 동안 파리에 들를 예정이었으나 그러지는 못할 것 같습니다. 바이에른 과학학술원으로부터 7월 18일에 와서 강연을 해달라는 요청을 받아서 저는 스웨덴으로 갈 것입니다. 제가 7월 15일경에 파리에 들른다면, 우리가 만날 수 있을는지요?

---

1 《언어의 음소적 뼈대 *La Charpente phonique du langage*》

두 분에게 저의 따뜻한 마음을 담아 드리며,

다정한 마음을 담아,

로만 야콥슨

1978년 4월 15일

친애하는 로만에게,

지독히도 추운 시골의 날씨 속에서 소위 말하는 "봄" 방학을 보내고 있을 때 당신의 4월 6일 편지를 받아 보았습니다. 당신을 정말 다시 만나고 싶은데, 7월 중순이면 저희는 이미 리뉴롤의 여름 별장에 있을 것입니다. 두 분께서 그곳으로 오셔서 며칠 보내시면 어떠실까요? 파리에서 기차로 두 시간 반 거리밖에 되지 않으며, 별 어려움 없이 뮌헨에 닿을 수 있는 신속한 파리-바젤 노선이 있는 쇼몽(오트마른)역에 저희가 두 분을 데려다드릴 수 있을 것입니다. 고려해 주시기 바랍니다.

당신께서 말씀하신 책이 출판되기를 손꼽아 기다리고 있습니다. 저에 관해서라면, 저는 《가면의 길 *La Voie des masques*》의 새로운 판본, 글이 훨씬 더 많고 삽화가 적은 판본을 편집자에게 넘기고 있습니다. 저는 소위 "공계적cognatique"이라 불리는 사회들을 연구하고 있는데, 아직 이를 통해 제가 어디에 이르게 될지는 모르겠습니다.[1]

---

[1] 1976년에서 1982년까지 콜레주 드 프랑스에서 진행한 레비스트로스의 마지막 수업들은 동계同系 사회들에 대한 연구, 즉 부계와 모계 양방향성으로 된 혈통들에 대

바라건대, 올여름에 뵙지요. 모니크와 저는 두 분께 진심 어린 마음을 담아 드립니다.

클로드 레비스트로스

흰 탐구를 다루었다. 콰키우틀 원주민들로부터 출발한 이 연구는 레비스트로스를 역사학으로 이끌며 중세 일본, 고대 그리스, 중세 유럽의 "가계 내 사회 sociétés à maison"에 관심을 갖게 했다.

프랑스
파리 16구
마로니에 길 2
클로드 레비스트로스 교수 귀하

1978년 6월 16일[1]

친애하는 클로드에게,

당신의 초대에 응하고 싶지만, 애석하게도 그 일정으로는 이번에 함께 할 수 없습니다. 하지만 저희는 7월 2일부터 4일이나 5일까지 파리에 있을 것이며, 당신이 그때 파리에 있어서 우리가 만날 수 있기를 바랍니다. 이곳으로 제게 편지하거나 당신의 안부를 실비아에게 보내주시기 바랍니다.

두 분께 저희의 다정한 마음을 담아 드리며,

로만 야콥슨

---

1   로만 야콥슨이 프랑스어로 쓴 편지이다.

친애하는 로만에게,

당신께서 며칠 전에 파리에 오기 위해 육체적으로나 정신적으로 들인 엄청난 노력에 이어서 어제 당신의 전보까지 받아 제가 얼마나 감동했는지 모릅니다.[1] 제가 당신의 그 노력에 제대로 감사 드리지 못했는데, 그 당시 이 어색한 행사가 제게는 온통 비현실적이고 나아가 부조리하기까지 했기 때문입니다. 오늘까지도 저는 그 동기를 파악하지 못하고 있습니다. 그렇지만 확실히 말씀 드리건대, 저는 당신을 향한 감사가 커져가고 있으며, 이 감사는 30여 년 가까이 당신께서 제게 주신 모든 것에 대해 제가 빚진 것입니다.

도라 발리에[2]가 제게 쓰기를 당신께서 색의 지각에 대한 책을 그에게 넘기셨다고요. 그는 동시에 제게 건축을 이루는 요소들에 대한 아주 흥미로운 논문을 하나 보내줬습니다. 제가 바로 얼마

---

1 클로드 레비스트로스의 70세를 맞아 보낸 전보. 그는 여기서 1978년 11월 8일 파리의 미국대사관에서 그를 기념하기 위해 열린 기념식을 가리키고 있다. 로만 야콥슨은 그곳에서 그의 친구를 기리는 헌정사를 낭독한다. (부록 6에 원문 수록.)
2 도라 발리에 Dora Vallier, 1921-1997, 불가리아 출신의 프랑스인 예술사가이자 추상예술 전문가이다.

전 시작한 수업들을 차치하면, 저는 현재 와슨과 주고받은 편지 때문에 바쁩니다.[3] 이제야 분명해진 깃은 고대 일본 사림들이 환 각을 일으키는 버섯을 알고 또한 사용했다는 점입니다. 저의 작 년 여행과 신기하게 맞물리는 지점이지요.[4]

친애하는 로만, 다시 한번 고맙습니다. 그리고 부탁드리건대, 크리스티나와 함께 저희의 가장 신실하고도 다정한 마음을 나누 시기 바랍니다.

클로드

---

3 이에 대해서는 1958년 2월 18일 자 편지 참조.
4 클로드 레비스트로스는 1977년 가을에 6주 동안 처음으로 일본 여행을 한다. 그는 1988년까지 다섯 번 더 일본에 간다.

친애하는 로만에게,

당신의 《선집》 5권을 보내주셔서 진심으로 감사합니다.[1] 제가 러시아어를 알아 전부 읽을 수 있다면 좋겠지만, 제가 다 알지는 못했던 다른 아름다운 글들로 위안을 삼습니다. 그중 시에 대한 글들은 마침 제가 일본에서 지냈던 시절부터 줄곧 그곳의 문학, 특히 시에 대해 꽤 많이 공부한 터라 더욱 의미가 있습니다.

프랑스 언론이 트빌리시 학회에 대해 자주 말하고 있습니다.[2] 당신께서 연단에 서신 여러 사진을 보았습니다.

어제부로 저는 수업에 파묻혔으며, 이곳에 3개월 동안 갇히게 되었네요…

모니크와 저는 저희의 깊은 마음을 담아 두 분께 보내드립니다.

클로드

1 《운율, 그 대가들과 탐험가들에 대하여 *On Verse, Its Masters and Explorers*》.
2 1979년 10월 1일부터 5일까지 조지아의 트빌리시에서 "정신활동에서 무의식의 문제에 대해" 열린 국제학회이며, 소비에트 지역에서 정신분석학을 위해 처음으로 열린 대규모 행사라는 점에서 그 역사적 중요성이 크다. 로만 야콥슨의 글은 영어로 번역된 바 있다. 〈의식과 무의식이라는 문제에 대한 언어학적 접근On the Linguistic Approach to the Problem of the Consciousness and the Unconscious〉, 《선집》, 7권, 19장.

추신: 전혀 예상하지 못했는데, 모스크바로 가는 길에 파리에 들른 가빈의 전화를 한 통 받았습니다.

친애하는 로만에게,

이하는 우리의 신비로운 조지아인 후원자의 이름과 주소입니다.[1]

V. M. 치코바니V. M. Tchikovani

바르노바 119

트빌리시 CCCP 3800030

이것을 보면 무엇이 떠오르시는지요? 당신을 다시 만나서, 게다가 그토록 정정하신 모습으로 만나서 저희는 참으로 기뻤습니다.

다정한 마음을 담아,

클로드 레비스트로스

---

1   로만 야콥슨의 조교 로렌 윈Lorraine Wynne은 레비스트로스에게 이 조지아인 연구자 이름이 목록에 없다고 추후 편지에서 알리는데, 이 수수께끼는 여전히 풀리지 않았다.

친애하는 로만에게,

당신의 《선집》 3권을 신속하게 보내주신 마음에 깊이 감동했습니다. 이 책은 제게 특별히 소중한데, 비단 〈고양이〉와 〈회고〉를 담고 있을 뿐만 아니라 저의 연구에 계속하여 영감을 주는 핵심적인 글이 이토록 많이, 그리고 제가 알지 못하던 몇몇 예전 글 또한 있기 때문입니다. 진심으로 감사드립니다. 저 역시 당신의 마음에 드실지 모르는 짧은 글 하나를 최근에 보내드렸습니다. 다른 글들은 다가오는 10월 1일로 약속된 저의 은퇴를 기다리며 인쇄에 들어갔습니다. 나이가 들수록 점점 무거워지던 수업 부담을 덜게 되면서, 저는 지난 10년간 발표했던 이런저런 글들, 그리고 진지하게 손봐야 하는 글들을 두세 권의 책으로 묶을 수 있었습니다. 건강은 어떠신지요? 여전히 여행에 생각이 있으신지요? 저희는 지난 10월 한국에 갔었습니다. 열정적이나 투박한 곳. 그리고 별일 없다면, 버클리에서 몇 주 지내기 위해 1984년에 미국에 갈 것입니다.[1]

---

[1] 1984년 10월, 클로드 레비스트로스는 버클리에서 "찰스와 마르타 히치콕 강연"을 하며, 또한 샌프란시스코와 로스앤젤레스에서도 한다. "클로드 레비스트로스 — 역

모니크와 저는 두 분께 가장 다정한 마음을 담아 드립니다.

클로드

프랑스
파리 16구
마로니에 길 2
클로드 레비스트로스 교수 귀하

1982년 3월 30일[1]

친애하는 클로드에게,

당신의 편지와 몹시 유려하고 설득력 있는 당신의 연구를 받아서 매우 기뻤습니다. 저의 여섯 번째 책은 인쇄소에 넘어갔으며 올해가 가기 전에 출판될 것입니다.[2] 이 책은 무엇보다 중세 슬라브의 이데올로기, 언어, 시, 음악을 다룹니다. 저는 일곱 번째 책, 《비교신화학 논고 *Contributions to Comparative Mythology*》를 준비하고 있습니다. 이 책에서 다루는 다양한 질문들에 대해서 당신의 의견을 구하고 싶으며, 9월에 예레반에서 열리는 언어학회에 갈 때 파리에 들를 수 있으면 좋겠습니다. 이때 파리에 있을 건가요? 우리는 너무도 오랫동안 만나지 못하고 있군요.

두 분에게 깊이 다정한 마음을 담아,

로만 야콥슨

---

1 [역주] 야콥슨은 1979년에 뇌출혈로 우측 신체가 마비되고, 말하는 능력과 글쓰기 능력이 감퇴했다. 1982년 7월 18일 보스턴의 병원에서 세상을 떠나기 몇 달 전부터 그의 건강은 매우 악화되었는데, 이 우정 어린 마지막 서한은 그러한 운명을 아직 모르고 있다.

2 《선집》 가운데 《초기 슬라브의 길과 교차로 *Early Slavic Paths and Crossroads*》.

부록

Átê naz omaza ê n
+−+ −+− +−+−# + −
+−~ +−− −+−− + −
+−± −±− ±−+† ± −
−− −+− ++ − −
++ − −− +
− + +

pArfe bonðr ê da
−+±−+ −+−+± + −#
−− −− −−+− − −
−+ −± −±±± ± −
+ +− ++~± − ~
+ +− −− + ~
− −+ − − −

샤를 보들레르의 〈고양이*Les chats*〉

로만 야콥슨과 클로드 레비스트로스[1]

인류학 학회지에 19세기 프랑스의 어느 시 한 편만을 다룬 연구가 실린다는 게 다소 의아할 수 있다. 하지만 이를 설명하기란 간단하다. 만일 어느 언어학자와 인류학자가 보들레르Charles Baude-laire의 소네트를 이해하기 위해 함께 힘을 모으기로 했다면, 이는 두 사람이 각자 이 소네트에서 따로 발견한 문제들이 서로 보완적인 관계라는 점이 그전에 드러났었기 때문이다. 이 인류학자가 신화들을 분석했을 때 드러나는 구조들과 놀랍도록 비슷한 구조들을 이 언어학자는 시 작품들 속에서 짚어낸다. 인류학자 또한 신화들이 단지 개념적인 구성에만 국한되어 있지 않다는 점을 무시할 수 없을 터이다. 신화들은 그 역시 예술 작품들이며 그것을 듣는 이들에게 (그리고 그것을 옮겨 적으면서 읽는 인류학자들 그 자신들에게) 깊은 심미적 감정을 불러일으킨다. 이 두 가지 문제가 결국에는 하나라고 볼 수 없을까?

물론 지금 이 머리말을 쓰고 있는 이가 종종 신화를 시적인 작

---

1   [원 편집자 주]《롬므*L' Homme*》, 2권, 1호, 1962년, 5-21쪽; 로만 야콥슨, 〈시학의 문제들Questions de poétique〉, Seuil, 《포에티크 *Poétique*》, 1973년, 401-419쪽; 〈시학에 대한 여덟 가지 문제들Huit Questions de poétique〉, Seuil, Points Essais 총서, 제85권, 1977, 163-188쪽.

품에 대비하기도 했지만(《구조인류학》, 232쪽), 이러한 점을 들어 그를 탓하는 이들은 바로 대비라는 개념 안에 우선 이 두 가지 형태가 하나의 같은 범주에 속하는 상호 보완적인 용어들이라는 점이 내포되어 있음을 간과하고 있다. 따라서 지금 우리가 이곳에서 그려보고자 하는 이들 사이의 어떤 유사점은 우리가 애당초 강조했던 다음과 같은 구별적 특성과 상충하지 않는다. 곧 따로 떼어 본 각각의 시적 작품은 그 안에 자신만의 변형들variations을 지니는데, 우리는 이것들을 종縱적인 축으로 표현할 수 있다. 왜냐하면 다음과 같이 중첩되는 여러 층위로 구성되어 있기 때문이다. 음운적, 음성적, 통사적, 운율적, 의미적 층위들 따위로. 반면에 신화는 — 최소한 어떤 극단적인 경우에는 — 의미적 층위에서만 해석될 수 있는데, 이때 (구조적 분석을 할 때 항상 빠질 수 없는) 변형들의 체계는 어느 한 신화의 여러 다른 판본을 이루는 복수성에서 주어지는데, 즉 그 체계가 신화들의 어느 한 묶음에서 오로지 의미적 층위에서만 이루어진 수평적인 절단면에 의해 주어진다는 뜻이다. 그렇지만 이러한 구분이 무엇보다 실용적인 필요에 부응하기 위함이라는 점, 곧 엄격한 언어학적 기반이 없는 상태에서라도 신화들에 대한 구조적 분석을 진행하기 위함이라는 점을 잊어서는 안 된다. 두 분야를 바쁘게 넘나들면서까지 각 분야의 방법론을 모두 활용해 나갈 때만 우리가 애초에 했던 과감한 생각, 즉 만약 이 각각의 방법론을 상황에 따라 선택하여 활용하는 것이 가능하다면 궁극적으로 이 방법론들이 서로를 완벽하게 채워줄 수는 없을지언정 서로를 언제나 대신할 수 있기 때문이라는 생각이 과연 맞는지 검증할 수 있을 것이다.

클로드 레비스트로스.

1. *Les amoureux fervents et les savants austères*

2. *Aiment également, dans leur mûre saison,*

3. *Les chats puissants et doux, orgueil de la maison,*

4. *Qui comme eux sont frileux et comme eux sédentaires.*

5. *Amis de la science et de la volupté,*

6. *Ils cherchent le silence et l'horreur des ténèbres;*

7. *L'Érèbe les eût pris pour ses coursiers funèbres,*

8. *S'ils pouvaient au servage incliner leur fierté.*

9. *Ils prennent en songeant les nobles attitudes*

10. *Des grands sphinx allongés au fond des solitudes,*

11. *Qui semblent s'endormir dans un rêve sans fin;*

12. *Leurs reins féconds sont pleins d'étincelles magiques,*

13. *Et des parcelles d'or, ainsi qu'un sable fin,*

14. *Étoilent vaguement leurs prunelles mystiques.*

1. 불타는 연인이나 대쪽 같은 현인들도

2. 중년에 접어들면 너도나도 좋아한다

3. 사납고도 순한 고양이, 집안의 자랑거리,

4. 그들처럼 추위를 타고 꼼짝도 안 하지

5. 앎과 관능의 벗,

6. 고양이가 찾는 것은 고요, 그리고 암흑의 공포

7. 자존심을 굽혀 복종할 줄 알았다면

8. 에레보스의 명 받드는 상여마로 쓰였을 터

9. 생각에 잠긴 채 고결한 자태를 품은 그는

10. 끝 모를 꿈속으로 잠들어가는 듯한

11. 고독의 심연에 길게 누운 우람한 스핑크스

12. 풍요로운 허리는 온통 마법처럼 반짝이고

13. 금빛 조각들과 고운 모래가

14. 신비로운 눈동자에 은은하게 별 뿌리네[2]

보들레르의 이 소네트가 처음으로 지면으로 발표된 샹플뢰리Chamfleury의 소책자 《고양이 트로트*Le Chat Trott*》의 내용이 맞다면(《르 코르세르》, 1847년 11월 14일 자), 그것은 이미 1840년 3월 중에 쓰였을 것이며 ─ 몇몇 주석가의 주장과는 반대로 ─《르 코르세르》 판본과 《악의 꽃*Fleurs du Mal*》은 토씨 하나 다르지 않다.

압운의 배열에 있어 이 시인은 *aBBa CddC eeFgFg*의 틀을 따르고 있다(여기서 남성운들로 된 행들은 대문자로, 여성운들로 된 행들은 소문자로 나타냈다). 이처럼 연결된 압운들은 세 묶음으

─────────

2 [역주] 이 시를 우리말로 번역하면서 7행과 8행, 10행과 11행의 순서를 각각 바꿨다
   는 점을 밝힌다.

로 된 행들로, 즉 두 개의 4행연, 그리고 두 개의 3행연으로 된 하나의 6행연으로 나뉘어 있으면서도 그들은 나름의 어떤 통일성을 이루고 있는데, 왜냐하면 그라몽Maurice Grammont이 짚어내듯 통상 소네트는 "여섯 개의 행으로 된 모든 연에 적용되는 규칙들과 같은 규칙들에 따라" 압운을 배치하기 때문이다.[3]

우리가 언급하는 이 소네트에서 압운들은 서로를 구별 짓는 세 법칙에 따라 묶인다. 1) 두 개의 평탄운들이 따라 나올 수 없다. 2) 두 개의 인접하는 행들이 두 개의 다른 압운들에 속할 때마다 그 가운데 하나의 압운은 여성운, 다른 하나는 남성운이어야 한다. 3) 인접하는 연들의 마지막에는 여성운들과 남성운들이 번갈아 나온다. [4]꼼짝 안 하는sédentaire — [8]자존심fierté — [14]신비로운mystiques. 전통적인 작법에 따르면 언제나 여성운이라 불리는 압운들은 묵음으로, 남성운이라 불리는 압운들은 완전음절로 끝나지만, 압운들의 이러한 두 범주 사이의 차이점은 마지막 음절에 오는 중설 중모음을 탈락시키는 일상적인 발음법에서 역시나 나타난다. 즉 이 소네트의 모든 여성운의 경우 마지막 완전모음에 뒤따라 자음들이 오는 반면(대쪽 같은austères-꼼짝 안 하는sédentaires, 암흑ténèbres-상여funèbres, 자태attitudes-고독solitudes, 마법처럼magiques-신비로운mystiques), 모든 남성운은 모음으로 끝난다(넌saison-집maison, 관능volupté-자존심fierté, 끝fin-고운fin).

압운들의 분류와 문법적 범주들의 선택 사이에 있는 이러한 긴밀한 연관성은 이 소네트의 구조에서 문법과 압운이 갖는 중요한

---

3 모리스 그라몽, 《프랑스 작시법 소론Petit traité de versification française》, Armand Colin, 1908년, 86쪽.

역할을 강조한다.

　모든 행은 명사로 끝나는데, 이는 때에 따라 실사實辭(8행)이 거나 형용사(6행)이다. 모든 실사는 여성형을 띤다. 여성운을 갖춘 여덟 개의 행에서 각각의 마지막 명사는 복수형인데, 이때 여덟 행 모두 전통적인 규범에 비추어 볼 때는 한 음절만큼, 지금의 발음법에 비추어 볼 때는 모음 뒤에 오는 자음 하나의 길이만큼 길며, 반면에 남성운으로 된 그보다 더 짧은 행들에서는 그 여섯 가지 경우에 단수 명사로 끝난다.

　두 개의 4행연들의 경우, 핵심적인 어휘이자 ^{7}상여*funèbres*와 운이 맞는 ^{6}암흑*ténèbres*만 빼면, 남성운은 실사들로, 여성운은 형용 사들로 이루어져 있다. 방금 문제가 되는 두 행들의 관계에 대한 전반적인 문제는 뒤에서 다시 다루도록 하겠다. 3행연들의 경우, 첫 3행연의 세 행은 모두 실사로, 둘째 3행연의 세 행은 모두 형용사로 끝난다. 따라서 두 개의 3행연들을 잇는 압운이자 유일한 동음이의적 압운은(^{11}끝 모를*sans fin* - ^{13}고운 모래*sable fin*) 여성형의 실사에 남성형의 형용사를 대비시키며, 그와 동시에 이는 이 소네트의 남성운들에서 유일한 남성형 형용사이자 유일한 예시이다.

　이 소네트는 세 개의 복잡한 문장으로 이루어져 있는데, 그것 들, 즉 두 개의 4행연과 두 개의 3행연의 묶음은 각각 마침표로 나누어져 있다. 독립적인 절들 및 인칭 동사형들의 개수에 따라 이 세 문장은 산술적으로 발전하는 형태를 띤다. 1) 한 개의 **정동 사**verbum finitum(좋아하다*aiment*) 2) 두 개(찾다*cherchent*, 쓰였을 터 *eût pris*) 3) 세 개(품다*prennent*, 이다*sont*, 별 뿌리다*étoilent*). 한편 이

세 문장의 종속절들은 **정동사**를 하나씩만 가지고 있다. 1) *이다* *qui… sont* 2) -*줄 알았다면*s' ils pouvaient 3) -*는 듯한*qui semblent.

이 소네트를 이렇게 세 부분으로 나누는 것은 한편에는 두 개의 압운으로 된 행들을, 다른 편에는 세 개의 압운으로 된 행들이 대조 관계에 놓이게 한다. 곧 이러한 구분은 이 작품의 행들을 두 개의 묶음, 즉 두 쌍의 4행연들과 두 쌍의 3행연들의 묶음으로 나누어 양쪽이 균형을 이루게 한다. 이렇듯 두 개로 나누는 원리는 이 작품의 문법적 구성에 의해 다시 뒷받침되며, 이때 이 원리 역시 어떤 대조를 내포하는데, 그것은 곧 네 개의 압운으로 된 첫 부분과 세 개의 압운으로 된 둘째 부분 사이, 그리고 네 개의 행들로 된 첫 두 절 또는 두 연과 세 개의 행들로 된 마지막 두 연 사이의 대조를 가리킨다. 바로 이러한 두 배열 방식들 및 그 요소들 사이의 균형과 불균형이 이루는 긴장을 바탕으로 작품 전체가 구성된다.

4행연들의 쌍과 3행연들의 쌍 사이에는 문법적 유사성이 분명하게 나타난다. 두 개의 절로 된 첫째 4행연과 첫째 3행연은 그 중 두 번째 절이 연의 마지막 행을 품고 있으며 — 그리고 이때 이 절은 관계절로서 두 경우 모두 똑같은 대명사 *qui*에 의해 도입된다 — , 또한 이 절들은 남성 복수 실사와 결합하는데, 이때 후자는 주절의 보어 역할을 한다([3]고양이*Les chats*, [10]스핑크스*Des… sphinx*). 두 번째 4행연에서 (그리고 마찬가지로 두 번째 3행연에서) 두 개의 등위절 가운데 복합절인 두 번째 등위절은 그 연의 마지막 두 행을 품고 있으면서 (7-8행과 13-14행) 주절에 접속사로 연결된 종속절을 지니고 있다. 이 절은 4행연에서는 조건절

의 형태를 (⁸-줄 알았다면*s' ils pouvaient*), 3행연에서는 비교절의 형 태를 띤다(¹³만큼이나*ainsi qu' un*). 이 가운데 선사는 후치된 반면 그 자체로는 불완전한 후자가 삽입절의 형태를 띤다.

《르 코르세르》 본판(1847)을 보면 이 소네트의 구두법은 이 같은 구분 형식을 따르고 있다. 첫 번째 3행연처럼 4행연 또한 마 침표로 끝난다. 두 번째 3행연과 두 번째 4행연에서 마지막 두 행 앞에는 쌍반점이 온다.

한편으로는 두 4행연들 사이의, 그리고 다른 편으로는 두 3행 연들 사이의 이러한 유사성에 의해 문법적 주어들의 의미적 양상 은 더욱 두드러진다.

I) 4행연들	II) 3행연들
1. 첫째	1. 첫째
2. 둘째	2. 둘째

첫 번째 4행연과 첫 번째 3행연의 주어들은 유정물有情物을 가 리킬 뿐인 반면, 두 번째 4행연의 두 주어 및 두 번째 3행연의 모 든 문법적 주어는 무정물을 가리키는 실사들이다. ⁷에레보스 *L' Érèbe*, ¹²풍요로운 허리*Leurs reins*, ¹³조각들*des parcelles*, ¹³모래*un sa- ble*. 이렇듯 횡적인 유사성에 더하여 종적이라고 부를 수 있는 유 사성이 있는데, 이는 두 4행연 전체를 두 3행연 전체에 대비시킨 다. 두 3행연의 직접목적어들이 모두 무정물 실사인 반면(⁹고결 한 자태*les nobles attitudes*, ¹⁴그들의 눈동자*leurs prunelles*), 첫째 4행연의 유일한 직접 목적어는 유정물 실사이며(³고양이*Les chats*), 두 번째

456

4행연의 목적어들은 무정물 실사들을 제외하고는(⁶고요와 공포 *le silence et l' horreur*) 대명사 그들을*les*을 지니며, 이는 앞선 문장에 나온 고양이와 연관된다. 주어와 목적어의 관계를 보자면, 이 소네트는 우리가 대각선으로 표현할 수 있는 두 가지 유사성을 보여준다. 하나는 하강하는 대각선과 같은 유사성으로서 이는 바깥쪽의 두 연을 (첫 4행연과 마지막 3행연을) 하나로 묶으며, 그것들을 이번에는 안쪽의 두 연을 잇는 상승하는 대각선과 같은 유사성에 대비시킨다. 바깥쪽 연들의 경우, 목적어는 주어와 동일한 의미적 범주에 속한다. 즉 첫 4행연의 경우 목적어는 유정물들이고(연인*amoureux*, 현인들*savants*-고양이*chats*) 둘째 3행연의 경우는 무정물들이다(허리*reins*, 조각들*parcelles*-눈동자*prunelles*). 이와는 반대로 안쪽 연들의 경우, 목적어는 주어가 속한 범주와는 대비되는 범주에 속한다. 즉 첫 3행연에서 무정물 목적어는 유정물 주어에 대비되는 반면(그들이*ils*[=고양이*chats*]-자태*attitudes*), 이와 똑같은 관계는(그들이*ils*[=고양이*chats*]-고요*silence*, 공포*horreur*) 둘째 4행연에서 유정물 목적어와 무정물 주어의 관계와 (에레보스*Érèbe*-그들을*les*[=고양이*chats*]) 대칭을 이룬다.

이처럼 네 행 모두 각각 그 자신만의 독자성을 지닌다. 즉 첫 4행연에서는 주어와 목적어 모두 유정물이었으나 첫 3행연에서는 오직 주어만이 유정물이다. 둘째 4행연에서 이 유정물 범주는 주어 아니면 목적어를 특정하며, 둘째 3행연에서는 주어도 목적어도 규정하지 않는다.

이 소네트의 처음과 마지막은 문법적 구조에서 눈에 띄는 유사성이 상당 부분 있다. 처음과 마찬가지로 마지막에는, 하지만

다른 부분에서는 이러한 특징이 나타나지 않는데, 두 개의 주어가 된 하나의 술어와 단 하나의 직접목적어와 나온다. 이 각각의 주어와 목적어는 한정사를 하나씩 지니며(불타는 연인이나 대쪽 같은 현인들도 Les amoureux fervents, les savants austères-사납고도 순한 고양이 Les chats puissants et doux;금빛 조각들 des parcelles d'or, 고운 모래 un sable fin-신비로운 눈동자 leurs prunelles mystiques), 두 개의 술어, 즉 소네트의 맨 첫 술어와 맨 마지막 술어만이 이 소네트에서 부사들과 함께 나오는데, 후자들은 모두 형용사에서 파생했으며 그들은 모운母韻을 이루며 서로 연관되어 있다. *너도 나도 좋아하다 Aiment également*-14은은하게 별 뿌리다 *Étoilent vaguement*. 이 소네트의 두 번째 술어와 마지막에서 두 번째 술어는 오직 그들만이 계사繫辭와 속사屬詞를 지니고 있는데, 이 두 경우에서 그 속사는 내운內韻에 의해 두드러져 나타난다. ⁴그들처럼 추위를 타고 *Qui comme eux sont frileux*;¹²풍요로운 허리는 온통 *Leurs reins féconds sont pleins*. 대체로 바깥쪽 두 연에서만 형용사가 많이 나온다. 4행연에 아홉 개, 3행연에 다섯 개가 나오는 반면 안쪽 두 연은 모두 합쳐봐야 형용사가 세 개뿐이다(*상여 funèbres, 고결한 nobles, 우람한 grands*).

　우리가 이미 지적했듯이 오직 시의 처음과 마지막 부분에서만 주어와 목적어가 같은 범주에 속한다. 첫째 4행연에서 주어와 목적어는 유정물에, 둘째 3행연에서는 무정물의 범주에 속한다. 유정물 및 그들의 기능과 활동이 첫 연의 주조主潮를 이루고 있다. 첫 줄은 형용사들뿐이다. 이 형용사들 가운데 실사화實辭化된 두 개는 주어의 역할을 하며 — 연인 *Les amoureux*과 현인들 *les savants* — 이 주어들은 각각 동사 어근을 드러낸다. 즉 이 작

품은 "사랑하는 이들"과 "앎을 갖춘 이들"을 통해 그 터를 잡는다. 이 작품의 마지막 줄에서는 그 반대이다. 술어의 역할을 하는 타동사 별 뿌리다 *Étoilent*는 실사 별étoile에서 비롯한다. 이 실사는 무정물을 가리키는 일련의 보통 구체 명사들에 속하며, 이 명사들은 이 3행연에 지배적으로 나타나면서 앞선 세 연과 이 연을 구별 짓는다. 또한 이들 명사 가운데 몇몇과 이 동사 사이에는 동음이의의 관계가 뚜렷하다. /etēselə/ -/e de parselə에서 /etwalə/. 마지막으로, 두 개의 연이 각각 그들의 마지막 행에 품고 있는 종속절들은 각각 부사적 부정사를 하나씩 지니고 있으며, 각 종속절의 목적 보어는 작품에서 유일한 부정사이다. [8]굽혀 복종할 줄 알았다면*S' ils pouvaient... incliner;* [11]잠들어가는 듯한*Qui semblent s'endormir.*

우리가 앞서 보았듯이 이 소네트를 이분하는 것도, 세 개의 연으로 나누는 것도 같은 수의 음절을 지닌 부분들로 균형 있게 나누지는 못한다. 하지만 우리가 이 열네 개의 행을 같은 크기의 두 부분으로 나눈다면 일곱 번째 행은 첫 절반을 매듭지을 것이며, 여덟 번째 행은 나머지 절반의 시작을 뜻할 것이다. 그런데 바로 이 두 개의 중간 행이 그 문법적 구성으로 인해 이 시의 다른 모든 부분과 가장 뚜렷하게 구별된다는 점은 깊은 의미를 지닌다.

이처럼, 여러 면에서 볼 때, 이 시는 세 부분으로 나뉜다. 즉 중간에 있는 한 쌍, 그리고 음절의 수가 같은 두 뭉치, 다시 말해 이 쌍의 앞과 뒤에 나오는 각각 여섯 개의 행들. 결국 마치 두 개의 6행연들 사이에 이행구二行句가 껴 있는 듯한 꼴을 보이는 셈이다.

이 소네트 전체에 걸쳐 동사들과 대명사들의 모든 인칭형, 그

리고 동사절들의 모든 주어는 복수형을 띠는데, 예외적으로 7행   에레보스의 멍 빈드는 상어마로 쓰였을 터 *L' Érèbe les eût pris pour ses coursiers funèbres* — 만 이 시에서 유일하게 고유명사는 지니면서 정동사와 주어가 모두 단수형이다. 또한 오직 이 행에서만 소유 대명사(*그의ses*)가 단수형을 가리킨다.

이 소네트에서 유일하게 사용된 인칭형은 3인칭이다. 시제는 유일하게 현재 시제로 되어 있지만, 예외적으로 7행과 8행에서 시인은 비현실적인 상황 속에서(⁸-줄 알았다면*S'ils pouvaient*) 일어나는 어떤 행위를 상상해 보고 있다(⁷쓰였을 터*eût pris*).

이 소네트에서는 각각의 동사와 실사마다 한정사를 붙이는 경향이 뚜렷하게 드러난다. 모든 동사형은 지배 어휘(실사, 대명사, 부정사) 또는 속사와 함께 나타난다. 모든 타동사는 오로지 실사만을 지배한다(²⁻³고양이를 좋아하다*Aiment... Les chats*;⁶고요와 공포를 찾다*cherchent le silence et l'horreur*;⁹자태를 품다*prennent... les... attitudes*;¹⁴눈동자를 별 뿌리다*Étoilent... leurs prunelles*). 7행에서 목적어의 역할을 하는 대명사만이 유일한 예외이다. *그것을 썼을 터les eût pris.*

이 소네트에서 그 어떤 한정사도 붙지 않는 관형 보어들을 제외하고 실사들은 (실사화된 형용사들을 포함하여) 형용어구들이나 (보기:³사납고도 순한 고양이*chats puissants et doux*) 보어들에 의해 (⁵앎과 관능의 벗*Amis de la science et de la volupté*) 언제나 규정된다. 이때도 역시 7행에서 유일한 예외가 나타난다. 에레보스가 그들을 썼을 터*L' Érèbe les eût pris.*

첫 4행연의 다섯 형용어구 모두(¹불타는*fervents*, ¹대쪽 같은*austères*, ²무르익은*mûre*, ³사나운*puissants*, ³순한*doux*), 그리고 두 3행연

들의 여섯 형용어구 모두(⁹고결한 *nobles*, ¹⁰우람한 *grands*, ¹²풍요로운 *féconds*, ¹²마법 같은 *magiques*, ¹³고운 *fin*, ¹⁴신비로운 *mystiques*) 품질 형용사인 반면, 둘째 4행연에 나타나는 형용사들은 제7행에 나타나는 한정 형용사뿐이다(*상여마 coursiers funèbres*).

또한 바로 7행에서, 이 4행연의 다른 행들에서 주어와 목적어 사이의 관계를 이끄는 유정물-무정물 구성의 순서가 뒤바뀌고 소네트 전체 중 유일하게 무정물-유정물 순서가 나타난다.

이렇듯 제7행, 또는 둘째 4행연의 마지막 두 연은 그들만이 지니는 눈에 띄는 특성들로 구별된다는 점을 알 수 있다. 그렇지만 이 소네트의 중앙에 나오는 이행구를 강조하려는 의도는 비대칭적 삼분법의 원리와 경합을 이루는데, 이때 이 원리란 둘째 4행연 전체에 대해 한편으로는 첫째 4행연과, 그리고 다른 한편으로는 끝의 6행연에 대비시키는 것을 뜻하며, 이것은 이처럼 다른 주변적 행들과는 여러 면에서 구별되는 어떤 중추적인 행을 만드는 셈이다. 따라서 유일하게 7행에서 주어와 술어가 단수형을 띤다는 점을 나타내 보이면서 우리는 이러한 관찰을 다음과 같이 더욱 발전시킬 수 있다. 우선 둘째 4행연의 행들에서만 주어나 목적어가 단수형이다. 그리고 7행에서 주어의 단수형이(*L'Érèbe*) 목적어의 복수형에(*les*) 대비되는 반면, 그와 인접한 행들에서 주어는 복수형을, 목적어는 단수형을 취함에 따라 대비 관계가 뒤집힌다(⁶*Ils cherchent le silence et l'horreur*;⁸*S' ils pouvaient… incliner leur fierté*). 다른 연들의 경우, 목적어와 주어, 이 둘은 모두 복수형을 띤다(¹⁻³*Les amoureux… et les savants… Aiment… Les chats*;⁹*Ils prennent… les… attitudes*;¹³⁻¹⁴*Et des par-*

celles… Étoilent… leurs prunelles). 둘째 4행연에서는 주어와 목적어의 단수형은 무정물과, 그리고 복수형은 유정물과 들어맞고 있음을 알 수 있다. 보들레르의 작품에서 이러한 문법적 수數들의 중요성이 특히 눈에 띄는데, 그것들의 대비가 소네트의 압운을 만드는 데 작용하기 때문이다.

둘째 4행연의 압운들은 그 구조로 인해 이 작품의 다른 모든 압운과 구별된다는 점 또한 살펴보기로 하자. 여성운들 가운데에는 둘째 4행연의 그것, 즉 *ténèbres–funèbres*만이 유일하게 두 개의 다른 품사들을 대조하고 있다. 나아가 문제의 4행연을 제외하고, 이 소네트의 모든 압운의 경우 지지支持 자음을 일반적으로 갖추는 강세 음절로부터 바로 또는 조금 떨어져 그 앞에 오는 하나 또는 여러 개의 똑같은 음소들을 나타내 보인다. [1]*savants* aus*tères*–[4]*séden*taires, [2]*mûre saison*–[3]*maison*, [9]*attitudes*, [10]*soli-tudes*, [11]*un rêve sans fin*–[13]*un sable fin*, [12]*étin*celles *magiques*–[14]*pru*nelles *mystiques*. 둘째 4행연의 경우, [5]*volupté*–[8]*fierté*, ni [6]*ténèbres*–[7]*funèbres*의 쌍들 가운데 그 어느 것도 압운 그 자체 앞에 오는 음절들에 있어 화답의 모습을 보이지 않는다. 한편, 7행과 8행의 마지막 단어들은 자운子韻을 이루며 *funèbres–fierté*, 6행은 5행과 연관된다. [6]*ténèbres*은 [5]*volupté*의 마지막 음절을 반복하며, 내운內韻, 곧 [5]*science*–[6]*silence*은 이 두 행이 서로 닮았다는 점을 두드러지게 한다. 이처럼 이 압운들은 그들 자체로 둘째 4행연의 상반부와 하반부 사이의 연관성이 어느 정도 느슨해져 있음을 드러낸다.

이 소네트의 음성적 결을 만드는 데 상당한 역할을 하는 것은

바로 비모음鼻母音들이다. 그라몽의 탁월한 표현에[4] 따르자면, 이처럼 "비음성鼻音性에 의해 감추어진 듯한" 모음들은 첫째 4행연에 높은 빈도로 나타나며(각 줄마다 둘 내지 셋으로, 총 아홉 개의 비성음들), 특히 끝의 6행연에서 그러하다(스물한 개의 비성음들인데 첫 3행연에 걸쳐서는 그 빈도가 점점 늘어나며 — 9^3-10^4-11^6:Qui *semblent s'endormir dans un rêve sans fin*-둘째 3행연에서는 그 빈도가 점점 줄어든다 — 12^5-13^3-14^1). 그에 반해 둘째 4행연에는 비성음이 세 번밖에 나타나지 않는다. 각 행마다 하나씩 나타나는데, 이는 제7행, 곧 이 소네트에서 유일하게 비모음이 없는 행을 빼고 그러하다. 또한 이 4행연은 그 남성운에 비모음이 없는 유일한 연이다. 한편, 둘째 4행연의 경우, 음성적 주조主調의 역할은 모음들에서 자음적 음소들, 그중에서도 특히 유음流音들로 넘어간다. 오직 둘째 4행연만 첫째 4행연의 열다섯 번, 첫째 3행연의 열한 번, 둘째 3행연의 열네 번에 비해 유음적 음소들이 더 넘치게 많이 나타나는데 그 수는 곧 스물세 번이다. 4행연들의 경우 /r/은 /l/ 보다 조금 많이, 3행연들의 경우 조금 적게 나타난다. /l/이 두 번밖에 나타나지 않는 제7행은 /r/이 다섯 번 나타나는데, 이는 이 소네트의 다른 어떠한 행보다도 많다. L'Érèbe les eût pris pour ses coursiers funèbres. 그라몽에 의하면 /l/이 "삐걱거리지도, 긁지도, 울퉁불퉁하지도 않은 대신 쑥 지나가거나 흐르며… 맑은 느낌을 주는" 까닭은[5] 바로 /r/과의 대비 때문이라는 점을 우리는 떠올릴 수 있다.

---

4 모리스 그라몽, 《음성학 개론 *Traité de phonétique*》, 1930년, 384쪽.
5 같은 책, 388쪽.

/l/이 갖는 **글리산도** 성질에 비해 모든 /r/, 그중에서도 특히 프랑스어의 r이 가진 거친 성질은 이러한 현상들을 음성학적으로 분석한 뒤랑M. Durand의 최근 연구에서 명확히 나타나며,[6] 경험 속 실제 고양이가 신화적인 모습들로 변해가는 과정과 함께 /l/들 앞에서 /r/들이 뒤로 물러나는 모습이 확연히 나타난다.

이 소네트의 처음 여섯 행은 다음과 같은 반복적인 특징에 따라 하나로 묶인다. 동일하게 접속사 *그리고et*로 이어진 등위적인 항들로 된 대칭적인 한 쌍. [1]*Les amoureux fervents et les savants austères*;[3]*Les chats puissants et doux*;[4]*Qui comme eux sont frileux et comme eux sédentaires*;[5]*Amis de la science et de la volupté*, 한정사들에 나타나는 이러한 이원주의는 뒤이어 나오는 행들의 피한정어들 사이에 나타나는 이원주의와 교착 배어의 관계를 이루는데 —[6]*le silence et l' horreur des ténèbres* — 이때 이는 이러한 이원주의적 구성을 끝맺는다. 이 "6행연"의 거의 모든 행에 공통적으로 나타나는 이러한 구성은 그 뒤로는 더 이상 나타나지 않는다. 접속사 없는 병치 표현들은 이와 같은 틀에서 나타나는 변형이다. [2]*Aiment également, dans leur mûre saison*(병렬적 상황 보어들);[3]*Les chats…, orgueil…* (다른 실사와 겹쳐진 실사).

등위적 항들과 압운들이 ([1]*austères*-[4]*sédentaires*, [2]*saison*-[3]*maison*처럼 의미적 관계들을 강조하는 외운外韻들뿐 아니라 특히 내운內韻들이) 이루는 이러한 쌍들은 도입부의 행들을 이어 엮는 역할을 한다. [1]*amoureux*-[4]*comme eux*-[4]*frileux*-[4]*comme eux*;[1]*fer-*

6   뒤랑M. Durand, 〈음소의 특수성. R/L의 경우에 대한 적용La spécificité du phonème. Application au cas de R/L〉,《심리학회지Journal de psychologie》, 57권, 1960년, 405-419쪽.

vents—¹*savants*—²*également*—²*dans*—³*puissants*;⁵*science*—⁶*silence*. 이처럼 첫 4행연에서 등장인물을 묘사하는 형용사들은 다음의 경우를 제외하고 모두 압운을 이루는 단어들이 된다. ³*doux*. 다음 세 행의 첫 부분을 어원적으로 잇는 이중 형상은 double fig-ure — ¹*Les amoureux*—²*Aiment*—⁵*Amis* — 이렇게 여섯 개의 행으로 된 "유사연類似聯"의 통일성을 공고히 하는데, 이때 이 연은 그 첫 반구半句들이 서로 압운을 이루는 한 쌍의 행에 의해 시작하고 또한 끝난다. ¹*fervents*—²*également*;⁵*science*—⁶*silence*.

이 소네트의 첫 세 행을 아우르는 절의 직접 목적어인 ³*Les chats*은 뒤따르는 세 행의 절들에서는 주어의 역할을 암묵적으로 수행하고 있는데(⁴*Qui comme eux sont frileux*;⁶*Ils cherchent le silence*), 이는 우리에게 준準-6행연을 두 개의 3행연들로 나누려는 시도의 밑그림을 드러낸다. 중간에 있는 "이행구"는 고양이의 변신을 상기시킨다. 7행에서 (이번에는 암시된) 목적어로서(*L'Érèbe les eût pris*), 그리고 제8행에서 역시 암시된 문법적 주어로서(*S'ils pouvaient*). 이러한 의미에서 제8행은 뒤따라 나오는 문장과 결부된다(⁹*Ils prennent*).

대체적으로 후치된 종속절들은 주절로부터 다음 문장으로의 일종의 전환을 이루는 역할을 한다. 따라서 제9행과 제10행에서 암시된 주어인 "chats"는 제11행의 관계절에 나오는 "sphinx"의 은유에 자리를 내주며(*Qui semblent s'endormir dans un rêve sans fin*), 그 결과로 이 행을 마지막 3행연에서 문법적 주어들의 역할을 하는 비유들과 이어지게 한다. 처음 열 개의 행에서는 정관사만 열네 개 등장하며, 마지막 네 개의 행에서만큼은 앞서 나오

지 않았던 부정관사들만 나타난다.

이저럼 제10행과 제4행의 두 관계절이 가리키는 중의적인 지시대상들을 통해 우리는 마지막 네 개의 행에서 어떤 가상의 4행연의 윤곽을 그릴 수 있는데, 이때 이것은 소네트 서두에 있는 실제 4행연에 대응하는 "듯한" 모습을 띤다. 다른 한편 마지막 3행연 구조의 형식적인 면은 소네트의 첫 세 줄을 모습을 비추어 떠올리게 한다.

유정물들을 가리키는 주어는 단 한 번도 실사로 표현되지 않는 대신 소네트의 첫 줄에서는 실사화된 형용사들로(*Les amoureux, les savants*), 그리고 이후 절들에서는 인칭대명사들 또는 관계대명사들로 표현된다. 사람들이 등장하는 곳은 첫 절뿐인데, 이때 이중 주어는 실사화된 동사적 형용사들을 통해 사람들을 가리킨다.

소네트의 제목에 언급된 고양이는 명사로는 본문에 단 한 번만 나오는데 — 이는 곧 고양이가 직접목적어의 역할을 하는 첫 절에서 그러하다. ¹*Les amoureux… et les savants… ²Aiment… ³Les chats.* "chats"라는 단어가 이 시에서 다시 나타나지 않을 뿐만 아니라 어두의 슈음인 /ʃ/는 다음의 단어에서 유일하게 나타난다. ⁶/ilʃɛrʃə/. 이 반복되는 슈음은 고양이의 첫 행동을 묘사한다. 소네트 주인공들의 이름과 관련된 이 무성 슈음은 그 뒤로 철저하게 금지되었다.

3행에 이르면 고양이는 암시된 주어가 되며, 이는 곧 소네트에서 마지막 유정물 주어이다. 주어, 목적어, 명사 보어의 역할들을 맡은 실사 *chats*는 조응 대명사들인 ⁶⁸⁹*ils*, ⁷*les*, ⁸¹²¹⁴*leur(s)*로 대체된다. 반면 대명사적 실사들인 *ils, les*와 이어지는 것은 고양이뿐

이다. 이 부차적인 (부사적) 형태들은 두 개의 안쪽 연들, 즉 둘째 4행연과 첫째 3행연에서만 나타난다. 첫 4행연에서 그것들에 대응하는 것은 독자적인 형태의 ⁴*eux(bis)*이며, 이것은 소네트에서 오직 사람인 인물들과 연결되는 반면, 마지막 3행연에는 그 어떠한 대명사적 실사도 없다.

소네트 첫 절의 두 주어는 단 하나의 술어와 단 하나의 목적어만 가지고 있다. 그리하여 ¹불타는 연인이나 대쪽 같은 현인들도 *Les amoureux fervents et les savants austères* ²중년에 접어들면*dans leur mûre saison* 어떤 중간적 존재 안에서 그들의 동일성을 발견하기에 이르는데, 이 존재는 인간적이면서도 서로 대비되는 두 조건의 모순적 성격들을 아울러 품은 바로 이 동물이다. 두 개의 인간적 범주들은 다음과 같이 서로 대비된다. 감각적/지성적, 그리고 이 사이의 매개는 고양이에 의해 이루어진다. 이처럼 현인들이면서 동시에 연인인 고양이는 암시적으로 주어의 역할을 맡고 있다.

두 개의 4행연들에서는 고양이라는 등장인물이 객관적으로 묘사된 반면, 두 개의 3행연들에서는 그의 변모를 다루고 있다. 그렇지만 둘째 4행연은 첫째 4행연과, 나아가 전체적으로는 다른 모든 연과 근본적으로 다르다. 중의적인 도식 ⁶*Ils cherchent le silence et l' horreur des ténèbres*는 소네트의 제7행에서 어떤 착각을 불러일으키면서도 제8행에서는 그것을 철회하게 한다. 이 4행연의 이러한 비전형적인 특성, 그중에서도 특히 후반부와 제7행의 이탈은 문법적, 음성적 구성상 변별적인 특성들에 의해 강조된다.

L'Érèbe("지옥에 맞닿아 있는 암흑 지대", 곧 "암흑의 세력들"

및 특히 "어둠의 형제"인 에레보스*Érèbe*의 환유적 대체어)와 암흑의 공포*l' horreur des ténèbres*에 끌리는 고양이의 성향이 의미적으로 밀접하다는 점은 /tenɛbrə/와 /erɛbə/ 사이의 음성적 유사성에 의해 뒷받침되는데, 이로 인해 시의 주인공인 고양이를 무시무시한 과업인 상여마*coursiers funèbres*와 자칫 연관 지을 법도 하다. *L'Érèbe les eût pris pour ses coursiers*라는 이 은근히 다가오는 행, 이것은 좌절된 욕구를 뜻하는 것인가, 아니면 어떤 오인誤認을 가리키는 것인가? 여러 비평가가 문제를 제기한[7] 이 부분의 의미는 시인이 의도한 대로 모호하게 남아 있다.

각각의 4행연들과 3행연들은 동일시 장치를 통해 고양이와 새로운 이미지를 잇고자 한다. 그런데 첫 4행연이 고양이를 두 가지 종류의 인간 조건과 연관 짓는 반면, 둘째 4행연은 그들을 동물 조건, 즉 신화적인 틀에 놓인 상여마*coursiers*들의 조건에 결부시켜 새로운 대상과 동일시하려는 시도를 고양이는 그 자존심fi-erté에 힘입어 떨쳐버리기에 이른다. 이것이 이 작품을 통틀어 유일하게 등가성이 깨진 경우이다. 다른 연들의 문법적 구성과 분명하게 대비되는 이 부분의 문법적 구성은 그 기이한 성격을 드러낸다. 비현실 서법敍法, 주어가 무정물 단수형이면서 한정사에 의해 규정되지 않으며 복수형 유정물 목적어를 취한다는 점.

무언가를 암시하는 모순 표현들이 다음과 같이 연들을 한데 묶는다. [8]자존심을 굽혀 복종할 줄 알았다면*S'ils POUVAIENT au ser-vage incliner leur fierté*이지만, 고양이는 정말로 [3]사납기*PUISSANTS* 때

7 참조. 〈학자와 구경꾼 사이의 중재자L'Intermédiaire des chercheurs et des curieux〉, LX-VII,《선집》388, 509쪽.

문에 그렇게 할 "수" 없다. 고양이는 어떤 능동적인 역할을 맡기에는 수동적으로 [7]쓰일*PRIS* 수 없으며, 바야흐로 고양이는 능동적으로 [9]품으면서*PRENNENT* 수동적인 역할을 하는데, 이는 고양이가 고집스럽게도 한 자리에만 머물기 때문이다.

고양이는 [8]자존심*Leur fierté*으로 인해 [10]우람한 스핑크스*Des grands sphinx*의 [9]고결한 자태*nobles attitudes*와 필연적으로 연관된다. [10]길게 누운 스핑크스*Les sphinx allongés*와 [9]생각에 잠긴 채*en songeant* 그들을 따라 하는 고양이는 두 분사 사이의 어음유사적인 관계에 의해 서로 엮이고 있는데, 이 분사들만 소네트에서 분사적 형태를 띠고 있다. /ãsɔzã/과 /alɔze/. 고양이는 이번에는 그들 역시 [11]잠든 듯한*semblent s'endormir* 스핑크스들과 동일시되어 보이는데, 하지만 한 자리에만 머물고 있는 고양이를 (그리고 암묵적으로 [4]그들처럼*comme eux* 모든 존재를) 초자연적 존재의 부동성과 동일시하는 비교는 환상에 가까우며 변신의 의미를 지니게 된다. 고양이, 그리고 그들과 동일시된 인간들은 동물의 몸과 인간의 머리를 한 신화적인 괴물을 통해 서로 맞닿는다. 이처럼 앞서 고양이와 동일시할 때 거부되었던 이미지는 이제 또 다른 신화적인 이미지로 새로이 대체된다.

[9]생각에 잠긴 채*En songeant* 고양이는 [10]우람한 스핑크스*grands sphinx*와 자신을 동일시하기 이르는데, 이때 이 주요어들과 연관되는 한편 또한 비모음들을 협착치음 및 협착순음들과 조합한 일련의 유음중첩어들은 이러한 변신을 더욱 강조한다. [9]*en songeant*/ãsɔ../-[10]*grands sphinx*/..ãsfɛ../-[10]*fond*/fõ/-[11]*semblent*/sã.../-[11]*s'endormir*/sã.../-[11]*dans un*/.ãzœ̃/-[11]*sans fin*/sãfi/. 고

비강음 /ɛ/과 단어 [10]*sphinx*/sfɛks/에 속한 다른 음소들은 마지막 3행연까지 이어진다. [12]*reins*/..ɛ/ –[12]*pleins*/..ɛ/ –[12]*étincelles*/..ɛs.../ –[13]*ainsi*/ɛs/ –[13]*qu'un sable*/koɛs.../.

우리는 첫 4행연에서 사납고도 순한 고양이, [3]*집안의 자랑거리 Les chats puissants et doux, orgueil de la maison*라는 시구를 보았다. 여기서 그들의 집에 자긍심을 가진 고양이가 이러한 자부심을 구현한다고 보아야 할 것인가, 아니면 그곳에 거주하는 고양이를 자랑스러워하는 집이, *Érèbe*처럼 그들을 길들이고 있다고 보아야 할 것인가? 어쨌든 첫째 4행연에서 고양이를 품고 있던 [3]집*maison*은 [10]*고독의 심연에fond des solitudes*, 즉 어떤 드넓은 사막으로 변하며, [4]*추위에 타는frileux* 고양이와 [10]*불타는fervents* 연인들을 연결하는 (다음의 유음중첩에 유의하라. /fɛrvã/–/frilø/) 추위에 대한 두려움은 스핑크스들을 둘러싼(불타는 연인*amoureux fervents*처럼) 찌는 듯한 사막의 (마치 현인*savants*들이 그러하듯) 대쪽 같은 고독 안에서*solitudes austères*에서 적정한 기후를 마주한다. 시제의 층위에서 보자면, 첫째 4행연에서 [3]집*la maison*과 압운을 이루면서 의미적으로도 그것과 이어지는 [2]*중년mûre saison*은 첫째 3행연에서 자신과 딱 맞아떨어지는 대상물과 마주한다. 이처럼 형태상 비교되는 두 묶음은 (중년에 접어들면 [2]*dans leur mûre saison*과 끝 모를 꿈속 [11]*dans un rêve sans fin*) 서로 대비되는데, 여기서 하나는 지나간 나날을, 다른 하나는 영원을 떠올리게 한다. 이 소네트의 다른 그 어디에서도 속에*dans*나 부사적 전치사를 동반한 구문은 없다.

고양이의 영험함이 두 3행연의 주조를 이룬다. 변신은 소네트의 마지막까지 펼쳐진다. 첫째 3행연에서는 사막에 누워 있는 스

핑크스들의 상像이 피조물과 그 허상虛像 사이에서 벌써 동요하는 반면 뒤따르는 3행연에서는 유정물들이 광물 조각들에 가려 사라진다. 제유법을 통해 그들 신체의 부분들이 고양이-스핑크스를 나타낸다. ¹²*leurs reins*, ¹⁴*leurs prunelles*. 안쪽 연들의 암묵적인 주어는 마지막 3행연에서는 보어로 탈바꿈한다. 고양이는 우선 주어의 암시적인 보어로 등장하며 ─ ¹²*Leurs reins féconds sont pleins* ─, 그리고는 시의 마지막 절에 이르러서 그것은 목적어의 암시된 보어에 지나지 않게 된다. ¹⁴*Étoilent vaguement leurs prunelles*. 따라서 고양이는 소네트의 마지막 절에서는 타동사의 목적어와, 속성 명제[8]인 그에 앞선 절에서는 주어와 이어진다. 따라서 여기서 어떤 대응이 양쪽으로 성립한다. 한편으로 소네트 첫째 절의 직접목적어인 고양이의 경우가 그러하고, 다른 편으로는 그 또한 마찬가지로 속성 명제인 둘째 절의 주어인 고양이의 경우가 그러하다.

소네트의 도입부에서 주어와 목적어가 모두 유정물의 범주에 속하는 반면 마지막 명제에서 이 두 항은 모두 무정물의 범주에 속한다. 무릇 마지막 3행연의 모든 실사는 이 범주에 속하는 구체 명사들이다. ¹²허리*reins*, ¹²반짝임*étincelles*, ¹³조각*parcelles*, ¹³금*or*, ¹³모래*sable*, ¹⁴눈동자*prunelles*. 반면 앞선 연들에서는 관형사를 제외한 모든 무정물 보통 명사는 추상 명사들이다. ²시절*saison*, ³자랑거리*orgueil*, ⁶고요*silence*, ⁶공포*horreur*, ⁸명*servage*, ⁸자존심*fierté*, ⁹

---

8 [역주] 속성 명제proposition attributive는 논리학 및 언어학에서 사용하는 기술적 용어로서 주체가 어떤 특정한 속성을 가지고 있다거나 그렇지 않다거나 등의 사실을 주장하는 명제이다.

자태*attitudes*, [11]꿈*rêve*. 마지막 명제의 주어와 목적어가 모두 띠고 있는 무성물 여성형은 — [1-3]*des parcelles d'or··· Étoilent··· leurs prunelles* — 첫 번째 명제에서 모두 유정물 남성형을 띠고 있는 주어와 목적어와 균형을 맞춘다 — [1-3]*Les amoureux··· et les savants··· Aiment··· Les chats.* 이 소네트 전체에서 [13]*parcelles*이 유일한 여성형 주어이며, 이것은 같은 행의 끝에 나오는 남성형 주어인 [13]*sable fin*과 대비를 이루는데, 이때 주어는 소네트의 남성운들을 아울러 유일하게 남성형을 띠고 있다.

마지막 3행연에서 궁극의 광물 조각들은 번갈아 목적어와 주어의 자리를 차지한다. 소네트에서 마지막으로 나타나는 새로운 동일시 장치는 바로 이 눈부신 조각들을 [13]*sable fin*과 연관 지으면서 별들로 탈바꿈시킨다.

두 3행연을 연관 짓는 기가 막힌 압운은 바로 이 소네트 전체에서 유일한 동음이의적 압운이며, 또한 유일하게 남성운들 가운데 각기 다른 품사들을 나란히 놓고 있다. 여기에는 운이 맞는 두 단어 사이에 어떤 특정한 문법적 대칭성이 있는데, 이 둘 모두 종속절들로 끝나고 있기 때문이며, 이때 하나는 완전한 구문이며 다른 하나는 생략 구문이다. 화답의 현상은 행의 마지막 음절에 국한되기는커녕 두 줄을 통째로 긴밀하게 연결하고 있다. [11]/ *sābl, sādor*mir dánzoē rɛva *sā fɛ*/ — [13]/ parsɛlə dor ɛsi koe sabləfɛ̃ /. 두 개의 3행연을 하나로 묶는 바로 이 압운이 첫 3행연에서 우람한 *grands* 스핑크스의 끝 모를 꿈*un rêve sans fin*의 무대로 설정한 사막의 모티프를 되풀이하면서 고운 모래*sable fin*을 불러일으킨다는 것은 우연이 아니다.

첫 4행연에서 고양이의 영역을 한정 지었던 ³집*La maison*은 첫 3행연에서 그 경계를 허무는데, 사막의 고독이 들어차는 이곳이야말로 고양이-스핑크스의 진정한 집이다. 이러한 "집 아닌 집 non-maison"은 끝 모르는 수의 고양이에게 자리를 내준다(이때, 고양이는 소네트의 모든 다른 등장인물과 마찬가지로 절대 복수로 취급된다). 어떻게 보자면 이 고양이는 집 아닌 집의 집이 되는데, 이는 그들의 눈동자 속에 사막들의 모래와 별들의 빛을 머금고 있기 때문이다.

결말부는 초창기 *Les chats puissants et doux*에 나오는 amoureux와 savants의 주제를 다시 가져온다. 둘째 3행연의 첫 행은 둘째 4행연의 첫 행에 대답하듯이 보이기도 한다. 고양이는 ⁵앎과 관능의 벗*Amis… de la volupté*, ¹²풍요로운 허리는 온통 마법처럼 반짝인다*Leurs reins féconds sont pleins*이다. 이것이 고양이의 번식력을 말한다고 생각할 법도 하지만, 일반적으로 보들레르의 작품은 중의적인 풀이를 흔쾌히 받아들인다. 그러니 이것은 허리의 고유한 어떤 힘을 가리키는 것인가, 아니면 이 동물의 털로 인한 전기 불꽃을 가리키는 것일까? 어쨌든 그들은 어떤 *마법* 같은 힘을 부여받았다. 그렇지만 둘째 4행연은 다음과 같은 두 개의 등위 보어들로 시작하며 ⁵*Amis de la science et de la volupté*, 마지막 3행연은 ¹*amoureux fervents*뿐만 아니라 ¹*savants austères*와도 연관된다.

마지막 3행연에서는 그 접미사들끼리 서로 운이 맞는데, 이는 한편으로는 ¹²반짝임*étin*CELLES, ¹³금빛 조각*par*CELLES *d' or*, 그리고 고양이-스핑크스의 ¹⁴눈동자*prun*ELLES 사이, 다른 한편으로는 이 동물로부터 나오는 ¹²신비로운*Mag*IQUES 불꽃들과 어떤 내적인

빛으로 밝혀진 그들의 ⁴신비로운*MystIQUES* 눈동자들, 그러면서도 힘의적으로 볼 때는 확상된 동공들 사이의 긴밀한 의미적 연관성을 강조하기 위함이다. 형태소들끼리 같은 모습을 띠고 있다는 점을 훤히 드러내기 위해서 이 압운은 소네트에서 유일하게 그 어떤 지지 자음도 없이 나타나며, 어두의 /m/들이 이루는 두운頭韻으로 인해 두 형용사는 서로 나란히 놓인다. 이처럼 이중적인 빛에 의해 ⁶*L'horreur des ténèbres*는 사라진다. 이 빛은 마지막 연의 비성 모음 체계에 지배적으로 나타나는 밝은 음색을 띠면서 음성적 층위에 반영되어 있으며(7개의 경구개음들 대비 6개의 연구개음들), 반면 그에 앞선 연들에서는 연구개음들이 수치 면에서 압도적으로 우세한 양상을 보인 바 있다(첫째 4행연에서는 16 대 0, 둘째 4행연에서는 2 대 1, 첫째 3행연에서는 10 대 5).

소네트 막바지에는 제유법이 주로 나타나며, 이는 한편으로는 이 동물의 부분들을 그 전체로, 다른 한편으로는 우주 전체를 그 우주에 속하는 이 동물로 대체하고 있는데, 이를 통해 상像들은 마치 의도한 듯 불확실성 속으로 소멸되려고 한다. 정관사는 부정관사에게 자리를 넘겨주며, 시인이 그의 동사적 비유 — ¹⁴은은하게 별 뿌리네*Étoilent vaguement* — 를 표현하는 모습 속에서 결말부의 시학이 경이롭게 드러나 있다. 3행연들과 (횡적인 병행 관계로) 대응하는 4행연들은 놀랍도록 유사하다. 첫 4행연이 강요하는 어떤 공간적으로(³집*maison*), 시간적으로(²중년*mûre saison*) 엄격한 제한에 대해 첫 3행연이 경계들과의 괴리나 폐지로 응답하고(¹⁰고독의 심연*fond des solitudes*, ¹¹끝 모를 꿈*rêve sans fin*) 있다면, 이와 마찬가지로 둘째 3행연에서 고양이를 통해 사방으로 퍼지

는 빛의 마법은 둘째 4행연에서 자칫 잘못된 결론들을 내리도록 할 뻔했던 '*암흑의 공포l' horreur des ténèbres*를 극복하고 있다.

이제 우리 분석의 각 부분을 전부 모아 그것들이 놓인 각기 다른 층위들끼리 어떻게 서로 일치, 보완 및 결합하는지를, 이 시에 어떤 순수한 대상의 성격을 부여함으로써 나타내 보자.

우선 본문을 구분하는 방식들을 살펴보자. 우리는 이 시를 그 문법적 측면뿐만 아니라 그 의미적 관계에 따라 분명하게 나눌 수 있다.

이는 우리가 이미 지적했듯이, 첫 번째로 마침표로 끝맺는 세 개의 부분들로 나누는 것, 즉 두 개의 4행연 및 두 3행연 전체로 나누는 것을 가리킨다. 첫 4행연은 사실 자체 혹은 사실로 받아들여진 상황을 어떤 객관적이고 고정된 모습의 형태로 제시하고 있다. 둘째 4행연에서는 에레보스의 역량에 의해 해석된 의도를 고양이에게 부여하면서 에레보스의 역량에는 고양이로부터 거부된 의도를 부여한다. 이 두 부분은 이처럼 고양이를 외부의 눈으로 그리는 셈인데, 이는 곧 한 부분은 특히나 연인들amoureux과 현인들savants이 예민하게 알아차린 수동성으로부터, 다른 한 부분은 에레보스가 알아본 활동성으로부터 그러한 것을 뜻한다. 이와는 반대로 마지막 부분은 고양이의 수동성을 인정하면서 이러한 대조를 극복하고 있는데, 그 수동성은 본격적으로 받아들여지고 이제 더 이상 외부로부터가 아니라 내부로부터 해석되고 있다.

두 번째 나누는 방식은 첫 4행연과 첫 3행연 사이, 둘째 4행연

과 둘째 3행연 사이의 밀접한 연관성을 보여주면서도 두 3행연 전체를 두 4행연 선체와 대비시키는 것을 가리킨다. 왜냐하면:

1) 두 4행연 전체는 두 3행연 전체와 대비를 이루는데, 이는 왜냐하면 후자는 관찰자의 시점을 없애고(amoureux, savants, 에레보스의 능력), 고양이의 존재를 모든 공간적, 시간적 한계 밖에 두기 때문이다.

2) 이러한 시공간적 한계들은 첫째 4행연에서 제시된다(집 *maison*, 절기 *saison*);첫째 3행연은 그것들을 허문다(*au fond des solitudes, rêve sans fin*);

3) 둘째 4행연은 고양이가 자리 잡은 암흑tⅇnèbres을 기준으로, 둘째 3행연은 고양이가 뿜는 빛을 기준으로 고양이를 정의하고 있다(étincelles, étoiles).

마지막으로, 앞선 방식에 덧붙여 이어지는 세 번째 방식은 교착법을 통해 한편으로는 첫째 4행연과 마지막 3행연을, 다른 한편으로는 안쪽의 연들을 묶는다. 즉 둘째 4행연과 첫째 4행연을. 첫 번째 묶음에서는 독립절들에서 고양이가 보어의 역할을 맡는 반면, 다른 두 연 각각의 경우는 처음부터 고양이가 주어의 역할을 맡는다.

그렇지만 이때 이와 같은 형식적 배치는 어떤 의미적 바탕 위에서 이루어진다. 첫 4행연은 고양이가 현인들savants과 연인들 amoureux 같은 집 안에서 가까이 어울려 지내는 모습으로 시작하고 있다. 이러한 인접성으로부터 이중 유사성이 나온다(그들처럼 *comme eux*, 그들처럼 *comme eux*). 마지막 3행연에서도 마찬가지로 어떤 인접성의 관계가 마지막 유사성에 이르기까지 발전하는

모습을 띤다. 하지만 첫 4행연에서 한 집의 고양이 거주자와 인간 거주자들 사이의 환유적 연관성이 그들의 비유적 관계를 만들고 있는 반면 마지막 3행연에서는 이 상황이 어떤 의미에서 보자면 내면화되어 있다. 인접성의 관계는 엄밀한 의미의 환유보다는 제유를 보인다. 고양이의 신체 부위들은 (*허리 reins*, *눈동자들 prunelles*) 천체와 우주의 고양이라는 비유를 암시하려고 하며, 이는 명확성으로부터 불명확성으로의 이행과 함께 나타난다(*너도 나도 également - 은은하게 vaguement*). 내부의 연들 사이의 유사성은 등가성의 관계들에 의거하는데, 그 가운데 하나는 둘째 4행연에 의해 폐기되고 있으며(고양이와 *상여마 coursiers funèbres*), 다른 하나는 첫째 3행연에 의해 받아들여지고 있는데(고양이와 스핑크스), 이는 전자의 경우(고양이와 에레보스 사이의) 유사성을 거부하는 것으로, 후자의 경우 고양이를 *고독의 심연에 au fond des solitudes*에 자리 잡게 하는 것으로 각각 귀결된다. 이처럼 우리는 앞선 경우와는 반대로 이곳에서의 이행은 등가성의 관계, 즉 유사성의 관계가 더욱 강화된 형태(따라서 어떤 비유적 전개)로부터, 부정적이거나 긍정적인 인접성의 관계들로 (따라서 환유적인 관계들로) 이루어진다는 것을 볼 수 있다.

지금까지 우리는 이 시가 서로를 내포하는 등가성의 체계들에 의해 구성되었다는 점을 보았는데, 이 체계들의 총체는 어떤 닫힌 체계의 양상을 보인다. 이제 마지막으로 검토할 점은 이 시가 처음부터 끝까지 역동적으로 진행하며 하나의 열린 체계처럼 나타난다는 점이다.

이 연구의 첫 부분에서 우리가 이 시를 다른 부분들과는 전혀

다른 구조를 가진 이행구 하나를 사이에 낀 두 개의 6행연들로 나누는 방식을 조명한 바 있다는 점을 떠올리자. 그렇지만 우리는 요점을 정리하면서 이 구분법을 일시적으로 제쳤다. 왜냐하면 그 방식이 다른 방식들과는 달리 어떤 진행의 단계들, 즉 현실의 차원에서 (첫 6행연) 초현실의 차원으로의 (둘째 6행연) 진행을 나타내듯이 보였기 때문이다. 이러한 이행은 이행구를 매개로 이루어지며, 이 이행구는 의미적, 형식적 진행들의 축적을 통해 어느 짧은 순간 동안 독자를 어떤 이중적으로 비현실적인 세계로 인도하는데, 이는 이러한 세계가 첫 6행연과는 외부성의 성격을 공유하는 동시에 둘째 6행연의 신화적인 울림을 이미 품고 있기 때문이다.

행 : 1에서 6	7과 8	9에서 14
바깥으로부터		안으로부터
경험적인	신화적인	
현실적	**비현실적**	**초현실적**

어조와 주제에서의 이러한 갑작스러운 동요를 통해 이 이행구는 음악 작품에서의 변조와 다르지 않은 역할을 수행하고 있다.

이러한 변조가 등장하는 이유는 첫 시구부터 암시적 혹은 명시적으로 나타나는, 비유적 전개와 환유적 전개 사이의 대조를 해결하기 위함이다. 마지막 6행연이 제시하는 해법은 이 대조를 환유 자신의 바로 한가운데에 가져다 놓으면서 동시에 그 대조를 비유적인 방식들로 표현하는 데 있다. 실제로 두 개의 3행연들은 각기 상반되는 고양이 상像을 제시한다. 첫째 3행연에서 원

래 집에 갇혀 있던 고양이는 어떻게 보자면 무한한 사막과 끝없는 꿈이라는 시공간으로 뻗어 나가기 위해 그곳으로부터 꺼내진 셈이다. 이때 움직임은 안으로부터 바깥으로, 곧 갇힌 고양이로부터 자유로운 고양이로 나아간다. 둘째 3행연에서 우주적 조화에 이른 고양이는 내적으로 이러한 경계들을 없애고 있는데, 이들은 자신들의 특정 신체 부위 속에 (*허리와 눈동자*들) 사막의 모래와 하늘의 별들을 품고 있기 때문이다. 이 두 전환은 비유의 방식으로 이루어진다. 그렇지만 이 두 전환은 서로 완벽한 균형을 이루고 있지는 않다. 첫 번째 전환은 여전히 겉모습과 (*prennent⋯ les⋯ attitudes⋯ qui semblent s'endormir*) 꿈과 관련 있는 반면, 두 번째 전환은 그 단언하는 성격으로 인해 그 전개를 사실상 매듭짓고 있기 때문이다(*sont pleins⋯ Étoilent*). 앞의 고양이는 잠들기 위해 눈을 감지만, 뒤에서 그들은 눈을 뜨고 있다.

그럼에도 불구하고 마지막 6행연에 이처럼 많이 나타나는 비유들은 이 시의 첫 행에 이미 암시되어 제기된 바 있는 어떤 대조를 우주적인 규모로 옮겨 놓는 것에 지나지 않는다. "amoureux"과 "savants"은 어떤 수축 또는 팽창의 관계로 이어진 표현들을 각각 조합하고 있다. 사랑에 빠진 남자l' homme amoureux는 그의 여자와 맺어져 있으며, 이와 마찬가지로 현자le savant는 우주와 맺어져 있다. 곧 두 종류의 맺어짐인데, 하나는 가까운 것이고, 다른 하나는 멀리 떨어진 것이다.[9] 이는 마지막 변신들에서 나타나는

9 이 연구의 원고를 친히 읽어준 방베니스트는 "les amoureux fervents"와 "les savants austères" 사이에서 "mûre saison"는 매개적인 용어의 역할도 한다는 점을 우리에게 보여줬다. 즉, 실제로 이들은 바로 mure saison에 서로 모여 "également" 즉, 그들 자신을 고양이와 동일시한다. 이는 방베니스트가 이어 주장하기로, "mûre saison"까지

관계와 똑같다. 시간과 공간에서 고양이의 팽창, 고양이의 자아 안에서 시간과 공간의 수축. 하지만 여기서도 여전히, 그리고 우리가 이미 지적한 바 있듯이, 두 시구 사이의 대칭은 완전하지 않다. 마지막 시구 안에서는 모든 대조가 하나로 어우러져 있다. 눈동자들이 현인들의 **앎**을 떠올리게 하듯이 풍요로운 허리는 연인들의 **관능**을 떠올리게 하고, **마법** 같은 이들의 열정적인 활동을, **신비로운**자들의 사색적인 태도를 가리키듯이.

마지막으로 두 개의 고찰.

소네트의 모든 문법적 주어가 (고유명사인 에레보스를 제외하고) 복수형이라는 점과 모든 여성운이 복수형으로 이루어져 있다는 (실사인 *solitudes*를 포함하여) 점은 〈군중Foules 〉에 나온 다음의 몇몇 대목을 보면 묘하게도 납득이 된다. "여럿 있음 mutitude, 홀로 있음solitude:활기차고 영감 넘치는fécond 시인에게 이 두 표현은 서로 같으며 서로 바꿔 쓸 수 있다… 시인은 마음대로 자신이 되거나 타자가 될 수 있는, 그 무엇과도 비교할 수 없는 이 특권을 누린다… 시와 자비, 곧 마주하는 뜻밖의 일과 지나가는 낯선 이에게 자신을 온전히 맡기는 이 형언할 수 없는 대향연, 영혼의 이 신성한 윤락淪落에 비하면 사람들이 사랑이라 부르

"amoureux fervents"인 채로 남는 것은 "savants austères"의 천직이 그러하듯, 벌써 사회생활로부터 벗어났다는 것을 의미하기 때문이다. 즉, 소네트의 처음 상황은 속세 밖 삶의 (그렇지만 지하에서의 삶은 거절되고 있다) 상황이며, 이러한 상황은 고양이로 옮겨 가면서 frileuse한 격리로부터 science et volupté가 rêve sans fin인 저 위대한 étoilées를 향하는 모습을 띠며 발전한다. 이러한 지적에 힘입어, 그것을 말해준 이에게 감사를 표현하면서, 우리는 〈악의 꽃〉에 있는 어느 다른 시의 몇몇 특정 대목을 인용할 수 있다. "지혜로운 사랑… 최고의 맛을 내는 가을 열매Le savant amour… fruit d'automne aux saveurs souveraines "(〈허상의 사랑L'amour du mensonge〉).

는 것은 작디작고 협소하기 짝이 없으며 나약하기 그지없다."[10]

보들레르의 소네트에서 고양이가 초기에는 사납고도 순하다고 여겨지며 마지막 행에서는 고양이의 눈동자가 별들과 연관 지어진다. 크레페와 블랑[11]은 생트뵈브Charles Sainte-Beuve의 시 구절을 하나 떠올리면서 〈…힘 있고도 부드러운 천체… l'astre puissant et doux〉(1829), 브리즈Auguste Brizeux의 시에서도 여성들을 돈호頓呼하는 이 같은 형용어구들을 발견한다. "갑절이나 솜씨 있는 존재들이여! 힘 있고도 부드러운 존재들이여!Êtres deux fois doués! Êtres puissants et doux!."

이는 보들레르에게 고양이의 상이 여성의 상과 밀접하게 연관되었다는 점을 증명하는 것일 수 있으며, 이러한 연관성은 같은 시집에 실린 〈고양이〉라는 제목의 두 시편에도 명확히 나타나 있다. 소네트의 첫 시구 "이리 오라, 내 어여쁜 고양이여, 사랑에 빠진 내 가슴 위로Viens, mon beau chat, sur mon coeur amoureux"(이 소네트는 시사하는 바가 다음의 구절을 포함하고 있다. "나는 내 여자의 정신을 보오Je vois ma femme en esprit…"), 그리고 다음 시의 첫 시구 "나의 뇌 속에는 어여쁘고 사나우면서도 순한 고양이가 거닌다오Dans ma cervelle se promène… Un beau chat, fort, doux…"(이 시는 다음과 같이 딱 잘라 묻고 있다. "est-il fée, est-il dieu?" 남성과 여성을 오가는 이 모티프는 〈고양이〉에 잠재되어 있는데, 이는 의도적으로 모호한 표현들을 통해 드러난다(Les amoureux… Aiment…

10 샤를 보들레르, 《전집OEuvres complètes》 2권, Gallimard, 플레야드 판, 1961년, 243쪽 이후.
11 샤를 보들레르, 《악의 꽃Les Fleurs du Mal》, 자크 크레페Jacques Crépet와 조르주 블랭 Georges Blin의 비평이 담긴 판본, Corti, 1942년, 413쪽.

Les chats puissants et doux··· ; Leurs reins féconds···). 미셸 뷔토르 Michel Butor가 정당하게 지적하듯이 보들레르에게 "여성성, 극남성성, 이 두 양상은 상반되기는커녕 서로 이어진다[12]". 이 소네트의 모든 인물은 남성형을 띠고 있지만, 〈고양이〉와 그들의 분신인 거대한 스핑크스들은 양성적인 성격을 나타낸다. 소네트 전체에 걸쳐 남성운에 여성 실사들을 사용하는 모순적인 선택은 이러한 모호성을 강조한다.[13] 연인과 현인들이 이루는 이 시의 첫

---

12 《기이한 이야기. 보들레르가 꾼 어느 꿈에 대한 소론*Histoire extraordinaire. Essai sur un rêve de Baudelaire*》, Gallimard, 1961년, 85쪽.

13 뤼시앵 뤼드로프Lucien Rudrauf의 《압운과 성*Rime et sexe*》(Tartu, 1936)이라는 작은 책을 보면 "프랑스 시에서 남성 및 여성 각운의 교차 배치에 대한 이론"에 대한 설명 다음에 모리스 그라몽과의 "논쟁이 따라 나온다"(47쪽 이하). 후자에 따르면 "16세기에 정립된 교차 배치를 지키기 위해, 그리고 단어 말미에 강세가 붙지 않은 e의 존재나 부재에 따라, 우리는 여성 각운과 남성 각운 용어들을 써왔는데 단어 말미에 강세가 붙지 않은 e의 유무에 따라 16세기에 정립된 교차 배치에 대해서 여성 각운과 남성 각운이라는 용어가 쓰였다. 왜냐하면 단어 말미에 강세가 붙지 않은 e는 대부분 여성을 가리켰기 때문이다. 작은 수고양이un petit chat / 작은 암코양이une petite chatte". 차라리 여성 각운을 남성 각운에 대비시키는 여성 굴절접사는 항상 "강세가 붙지 않은 e"를 가지고 있었다고 말할 수 있을 것이다. 하지만 루드로프는 몇몇 의문을 제기한다. "단지 문법적인 이유 때문에 16세기 시인들이 교차 배치 규칙을 정립하고 "남성"과 "여성" 형용어구들을 선택함으로써 두 종류의 각운을 나타낸 것일까? 플레이아드의 시인들이 그들의 시구를 지을 때 노래를 떠올렸다는 점, 그리고 노래는 말하는 것에 비해 강한 (남성적) 음절과 약한 (여성적) 음절의 교차배치를 훨씬 더 강조한다는 점을 잊지 말자. 음악적 관점과 성적 관점이 문법적 유사성과 함께 제법 의식적으로 어느 정도 역할을 한 것이다···"(49쪽). 행의 마지막에 오는 강세가 붙지 않은 e의 유무에 따라서 각운을 이렇게 교차 배치하는 것이 더 이상 나타나지 않음에 따라, 그라몽은 그것이 자음 혹은 강세가 붙은 모음으로 끝나는 각운들의 교차 배치에 그 자리를 내어줬다고 본다. "모든 모음으로 끝나는 것은 남성적"(46쪽)이라는 점을 인정하면서도 루드로프는 그와 동시에 자음 각운들을 위한 24개 등급표를 정립하려고 시도했는데, 이것은 곧 "가장 거칠고 남성적인 어말음들부터 시작하여 가장 여성적으로 감미로운 어말음들"(12쪽 이하)을 가리킨다. 즉 문제가 되는 등급표에서 폐쇄자음으로 된 각운은 남성 축의 극단을 이루며 (1등급) 접근음은 여성 축의 극단을 이룬다(24등급). 자음 각운을 이렇게 분류하려고 시도한 것을 우리가 〈고양이〉에 적용하면 우리는 남성 축으로 점진적으로 이동하다가 마지막에는 각운들의 두 성性의 대비가 완화되는 것을 보게 된다. [1]*austères*-[4] *sédentaires*(유음liquide:19등급);[6]*ténèbres*-[7]*funèbres*(유성 파열음 그리고 유음occlusive sonore et

무리의 모습에서 고양이는 자신들의 중재를 통해 여성을 제외시키도록 하며, 이를 통해 "협소하기 짝이 없으며" 사랑으로부터 자유로워진 "고양이의 시인le poète des Chats"과 현인의 엄격함으로부터 해방된 우주를 서로 마주 대하게끔, 아니면 심지어 서로 뒤섞이게끔 한다.

liquide:15등급);⁹*attitudes*-¹⁰*solitudes*(유성 파열음occlusive sonore:13등급):¹²*magiques*-¹⁴*mystiques*(무성 파열음occlusive sourde:1등급).

언어학, 그것은 학學 중의 학이 될 것인가?
구조주의의 창시자 로만 야콥슨과의 대담

진행 · 클로드 본푸아Claude Bonnefoy[1]

언어에 대한 문제들은 현안으로 여겨집니다. 이는 언어학이 인문과학들 가운데 가장 과학적이며, 따라서 그 본보기처럼 여겨질 뿐만 아니라 언어학을 통한 발견들 및 그 방법들이 언어와 밀접한 연관이 있는 학술 분야들, 곧 철학, 문학, 문학비평은 말할 것도 없고 인류학, 사회학, 심리학에 요긴한 통찰을 제공하기 때문입니다. 언어학에 대한 이러한 전반적인 관심은 특히 《디오게네스Diogène》에서 언어에 대한 문제들을 다룬 최근 호(51), 미학 학술지 《르뷔Revue》에서 프랑스어의 미학을 다룬 최신 호, 그리고 《크리티크Critique》의 12월과 1월 호에 실린 자크 데리다의 훌륭한 논문 〈그라마톨로지에 대하여De la grammatologie〉 등에 잘 나타나 있습니다.

하버드 대학의 교수인 로만 야콥슨은 1915년부터 1930년까지 러시아 형식주의 학파의 연구에 동참한 뒤 구조주의의 법칙들을 도출했는데, 어느 한 언어나 문학 작품의 구조들과 구성 요소들을 탐구하는 구조주의는 이후 주목할 만한 확장을 이루었으며, 이는 그 원리들이 레

---

1 《아르Arts》, 20호, 1966년, 10-11쪽.

비스트로스와 같은 인류학자들과 롤랑 바르트 같은 문학 비평가들의 연구에 시발점의 역할을 했기 때문입니다.

쇠이유Seuil 출판사에서 (《텔 켈Tel Quel》 선집으로) 《문학 이론 *Théorie de la littérature*》이라는 러시아 형식주의자들의 글 모음집을 발간한 것에 맞추어 그 서문을 쓴 로만 야콥슨께서 파리에 방문하셨습니다.

프랑스어뿐만 아니라 열두 개 정도의 외국어를 능숙히 구사하는 로만 야콥슨은 굉장한 여행가이자 모든 것에 호기심이 가득한 사람으로 자기 전문 분야 속에 갇힌 우울한 학자와는 거리가 멉니다. 그는 구조주의의 성공과 관련된 재미있는 이야기로 말문을 엽니다.

"1940년 제가 미국에서 참가한 첫 학회에서 저는 폭탄과도 같았던 주제를 선택한 바 있습니다. '언어학의 주요 문제로서 의미'. 이 주제는 금기였습니다. 오늘날 금기인 것은 바로 의미론을 빼놓고 연구하는 것입니다."

사실상 현재 러시아의 신진 언어학자들이나 그들의 미국인 동료들은 대부분 구조주의자입니다. 미국에서는 학생들 사이에서 구조를 논하지 않는 문학 수업들을 가리켜 '음악' 혹은 '컨피덴셜'(가십거리를 전문적으로 다루는 잡지의 제목)이라고 깎아내리는 표현들이 있습니다.

구조주의자인 로만 야콥슨은 언어학의 모든 문제에 관심을 가지고 있습니다. 우리가 첫 번째로 그에게 물은 것은 언어들의 비교 연구에서 위대한 프랑스 언어학자 앙드레 마티네는 차이를 강조한 데 비해 왜 그는 유사점을 드러내는 데 주력했는지 물었습니다.

그는 이렇게 말합니다. "유사성 없이는 차이들이 있을 수 없습니

다. 불변 요소들을 말하지 않고 변이에 대해 논하는 것은 불가능합니다. 그렇기 때문에 불변요소들에 대한 연구는 근대 언어학의 기초입니다. 더구나 이 문제는 바로 1870년경 언어학과 수학이라는 두 과학의 영역에서 동시에 발전하여 제기된 바 있습니다. 그것이 얼마나 분명한 사실이었는지 언어학의 역사에 대해 제가 했던 어느 발표에서 저는 모든 인용문을 수학의 역사에 대한 책에서 가져온 적도 있을 정도입니다. 각 언어들 사이의 차이들은 언어의 고유 양식들 사이의 차이들과 마찬가지로 우리를 보편성의 문제로 이끕니다."

"궁극적으로 우리는 여기서 언어langage의 기원에 대한 문제를 다룰 수 있습니다."

지난 세기, 파리언어학회 창립 당시 언어의 기원에 대한 문제를 제외하고 모든 문제는 논해질 수 있다고 결정된 바 있습니다. 오늘날에는 상황이 달라졌습니다. 우리는 언어의 기원과 관련된 특정한 원리들을 도출할 수 있게끔 해주는 수많은 점을 발견할 수 있습니다. 그 예로 언어가 모든 표현 방법에 앞서 존재한다는 것은 자명한 사실이기에, 선사시대의 그림들이 발견되는 시대에는 이미 언어가 존재했습니다. 다른 한편으로 보자면 언어는 인간의 보편적인 현상이기에 인간의 뇌에서 마티네가 정의하는 이중 분절 체계(즉, 어떤 한 단어에서 소리와 기호의 일치, 그리고 의미에서 단어들 사이의 일치)를 사용할 수 있도록 해주는 것이 무엇인지 탐구할 수 있습니다.

— 이러한 것을 우리가 찾아낼 수 있다고 보십니까?
— 네. 현재 생물학자들은 아주 흥미로운 탐구들을 진행하고 있습니다. 언어학과 마찬가지로 이 분야에서 우리는 생각지도 못

했던 수많은 보편적 현상이 있음을 보고 있습니다. 더욱 고무적인 것은 음성학적 코드화에 대해 생물학자들을 대상으로 강연할 당시 그들이 일부 언어학자들보다 제 말을 더 잘 이해한다는 것을 깨달았습니다. 그 이유는 간단합니다. 음성학적 코드화는 뇌의 코드화 체계와 상응합니다. 또한 저는 음성학의 분야에서 보편적인 사실들에 대한 해석은 어떤 생물학적인 기반을 가질 수 있다고 봅니다.

오늘날 우리는 동물들의 의사소통을 다루고 있습니다. 우리는 동물에게 없는 것이 바로 변별적 요소들을 구성하는 방식들이라는 점을 확인했습니다. 마르티네가 말하는 이중분절은 인간에게 고유한 현상입니다.

모든 사회의 모든 인간에게 공통적인 사실들은 다음의 세 가지입니다. 1) 보조적인 도구를 (다른 도구를 만들어내는 도구를) 만들어내는 능력, 2) 음소들, 3) 근친상간 금지. 저는 이 세 가지 가운데 사회를 구성하는 데 결정적인 역할을 하는 것은 보조적인 도구들과 근친상간 금지라고 생각하는데, 레비스트로스의 말을 빌리자면 이러한 구성 없이는 "우리는 친족인 채로 남아 있을 것이기 때문입니다".

다리를 놓으려면 비싼 값을 치러야 한다

— 이처럼 언어학과 다른 인문과학들 사이에 연관성들이 드러납니다.

— 언젠가 누군가 제게 이렇게 말한 적이 있습니다. "'사회학과 언어학', '심리학과 언어학', '생물학과 언어학'에 대해 말하고들 하는데 도대체 정확히 언어학이 무엇입니까?" 저는 이렇게 대답했습니다. "우리는 다른 과학들과 함께 과학들 사이에 다리들을 놓고 있는데, 아시다시피 다리를 놓으려면 비싼 값을 치러야 합니다." 실제로 모든 인문과학 가운데 언어학이 가장 정확하다고 하는 것은 이제 상투적인 표현이 되었습니다. 언어학이 정확성을 획득할 수 있다는 점에서 그 방법들은 인류학, 심리학 그리고 경제학까지 영향을 줍니다.

　　예를 들면, 우리는 의사들과 심리학자들과 공동 연구를 하면서 실어증에 대한 중요한 성과들을 냈습니다. 하지만 의사들과 연구하려면 극복해야 할 어려움이 한 가지 있었습니다. 두 과학의 영역에서 쓰는 용어가 달랐으며, 더욱 심각한 일은 서로 다른 의미로 같은 단어들을 쓰는 것이었습니다. 따라서 저의 첫 작업은 용어 사전을 만드는 것이었습니다.

　　우리는 언어사회학을 통해서도 많은 것을 배웠는데, 한 사례로 유목민들은 아주 적은 수의 방언을 씁니다. 마찬가지로 우리는 수렵 민족의 언어에서 특수한 성질을 발견합니다. 이들에게는 남자와 여자 사이에 굉장히 큰 언어적 차이들이 있습니다. 남자들이 사냥을 떠날 때 그들은 금기들을 염두에 두어야 합니다. 그렇기 때문에 같은 단어가 더 이상 같은 것을 가리키지 않게 됩니다. 사냥꾼이 자신의 부인에게 짐승의 주의를 돌리는 속임수 작전을 쓸 때 그는 부인을 가리켜 "자객"이라고 말합니다. 이렇듯, 우리가 이와 같은 언어들의 어원을 연구할 때, 의미들이 꽤 변한다는

점에 그다지 놀랄 필요는 없습니다.

언이힉과 다른 과학들과의 공동 연구에 대한 수많은 사례를 늘 수 있습니다. 우리는 미국의 정보이론을 통해 언어학에 중복redon-dance의 문제를 들여올 수 있었습니다. 실제로 우리는 정보를 다루는 방법의 발전에 힘입어 담화 속의 중복이 우리의 의도대로 제거되는 양상이 오늘날 더욱 뚜렷하다는 점을 알 수 있습니다. 하지만 일부 언어학자가 수학에서 차용했다고 여겼던 중복이라는 용어는 수학이 중세의 수사학에서 차용한 오래된 용어입니다. 이와 관련하여, 12세기와 13세기의 프랑스 스콜라 학파가 확립한 언어문헌학이 실로 대단했었다는 점을 기억해야 합니다.

많은 언어학자가 글을 부차적 현상으로 치부하여 발화된 언어에만 집중한 반면, 젊은 시절 두 러시아 시인 마야콥스키Vladmir Mayakovsky와 흘레브니코프Velimir Khlebnikov의 벗이었던 로만 야콥슨은 글뿐만 아니라 문학, 정확히 말하자면 시에 관심을 가집니다. 그는 러시아 형식주의 학파의 학자들과 함께 문학 작품의 문제를 과학적으로 탐구하기 시작했습니다. 《문학 이론Théorie de la littérature》에는 당시 그가 쓴 글 두 편이 실려 있습니다. 〈예술적 리얼리즘에 대하여Du réalisme artistique〉와 〈문학연구와 언어학적 연구의 문제들Les problèmes des études littéraires et linguistiques〉이며, 후자는 티냐노프Iouri Tynianov와 함께 집필했습니다.

문법의 시

오늘날 야콥슨은 구조적 분석의 원리들을 문학적인 글을 연구하는 데 적용하지만, 우리는 이러한 방법이 새로운 비평의 발전에 어떠한 영향을 주었는지 알고 있습니다.

— 그는 이렇게 말했습니다. 제가 《문학 이론》 서문을 쓸 때 예이헨바움Boris Eikhenbaum이 모든 문학적, 과학적 운동은 그 선언문들의 수사修辭가 아니라 실제로 만들어진 작품들을 기준으로 평가되어야 한다고 역설한 바 있음을 되짚어 보겠습니다. 정치와 마찬가지로 문학에서는 선언문들이 항상 반드시 실제 경향들, 사실들과 일치하는 것은 아닙니다. 또한 우리는 텍스트를 분석하는 일에서부터 시작해야 하며, 어느 한 저자의 글들을 그의 동시대인들의 글들과 비교하며 점진적으로 나아가 어느 한 시대 또는 어느 하나의 정해진 문학적 운동의 문학적 특성들을 부각할 수 있습니다. 그런데 이러한 비교는 모든 기호 체계에 적용될 수 있습니다. 바로 그렇기 때문에 구성의 문제들에 있어 단테Dante Alighieri와 조토Giotto di Bondone 사이에는 어떤 유사성이 있는 것입니다.

제가 곧 출판할 책 《문법의 시와 시의 문법*Poésie de la grammaire et grammaire de la poésie*》에는 세 개의 기초적인 연구에 이어 여러 분석이 나오는데, 그중 몇몇은 블레이크처럼 시인이자 화가였던 이들 또는 클레Paul Klee나 앙리 루소처럼 화가이자 시인들을 다룹니다. 저는 우리가 누가 쓴 것인지 모른 채 루소의 시들을 읽더라도 이 화가가 쓴 것을 알아차릴 수 있다고 확신합니다. 예를 들어 평형을 이루는 분포 같은 기하학적 형태들에 대한 어떤 관심은 그 시

가 어떤 회화를 번역한 것임을 나타냅니다.

　—그렇지만 이러한 연구들은 시의 가치를 고려하시 않고 있습니다. 형편없는 작품들에 대해서도 마찬가지로 이러한 연구들이 동일하게 적용될 수 있지 않을까요?

　—좋지 않은 시들에는 동일한 양상이 나타나지 않습니다. 보기를 들면 문법적 대칭의 문제는 거기에 나타나지 않거나 혹은 나타나더라도 그 방식이 어찌나 진부한지, 그것만으로도 우리는 그 시의 수준이 낮다고 평가할 수 있을 것입니다. 이러한 기준들이 매우 공들여 만들어진 시들에 대해서만 효력을 발휘한다고 생각하지는 마십시오. 보기로 저는 그것들을 브레히트Bertolt Brecht의 어느 정치적인 시나 후스파 성가聖歌들에도 적용한 바 있습니다. 에드거 앨런 포Edgar Allan Poe는 시란 모름지기 간결해야 한다고 했습니다.

　실제로 간결한 시에 고유한 구조와 고유한 인식이 있는데, 이는 곧 시의 시작이 우리가 그 끝에 이를 때까지 여전히 마음에 남아 있어야 한다는 것입니다. 홀수의 행을 지닌 시들을 분석하면서 저는 이 시들이 언제나 어떤 중심을 지닌다는 점을 발견했습니다. 열한 개의 행이라면 그것은 여섯 번째 행에 놓여 있습니다. 그리스 시인 카바피Constantine P. Cavafy를 보아도 같습니다. 그렇지만 수준이 낮은 시들에는 이러한 유기적인 구성들을 찾아볼 수 없습니다. 따라서 정치에 평등의 이념이 있다면, 언어학과 시학에는 그것이 없다고 할 수 있습니다.

살기 그리고 말하기

프랑수아 자콥, 로만 야콥슨, 클로드 레비스트로스,
그리고 필립 레리티에 토론회[1]

미셸 트레게Michel Tréguer와 제라르 슈샹Gérard Chouchan이 연출한
1968년 2월 19일 오후 10시 10분에 프랑스 국영 라디오 텔레비전 방
송국 ORTF의 1번 채널로 송출된 방송으로 1968년 《레 레트르 프랑세
즈*Les Lettres françaises*》 1221호와 1222호의 3–7쪽과 4–5쪽에 실린다.

미셸 트레게(M. T.) — [⋯] 클로드 레비스트로스 씨, 저는 당신
을 소개하면서 몇몇 단어로 당신을 규정해야 하는 임무를 가지
고 있습니다만, 만약 저의 이러한 수식어들이 마음에 들지 않으
시면 저를 멈춰주시기 바랍니다. 구조인류학 이론가, 더 간단히
말하자면 프랑스 인류학에서 구조주의의 일인자인 당신은 콜레
주 드 프랑스 교수이십니다. 우리는 인류학의 연구 대상을 인간
사회에 대한 탐구 혹은 좌우간 인간 사회를 파악하게 하는 모습
들과 현상들에 대한 탐구, 즉 풍속, 관습, 사회적 구성체들에 대한
연구라고 정의할 수 있겠습니다.

---

1 [원 편집자 주] 《레 레트르 프랑세즈》에 실린 프랑수아 자콥의 말을 이곳에 다시 싣
는 것을 그의 권리 소유자가 반대했으므로 여기서 그의 말을 읽을 수 없다. 그의 말
은 각 괄호 속 말줄임표로 표시하였다.

클로드 레비스트로스(Cl. L.-S.) — 믿음체계들, 제도들입니다.

M. T. — 좋습니다. 제가 그렇게 많이 헛짚은 것은 아니군요.

로만 야콥슨(R. J.) — 제 생각에는 당신이 프랑스 구조인류학의 일인자라고 할 때 이렇게 말해야 할 것 같습니다. 전 세계에서.

M. T. — 로만 야콥슨 씨, 당신에게도 일인자의 호칭을 드리겠습니다만, 이번에는 언어학 분야에서입니다. 당신의 이름을 우리는 정말이지 20세기의 모든 언어학 개론서에서 볼 수 있는데요, 당신께서는 현재 미국에, 그러니까 하버드 대학에서 지내고 계시지만, 또한 러시아, 체코슬로바키아, 스칸디나비아 국가들도 거쳐 가셨던 것으로 알고 있는데, 모두 다 거론할 수 없을 정도입니다!

현대 언어학의 역사와 로만 야콥슨의 삶은 사실상 떼려야 뗄 수 없지 않습니까? 제 말이 그렇게 틀린 것은 아니라고 봅니다만.

R. J. — 스칸디나비아 국가 세 곳입니다.

M. T. — 스칸디나비아 국가 세 곳. 필립 레리티에 씨, 당신은 유전학자이자 오르세 캠퍼스 이과대학에서 연구하고 계십니다. 유전학의 연구 대상을 몇 개의 단어로 어떻게 정의할 수 있을까요? 유전 현상들에 대한 연구말입니다.

필립 레리티에(Ph. L'H.) — 그 무엇이 되었건 유전 현상들에 대한 탐구입니다.

M. T. — 개체군의 크기가 큰 집단의 층위에서 바라본 삶이라고 할 수 있겠군요.

Ph. L'H. — 저는 말씀하신 것처럼 그곳에서부터 시작했고요, 근본적으로 연구라는 것이 하나의 질문이자 실제로 손에 잡히는 것들에 대한 일이기 때문에 고등 유기체들에서 시작하여 최종적

으로는 바이러스들에 이르렀습니다. 그리고 현재 저는 바이러스들을 연구하는 편인데요, 현대 유전학의 꽤 큰 부분이 미생물들로부터 이루어졌기 때문에 이는 그다지 드문 경우가 아닙니다.

[…]

언어학과 생물학

M. T. — 야콥슨 씨, 당신의 긴 연구 생활 가운데 이렇게 생물학자와 이야기를 나누시는 것이 처음인지 혹시 여쭈어도 될까요?

R. J. — 지금 이 문제들에 대해서 말입니까? 저와 생물학자들의 대화들이 시작된 것은 최근 2년 사이에 일어난 일입니다. 아니, 대화라고 부르기보다는요. 제가 여러 생물학자로부터 수업을 받았고, 오늘 저는 또 하나의 새로운 수업을 받는 것입니다. 그렇지만 오래전부터, 그러니까 1920년대부터 말이지요, 저는 생물학과 언어학 사이의 유사성에 대해 이미 큰 관심이 있었습니다. 젊은 시절 저는 러시아의 위대한 생물학자인 베르크Lev Berg의 어느 연구를 보고 깊은 감명을 받은 적이 있는데요. 그것은 《법칙적 오류 *La Nomogenèse*》[2]라는 책으로 1920년대 초에 러시아어로, 뒤이어 영국에서 영어로 출간되었고, 이제 곧 영어로 재간될 것이고요. 저는 이 책에서 진화에 대해 궁금했던 점들을 상당 부분 해결했으며, 1929년 출간된 생리학적 진화에 대한 제 책에서 여러 번 인용했

---

2 [역주] 1922년 출간된 레프 베르크의 책으로 원문에는 *La Monogenèse*라고 잘못 표기되었다.

듯이 베르크의 생각들을 많이 참조하기도 했었고요. 또한 그 이후로도 저는 생물학에 대한 질문들을 자주 다루었는데, 이는 저한테 아주 새로운 것이었습니다. 제가 학생일 때만 하더라도 오히려, 생물학적 유추를 피하려고 하는 편이었는데, 그때는 어떤 성급한 이론들, 즉 언어에 대한 생물학적 이론들이 틀렸다는 사실이 드러났었기 때문입니다. 그리고 이러한 이론들이 위험한 까닭은 우리가 언어들 사이의 차이를 생물학적인 방법으로 설명하려고 했다는 데 있습니다. 우리는 언어 간의 차이들이 이 언어들을 사용하는 사람들 사이의 생물학적인 차이들과 대응한다고 생각했었는데, 이는 당연히 틀린 생각이었습니다. 게다가 그 사례로 20세기 초에 이러한 이론들이 등장했고, 1920년대와 1930년대에 이르러 나치주의 학자들 내지는 그들과 성향이 가까웠던 학자들이, 즉 나치주의 이데올로기가 이를 발전시켰습니다. 이것은 바로 여러 언어와 그 언어들을 사용하는 사람들 사이의 벽을 아주 높이 쌓으면서 그것을 설명하기 위해 취한 관점으로는…

M. T. — 인종적인 관점.

R. J. — …인종적인 관점을 취한 것이었습니다. 그리고 세 번째로 틀린 생각들, 그러니까 언어학에 생물학을 가져오려는 잘못된 시도들이 있는데, 바로 언어들의 발전을 설명하기 위해 멘델주의를 아주 기계적으로 적용한 것입니다. 이 때문에 한동안 언어학 분야에서는 생물학을 들여오는 어떠한 움직임도 모두 받아들였습니다. 게다가 기억하기로는 제가 유아어, 실어증 및 보편적 음성 법칙들에 대한 책을 발표했을 때, 그와 관련하여 어떤 수준 높은 학생에게 제가 생물학적인 편차들을 고려하지 않았다

는 비판을 받기도 했었습니다. 하지만 저는 이러한 편차들이 매우 생산적일 수 있다는 점을 훗날 발견했으며, 나아가 1960년대를 거치면서 분자유전학 분야에 대한 독서, 생물학자들과의 만남, 또한 특히 지난 2년간 제가 소크 연구소에서 연구하면서 가진 만남들, 그리고 여타 다른 대화들을 통해 얻은 확신은 바로 여기서 멀리 떨어진 유사성들과 동형성isomorphismes뿐만 아니라, 언어학의 분야에서, 그리고 생물학자들이 제게 말했듯이 생물학의 분야에서도, 이러한 것들보다 더욱 본질적이고 중요한 연관들을 찾아낼 수 있다는 것이었습니다.

M. T. —야콥슨 씨에게 또한 제가 여쭙고 싶은 것이 있는데요. […] 이번 세기 초에 언어학의 분야에서 어떤 일이 있었는지 아주 간략하게라도 좋으니 다시 조금 짚어주실 수 있을까요. 예를 들면 앞선 세기들과 비교했을 때, 이번 세기 초, 언어과학이 겪은 거대한 격변이 무엇이었으며, 그것이 무엇이었길래 오늘날 이러한 맞닥뜨림을 가능하게 한 것입니까?

R. J. —지난 세기부터라기보다는 지난 두 세기 동안 진행된, 그리고 거대한 격변이라기보다는 발전이라고 부르고 싶은데, 프랑스 언어학자인 소쉬르와 메이예의 표현에 따르자면 하나의 랑그langue[3]를 어떤 총체로, 어떤 체계로 보는 것, 그렇게 이해하는 것으로, 즉 모든 것이 서로 연관되어 있고 각 부분이 전체에 의지하고 있으며, 전체는 각 부분에 의해 규정되는 것을 말합니다. 이

---

3 [역주] 랑그는 소쉬르 언어학에서 사용하는 기술적인 용어들인 랑가주le langage, 파롤la parole과 함께 하나의 이론적 틀을 이룬다. 랑그의 이론상 핵심적인 측면은 한국어, 프랑스어 등 개별 언어를 사회구성원들이 공동으로 사용할 때 유지되는 체계성이다.

러한 모든 새로운 풍조는 우선 각각의 언어를 묘사하는 데 매우 많은 성과를 냈습니다. 그 이후로 우리는 더욱 멀리 나아갔는데, 언어들을 묘사하면서 찾아낸 발견들이 랑그가 변화하는 모습들에도 적용될 수 있다는 점을 보게 되었습니다. 나아가 마침내 우리는 언어학적 구조들의 유형론 및 보편 법칙들과 관련된 문제들에서 아주 훌륭한 관점들을 획득한 덕분에 언어학은 이제 더 이상 여러 개별 언어에 대한 과학에만 머무는 것이 아니라 랑그에 대한 과학이 되기에 이르렀습니다.

인류학과 언어학

M. T. — 레비스트로스 씨, 저는 당신의 이론적인 생각의 출발점, 나아가 구조인류학, 그리고 어쩌면 딱 잘라서 인류학의 시작은 언어학자들과의 만남, 그리고 야콥슨 씨와 같은 인물들과의 만남으로 거슬러 올라가 생각해 볼 수 있다고 봅니다.

Cl. L.-S. — 아니죠, 인류학의 시작은 참으로 그렇지 않습니다. 왜냐하면 인류학은, 언어학도 나름 그러하듯이, 그 역시…

M. T. — 몇 세기나!

Cl. L.-S. — 몇이라고까지는 하지 말고, 어쨌든 한 세기 내지 한 세기 반을 존속해 왔지요. 저와 관련해서 말씀드리자면, 우리나라에 이보다 더 많이 모일 수 없을 만큼 많은 분 앞에서 이 일을 기릴 수 있어 기쁩니다. 그것은 두말할 나위 없이 1941년부터 1942년 사이 제가 로만 야콥슨과 미국에서 만나면서 얻은 깨달

음 — 저는 이 단어를 가장 강한 의미에서, 가장 꽉찬 의미로 쓰고 싶습니다 — 을 말하는데, 그 깨달음은 우선 언어학이란 과연 무엇인지, 그다음으로는 구조언어학이란 과연 무엇인지에 대한 것이었습니다. 이 중 언어학이 과연 무엇이었는지, 그러니까 분명 인문과학에 속하지만 그러면서도 인문과학 가운데 유일하게 보다 선진적인 과학들에서나 볼 수 있는 수준의 엄밀함에 도달한, 그리고 이미 도달한 이 분야에 대한 것이었습니다. 그리고 구조언어학의 경우는 특히 더욱 그러했는데, 왜냐하면 그것이 인간 고유의 현상들의 층위에서 언어학을 증명했기 때문이거니와, 우리가 조금 전에 시사했을 뿐만 아니라 자콥 씨 또한 완전히 다른 층위의 생각들을 가지고 시사한 바 있는 설명 모델들이 얼마나 생산적이고 효율적인지를 보여줄 수 있는 것이 바로 구조언어학이기 때문입니다. 이 모델들이란 곧 우리 연구자들에게 있는 것들 중에 가장 근본이 되는 관념들과 설명적 원리들 중 하나를 가리키며, 그것들은 또한 총체 속에서, 전체 안에서, 이 전체의 어떠한 부분도 그 자체로는 제공할 수 없는 설명 원리를 나타내 보이는 것을 말합니다.

M. T. — 이것이 구조라는 관념의 기원입니까?

Cl. L.-S. — 바로 구조라는 개념의 기원인데, 한편으로는 언어학에서 발견되기도 하지만 저는 생물학도 **빠뜨리고** 싶지 않습니다. 왜냐하면 이미 수십 년 전에 영국에서 달시 웬트워스 톰프슨 D'Arcy Wentworth Thompson이라는 생물학자가 오늘날 인류학자들이 인간 사회를 연구할 때 사용하는 용어들과 굉장히도 유사한 단어들로 이 구조라는 개념을 나타낸 바 있기 때문입니다.

M. T. — 그러니까 우리는 벌써 이러한 만남들이 이루어질 수 있는 어떤 첫 장소를 그릴 수 있는데, 여기서 생명체들의 차원, 언어학의 차원 내지 인류학의 차원, 그리고 인간 현상들의 차원에 있다고 말함으로써 우리는 언제나 언어와 소통에 대한 현상들을 다루는 것입니다. 레리티에 씨, 유전학자에게는 언어의 문제가 어떻게 다루어집니까?

새로운 유전: 언어적 유전

Ph. L'H. — 네, 결국 정리하면, 언어 덕분에 인류가 상당한 양의 정보를 전달하는 게 가능해진 이러한 정보 전달 체계는 생물학 분야에 새로운 형태의 유전을 도입했는데, 이를 일컬어 사회적 유전 혹은 어쩌면 언어의 유전이라고 할 수 있겠습니다.

R. J. — 언어적 유전.

Ph. L'H. — 네, 언어적 유전. 그리고 이러한 새로운 형태의 유전은 진화 과정에서 다른 형태의 유전 법칙들과 같은 법칙들을 따르지 않습니다. 그 예로 우리는 진화의 동력이 본질적으로 자연선택이며 후천적인 유전은 없다고, 재조합들이 이루어지는 동안 우연히 발생하는 다양한 유전적 조합들에서 자연선택을 가능하게 하는 어떤 선택이, 특히 생식 과정을 통해 있을 뿐이라고 생각합니다. 이와 반대로 언어적 유전의 분야에서 후천적으로 얻어진 것은 당연히 유전적이며, 여기서 선택의 작용이 발생한다면 더 이상 개체의 차원이 아니라 어쩌면 군群의 차원에서 이루어지는 것입니

다. 군, 그러니까 결국 문명의 종류가 선택의 단위가 되며, 이것은 인류 진화의 과정에서 필시 어떠한 역할을 했던 것으로 보입니다. 그렇다면 이때 생물학자가 던지는 질문은 다음과 같습니다. 언어적 유전은 인류에게만 있는 것인가? 그것이 동물에게는 어떤 것에 의해서 나타난 적은 없는가?

저는 사실 동물에게 나타난 적이 있다고 생각합니다. 물론 방금 말했다시피 동물에게는 언어가 없기 때문에 우리는 그것을 더 이상 언어적 유전이라 부를 수는 없겠지만, 몇몇 특정한 동물 종에게는 여전히 사회적 유전이라는 것이 있으며 한 세대로부터 다른 세대로 모방을 통해 전해집니다. 가령 새들은 지저귐과 같은 유전형질, 유전자에 의해서만 정해지지 않으며, 어린 새들은 부계 언어를 배웁니다. 우리는 어린 새들이 아직 알 속에 있는 부화기에도 이를 배운다는 사실을 밝힌 바 있습니다. 그들은 그들의 아버지나 아버지의 이웃의 소리를 들으면서 부족의 언어를 배웁니다. 더군다나 동물들이 배우는 행동들이 또 있기 때문에 — 예를 들면, 인간들의 덫 사냥에 대항하는 것 —, 동물에게는 사회적 유전의 초기 모습이 있지만, 결국 그것은 인간에게 주어진 것과 비교해서는 여전히 한 단계 낮은 수준의 어떤 것입니다. 저는 인류를 만든 것이 바로 이것, 즉 언어와 새로운 법칙들과 더불어 나타난 언어적 유전이라고 정말 믿고 있습니다.

R. J. — 반대로 봐야 합니다! 언어적 유전을 만든 것이 바로 인류입니다!

M. T. — 벌써 이것은 철학적인 논쟁인 것 같은데요!

Ph. L'H. — 그러니까 제 말은 진화 과정에서 어느 특정한 순

간에 이르러서는 생물학적 유전의 복잡성 정도가 충분해져 이러한 언어적 유전이 발생했다는 것, 그리고 이 언어적 유전 덕분에 새로운 법칙들을 바탕으로 한 진화의 경로가 생겼다는 말입니다.

R. J. — 하지만 인류는 이미 있었고, 그렇기 때문에 인간들이 벌써 이미 있었고…

Ph. L'H. — 그렇지만 인류는 말하기 시작했을 때부터 비로소 진정한 의미에서 인간이었습니다. […] 이는 물론 달걀이 먼저냐 닭이 먼저냐 하는 문제와 비슷합니다. 자, 이것은 격리자들의 문제입니다. 보시면 말입니다, 몇몇 실험이 진행되었던 적이 있는데요, 인류학자들이 이 분야를 저보다 훨씬 더 잘 아시겠지만, 야생에서 지낸 아이, 그러니까 그 어떠한 인간적인 접촉도 없이 자란 어린이의 정신 상태는 정확히 어떻습니까?

Cl. L.-S. — 네, 이 부분에서 심각한 어려움이 있다는 것을 발견했습니다. 역사적으로 잘 알려진 경우들도 있고, 아직도 인도에서는 가끔 일어나는 일입니다…

M. T. — 늑대 아이들 말이지요, 네.

Cl. L.-S. — 늑대 아이들 혹은 야생의 아이들을 발견했을 당시 그들이 버림받아서 그런 것인지, 아니면 그들이 어느 장애를 가지고 있었기 때문에 버림받은 것인지 알 길이 없기 때문에 결론을 내리기가 굉장히 까다롭습니다.

Ph. L'H. — 대조군이 없는 실험이지요.

R. J. — 제가 볼 때는 바로 이와 관련하여 아주 중요한 발견이 있습니다. 이 아이들이 인간 사회에 편입될 때 언어를 배워야 진정으로 사람이 될 수 있는데, 단, 한 가지 조건을 만족시켜야 합니

다. 바로 그들이 대략 7세 이전이어야 하며 그 이후로는 언어를 익힐 수 없다는 것입니다. 바로 이 점으로 인해 제 생각에는 말을 할 수 있는 사람이 되기 위한 모든 생물학적인 가능성을 이미 갖춘 인간들이 있으며, 그렇기 때문에 제가 다음과 같이 말했던 것입니다. 자신의 뇌나 기타 등등의 구조 속에 모든 선결 조건을 갖추어 언어를 만들어낸 사람이 있다고 말이지요.

Ph. L'H. — 전적으로 동의합니다만, 쉽게 말해 만약 아이가 이와 같은 언어적 유전으로부터 7년 넘게 제외되었다면 사람이 될 수 없다고 하지 못할 까닭도 없지요.

R. J. — 네, 그것은 용어상의 문제이고요.

[…]

M. T. — 야콥슨 씨, 당신은 예를 들어 인간의 언어와 유전 정보 사이에 그 작동 원리가 유사하다는 점에 동의하십니까?

R. J. — 물론입니다. 제가 생물학자들의 글에서 언어학적 용어들을 처음 마주했을 때 이런 생각이 들었습니다. 이것이 단순히 그저 표현하는 방식에 지나지 않는 것인지, 즉 어떤 비유적인 용법인지, 아니면 여기에 무엇인가 더욱 본질적인 것이 있는지 검토해야 한다고 말이지요. 언어학의 관점에서 생물학자들의 작업들은 전적으로 정당하며 더 나아갈 수 있다고 봅니다. 분자유전학의 체계와 언어학의 체계에는 어떠한 공통점이 있을까요? 1) — 그리고 이것이야말로 가장 놀라우면서도 가장 중요한 것일 수 있는데 — 그것은 똑같은 구조, 똑같은 구성 원리들, 즉 완전히 단계화된 원리입니다.

언어학자들은 오래전부터 이러한 단계를 발견한 바 있습니다.

유전학자들이 말하는 대로 소단위체sous-unité들이 있으며, 이들은 그늘 스스로에 의해서는 작동할 수 없고 독자적인 역할도 수행하지 않습니다. 역시나 마찬가지로 유전학자들이 말하는 것처럼 이러한 소단위체들의 알파벳이 있으며, 소단위체들보다 훨씬 더 독자적인 단위체들은 이 알파벳들의 다양한 결합을 사용하면서 자신들만의 기능을 수행합니다. 우선 그것들은 매우 분명한 단위들, 즉 이 체계의 구조 총체의 관점에 비추어 볼 때 매우 분명한 단위들로서, 그것들은 코돈codon, 혹은 최소한 몇몇 미국인 유전학자끼리 부르듯 코드의 단어들입니다. 이 코드의 단어들은 —아주 흥미롭게도— 이 네 가지 단위체들, 즉 알파벳으로 주어진 소단위체들의 다양한 결합을 사용하며, 그 순서와 구성에서 다양한 결합들은 차이를 불러일으키는 역할을 합니다.

이 단위체들을 구성하는 법칙들이 있는데, 이른바 3염기 조합입니다. 네, 놀라운 것은, 적지 않은 수의 언어를 보면 그 어근이 이러한 3중항으로 되어 있습니다. 여러분들도 아시다시피 인구어 혹은 셈족 어근들의 구조에 대한 법칙들을 보면 이러한 유형과 매우 비슷합니다. 그다음으로 그보다 더욱 높은 층위에서 이루어지는 결합들이 있고, 그들은 훨씬 더 중요하고 더 핵심적인 조직체들을 만들어내는데, 이는 언어에서처럼 생물학에서도 그러합니다. 우리는 우선 음성학적 층위, 즉 변별적 요소들과 그들 사이 조합들의 층위가 있고, 그다음에는 단어들의 차원, 그리고 그다음에는 문법의 층위가 옵니다. 네, 이 문법적 층위에는 무엇이 나타납니까? 거기에는 각기 다른 언어학적 법칙들이 있어서 그것들을 통해 우리는 가장 긴 단위체들을 그것에 속한 단위체들로 나눌 수 있습니다. 글의 경

우, 우리는 각기 다른 구두법 기호들, 예를 들면 쉼표들을 사용합니다. 그렇지만 흥미로운 것은 바로 유전학자들 또한 바로 이러한 구두법에 대해 말을 하며 처음과 끝을 나타내는 똑같은 기호 현상이 있다는 점을 드러낸다는 점입니다. 이것은 언어학에서 트루베츠코이가 경계기호Grenzsignale라고 부른 것, 즉 경계와 한계의 기호들과 완벽하게 대응합니다.

그렇지만 놀라운 것은 바로 지금까지 우리 언어학자들이 이러한 비어 있는 구성 요소들의 단계 및 나아가 그들의 조합이 만들어내는 아주 풍부한 표현 수단이 다른 그 어떤 곳에도 없다는 식으로 가르쳤다는 점입니다. 그런데 말입니다! 바로 여기 가장 똑같은 경우가 있었습니다. 그렇다면 이를 통해 드러난 핵심적인 결과가 무엇인가 하면, 바로 이처럼 한정된 수의 다양한 정도에 놓인 체계화된 구성 요소들로부터 매우 길고도 놀랍도록 다양한 뜻을 담을 수 있는 가능성이 주어진다는 점입니다. 이것은 유전학에서도 마찬가지인데, 거기에는 그 어떤 두 사람도 완벽하게 같을 수 없으며, 이는 담화의 문제에서도 그러합니다.

M. T. ― 결코 닮지 않은 두 개의 문장처럼 두 사람 또한 결코…

분자적 유전과 언어적 유전

R. J. ― 문장의 층위에서도 보면 서로 같을 수는 있겠지만요, 우리가 담화, 그리고 발화 전체를 보게 되면 가능성의 영역에 들어

옵니다… 여기서는 그 어떠한 것도 예언할 수 없는, 무한한 변이가 이루어십니다.

그런데 여기에 언어의 또 다른 기능, 즉 시간의 축에서 본 기능이 있는데, 이는 곧 우리가 영어에서 말하듯 유산遺産으로서의 언어, 즉 물려받은 것으로서, 유언으로서, 가르침으로서, 과거로부터 미래로 흘러가는 가르침으로서의 언어가 있습니다. 그렇지만 레리티에 씨가 이미 말씀하신 것처럼 이것이 바로 언어적 유전의 중대한 역할이며, 제 생각에는 여기에 분자적 유전과 언어적 유전 사이의 놀라운 유사점이 있습니다. 정말입니다. 예를 들어 새들의 경우에서 보듯 동물에게도 문화의 역할, 학습의 역할이 있습니다만, 그 경우 나타나는 위계가 어떻냐 하면 분자적 유전이 처음 오고, 그다음에 오는 것이 학습인데, 노래하는 새들의 실험에서 나타났듯이 새들은 알 속에서부터 시작된 학습 등을 모두 제거했어도 노래를 불렀기 때문입니다.

Ph. L'H. — 네, 아주 조금만, 그들은 생물학적 유전에 비해서 아주 적은 수의 것들만 배웁니다.

R. J. — 그들은 노래를 하고, 밤꾀꼬리들은 밤꾀꼬리처럼 노래했지만, 썩 잘하지는 않았습니다! 밤꾀꼬리들이라 할지라도 훌륭한 선생이 필요하기 때문입니다. 반면 아이들 같은 경우에는 말을 하지 못합니다. 또 하나가 있는데, 밤꾀꼬리가 닭들에게 둘러싸여 교육을 받더라도 언제나 닭이 아닌 밤꾀꼬리처럼 노래할 것입니다! 반면에 노르웨이 아이는 남아프리카로 옮겨진다면 진짜 반투인처럼 반투어를 할 수 있을 것입니다.

Cl. L.-S. — 저는 새들에게 방언이 있고, 같은 종에 속한 새들

이어도 출신 지역에 따라 서로 다른 언어를 쓴다고 알고 있습니다. 제가 알기로 비행장에서 시행된 아주 흥미로운 실험이 있었는데, 경고의 목적으로 우짖는 소리를 야생 까마귀들의 것이 아닌 소리로 녹음해서 까마귀들을 쫓으려 했던 것으로 효과가 없었습니다. 네, 지역마다 언어들이 있습니다.

R. J. — 그렇다 하더라도 그 차이는 미미하다는 것을 당신은 인정하지 않습니까…

Cl. L.-S. — 네, 당연히 그렇지요!

R. J. — 위계에 있어 차이가 있습니다.

Ph. L'H. — 동물에게는 유전에 비해 학습이 가져다주는 것이 별로 없습니다. 사람에게는, 학습이 모든 것을 바꿔놓습니다.

R. J. — 그렇지만 현재 분명한 것은 문화와 자연 사이에 더 이상 철의 장막 같은 것이 없다는 점입니다. 즉 동물들에게도 문화의 역할이 있으며 사람에게도 자연이 하는 역할이 있다는 점입니다. 그리고 랑그야말로 문화와 생물학적 자연 사이에 놓인 현상입니다. 네, 제가 볼 때 우리가 가진 것, 언어 현상에 내재된 것은 그 무엇보다 언어를 배울 수 있는 능력이라고 생각하는데, 오직 사람만이 언어를 배울 수 있습니다. 그다음으로 내재된 것은, 아마도 분자적인 유전일 것인데, 바로 우리가 모든 언어에서 볼 수 있는 다음과 같은 체계적인 원리입니다. 모든 언어는 그 단위들과 가치들에 똑같은 위계를 보이고 있습니다. 네, 이러한 구조, 그러니까 분자들과 언어 사이의 구조상 유사성은 언어의 구조가 분자유전학의 원리들에 따라 지어졌다고 상정해도 지나치지 않는데, 언어의 이러한 구조는 그 또한 생물학적인 현상이기 때문

입니다.

　M. T. — 언어의 출현을 말씀하시는 것인가요?

　[…]

　의미에 대하여,

　그리고 의미가 무엇을 가리키는지

　말하기 어렵다는 것에 대하여

Cl. L.-S. — 글쎄요, 문제는 정확히 이것이 아닙니다. 그리고 이
것은 단순한 것으로부터 복잡한 것을 만들어내기만 하는 것(당신
이 암시하는 멘델레예프Dmitrii Mendeleev의 원소주기율표 경우가
그러하듯이)에 대한 것도 아닙니다. 세포유전학과 언어 사이에서
당신이 본 본질적인 유사점은 바로 의미를 담고 있지 않고, 단순
한 요소들 사이의 결합이 더 복잡한 것뿐만 아니라 특정한 의미를
지닌 것으로 만들어낸다는 점입니다. 그리고 제가 볼 때 유사성이
나타나는 것은 바로 의미의 층위이며, 이 유사성을 제대로 정의하
기 위해서는 의미라는 개념을 빼놓을 수 없다고 생각합니다.

　[…]

　Ph. L'H — 이는 결국 인간의 언어는 상징의 언어라는 말이 되
며, 언어는 대화자를 가정하고 언어를 이해하는 뇌를 가정하는 반
면 유전학의 언어에는 분자들 사이에 이루어지는 정보들의 이동
밖에 없습니다. 그렇다면 의미라는 것이 결국 어떤 뜻일까요? 선
형적인 배열을 이루는 소단위체들이 만들어내는 특정한 구조가

있는데, 이때 이 선형적인 배열은 아주 복잡하기도 한 특정한 공간적인 구조를 띠면서 하나의 단위를 이루고, 이는 새롭고 독특한 성질들을 갖는 공간적 단위가 됩니다. 게다가 이와 똑같은 현상이 각각의 개별적인 유기체의 층위에서도 나타납니다. 각각의 개별적인 유기체들의 기원에는 이러한 일종의 유전 정보가 있는데, 이는 그 자체로는 어떤 의미도 지니지 않은 소단위체들로부터 형성되며, 모든 복잡한 현상, 즉 배형성胚形成 및 분화의 복잡한 기제들을 거쳐 우리가 지각할 수 있는 단위의 유기체가 됩니다. 유기체가 의미를 가진다는 말이 무슨 뜻일까요? 저는 우리 인문과학 대화자 분들이 의미라는 단어를 정의해 주셨으면 좋겠습니다. "의미"라는 말은 결국 어떤 수용체, 어떤 인간적인 수용체를 가리키는 것이 아닌가요?

Cl. L.-S. — 네, 언어의 모든 단어를 정의하여 그 뜻을 말하기는 쉽지만, "의미"라는 단어의 의미가 가장 알기 어렵다는 것은 신기한 사실입니다. 하지만 의미가 무엇을 뜻하는지 우리가 알고자 한다면, 결국 제가 볼 때 의미하다는 곧 번역하다, 즉 A라는 코드와 B라는 코드의 구조상 동일성을 지각하는 것이라고 생각합니다. 그리고 이것이 당신이 탐구하는 생물학적 현상들에 나타나는 것이 아닐까 싶습니다.

[…]

"선형적인" 전달 코드가
그렇지 않은 구조들을 전달할 수 있는 경우

R. J. — 저는 모든 차이에도 불구하고, 그러니까 수용체, 수신자 따위의 문제가 언어학과 분자역학에서 완전히 다름에도 불구하고, 여기서의 관계는 아주 비슷하다고 봅니다. 놀라운 점이 무엇인가 하면 바로 언어에서 나타나는 복잡성보다 더욱 그 정도가 심한, 굉장한 복잡성이 나타나는 사회적 삶과 문화의 수많은 현상이 있음에도 그 어디에서도 이같이 독자적인 가치들을 갖지 않은 채 구성 원리로만 사용되는 소단위체들을 찾아볼 수 없다는 점입니다.

M. T. — 그러니까 당신은 모든 복잡한 현상에서 자연이 이러한 기제를 발견하지 못했다고 말씀하시는 건가요?

R. J. — 저는 언어가 분자적 구조를 따라 형성되었다고 할지라도 그다지 놀랄 일은 아니라고 생각합니다. 근본적으로 언어 및 언어를 이해하고 배우는 능력, 그리고 언어를 사용하는 능력 등이 생물학적인 현상들이라는 게 분명하기 때문입니다. 여기에도 언어를 다른 모든 문화적인 현상에서 구분하는 현상, 문화의 대전제가 되는 현상이 있습니다. 바로 우리가 두세 살 무렵 모든 음성적, 문법적 구조의 법칙들을 배운다는 사실입니다.

[…]

R. J. — 언어라는 유전 도구가 있기 때문에 이 원리가 언제나 작동하고 존재할 수 있다고 — 왜냐하면 언어는 분자 유전과 더불어 유일하게 진정한 유전이기 때문에(제가 어쩌면 지나치게

의인화된 용어들을 사용하는지도 모르겠습니다) ―, 그리고 언어가 바로 이와 같은 다른 종류의 유전 모델을 이용한다고 생각하지 않으시는지요?

Ph. L'H. ― 그렇지만 이는 두 기제가 정보를 전달하기 위해 단일 체계를 사용한다는 말이 됩니다. 순차적 체계. 순차적 배열.

R. J. ― 그리고 위계적인. 그겁니다.

Ph. L'H. ― 앞서 유기체가 타고나는 이러한 종류의 코드화된 정보로부터 유기체가 어떤 선형적이지 않은 구조를, 일종의 표의문자의 유형에 속하는 어떤 구조를 만든다고 했습니다. 왜냐하면 결국 모든 유기체는, 인간이든 거미든 왕뱀이든 특별하기 때문이며, 우리는 그것을 하나의 개체로 식별할 수 있고 하나의 낱개로 지각할 수 있기 때문입니다.

R. J. ― 언어학도 완전히 똑같습니다.

M. T. ― 게다가 어떤 표의문자마저 하나의 구조이지요…

Ph. L'H. ― …이것은 당신께서 조금 전에 말씀하셨던 사회 구조들과 어느 정도 비슷한 방법으로 만들어지는데, 이 구조들은 선형적이지는 않지만 선형적 코드의 도움을 받아 전달될 수 있습니다.

Cl. L.-S. ― 저는 이것들을 훨씬 더 목적론적인 방식으로 바라봅니다 ― 양해해 주시기 바랍니다… […] 말하자면 저는 이렇게 말하고 싶습니다. 자연은 원래 그의 손에 한정된 수단과 도구를 가지고 있었는데, 생물들을 만들기 위해 도구 하나를 사용하고 또 생물들을 구현하기 위해 다른 많은 도구를 다 써버리고 나서 보니까, 자연이 또 다른 것, 즉 인류의 출현과 말하는 인류를 다시 만들기

위해서는, 마치 멘델레예프의 표처럼, 자기의 원래 시작점으로 되돌아가서 태곳적에 이미 사용했던 방책으로 다시 시작해야만 했던 것이라고 말입니다.

소통, 문화와 자연

M. T. — 레비스트로스 씨가 말씀하신 부분으로 돌아가 정확하게 묻고 싶은데, 정보 전달 체계를 만들기 위해 나타나는 똑같은 기제들과 똑같은 필연성들의 작용을 언어의 층위가 아닌 다른 층위에서도, 예를 들면 사회에서도 발견할 수 있는지 궁금합니다.

Cl. L.-S. — 사회적 현상과 인간 사회는 날이 갈수록 점점 소통communication을 위한 거대한 기계들처럼 보입니다. 혼인 규칙에서 금지와 선호에 의거한 한 사회 집단으로부터 다른 사회 집단으로의 여성들의 교환communication이 되었든, 경제 생활에서 재화와 노동의 유통communication이 되었든, 혹은 언어에서 메시지의 전달, 그리고 물론 언어의 개입을 전제하는 모든 다른 종류의 활동이 되었든, 소통에 논리적인 측면뿐만 아니라 객관적인 측면에서도 주된 지위를 부여하는 것은 — 네, 점점 더 우리는 모든 사회 현상을 소통의 현상으로 여기려고 한단 말입니다. 그렇지만 저는 여기서 한 걸음 더 나아가 이렇게 말하고 싶은데, 어떤 의미에서 인간 사회는 스스로 깨닫지 못한 채 서로 대화하고 있다는 것입니다. 왜냐하면 각 사회는 다른 어떤 사회가 또다른 층위에서 다른 방식들로 표현하고 있는 어떤 것을 자신만의 방식

으로, 그 사회의 고유한 언어로, 즉 그 사회의 믿음들, 관습들, 제도들이 허용하는 모든 것 가운데 어떤 것을 선택함으로써 표현하고 있기 때문이며, 그렇기에 인간의 삶 전체가, 즉 그 가장 비밀스러운 생물학적인 기원들로부터 가장 거대하고 눈에 띄는 모습들에 이르기까지 소통에 속한 것처럼 보일 정도입니다. [⋯] 제가 하고 싶은 말은 고작 이삼십 년 전만 하더라도 우리처럼 인문과학을 하는 사람들은 문화적 현상들을 설명할 때 자연을 모델로 삼는 모든 시도를 굉장히 경계했습니다. 왜 그러했냐면, 물론 당시 우리가 잘못 생각했던 것인데, 우리가 생물학의 가르침들로 할 수 있었던 것들은 굉장히 기계적이고 경험주의적이었기 때문입니다. 반면 우리는 그보다 더욱 최근 발견들을 통해, 이렇게 말해도 된다면, 우리가 짐작했던 것보다 자연 속에 문화가 훨씬 더 많이 있었다는 것, 더 정확하게 말하자면, 우리가 버릇처럼 사용하던, 그리고 오직 문화적 현상들에만 적용되어야 한다고 생각했던 특정 형식들이 자연 현상들에서도 연산적인 가치를 가지고 있었다는 점을 배웠습니다. 단지 이러한 형식들은, 이렇게 말해도 된다면, 바로 밑의 단계에서, 예를 들면 고등 원숭이처럼 가장 진화된 동물들에게서 발견되지 않을 뿐입니다. 우리는 어떤 하나의 주어진 인간 현상을 이해하려고 할 때 그와 가장 비슷한 형식은 곤충 사회에서, 어떤 다른 하나는 그와 비슷한 형식이 조류에서, 세 번째 비슷한 형식은 고등 포유류에서 발견되리라는 점을 꾸준히 깨닫고 있습니다. 어떻게 보자면 마치 문화의 특수성이란 곧 삶의 가장 변변치 않은 형태부터 가장 복잡한 형태로 향하는 거대한 계단에 추가로 한 계단을 쌓는 것일 뿐 아니라 — 이미

그렇지만 말이죠 —, 자연이 동물적 삶 내지는 어쩌면 식물의 삶의 여러 단계에서, 단편적으로, 산발적으로, 이곳저곳에서 시도했던 해법들을 모두 다시 모으는 것과도 같다고 할 수 있으며, 따라서 인류의 본질이란 — 물론 이것은 의도된 것이 아니라 무의식적인 진화를 통해 이루어진 것인데 — 곧 자연의 영역에서 이미 개시되었던 해법들을 활용해서 어떤 독창적인 조합을 만들어내는 점이었다고 할 수 있겠습니다.

Ph. L'H. — 인간의 행위와 인간 사회의 구조들 속에서 동물적 삶의 여러 곳에서 보이는 것들을 찾아내는 것, 이것은 고생물학에서 수렴 현상이라고 부르는 것의 한 경우에 지나지 않습니다. 진화 과정에서는, 가능한 모든 해법을, 하나의 유기체가 생존하게 해주는 모든 방법을 받아들이려는 어떤 삶에 대한 노력 같은 것이 있었으며, 여러 번 되풀이하여 똑같은 해법들이 다시 나타났지만 다른 경로들을 통해 나타났습니다. 이것은 완전히 닮거나 완전히 동일한 것을 가져다주지 않지만, 어떤 유사한 것을 가져다줍니다. 가장 탁월하고도 전형적인 예시는 상어목, 참고래과 및 고래목과 같은 연골어류들 사이의 비교입니다. 유사 어류에 속하는 고래라는 종은 상어의 모습처럼 살아가고 있는데, 고래는 상어가 아님에도 연골어류 및 상어의 특정 행위와 습관들, 그리고 특정 삶의 방식들을 모방하고 있습니다. 이처럼 동물이 완전히 다른 방식으로, 다른 진화의 과정을 통해 찾아낸 방책들을 인간에게서 발견한다는 것이 그다지 놀라운 일은 아니라고 생각합니다. 제가 볼 때 레비스트로스 씨는, 예를 들면 족외혼 현상 및 배우자를 자신이 속하지 않은 집단에서 고르는 인류의 성향, 그

리고 넌지시 언급하셨던 여성의 교환 같은 것에 관심을 가지신 것처럼 보입니다.

Cl. L.-S. — 하지만 저는 그 현상이 인류의 성향이라고 생각하지 않고, 사회적 삶을 위해 필수적이라고 생각합니다.

Ph. L'H. — 그건 분명 있습니다. 동물의 행위들 가운데서도 그와 똑같은 결과에 이르는 것들이 있습니다. 너무도 다양한 동물들에게서 말이지요. 그리고 사실 그것은 생물학적 필연성입니다. 만약 진짜로 유성생식이 매우 가까운 인척 관계의 짝과 이루어지기만 했다면, 이는 유성생식 그 자체에 대한 부정일 것이며, 유성생식은 혼합으로 귀결될 수밖에 없습니다.

언어의 수렴

M. T. — 야콥슨 씨, 당신에게 어떠한 인식론적, 방법론적 생각들이 정밀과학 혹은 소위 말하는 인문과학처럼 오늘날까지도 서로 멀리 떨어진 학문 분과들의 수렴과 근접에 영감을 주었는지 물어도 될까요?

R. J. — 저는 다양한 분과들의 관계가 점점 더 밀접해지고 있다고 보며 우리가 이미 이러한 연관들을 아우르는 어떤 특정한 논리적인 체계를 일견할 수 있다고 봅니다. 한때는 각각의 과학이 그 자신만의 일들을 다루는 고립주의의 시대가 있었습니다. 그것이 잘 맞았던 시대가 어쩌면 있었겠지만, 이제는 이웃에게서 무슨 일이 일어나는지 살펴보아야 하는 때가 되었습니다. 자,

그렇다면 어떤 다른 분야가 있을까요? 삶의 과학, 즉 생물학이 있고, 거기에는 소통, 예측, 과거로부터 미래로의 움직임 따위와 같이 인문과학에서도 나타나는 모든 현상이 대단한 역할을 하고 있습니다. 그럼 이제, 사회과학이라 불리는 인문과학과 생물학 사이의 차이와 경계는 무엇일까요? 그 차이는 바로 생물학이 언어가 없는 세계의 소통도 다룬다는 점이며, 오늘 여기서 이미 생물학자와 인류학자가 언급한 것처럼, 언어라는 선물이 매우 중요하고 본질적인 현상이라는 점입니다. 하지만 생물학에서는 다른 종류들과 다른 차원의 메시지를 다룹니다. 즉 분자 정보, 그리고 나아가 동물들에게서 이루어지는 소통의 서로 다른 체계들을 나타내는 정보들, 그리고 마지막으로, 제가 오늘 여러 번 강조하려고 노력했듯이, 랑그la langue의 개입이 있습니다. 랑그, 그러니까 근본적으로는 생물학적 현상이면서 다른 모든 현상과 분자 소통의 문제와 동물들, 심지어 식물들 사이에서 이루어지는 소통의 현상들과 매우 밀접하게 연관되어 있습니다. 그런데 랑그는 어떤 새로운 현상을 가져오는데, 바로 창조 현상입니다. 우리는 랑그가 있을 때만 시공간적으로 멀리 떨어져 있는 것들 내지는 가상의 이야기들까지, 즉 실제로 있지 않은 현상들까지도 이야기할 수 있으며, 오직 이때 일반 관념들을 띤 용어들이 생기며, 비로소 과학적, 시적 창조의 가능성이 생깁니다. 그러므로 이처럼 생물학과 굉장히 밀접하게 연관된 언어학이 있으며, 이때 언어학은 소통의 과학이자 언어적 메시지의 소통에 대한 과학입니다. 그렇지만 언어적 메시지가 단지 인간들의 정보만을 가리키는 것은 아니며, 다른 종류의 기호체계들, 다른 종류의 상징체계들, 즉 다

른 소통의 방식들이 있기 때문에 결국 그것은 정보 소통 일반에 대한 과학입니다. 그리고 바로 이것이 페르디낭 드 소쉬르와 미국에서는 찰스 피어스Charles Pierce가[4] 꿈꿨던 과학, 즉 기호학 혹은 기호론입니다. 그 특징은 바로 인간이 사용하는 모든 다른 기호 체계가 랑그의 존재를 전제한다고, 언어가 기호학에서 핵심적인 — 특수한 것이 아니라 핵심적이고 근본적인 — 현상이라고 주장한다는 점입니다. 그리고 세 번째 동심원적 집단이 있습니다. 언어학과 기호학에 뒤이어, 이렇게 말해도 좋다면, 레비스트로스 같은 학자들이 구상한 포괄적인 인류학이 있는데, 이것은 소통의 과학, 즉 메시지의 소통에 대한 것일 뿐만 아니라 여성의 교환, 재화와 노동의 유통이며, 그리고 또 다시 특징적인 것은 바로 이러한 모든 소통의 경로, 모든 소통의 과정이 필연적으로 정보 소통의 존재, 랑그의 존재를 전제로 한다는 점이며, 이뿐 아니라 정보들은 랑그로 모두 번역될 수 있으며, 랑그의 병존併存은 모든 분야에서 매우 중대한 역할을 합니다.

Cl. L.-S. — 만약 제가 잠깐 끼어들어도 괜찮으시다면, 저는 소통이 언어를 이중으로 전제한다고, 즉 도구이자 형식으로 전제한다고 말하고 싶습니다.

R. J. — 그렇습니다.

Cl. L.-S. — 왜냐하면 언어를 통하지 않고서는 그 어떤 것도 만들어질 수 없으며, 이 모든 소통 체계가 어떤 의미에서는 언어에 그대로 나타나기 때문입니다.

---

4 [역주] 미국의 철학자 찰스 샌더스 퍼스Charles Sanders Peirce의 철자 오류로 보인다.

R. J. — 도구, 형식, 그리고 메타언어. 다른 모든 과정을 통제할 가능성을 주는 깃입니다. 저는 우리가 인문과학이라 불리는 과학과 생물학의 매우 밀접한 연관성에 이르렀다고 봅니다.

프로그램, 목적, 진화

자 이제, 제가 생물학의 최근 연구들을 읽거나 생물학을 대표하는 학자들과 대화할 때 아주 중요하게 느끼는 것은 바로 문화 과학, 언어학, 생물학에서 만들어진 형식들의 문제가 점점 더 두드러진다는 점입니다. 그것은, 이렇게 말해도 된다면, 우리가 목적론이라고, 혹은 어떤 생물학자들처럼 말하자면 목적론적 법칙이라고 — 천문학을 점성술로부터 구별하듯, 과학적 목적론적 법칙을 근대 이전의 목적론과 구별하기 위해 — 부를 수 있으며, 이는 곧 최초의 움직임에서부터, 가장 기본적인 현상들에서부터, 삶이 있는 곳에는 언제나 어떤 목적, 목적을 향한 어떤 방향성이 있다는 것입니다. 바로 이것이 제가 즐겨 언급하는 대단한 책에 너무도 잘 전개되었는데, 언어학자들에게 매우 큰 영향을 준 이 책은 최근 돌아가신 모스크바의 위대한 생리학자 니콜라이 베른스테인Nicolai Bernstein의 최근 출간된 책입니다. 즉 그는 삶을 목적을 향한 방향성, 다가오는 일에 대한 예측과 동일시합니다. 이러한 관점에 비추어 볼 때, 그는 미국 생물학자들에게 꽤 많은 영향을 끼친 사이버네틱스 학자인 노버트 위너Norbert Wiener와 매우 가깝습니다.[5]

M. T. — 여기서 어떤 목적을 언급하시는데, 우리가 그것을 어

떤 결정론과 헷갈릴 법한 이유는, 아니면 오히려 이렇게 말해야 할 듯싶은데, 결정론과 헷갈리지 않기 위해서는 어떻게 해야 할까요?

R. J. — 저는 유전학자들이 더 잘 대답할 수 있을 것이라고 생각합니다.

[…]

인간은 그를 만들어낸 진화로부터
초연하기 어렵다는 점에 대하여

Ph. L'H. — 네, 그리고 사실 이처럼 메시지, 유전 정보가 복잡해지는 것은 개체의 층위에서 일어난 것이 아니라, 매 순간 집단의 층위에서 일어났습니다. 여기서 우리는 생물학적 단위체들, 그러니까 진화 과정이 일어나는 층위에 있는 생물학적 단위체가 개체가 아니라는 것, 즉 그것은 유전 정보, 곧 생식 기제에 의해 통합된 유기체들의 집단이라는 관념을 갖는다고 봅니다. 그리고 이것이 생식 과정의 근본적인 의미일 것입니다. 만약 성 본능이 없었다면 유기체들이 환경의 변화들에 이처럼 유연하게 반응할 수 없었을 것입니다. 자연선택이 작용하고 새로운 구조들이 나오게 할 수 있는 것은 — 어떤 특정한 교배체계로 어떤 특정한 유전적 변이성을 유지하는 — 집단의 층위에서 이루어집니다. […] 실제로 진화 과정 중에는 어떤 일반적인 진행이 있었지만, 고생물

---

5 [역주] 원문에도 발화자가 표시되어 있지 않다.

학이 보여주듯이 무질서를 거치면서 일어났습니다. 결국 삶은 모든 빙책을 이느 정도 다 시도하면서 기어코 어떤 상행하는 세통을 도출하여 이 계통에서 인간에까지 이르렀습니다. 사실상, 간단하게 이것은 생명체가 그 가능성들을 품고 있었다는 것을 뜻합니다. 만약 생명체가, 모든 세포에 나타나는 어떤 기제, 핵산과 단백질로 작동하는 정보 전달 기제 같은 기제를 일단 획득하면, 만약 생명체가 이러한 기제를 획득하여 언어로 소통할 수 있는, 나아가 문명을 만들 수 있는 존재로 발전할 수 있었다면, 그것은 필시 일어나야만 했을 것이며, 이러한 경우에 우리는 바로 목적과 일어난 일에 비추어 돌아보며 목적에 대해 말할 수 있을 것입니다. 처음부터 이러한 모든 세부적인 내용들에 목적이 들어 있던 것은 아니지만, 자연선택의 과정과 이 생명 체계의 가능성들에 비추어 볼 때 거의 피할 수 없는 것이었습니다. 저는 바로 이러한 방식으로 우리가 크게는 어떤 방향으로 향하는 성격의 진화를, 그리고 자세히 보면 이러한 무질서 같은 것을 가장 잘 이해할 수 있다고 봅니다. 디플로도쿠스나 거대한 암모나이트의 출현으로부터 그 어떤 목적론도 볼 수 없습니다. 하지만 야콥슨 씨가 이야기하셨던 언어가 도입된 때에 이르기까지 결국 진화는 고등 유기체들에게 일어났습니다.

R. J. ― 과거에는 아주 흥미로운 이 현상 및 이 수많은 무질서한 사건들이 어떤 방향성을 가진 행위의 가능성에 대한 반론으로 종종 쓰였지만 이제 그럴 수는 없을 겁니다. 체스를 예로 들어볼까요. 체스를 잘 못 하는 사람들이 꽤 많습니다. 그렇지만 그들은 이긴다는 목적을 가지고 있습니다. 그래서 경기를 하며 집니다.

때로는 아주 형편없이 지기도 하지요. 우리는 자연에서 일어나는 모든 일이 체스 챔피언들이 하는 판처럼 이루어진다고 생각해서는 안 될 것입니다!

[…]

M. T. — 당신은 어떠한 미묘한 과정을 거쳐 생명의 기원을 있게 한 목적론이라는 견해를 버리셨습니까?

[…]

R. J. — 그것은 지금 상관없는 문제라고 봅니다. 우리는 지금 언어와는 달리, 생명에 대해서는 그 기원을 말하는 것이 아니기 때문입니다. 그런 문제가 전혀 아닙니다.

Cl. L.-S. — 네, 저도 그 말을 하려던 참입니다.

R. J. — 지금 문제는 진화에 대한 것이고, 진화의 문제에서 당신이 선택이라는 말을 한 순간 선택이 순전히 우연히 일어날 수는 없다는 관념을 반드시 가지고 들어오는 격이 됩니다.

Ph. L'H. — 저는 다윈의 생각이 과학적으로 현상들을 설명하는데 충분하다는 견해에 동의합니다. 그 생각이 현상들을, 예를 들면 목적론적으로 설명하는지는 궁극적으로 또 다른 문제입니다. 과학적 사유는 존재의 이유, 그리고 존재의 깊은 진실을 이해하는 데까지 이르지는 못합니다. 과학적인 사유는 오직 현상들의 원리 및 관계만을 탐구하기 때문입니다. 현상들의 이러한 관계는 우리가 알고, 또한 어느 정도 이해하고 있습니다. 유전자, 단백질, 그리고 자연선택에서 일어나는 이 미미한 작용이 어느 날 저와 제 의식을 있게 했는지, 이것은 또 다른 문제이며 과학의 영역이 해결할 수 있다고 생각하지 않습니다.

Cl. L.-S. — 저는 내밀한 의식의 문제를 전혀 끌어들이고 싶지 않았는데, 이러한 대담에서 우리가 배울 수 있는 교훈 가운데 하나는 바로 언어와 그 구조가 비슷하면서도 의식이나 주체를 내포하지 않은 그 어떤 것이 있다는 것을 생물학자들로부터 배웠기 때문입니다. 그리고 이것이야말로 인문과학을 전문적으로 연구하는 이에게 고무적인 내용입니다. 왜냐하면 사회의 층위에서, 그러니까 언어에 속한다고 보기보다는 언어 너머에 있는 소통의 현상들, 즉 말하는 주체의 지위를 갖지 않은 사회 집단 구성원들의 의식 너머에서 이루어지는 현상들 역시 발견하기 때문입니다.

부록 4

운율 설계, 혹은 중국 율시의 구성 원리

— 로만 야콥슨[1]

클로드 레비스트로스에게

대칭성을 다루는 방대한 양의 글들이 있고, 이 개념을 적용하는 다양한 경우들이 있지만, 이 대칭성을 과학적 체계 안으로 가져다 놓기란 여전히 매우 어려운 일이다… 대칭성은 우리가 다루는 가장 심오한 경험적 일반화들 가운데 하나이다. — 베르나츠키V. I. Vernadskij[2]

제임스 류James J. Y. Liu의 심층적인 연구서 《중국 시의 기술 *The Art of Chinese Poetry*》에서 〈중국어에서의 청각 효과와 작시법의 기초 Auditory effects of Chinese and the Bases of Versification〉라는 장은 그동안 이어져 온 중국 운율론의 체계들을 검토한다. 26쪽부터 29쪽에서 저자는 "율시(lu-shih)"라고 알려진 것에 나타나는 성조 규범들을 예시로 보여주고 있는데, 이 율시는 "당나라(618-907) 초

---

1 [원 편집자 주] 1. 〈운율 설계, 혹은 중국 율시의 구성 원리The Modular Design of Chinese Regulated Verse〉, 《교류와 소통. 클로드 레비스트로스 기념 논문집 *Échanges et communications. Mélanges offerts à Claude Lévi-Strauss*》, Mouton de Gruyter, 1970년, 597-605쪽; 《선집》, 5권, 215-223쪽에 재수록; 프랑스어 역 마리오딜 파예, 장피에르 파예 《변화 *Change*》 2호, 1969년, 37-48쪽. 이 원문의 재생산에 대한 저작권은 번역자들과 그 권리 소유자들에게 있다.

2 블라디미르 베르나츠키Vladimir I. Vernadskij, 《지구와 그 환경 생물권의 화학적 구조 *Ximicheskoe stroenie biosfery Zemli i ee okruzhenija*》, Nauka, 1965년, 175쪽과 195쪽.

기에 성립된 작시법의 한 형태"이다. 우리는 이 자료들을 통해 이리한 운율들이 서로 공유하는 기반이 무엇인지 알 수 있으며, 나아가 점차 발전하고 있는 운율 유형론, 그리고 어쩌면 문학과 문화들을 비교하는 연구에도 조그마한 기여를 할 수 있을지 모른다.

규칙에 따르면 연은 4행연이며, 보통은 시 하나마다 연을 두 개씩 가지고 있지만(8행연), 단 하나의 4행연으로 줄이거나 여러 4행연을 연달아 붙여 커지는 모습을 한 시들도 있다. 4행연은 두 개의 **이행구들로**[3] 되어 있으며, 이행구는 두 개의 **행으로**[4] 이루어져 있다. 가장 짧은 운율 구성에서는 이 행이 두 개의 **부분**으로 나누어져 있으며, 가장 길게는 세 개로 되어 있다. 오직 행의 마지막 부분만이 세 개의 **음절**로 되어 있는 반면, 다른 부분들은 각각 두 개의 음절로만 되어 있다. 극히 예외적으로 전부가 여섯 또는 열 개의 음절로 된 경우처럼 하나의 시에 나타나는 이행구의 수가 홀수인 경우,[5] 이행구는 가장 중요한 운율 단위가 된다.

운율 단위들의 위계적인 배치는 문법적 구분의 정도와 체계적으로 대응하고 있다. 이행구들은 "중문重文"들을 담고 있는데, 이 완전한 중문들은 "끝을 맺는" 마지막 운율로 표시되어 강조되었으며, "완전한" 쉼표(마침표)를 기점으로 서로 나누어져 있다. 기본 규칙에 따르자면 각각의 행은 "구성하는 문장"의 형태를 띠고 있다. 홀수 행은 "유보된 결말"의 운율로 끝맺으며, "불완전 쉼표休止"(쌍반점)를 통해 짝수 행과 구분되었다. 하나의 이행구 안에서

---

3 [역주] 율시에서는 이를 연聯이라고 부른다.
4 [역주] 율시에서는 이를 구句라고 부른다.
5 Chicago (Ill.), University of Chicago Press, 1966년. 왕리王力,《한어시율학漢語詩律學》, 1962년, 30쪽 이후를 참조.

행들이 대응 관계를 이룬다는 점은 그 둘이 모두 같은 중문에 속한다는 점을 나타낸다. 행에 속한 부분들은 가벼운 "가상의 쉼표"로 서로 구분되었는데, "대다수의 경우 문장" 안에서 경계를 나타낸다.[6] 율시의 음절 수와 관련한 두 가지 변주 양상은 (6±1) ― 다섯 음절(x x | x x x |) 및 일곱 음절(x x | x x | x x x |) ― **양분**된 것과 **삼분**된 것으로 서로 대립한다(x , | , |는 하나의 이행구 안에서 각각 음절, 짧은 쉼표, 긴 쉼표를 가리키며, 이행구의 최종 쉼표는 ‖로 표시될 것이다). 세 부분으로 나누어진 행의 경우, 양분 형식은 두 개의 음절로 된 예언적인 부분을 더함으로써 확장된다.[7]

율시의 구성 기능의 원리를 지탱하고 "비례적인 관계로 된 배열들을" 구성하는 그 스펙트럼 전체는 ― 기본적으로 반복해서 나타나는 단위인 단음절의 형태소 tzyh로부터[8] 이행구로 된 중문에 이르기까지 ― 운율 단위와 문법 단위 사이의 일치가 지속적으로 나타나도록 하거나 최소한 그러한 일치가 높은 확률로 생길 수 있게끔 한다.[9]

6 자오위안런趙元任,《중국어 구어의 문법*A Grammar of Spoken Chinese*》, University of California Press, 1965년, 다음의 절들 1.3.7, 2.1.1, 2.2, 2.3.1, 2.11.1, 2.11.3, 2.14을 참조.
7 하이타워J. R. Hightower 교수의 탁월한 지적에 따르면, 이 더해진 부분의 끝은 둘째 부분의 끝, 혹은 두 개의 음절로 된 유일한 부분의 끝보다 덜 구별되는 것처럼 보이며, 두 개의 음절로 된 두 부분 사이의 문법적 휴지休止는 마지막에 오는 세 개의 음절로 된 부분 앞의 휴지보다 더욱 일반적으로 생략될 수 있다. 후자의 이와 같은 휴지를 두 개의 "반점"(혹은 "호흡")의 경계라고, 그리고 전자의 휴지는 이항적 쉼표들의 형태로 된 두 "담화의 단위" 사이의 경계라고 정의할 수도 있을 것이다. 로만 야콥슨,《선집*Selected Writings*》, 1권, Mouton de Gruyter, 1962년, 535쪽을 참조.
8 자오위안런,《중국어 구어의 문법》3.1.2을 참조.
9 [원 역주] 구성 기능 원리의 다양한 양상들에 있어 건축 이론의 관점에서는 조르지 케페시Gyorgy Kepes,《모듈, 비율, 대칭, 리듬*Module, Proportion, Symmetry, Rhythm*》(Braziller, 1966)을 참조. 생물학의 분야에서 콘래드 와딩턴Conrad H. Waddington이 밝혔

운율 값의 측면에서 볼 때 평평한 성조($p'ing$)와 꺾인 성조($tsé$)의 구분은 길거나 짧은 음절 정상들이라는 눈에 띄는 대조를 드러낸다. 길고(—) 짧은 시간(◡)[10] 사이의 이러한 양극성은 지금 문제가 되는 시의 구조를 지탱한다.[11] 성조가 번갈아 나타나는 모습이 주된 음율적 특징이 된다.

압운rime은 4행연 전체에 걸쳐, 그리고 만약 시가 두 개의 4행연으로 되어 있다면 8행연 전체에 걸쳐 짝수 행의 마지막 음절들, 즉 이행구들의 마지막을 서로 잇는다. 시의 첫 행 역시 압운을 따를 수 있다. 보통은 운을 이루는 모든 행의 마지막 음절은 긴 음

듯이 "조절의 개념은 서로 가까운 두 관념을 아우른다. 하나는 어떤 설계 전체의 기반처럼 길이나 양에서 표준적인 어떤 단위를 사용하는 것이고, 다른 하나는 이러한 설계의 전 과정에 걸쳐 서로 구별되는 비례 관계열들을 포함하는 것이다"(20쪽).

10 [원 역주] 즉, 비트.

11 왕리, 《한어시율학》 6쪽 이후; 로만 야콥슨, 〈언어학과 시학Linguistics and Poetics〉, 토머스 시비옥Thomas Sebeok (dir.), 《언어에서 스타일Style in Language》, MIT Press, 1960년, 360쪽 참조. "전통 중국 운율에서는 평평한 성조와 꺾인 성조가 음절에 붙은 성조의 긴 꼭대기 음과 짧은 꼭대기처럼 서로 대비됨으로써 시가 장/단의 대비에 기반하는 것으로 보인다." (《일반 언어학 소론Essais de linguistique générale》, 프랑스어 역 니콜라 뤼베Nicolas Ruwet, Minuit, 1963년, 1권, 224쪽). 자오위안런은, 〈중국어에 있어 억양, 어조, 가락, 노래, 낭독, 무조無調 구성Tone, Intonation, Singsong, Chanting, Recitative, and Atonal Composition in Chinese〉, 《로만 야콥슨을 기념하며For Roman Jakobson》(Mouton de Gruyter, 1956년) 58쪽에서 말하기를 중국 전통음악에서 평평한 성조는 긴 음표에, 꺾인 성조는 짧은 음표에 붙는다고 한다. 메이쭈린梅祖麟 교수는 친절하게도 저우파가오周法高의 다음 연구들을 나에게 알려주었다. 〈평평한 성조와 꺾인 성조들에 대하여On Level and Inflected Tones〉, 《역사 서지학 연구소 회보Bulletin of the Institute of History and Philology》 13권, 1948년, 153-162쪽, 그리고 〈중국어 음운론에 미친 불교의 영향The Influence of Buddhism on Chinese Phonology〉, 《중국어문총서中國語文叢書》(《중국어문총서essais sur le langage et la littérature chinois》), 22-24쪽에서 그는 꼭대기 음이 긴 음절(평平)과 꼭대기 음이 짧은 음절(측仄)은 각각 산스크리트의 긴 모음과 짧은 음을 옮겨 적기 위해 사용되었음을 보여주고 있다. 중국 작시법에서 그 시간적(값의) 기반을 처음으로 고찰한 사람은 에브게니 폴리바노프Evgueni Polivanov였다. 〈중국 작시법의 운율적 특징에 대하여O metricheskom xaraktere kitajskogo stixoslozhenija〉, Doklady AN SSSR, 《총서 V권》, 1924년, 156-158쪽.

가를 띠는 형태로 강조된 반면 운을 이루지 않는 다른 모든 행은 한결같이 짧은 음가로 끝맺는다.[12]

4행연에는 하나의 압운을 따르는 두세 개의 성분들이 있다(홉 킨스G. M. Hopkins의 용어를 빌리자면 **라임펠로우**rime-fellow).[13] 각 각의 운율 단위에서 둘은 그 직접성분들의 유일한 수이거나 최소 한 바꾸어 쓸 수 있는 두 용어 가운데 하나이다. 후자의 경우, 셋 은 그것과 다른 하나의 용어이며 그 선택은 자유롭거나 (마치 양 분, 혹은 삼분하는 운율 사이의 선택, 혹은 시의 첫 행에서 압운의 유무 사이의 선택이 그러하듯이) 혹은 상호보완적인 배열에 의거 한다(마지막 부분들에서는 세 음절, 다른 부분들에서는 두 음절). 정리하자면, 음율 단위들이 위계를 따라 한 단계씩 위로 올라갈 때, 각각의 다음 단위들, 즉 상위의 단위는 단지 두 개 혹은 최소한 두 개의 직접성분을, 하지만 언제나 둘의 갑절보다는 적은 수의 직접 성분들로 되어 있다.[14]

각각의 행의 짝수 음절들은 억양이 서로 꾸준히 교대하는 양 상을 띤다. 서로 연이은 두 개의 짝수 음절들은 언제나 서로 대 비되는 길이의 음가를 가진다. 하나가 길면 다른 하나는 짧으 며, 그 역도 마찬가지이다. 따라서 짝수 음절들에서 길고 짧은

---

12 율시에서 예외는 짧은 음절, 운을 이루는 음절, 그리고 운을 이루지 않는 홀수 행의 마지막에 오는 긴 음절이다. 왕리, 《한어시율학》, op. cit., 73쪽과 80쪽을 참조.

13 험프리 하우스Humphry House (dir.), 《제러드 맨리 홉킨스의 수기와 논문들*The Jour-nals and Papers of Gerard Manley Hopkins*》, Oxford University Press, 1959년, 285쪽을 참조.

14 로만 야콥슨과 존 로츠, 〈모르도바 민요에 나타나는 작시법 체계의 공리들Axioms of a Versification System Exemplified by the Mordvinian Folksong〉, 《스톡홀름 대학교 헝가 리 연구소 논문집*Acta Instituti Hungarici Universitatis Holmiensis*》, 총서 B (Linguistica 1), Stockholm University, 1952; 로만 야콥슨, 〈슬라브 서사시Slavic Epic Verse〉, 《선집》 4권, Mouton de Gruyter, 1966년, 452쪽.

음가들의 배열은 양분하는 운율 구성에서는 x ∪ | x — x |이거나 x — | x ∪ x |이며, 삼분하는 구성에서는 x — | x ∪ | — x |이거나 x ∪ | x — | x ∪ x |이다. 일곱 음절로 된 경우, 짝수 음절들 사이의 길고 짧은 음가들의 규칙적인 교대는 모든 이행구마다 나타난다. x — | x ∪ | x — x | x ∪ | x — | x ∪ x ‖이거나 x ∪ | x — | x ∪ x | x — | x ∪ | x — x ‖이다.

각 행들의 짝수 음절들의 길이와 이행구 각각의 짝수 행의 마지막 음절은 시의 운율 구성 가운데 불변하는 요소들인 반면, "쉼 뒤에 나오는" 음절들은 (즉 마지막에 오지 않는 홀수 음절들은) 그저 단순한 경향을 보일 뿐이라서 이는 변이들이 나타날 수 있는 "어느 정도의 자유"를 준다.

그렇기 때문에 앞으로 보여줄 운율 구성의 틀의 예시들에서 우리는 "쉼 뒤에 나오는" 음절들의 길이를 괄호 안에 표시할 것이다. 이러한 허용에도 불구하고 근본적인 구성 틀은 여전히 꽤 뚜렷하게 남아 있다. 쉼 뒤에 나오는 음절들은 1보다 작은 확률로 운율 구성을 따르지만, 몇몇 특정한 경우에는 거의 1에 가깝다. 홀수 음절이 행의 끝과 멀수록 이 확률은 더 줄어든다.

클로드 레비스트로스는 친족체계에 대한 그의 매우 중요한 분석에서 허용, 선호, 금지된 것들의 철학적 적합성을 "형식modèle의 층위에서" 강조한다. 그는 "규범적인 것prescriptif"과 "우선적인 것préférentiel"의 차이가 "간단히 어떤 정도의 차이"인 것으로 보아야 하지 않은지 문제를 제기한다.[15] 그렇지만 모든 형식에서 규범과 금지의 관념들은 필연적으로 서로 만나기 때문에 우리는 이제 이를 간단히 (확률이 1인) 금지된 것들과 (확률이 1보다 작

은) 우선적인 것들로 나누어 볼 수 있다. 형식의 층위에서 보자면 선호의 조건들은 그 어떤 금지의 법칙도 불러오지 않는다. 운율 구성에서 요구되는 것은 경향에 주의하는 만큼 불변 요소들에도 철저하게 주의해야 한다는 것, 혹은 달리 표현하자면, 시의 형식에서 금지되는 성분들에 주의하는 만큼 선호되는 성분들에도 주의해야 한다는 것이다. 따라서 예를 들면, 연이어 나오는 두 짝수 음절에서는 동일한 범주의 성조를 금지한다는 점, 그리고 모든 짝수 음절은 같은 구간 안에서 자신과 비슷한 길이로 된 홀수 음절 하나와 같이 나타난다는 다소 두드러지는 경향은 모두 "율시"의 근본적인 구조적 특성에 속한다.

운율 형식에서 보자면 각 부분에는 같은 운율을 띤 한 쌍의 음절들이 나타난다. 이제 시의 첫 음절은 둘째 음절과 함께 공유하는 성조를 갖는 경향을 띠며, (일곱 음절로 된) 삼분하는 운율 구성에서는 셋째 음절과 넷째 음절이 같고도 동일한 성조를 갖는 경향을 보인다. 세 개의 음절로 된 마지막 부분에서는 홀수 음절 두 개 가운데 하나가 이 부분의 짝수 음절과 같은 성조를 띠는 반면, 다른 홀수 음절 하나는 그와 대조되는 성조를 갖는다. 따라서 마지막 부분은 다음과 같이 네 가지 다른 형태의 운율을 나타낸다. ——∪;∪——;∪∪—;—∪∪. 마지막 음절과 끝에서 세 번째 음절 사이의 성조 배열은 해당 행이 압운에 참가하는지에 따라 자동으로 결정된다. 마지막 부분의 안쪽에 있는 부차적인 두 음절

---

15 클로드 레비스트로스, 〈친족 연구의 미래The Future of Kinship Studies〉, 《영국-아일랜드 왕립 인류학 연구소 회보Proceedings of the Royal Anthropological Institute of Great Britain and Ireland》, 1965년, 17쪽을 참조.

들을 서로 다르게 대하는 건 필수로, 그렇게 해야 끝에서 세 번째 음절의 음가 길이가 실제로 그 행의 운율 구성에서 변하는 것들(앞에 오는 홀수 음절) 및 변하지 않는 것들(모든 짝수 음절)의 전환을 가져오는 역할을 할 수 있다.[16]

쉼 뒤에 오는 음절들에 그 운율상의 "자유"는 이보다 더욱 제한된 것처럼 보인다.[17] 하나의 행에서, 마지막 혹은 유일한 긴 음가의 짝수 음절이 있을 때는 거의 항상 그것이 속한 부분 안에 긴 음가를 가진 다른 하나의 음절이 있어야 한다. 이 행의 마지막에서 두 번째 음절이 긴 음가를 가지는 경우, 마지막 혹은 마지막에서 세 번째 음절은 거의 예외 없이 같은 운율 성질을 나타낸다(|ᴗ——| 또는 |——ᴗᴗ|). 하지만 만약 마지막에서 두 번째 음절이 짧은 음가를 가짐으로써 긴 음가가 쉼 앞에 오는 마지막 음절에 떨어질 경우(즉, 일곱 음절로 된 행의 경우에는 세 번째로 쉼 앞에 오는 음절, 다섯 음절로 된 행의 경우에는 처음으로 쉼 앞에 오는 음절), 일반적으로 같은 부분에 속한 홀수 음절 역시 긴 음가를 가진다.[18]

---

16 야누시 흐미엘레프스키Janusz Chmielewski 교수가 친절히 건네준 정형시에 대한 제임스 류의 연구 및 왕리의 관찰들을 참조하여 캘리포니아의 라호이아에서 개괄적으로 쓴 이 글을 1966년 7월, 제임스 류 교수에게 보냈다.《중국 시의 기술》을 쓴 이 사람의 답장 및 그가 소개해 준 이 주제에 관한 짧지만 핵심적인 논문에 감사를 표한다. 다우너G. B. Downer와 앵거스 그레이엄Angus C. Graham, 〈중국 시의 성조 양식 Tone Patterns in Chinese Poetry〉,《동양학 아프라카학 연구소 회보Bulletin of the School of Oriental and African Studies》26권, 1호, 1963년, 145-148쪽. 매사추세츠 케임브리지에 돌아오면서 그들의 연구를 보았을 때, 율시의 핵심적인 구조에 대한 우리 각각의 접근 방식 사이에 놀라운 유사점들이 있다는 것을 발견하고 아주 기뻤다. 그리고 지금 나는 비교 운율론, 일반 운율론의 영역에서 몇몇 새로운 가설을 감히 제안하는데 더욱 자신이 생겼다. [역주: 이 각주는 로만 야콥슨이 직접 썼다.]

17 왕리,《한어시율학》, 83-91쪽 참조.

18 이처럼 상대적으로 나타나는 리듬적 경향의 모습은, 예를 들면 존 비숍John Bishop이

율시의 행은 멀리 떨어진 단위들과 가깝게 붙은 단위들 사이에 대조되는 운율적 처리에 기반하고 있다. (1) 어느 한 부분에서 멀리 떨어진 음절들은 각기 다른 모습을 띠며, 가까운 음절들은, 그들로 인해 멀리 떨어져 있는 음절들이 규칙적으로 서로 다른 모습을 띠는 것을 방해하지 않는 한, 서로 같은 모습인 경향이 있다. (2) 이와는 역으로, 한 행에 있어, 가까운 부분들의 짝수 음절들은 각기 다른 모습을 띠며, 멀리 떨어진 부분들의 음절들은 같은 모습이다.

시의 행들 사이의 운율적 일치는 다음과 같이 둘로 갈리는 두 원리에 의거한다.

(1) 헤르만 바일Hermann Weyl의 공식에 의하면, "왼쪽 나선螺線을 왼쪽으로, 오른쪽 나선을 오른쪽으로 움직일 때 완전한 합동이고, 반면에 만약 합동이 왼쪽 나선을 오른쪽의 것으로 혹은 그 역으로 **바꾼다면** 그것은 불완전한 합동(또는 반사적 합동)이다". 후자와 같은 변화에서 일련의 서열은 거꾸로 된 상像처럼 된다.[19]

(2) 수학자이자 결정학자인 슈프니코프A. V. Schubnikov가 **역대칭**이라 부르는, 대칭과 정반대되는 것은 서로 대비되는 두 항 사이의 상호 배치를 유지하면서도 큰 것을 작은 것으로, 그리고 작

〈당대唐代 시의 운율 요소들Prosodic Elements in T'ang Poetry〉, 《노스캐롤라이나 대학 비교문학 연구University of North Carolina Studies in Comparative Literature》 13호, 1955년, 56쪽에서 분석한, 8언 8구로 된 왕유의 시 〈장소부에 화답하다酬張少府〉에 잘 드러나 있다.

19 헤르만 바일, 《대칭성Symmetry》, Princeton University Press, 1952년, 43쪽 이후 참조. 라슬로 페예시 토트László Fejes Tóth, 《규칙적인 모양들Regular Figures》, Pergamon Press, 1964년, 3쪽 또한 참조. "등거리 변화를 평행 혹은 반사라고 부르는 것은 그것들이 주어진 어느 틀을 각각 유지하거나 뒤집을 때를 가리켜 말한다."

은 것을 큰 것으로 변환시킨다(우리의 경우, ─을 ∪으로, 그리고 ∪을 ─으로).[20]

앞선 이분법들은 중국 율시에서 네 개의 가능한 조합들의 형태로 나타난다. 완전한 대칭과 마찬가지로 **반사적 대칭**, 그리고 이론적으로 그 자신 또한 **완전한** 혹은 **반사적인** 모습을 띨 수 있는 **역대칭**.

이러한 네 가지 중에서 마지막 조합은 ─ 반사적 역대칭, 양전닝楊振寧의 용어에 따르면 두 개의 작용, 즉 교환 혹은 **전환**("switch") 및 거울에 비친 반영을 잇는 이것은 ─ 두 명의 중국인 학자, 리정다오李政道와 양전닝으로 하여금 기본 입자들 사이의 상호작용을 정확하게 볼 수 있게 해주었으며, 나아가 반물질을 발견하게 해주었다. 양전닝에 의하면, 물질과 반물질 사이의 관계를 정의하는 "결합 변환"은 "현대 장식미술과의 유쾌한 유사성"을 인정하는데, 하지만 어쩌면 가장 설득력 있는 **유사점**들을 나타내는 것은 중국 시의 구조인지도 모른다.[21]

예를 들면, 여덟 음절 형식의 한 이행구의 두 행을 완전한 역대

20 슈브니코프, 《유한 형태의 대칭과 역대칭 Simmetrija i antisimmetrija konechnyx figur》, 1951년, 6-14쪽을 참조. 로만 야콥슨과 파올로 발레지오 Paolo Valesio, 〈단테의 소네트 '제 눈을 보신다면'의 단어 구성 Vocabulorum constructio in Dante's sonnet Se vedi li occhi miei〉, 《단테 연구 Studi Danteschi》, 43권, 1966년, 12쪽 이후 참조.

21 양전닝, 《기본 입자: 원자 물리학에서 몇몇 발견들의 짧은 역사 Elementary Particles: A short History of Some Discoveries in Atomic Physics》, Princeton University Press, 1961, 54-63쪽을 참조. 양전닝과 리정다오, 《대칭과 반전 Simetria y paridad》(=과학적, 철학적 문제들에 대한 학회지 별지. 2차 시리즈 11=Suplementos del seminario de problem as cientificos y filosoficos. Segunda serie 11), Université nationale autonome du Mex-ique, 1958년. 중국 창살의 고유한 형태에서 이와 비슷하게 합동의 형태들이 발견되며 이를 **반대 파도**라고 부른다. "파도의 마루와 골이 반대가 되도록 뒤집은 파도". 다니엘 다이 Daniel S. Dye, 《중국 격자의 문법 A Grammar of Chinese Lattice》, 1권, Harvard University Press, 1937년, 25쪽 및 222쪽 이후 참조.

칭의 관계로 다음과 같이 묶을 수 있다.

$$(-)-|(\cup)\cup|(-)-\cup|$$
$$(\cup)\cup|(-)-|(\cup)\cup-\|$$

시의 첫 행이 짝수 행들과 운을 이룰 때에만 첫째 행에서 압운을 이루는 음절이 둘째 행의 음가와 마찬가지로 긴 음가를 가진다. 이와 상응하는 방식으로, 짧은 음가는 마지막에서 세 번째 음절에 떨어지며, 따라서 마지막 부분에서는 다음과 같이 완전한 역대칭이 거울 반영을 만들어낸다.

$$\cup\cup-|$$
$$\cup--\|$$

삼분하는 형식을 띤 운율 구성에서 각각의 이행구의 첫째 행은 대조적인 운율 중 한쪽의 네 개를, 그리고 다른 한쪽의 세 개를 갖는다. 반면 둘째 행은 전자를 세 개, 그리고 후자를 네 개 갖는다. 이렇게 하여 표준적인 이행구에는 길고 짧은 음가들이 같은 횟수 — 일곱 번 — 나타난다. 이와 비슷한 방식으로, 이행구 안에서 이분하는 형식을 띤 행은 긴 음가 두 개와 짧은 음가 세 개를 갖고 있으며, 따라서 표준적인 이행구 전체를 모아서 볼 때 각기 다른 다섯 개의 종류가 나타난다. 운율적 **동등성**이 보존되는 것은 이행구의 핵심적인 특징으로 보인다. 짝수 음절들의 경우, 이러한 **동등성**은 필수적이다.

4행연의 두 이행구는 (서로가 서로에 대해) 대칭의 관계를 띤다. 대칭적인 행들의 순서는 거울에 비친 모습을 나타낸다. 두 번째 이행구의 첫째 행은 첫째 이행구의 둘째 행과 대응하며, 둘째 이행구의 둘째 행은 첫째 이행구의 첫째 행과 대응한다. 게다가 이러한 두 쌍의 마지막 부분들을 통해서는 반사적 대칭의 형식이 나타난다.

$$(-)-|(\cup)\cup|(-)-\cup|$$
$$(\cup)\cup|(-)-|(\cup)\cup-\|$$
$$(\cup)\cup|(-)-|(-)\cup\cup|$$
$$(-)-|(\cup)\cup|(\cup)--\|$$

그렇지만 시의 첫 행이 압운을 이루는 것에 참여할 때는 그 행 전체가 같은 4행연의 네 번째 행과 완전한 대칭을 이룬다. 다른 한편, 짝수 행들에 필수적인 압운은 그들 각각의 마지막 운율의 음가를 표출한다.

8행연에서 4행연들은 서로 대칭을 이룬다. 그리고 첫 행이 압운을 갖출 때만 마지막 부분과 다섯째 행이 이루는 합동은 반사적 대칭으로 변형될 것이다.

작품 중간에 있는 이행구들의 경우(즉 첫째도 마지막 이행구도 아닌), 그리고 특별히 단 하나의 8행연으로 된 고전적인 시의 경우, 행들 사이의 역대칭은 어느 정도 일관성 있는 반어법과 함께 나타난다 — 대구tuei.[22] 따라서 시의 바깥쪽의 행들은 중간에서 쌍을 이루는 행들에 비해 자신들과 인접한 행들과 상대적으

로 느슨한 관계에 놓여 있다. 시의 첫 행은 그것과 안쪽 행들 사이의 관계에서 더욱 약한 형식의 모습에 대한 추가적인 근거를 제시한다. 즉 이 행은 짝수 행들과 긴 음가 및 압운을 공유하기 때문에 다른 홀수 행들과는 운율적인 면에서 다른 모습을 띨 수도 있다.

서로 연관되면서도 각기 자립적인 두 개의 운율 방식들이 율시의 구조를 떠받친다. (1) 하나의 행 안에서 그 부분들에, 그리고 하나의 이행구 안에서 그 행들에 교대로 나타나는 운율, (2) 행들의 마지막에 나타나는 압운들, 그리고 이를 통해 나타나는 길고 짧은 음가들의 배열. 마지막 부분들은 완전한 합동들을 그들의 반영으로 변환시키는 다양한 모습이 나타나는데, 마치 이러한 두 과정끼리 서로 **충돌**하는 것처럼 보인다. 엄밀하게 보자면, 압운들과 마지막 음가들의 길이의 망은 "거절할 수 있는 힘"을 가지고 이것을 운율 구조 전반적인 체계의 다른 부분, 즉 시 전체의 완전한 합동에 적용한다. 두 개의 하위체계 가운데 첫 번째 것은 다른 하나에 어떤 변화를 유발한다. 결말 구조는 내부 구조의 마지막 부분에서 도치倒置가 일어나게 한다 — 대칭의 반사 혹은 완전한 역대칭들.[23] 108쪽에서 슈프니코프는 이러한 마지막 종류의 반사를 "**역도치** 작용"이라고 부른다. 특히 이러한 도치와 역도치들은 똑같은 길이의 세 박자로 된 행들의 연속으로 이루어진

---

22 제임스 류,《중국 시의 기술》, 147쪽.
23 윌리엄 로스 애슈비William Ross Ashby,《사이버네틱스 입문*An Introduction to Cybernetics*》, Chapman&Hall, 1956년, 83쪽과 260쪽 참조. 오스카 랑거O. Lange,《전체와 부분:시스템 행동론*Wholes and Parts:A General Theory of System Behaviour*》, Pergamon Press-PWN, 1965쪽, 72쪽 이후 참조.

시들이 생겨나게 하는데, 이는 마지막 부분의 첫째 음절은 앞선 부분의 누 긴 음절늘 혹은 누 짧은 음절늘과 녹같은 운율의 모습을 갖추게 하기 때문이다.

율시에서 가능한 모든 운율 구도를 예상하려면 첫째 행과 관련하여 두 가지 선택이 가능한 독립적인 세 가지 결정을 내리는 것으로 충분하다.

— 이 행의 짝수 음절들의 총합은 짝수인가 홀수인가? 다섯 음절로 된 행은 짝수 음절들의 수가 짝수이고(2) 홀수 음절들의 수가 홀수인(3) 반면, 일곱 음절로 된 행은 짝수 음절들의 수가 홀수이고(3) 홀수 음절들의 수가 짝수이다(4).

— 짝수 음절들 가운데 마지막 (또는 첫째) 음절의 음가의 길이는 긴가 짧은가?

— 홀수 음절들 가운데 마지막 음절의 음가의 길이는 긴가 짧은가?

이들 세 가지 이분법적 결정들을 통해 우리는 **여덟** 개의 각기 다른 운율을 연역할 수 있는데, 이것들은 실제로 율시에 존재하는 여덟 개의 형식들을 아우른다.[24] 운율 형식에서 다른 모든 성분은 반복적으로 나타나는 고정적인 성분들인 반면, 자유 변수들의 역할 및 리듬에 변화를 주는 역할은 부분들 사이에 추가적으로 생기는 문법적인 휴지들 및 마지막에 오지 않는 홀수 음절들의 길고 짧은 음가들의 배치를 통해 만들어낼 수 있는 임의적인 변이들에 의해 수행된다.

24 제임스 류, 《중국 시의 기술》, 26쪽 이후 참조.

율시에서 압운을 이루는 단어들은 "거의 언제나" 긴 음가를 허용한다.[25] 그렇지만 만약 우리가 "때때로 나타나는" 짧은 음가의 압운들을 고려한다면,[26] 첫째 행의 마지막 음절은 다음과 같은 양자택일의 문제를 추가로 제시한다. 이 음절은 다음 행의 마지막 음절과 운을 이룰 것인가 아니면 그렇지 않을 것인가?

25 한스 프랑켈Hans H. Frankel이 제임스 류의 저서 초판본(1962)에 대해 쓴 서평 참조. 《하버드 동양학 연구지Harvard Journal of Asiatic Studies》, 24권, 1962-1963년, 263쪽.
26 다우너와 앵거스 그레이엄, 《중국 시의 성조 양식》, 145쪽.

로만 야콥슨: 어느 우정에 대한 이야기

— 클로드 레비스트로스[1]

1971년 10월 11일은 로만 야콥슨의 일흔다섯 번째 생일이다. 그의 창의적이고도 풍부한 활동에 힘입어 언어학은 오늘날 인문과학들 가운데 이례적인 특권을 누리고 있다(특히 프랑스에서). 새로운 착상들, 생각하지 못했던 연결들, 대담한 가설들로 가득 찬 그의 글들은 —— 그리고 간접적으로는, 언제나 다정하고 주의 깊은 그의 말들은 —— 우리가 가지고 있던 인간의 이미지를 새로이 바꿨으며, 이는 인간을 이루는 바로 그것, 즉 언어에 대해서도 마찬가지다. 야콥슨의 초상肖像은 언제까지나 미완성인 채로 남아 있을 것이다. 그가 가진 관심사가 어찌나 다양한지 이러한 과제를 완수한다는 것은 불가능하기 때문이다. 이곳에 한 데 모아 놓은 글들은 이런 그의 몇몇 단면을 보여주려는 시도이다. 클로드 레비스트로스는 자신이 겪은 대로 그의 됨됨이 및 자신에게 야콥슨이 어떠한 의미인지를 묘사하며, 롤랑 바르트는 야콥슨이 문학에 가져다준 것이 무엇인지 말한다. 이 헌정사들은 프랑스에서 그 누구보다 야콥슨의 가르침들을 잘 활용할 줄 아는 두 저자에 의해 쓰였다. 그 둘은 모두 언어학자가 아니다. 다른 학문 분과의 전문가들 또한 몸소

---

1 [원 편집자 주]《르몽드*Le Monde*》, 1971년 10월 16일 자.

보여주듯이, 이것이야말로 하나의 사유가 얼마나 생산적인지 보여주는 가장 좋은 증거가 아니겠는가? 니콜라 뤼베는 현대 언어학에서 야콥슨이 차지하는 위치를 상기시킨다. 마지막으로 장 베리에Jean Verrier는 그에게 헌정한 《시학Poétique》 최근 호의 서평을 싣는다. T. T.[2]

누군가를 "위대한 인물"이라고 부르는 것을 주저하지도 후회하지도 않기란 어려운 일이다. 그렇지만 내가 30년 전에 로만 야콥슨을 만났을 때 떠오른 유일하게 알맞은 수식어가 이것이었으며, 그 이후로도 그의 활동만큼이나 그의 삶 역시 이 수식어를 끊임없이 확인시켜 주었다. 우리는 뉴욕의 자유고등연구원의 창설 모임에서 서로를 알게 되었는데, 이곳에서 앙리 포시옹Henri Focillon, 자크 마리탱Jacques Maritain, 앙리 그레구아르Henri Grégoire는 독일 점령으로 각자의 조국을 떠나 망명 중이던 프랑스어권 대학의 교원들을 모으려고 하고 있었다.

　로만 야콥슨에 대해서는 그가 현대 언어학에서 중요한 역할을 하고 있다는 점 빼고 별로 많은 것을 알고 있지 않았는데, 그즈음 나는 어떠한 관련 교육도 받지 않은 채 중앙 브라질 지역의 알려지지 않은 언어들과 씨름하기 위한 노력의 일환으로 이 학문 분과를 배우려던 참이었다. 그 뒤로 야콥슨이 내게 관심을 가졌던 이유를 말해주기를, 매우 다양한 분야에서 온 교수들과 종종 격렬하기까지 했던 토론들에서 내가 던진 몇몇 재치 있는 대답 이외에도, 늦은 밤까지 술잔을 기울이며 토론할 만한 자신보다 더욱 젊

2　[역주] 이 서문을 쓴 츠베탄 토도로프Tzvetan Todorov의 이니셜이다.

은 대화 상대를 찾을 수 있으리라는 희망 때문이었다고 했다. 그는 매우 실망스럽게도 내가 술이 약하고 잠도 이기지 못한다는 것을 알게 되었지만, 우리의 우정은 또 다른 방식으로 두터워졌다.

우정을 통해 내가 당시 막 업으로 삼기 시작한 학문 분과와 가까운 어떤 학문 분과가 벌써 몇 년 전부터 자리를 잡고 있었으며, 또한 내가 같은 용어들을 쓰면서 어설프게 그려보던 문제들을 내나름대로 해결했다는 점을 알게 했다. 물론 야콥슨의 성찰과 나의 성찰은 각기 다른 출발점으로부터 왔다. 그가 자주 말하기를 그의 구조주의가 러시아 형식주의 학파, 입체파 회화, 그리고 후설의 철학으로부터 나왔다고 했다. 반면 아직 자각하지 못한 상태였고, 야콥슨의 가르침이 그 자신에게 드러내 보여주었듯이, 나의 구조주의는 사회 연구와 자연의 광경에 뿌리를 내린 편이었다. 어쨌든 야콥슨은 나에게 보두앵 드 쿠르투네Baudouin de Courtenay, 소쉬르, 트루베츠코이의 저작들과 사상들을 알게 해주었다. 그리고 그 덕분에 보아스Franz Boas와 더욱 가까워질 수 있었는데, 야콥슨이 언젠가 허드슨강 저편에 있는 보아스의 집에서 저녁을 먹기 위해 페리를 타고 건너가면서 나를 데리고 갔는데, 이 낡고 거대한 집안의 다이닝룸은 콰키우틀 원주민들이 새겨지고 그려진 멋진 나무함으로 장식되어 있었으며, 음울한 양상을 띤 소시민적 가구와 독특한 대조를 이루고 있었다.

야콥슨은 당시 여든셋 내지 여든넷이었던 보아스를 자주 만났는데, 보아스는 같은 해 1942년, 뉴욕에 들른 폴 리베Paul Rivet에게 점심을 대접하면서 나와 루스 베네딕트Ruth Benedict를 비롯하여 몇몇 미국인 동료를 같이 초대한 자리에서 갑작스럽게 세상을

떠났다. 보아스는 노령임에도 야콥슨이 언어학에 불러온 새로운 국면에 공감하면서 통찰력을 가지고 따랐다. 1911년, 언어현상에 나타나는 무의식의 원리를 만들고 사회적 사실들의 연구에서 언어현상이 특권적인 위치를 차지하는 까닭을 정당화한 사람이 바로 그였으며, 이로 인해 그는 야콥슨의 사유와 나의 사유에 이처럼 중요한 사람이 되었다.

1942년부터 1945년까지 야콥슨과 나는 서로의 수업에 참석했다. 우리는 같은 학생들을 가르쳤으며, 그가 우정 어린 마음으로 내게 역설하지 않았다면 나는 내 수업 내용을 글로 옮길 충분한 열정과 확신을 가질 수 없었을 텐데, 얼마 지나지 않아 이것은 친족 체계에 관한 방대한 저서의 형태를 갖추기에 이르렀다. 우리는 정신분석학자들을 자주 만났다. 자유연구원에서 우리의 동료였던 레이몽 드 소쉬르Raymond de Saussure를 가장 많이 만났는데, 내가 알기로 그에게 그 아버지의 저서의 위대함을 드러내 보여준 것은 야콥슨이었다. 그리고는 크리스Ernest Kris, 로스웬스타인Rudolph Loswenstein[3], 스피츠René Spitz가 있는데, 우리가 그들과 함께 학회를 할 때 야콥슨이 이곳에서 프롭의 연구들을 간략히 소개한 바 있다. 반면, 나는 1946년 대사관에서 문화 참사관의 역할을 맡으면서 뉴욕에 프랑스 책들을 모아 놓은 도서관을 세울 수 있었으며 그곳에서 야콥슨은 자신이 생각하던 이원주의를 거듭 증명하는 앙리 왈롱Henri Wallon의 연구들을 처음으로 읽게 된다. 그리고 1941년부터 그리니치빌리지에 있는 내 스튜디오에서

---

3 [역주] 원문에는 'Loswenstein'으로 되어 있지만, 루돌프 로웬스타인을 잘못 표기한 것으로 보인다.

그는 종종 앙드레 브르통André Breton을 마주했다. 그 무렵 우리는 이국적인 레스토랑들을 돌았다. 우리는 중국 요리를 좋아했으며, 그 동네에서 우리가 가는 동네에 따라, **업타운**인지 **다운타운**인지에 따라, 북중국 또는 남중국의 요리들을 구별할 수 있을 정도였다. 야콥슨은 우리 집에서 남아메리카 마테 차를 전통적인 방식으로 마시는 방법을 보여줬다. 그리고 새 신도처럼 그를 따라갔던 체코와 폴란드 레스토랑들에서 다양한 종류의 자두주를 맛보게 해주었다.

그가 지닌 놀라운 점은, 그의 연구에 담긴 비범한 힘과 능력, 세월의 영향을 받지 않기도 하거니와 30년 전처럼 오늘까지도 그를 지치지 않게 하는 강한 원기元氣이다. 즉, 그는 여러 책과 논문을 동시에 쓰며 강연을 하기 위해 전 세계를 누볐고, 그가 능숙히 구사하던 외국어 일고여덟 개 중 하나로 강연을 진행할 때도 많았으며, 이는 그와 같은 나라에서 온 이들이 기꺼이 증언했듯이, 그가 모국어로 말할 때보다는 밋밋한 정도였음에도 여전히 훌륭한 말솜씨를 보여주고는 했다.

그는 이처럼 거의 물리적이라고 할 수 있는 재능들과 더불어, 이번에는 더욱 분명하게 지적인 재능들 또한 지니고 있었는데, 그 덕분에 고맙게도 그가 우리에게 남겨준 저작이 어찌나 방대한지, 그와 그의 편집자는 그것을 있는 그대로 모두 재판再版하려는 생각을 접어야만 했다. 여전히 출판이 진행 중인 방대한 일곱 권에는 《선집》이라는 제목을 달았는데, 이 "선별된 저작들"에는 주제의 유사성에 따라 묶인 책과 논문들이 러시아어, 폴란드어, 체코어, 독일어, 영어, 프랑스어 등등 원어 그대로 실려 있다. 이 책

들을 통해 우리는 야콥슨의 지식이 얼마나 다양하고 호기심 가
득했는지 볼 수 있는데, 이는 중세의 러시아 문학과 서지학, 현대
민속학, 고대 슬라브 신화 및 일반 언어학의 다음과 같은 모든 분
야를 아우른다. 음성학과 음운론, 언어의 정신병리학, 비교문법,
의미론과 기호론, 그리고 마지막으로는 시학인데, 이 분야와 관
련해서 그가 요즘 집필을 마무리하고 있는 저서에서 발췌하여 발
표한 몇몇 글을 보면 러시아어, 독일어, 영어, 프랑스어, 이탈리아
어뿐만 아니라 일본어와 중국어 시 분석에서도 얼마나 능수능란
한지 볼 수 있다.

　야콥슨은 연구를 하면서 소리와 의미를 분리한다는 생각을 늘
거부했다 ― 소리와 의미는 그가 지난 30년 동안 쉬지 않고 작업
한 책에 오래전부터 붙이려고 한 제목이다. 자연주의적 경험주의
만큼이나 형식적 관념론에도 거리를 둔 그는 그것이 변별적 자질
에 대한 그의 음성학적 이론을 통해서든, 동사의 시제 및 문법적
격에 대한 그의 해석을 통해서든, 실어증의 서로 다른 형태들에
대한 그의 분석을 통해서든, 일반화하자면 옛날 수사학에서 말하
던 비유법들에 대한 그의 널리 알려진 재평가를 통해서든… 그는
언어에 대한 모든 문제에 빛을 비추었다. 그 천재성의 가장 두드러
지는 특징이라면, 처음 주어졌을 때는 생각할 수 없을 정도로 복잡
했던 자료들 전체를, 그때그때 작은 수의 근본적인 대립들로 환원
시켰다는 점이다. 이 대립들은 의미를 만들어내는 데 온전히 쓰이
는 간단명료한 장치의 작동원리를 충분히 설명하고 뒷받침한다.

부록 6

친애하는 클로드, 친애하는 선생에게

— 로만 야콥슨[1]

1978년 11월 8일, 파리 소재 미국 대사관에서 클로드 레비스트로스 교수를 위한 기념 연설

저는 저희가 처음 만났던 때를 즐겁게 떠올리고는 합니다. 이제 막 뉴욕에 자유고등연구원이 세워졌을 때입니다. 저희 인문학부에서 열린 회의에 제가 처음 참석했을 때입니다. 저는 새로운 동료들 중에 아는 사람이 거의 없었지만, 한 젊은이가 ─그때 그는 지금 나이의 딱 절반이었습니다─ 일어나 학장에게 질문하는 것을 보았습니다. 제가 기억하는 한 그다지 중요하지 않은 주제에 대한 질문이었지만, 그가 질문하는 방식이 어찌나 단호하고 특별하던지 잠시 후 저는 옆에 있던 이들 중 한 명에게 이렇게 물어봤습니다. "이 어찌나 명민한 사람인지! 도대체 누구입니까?" 묘하게도 당시, 그에 앞서 30여 년 전에 모스크바 민족학회에서 겪었던 이상하리만치 비슷한 경험이 제게 떠올랐습니다. 그때도 마찬가지

---

1 [원 편집자 주] 마샬 블론스키Marshall Blonsky (dir.),《기호에 대하여: 기호학적 독자 *On Signs: A Semiotic Reader*》, Johns Hopkins University Press, 1985년, 184-188쪽에 수록. 파트리스 마니글리에의 미간행 번역 원고.

로 어느 토론 도중에 어떤 젊은이의 별 의미 없는 질문을 들으면서 저는 어떤 진실된 지성의 존재를 느꼈으며 그리하여 그의 이름이 무엇인지 묻지 않을 수 없었습니다. 이 두 경우에서 제가 질문자의 이름을 물어본 이들은 저만큼 큰 감흥을 받지는 못했지만, 제가 오늘 기꺼이 말할 수 있는 것은 각 질문자에 대한 그들의 의구심은 근거가 없었다는 점입니다. 1914년의 그 젊은이는 양차 세계대전 중에 위대한 언어학자 니콜라이 세르게예비치 트루베츠코이였으며, 1942년의 젊은이는 전후 시대 위대한 인류학자 클로드 레비스트로스였습니다.

이 두 일화에는 어떠한 공통점이 있을까요? 이 흔해 보이는 사연들에 무엇이 있길래 눈에 띄었을까요? 그것은 바로 (그리고 이것은 굉장히 드문 일입니다) 어떤 올찬 대화 상대자를 만난 것 같다는 느낌으로, 이런 대화 상대자는 질문받는 당신에게 단순히 답변하는 역할을 떠맡기지 않으며 질문받는 사람뿐만 아니라 본인을 위해서도 질문하는 사람입니다. 그가 찾으려는 것은 그 무엇보다 바로 대답입니다 ─그리고 그의 말을 듣는 사람들은 모두 그가 대답을 찾으리라는 것을 압니다. 질문을 던지는 지고한 재능은 레비스트로스가 쓰고 발표한 각각의 책과 논문에서 드러나는 바로 그 인상입니다.

뉴욕의 자유연구원 시절 어느 날 레비스트로스가 저에게 들려준 이야기를 제가 다시 꺼내도 될 듯싶습니다. 그가 여전히 그러한지는 모르겠으나, 당시 그는 보통 자신이 말을 건네야 하는 상대에게 직접적으로 다가가는 것을 피하는 편이라고 말했습니다. 바로 이러한 이유로 그는 그들의 이름이나 지위를 부르지 않았는데, 즉

어떤 질문이 이루어질 때 누구나 동의하듯 필수적으로 있어야 하는 거리감에 대한 깊은 직관을 그는 가지고 있었으며, 또한 대답이란 단순히 한 사람이 혼자 제시하는 독자적인 해결책이 아님을 알고 있었습니다. 이때 흥미로운 점은 우리는 대상들을 대상들로서가 아니라, 즉 그것들을 오히려 유사점들, 간격들, 요컨대 관계들로 대하는 것이며, 레비스트로스가 명확히 밝힌 바 있듯이 우리의 정신은 대상들 속에서 이 관계들을 대상들보다 더 단순하고 더 쉽게 식별합니다.

레비스트로스는 이러한 기본 관계들의 지속적인 역동성, 능동성, 창조성을 드러내 보일 수 있었습니다. 예를 들어 그가 언어와 신화 사이의 관계에 대해 말할 때, 그는 그것과 동시에 우리가 간격을 자각할 수 있도록, 즉 이 두 영역을 나누는 불가피한 간극을 자각하게끔 할 수 있었습니다. 관계의 문제를 다룰 때 우리는 너무도 습관적으로 대상들 사이에 어떤 수동성, 어떤 정적인 상태를 받아들입니다. 그리고 이것이 예전부터 저의 부족한 점들 가운데 하나라는 것을 누구보다 먼저 제 스스로 인정하는 바입니다. 자유연구원에서 지내던 시절 레비스트로스가 신화소와 음소 사이의 관계 문제를 제게 의뢰했을 때, 저는 《신화론》의 저자가 신화적 발화들과 언어적 발화들 사이, 그리고 그들의 근본적인 요소들의 유사점과 차이점을 동시에 발견했다는 점을 받아들이기 어려웠습니다.

누구나 각자 존경하는 저자의 가장 아끼는 책이 있는데, 경이로울 만큼 훌륭한 레비스트로스의 모든 저술 가운데 제가 유달리 감명받은 것은 "창조의 오솔길*Les sentiers de la création*" 총서에 속

한 이미 고전적인 저서로, 바로 그의 최근 저서인《가면의 길 La Voie des masques》입니다. 이 책에서 서사는 "그 무엇보다, 가면은 그 것이 재현하는 어떤 것이 아니라 그것이 변화시키는 어떤 것, 즉 재현하지 않기로 결정한 어떤 것"이라는 점을 드러내는 데 성공합니다. 신화와 마찬가지로 가면은 긍정하는 만큼 부정하고 제외시킵니다. 이러한 주장은 가면을 연구하는 이들만큼이나 언어를 연구하는 이들에게도 중요합니다. 외교관들이 말하기를 언어란 어떤 진리를 드러내기 위해 있다기보다는 어쩌면 오히려 숨기기 위해 있다고들 합니다. 그렇지만 이러한 중의적 관계를 주장하는 것만으로는 충분치 않습니다. 어찌하여 가면이 — 그리고 물론 이것이 가면에만 국한된 것은 아닙니다 — 가면으로 언제나 무엇인가를 표명하면서도 그것이 긍정하는 것을 부정할 수 있는지 확실하게 겉으로 드러내 보여야 합니다.

《가면의 길》은 가면에 있는 대비의 모든 복잡한 양태를 다루면서 우리에게 가면들에 대해서 이야기하고 있습니다. 이들의 이러한 다양성을 제한된 특정 체계로 축소하지 않도록 아주 조심해야 합니다. 왜냐하면 가면들은 — 마치 문화에서 일반적으로 그러하듯 — 그 어떤 공간적인 한계도 지니지 않기 때문입니다. 온당하게도 레비스트로스는 신석기인의 삶을 여러 왕래 활동으로 채운 광범위한 국제적인 교류 현상에 대해서 말하는데, 그는 두 미주 대륙의 여러 다른 민족의 가면을 교환하는 현상이 신석기인들의 사례와 정당한 유비를 이룬다고 말합니다. 이는 기계적으로 빌려 쓰거나 가장 가까운 이웃들의 가면을 선호하는 현상을 말하는 것이 아닙니다. 서로 멀리 떨어진 이웃과의 토착 생

산물들의 교환을 말합니다. 여기서 우리는 모방이 아니라 국제적인 변용變容을 다루고 있습니다. 즉, 단순한 복제 대신, 다른 맥락에 놓인, 자리를 뒤바꾼 가면의 상像이 있는 것입니다. 공간 내에서 가면의 문제 및 가면의 역사와 신화의 역사 — 급기야 인간의 모든 창조 행위의 역사 — 에서 공간의 창조적인 역할에 대한 문제는, 시간이라는 요인과 관련하여 발생하는 유사한 문제들을, 필요시 요소들을 적절히 변형시킨 한에서 짚어낼 수 있도록 도와줍니다. 공간적 변화들과 마찬가지로 시간적 변화 역시 내재적이면서도 혼합된 성격의 현상입니다. 이 두 경우 모두 통합된 체계에 속합니다. 여기서 우리는 모든 과학이 감수하고 있는 위험을 염두에 두어야만 합니다. 우리는 어떤 현상의 전체적인 단일성에 집중하거나 혹은 변이들을 통해 변하지 않는 것을 찾아야 합니다. 레비스트로스에게 불변성은 기본적인 문제였지만 그는 매우 큰 다양성 또한 전제했습니다. 그리고 레비스트로스에게 다양성이라는 개념은 언제나 독특한 어조를 띠었습니다. 즉, 그가 그 개념을 쓸 때, 그가 이 다양성이라는 문제를 이야기할 때, 우리는 학자라는 그의 모습 뒤에 단조로움과 획일성에 위협받는 다양성을 지킬 필요성을 절감하는 우리 시대의 평범한 인간을 볼 수 있습니다. 그가 쌓은 수많은 공적에도 불구하고, 개별적인 다양성 및 서로 다른 성격을 가진 다양성을 이렇게 강조하면서 레비스트로스가 이토록 사적인 모습을 보이는 것이 얼마나 온당하고도 좋은 일인지요. 그가 가면에 대한 깊은 숙고 끝에 그의 저서에서 말한 다음 문구로 결론짓고 있다는 건 정말 탁월합니다.

"예술가는 외로움을 벗 삼아 어쩌면 비옥할지도 모르는 환상을 품는냐고 하셨지만, 그 스스로에게 부여하는 특권은 어디를 봐도 현실적이지 않다. 자신이 즉흥적으로 표현하고 있다고, 어떤 독창적인 작품을 만들고 있다고 믿을 때도, 그는 과거나 현재의, 현실이나 가상에 존재하는 다른 창조자들에게 대답하고 있다. 우리가 알고 있든 모르고 있든, 우리는 결코 창조의 오솔길을 홀로 걸어가지 않는다."

바로 이러한 변증법적인 길, 통일성과 다양성이 결합하는 이 길을 발견하면서 우리는 미래의 과학을 그릴 수 있었는데, 이 길을 터준 이들 중 한 사람이 클로드 레비스트로스입니다.

부록7

성명문

— 클로드 레비스트로스[1]

저는 살면서 몇몇 위대한 인물을 만났습니다. 그렇지만 만약 제가 그들 가운데 이러한 수식어가 가장 논란의 여지가 없는 사람이 누구인지 지목해야 한다면, 저는 주저 없이 로만 야콥슨을 꼽겠습니다.

사실 우리가 "위대한 인물"이라 말할 때, 그것은 무엇을 의미할까요? 독창적이고 매력적이기만 한 인물은 분명 아닙니다. 그리고 그 어떤 대단한 저작을 쓴 사람이라 할지라도 저작을 통해 그것을 창조한 이의 인격을 떠올리기 어렵다면, 그 또한 아닙니다.

반면, 로만 야콥슨과 가까이 지낸 모든 이가 놀란 것은 무엇보다 그의 사람됨과 그의 저작들이 놀랄 만큼 서로 닮았다는 점입니다. 그의 저술들과 나란하게 그의 인격은 비범한 원기元氣로 빛났습니다. 그와 사람 대 사람으로 만날 때나, 언어학 이론의 결정적인 토대를 세운 동시에 인문과학 전반에 새로운 영감을 불러일으킴으로써 그보다 훨씬 너머에도 영향력을 끼친 저작을 읽음으

---

1 [원 편집자 주]〈성명문A Statement〉,《로만 야콥슨을 위한 헌사, 1896-1962 *A Tribute to Roman Jakobson, 1896-1982*》, Mouton de Gruyter, 1983년, 70-71쪽.

로써 지식을 얻을 때나 마찬가지로 모두 똑같은 아량, 똑같은 표현력, 똑같이 눈부신 기지를 마주할 수 있었습니다.

아마도 이러한 까닭으로 우리의 마음은 로만 야콥슨이 세상을 떠났다는 것을 받아들이고 싶지 않은 것입니다. 그의 저작들의 위대함과 인격의 위대함이 어찌나 서로 내밀하게 뒤섞여 있는지 하나는 다른 하나 안에서 영원히 살아 숨 쉬고 있습니다. 대단히도 폭넓은 그의 착상들, 그 유려한 언변에 깃든 따뜻함, 풍부하고 생동감 넘치던 그의 모든 말, 그리고 대화를 나눌 때마다 피어나던 그의 운격韻格, 로만 야콥슨을 그 누구와도 견줄 수 없는 인물로 만드는 이 모든 것을 우리는—그리고 우리 뒤를 이을 이들도 느낄 이 모든 것을—그가 우리에게 남겨놓은, 그리고 우리와 함께 살아 숨 쉬도록 그를 간직하고 있는 방대한 저작을 통해 다시 만나게 될 것입니다.

콜레주 드 프랑스

부록 8

프랑스어 음운 구조에 대한 고찰

— 로만 야콥슨, 존 로츠[1]

편집자 일러두기

우리가 지금부터 번역을 제공하려는 글은 프랑스어 최초로 출간되는 것이다. 1949년에 발표된 바 있으나, 이 글은 니콜라 뤼베가 번역하고 엮어 1963년 미뉘Minuit 출판사에서 출간한 뒤 프랑스 대중에게 로만 야콥슨을 알리는데 기여한 《일반언어학 소론*Essais de linguistique générale*》에 수록되지 않았다. 어쩌면 그 밀도로 인해, 이 글이 프랑스어를 다루고 있음에도 프랑스 독자는 이 글을 만날 수 없었다.

두 저자가 함께 이 글을 쓴 것도 아니고 이 둘을 기리는 글이 아님에도, 우리가 이 글을 서한집의 이번 판본에 넣도록 결정한 것은 두 가지 이유에서이다. 첫째로, 이 글에는 야콥슨이 "음운론적 구조"라고 부른 것을 매우 구체적인 방법으로 그리게 해주는 도식들이 있기 때문이며, 이는 곧 레비스트로스가 이 용어를 인류학으로 가져감으로써 이 분야에서, 특히 프랑스 학계의 맥락에서, 이 용어가 모든 철학적인 토론의 중심적인 용어가 되었음을 뜻한다. 야콥슨은 이 논문을 그에게 다음과

1 　[원 편집자 주] 〈프랑스어 음성 양식에 대한 고찰Notes on the French Phonemic Pattern〉, 《워드*Word*》, 5권, 2호, 1949년, 151-158쪽;《선집》, Mouton de Gruyter, 1962년, 1권, 426-433쪽에 재수록. 파트리스 마니글리에의 미간행 번역본.

같이 질문한 친구 레비스트로스에게 보낸다. 민족학이 "정신생활의 무의식적인 구조들"에 대한 연구라는 주상을 설명하기 위해 "일반 대중들에게 잘 알려진 서너 개의 언어들의 (다시 말해, 원주민의 방언이 아닌) 음성학적 구조들을 상상하기 쉬운 결정구조의 형태로 풀어낸 도식들diagrammes을 어디서 찾을 수 있을까요?[2]". 꽤 추상적인 단어가 초래했을지도 모르는 당혹감과 환상들에 빠지지 않기 위해 우리는 최대한 많은 독자들이 구조가 무엇과 유사한 것인지 명확한 뜻을 갖게 만드는 것이 중요하다고 생각한다.

두 번째 이유는 이 논문은 로만 야콥슨이 제시한 어떤 개념이 들어 있는 논문이기 때문인데, 레비스트로스가 이 개념을 다시 가져다 쓰면서 "구조주의적", 그리고 "포스트구조주의적" 저술들에 상당히 널리 쓰인다. 그것은 바로 "0의 음소" 개념이다. 이 역설적인 음소는 고유한 소리가 없는데, 그저 음소의 부재에 대립하고 있기 때문이다. 야콥슨이 제시하는 두 개의 보기는 무성 h 음과 e 묵음이다. 레비스트로스는 이 개념을 일반화하여 "0의 기호" 또는 "부유하는 기표", 즉 고유한 가치를 가지지 않으면서도 기호의 부재에 대립하는 기호에 대해 말하는데, 이를 통해 그는 자신도 모르는 사이 소쉬르가 창안하고 그의 제자이자 편집자였던 샤를 바이Charles Bailly가 발전시킨 개념을 다시 발견한다. 이 "부유하는 기표"는 그 어떤 특정한 것도 가리키지 않는 기표이다. 이 기표는 물론 어떤 것을 가리키지만, 그것이 가리키는 것은 그저 거기에 어떤 의미가 규정되지 않은 채로 있다는 것이다. 이는 모든 기호 체계에 이러한 특성을 가진 기호가 있음을 뜻한다. 바르

---

2   1949년 1월 9일 자 편지 참조.

트는 이미 그 나름대로, 게다가 야콥슨보다 이전에, 덴마크 언어학자 비고 브룅달Viggo Brøndal로부터 그것을 가져와 음성학의 "중성 음소 phonème neutre"라는 관념과 혼동하는 값을 치르면서 "0도度"라는 개념을 만들었다. 이러한 만남은 중성Neutre에 대한 어떤 새로운 미학이자 윤리학이라는 인상을 불러일으켰다. 이러한 혁신적인 일반화는 자크 라캉을 매료시키는데, 그는 만약 심적 기제가 그 또한 상징성을 지녔다면, 즉 간단히 말해 우리의 삶에 의미를 부여할 수 있다면, 그것은 곧 그곳에 다음과 같은 종류의 기호가 자리를 잡고 있다고 시사하며, 그 기호란 의미를 갖지 않지만 다른 기호들이 의미를 가질 수 있도록 해주는 전제가 된다고 주장한다. 1950년대에 그는 이 기호를 "남근" 내지 "아버지의-이름Nom-du-Père"이라고 불렀다. 질 들뢰즈는 《의미의 논리Logique du sens》(1969)에서 이 주장을 다시 가져와 그 안에서 모든 기호 체계에 고유한 언제나 과도한 어떤 요소, 즉 "빈칸"에 상응하는 "여분의 요소"이자 이야기를 구조 안으로 들어오게 하는 요소이며, 각각의 체계에 고유한 불안정성의 지점인 요소를 발견한다. 미셸 푸코Michel Foucault나 자크 데리다와 같은 이들도 이 흐름에서 뒤처지지 않는다. 이 모험은 우리에게로 이어지고 있다. 오늘날 스페인의 포데모스Podemos나 프랑스의 불복不服 프랑스 같은 정치적인 정당에 영감을 준 에르네스토 라클라우Ernesto Laclau와 샹탈 무프Chantal Mouffe 같은 작가들은 1980년대에 출간된 《헤게모니와 사회주의 전략Hegemony and Socialist Strategy》에서 이 관념을 다시 가져와, 극히 이질적인 요구들을 정당 중심으로 응집시킬 수 있는 용어들의 기능을 분석한다. 정치적 담화의 "국가", "혁명" 같은 단어들이 그 사례이다. 범세계적 철학 팝 스타가 된 슬로바키아 철학자 슬라보예 지젝Slavoj

Žižek은 이 개념을 바탕으로 현대 사회에 대한 분석들을 전개했다. 간단히 말해, 이것은 우리 시대의 이론직인 용어로 받아들여진 관념이다. 그렇지만 이 관념이 처음으로 등장한 글은 지금까지 프랑스어로 존재한 적이 없었다.

우리는 이 모든 이유로 글이 어렵더라도 독자에게 제공하는 것이 중요하다고 생각했다. 왜냐하면 그 밀도 높고 엄정한 성격을 감추어서는 안 되기 때문이다. 음성학의 ― 더욱 정확하게는 20세기 전반의 음성학의 ― 용어들에 친숙하지 않은 독자는 이 글에 적잖은 충격을 받을 수도 있다. 그렇지만 독자들이 발성기관의 모든 움직임이나 움직임이 만들어내는 소리들을 분석한 스펙트럼의 세밀한 양상을 온전히 이해해야 한다는 의무감을 내려놓는다면, 이 글을 통해 많은 것을 얻으리라고 기대한다. 이 귀중한 글은 로만 야콥슨과 클로드 레비스트로스의 만남이 가져온 놀라운 결실이기도 하다.

*

친애하는 선생이여, 당신께 존경을 표하며, 당신의 건강과 완전한 행복과 마음의 평안을 기원합니다!

우리는 (앙리 뮐러Henri Muller의 고희를 맞아 그에게 헌정한) 이 문장을 두 가지 방식의 음성학적 표기로 나타낼 것이다. 하나는 단순 표기이며, 다른 하나는 분석 표기이다.[3] 이를 위해 우리

---

3 [원 역주] 이 논문은 이 표기로 마무리된다. "단순" 표기법이란 각각의 음소를 적는 것을 가리킨다. 반면 "분석" 표기법은 이 논문을 마무리하는 표에서 볼 수 있듯이, 각각의 음소가 분석될 수 있도록 해주는 변별적 자질들을 모두 다시 옮겨 적는 것을 가리킨다.

는 표준 프랑스어의[4] 음소들을 우리가 "변별적 자질"이라 부르는 궁극적 구성 성분들로 단순화하여 분석하고 분류해야 한다.[5]

근대 프랑스어의 정음법正音法에[6] 따르면 서른여섯 개의 음소

---

4   [원 역주] "표준 프랑스어"라는 말은 모호하고 정의하기 까다롭다. 그것은 지역색이 들어가지 않은 프랑스어의 전형적인 용법을 가리킨다. 이러한 용법은 다소 자의적이기에, 여기서는 (아카데미 프랑세즈나 베슈렐Bescherelle처럼) 표준을 세우는 몇몇 특정 기관이 표준이라고 여기는 프랑스어 용법을 뜻하기로 한다.

5   지금까지 프랑스어 음운 구조를 묘사하려는 여러 시도가 있었다. 조르주 구겐하임 Georges Gougenheim, 《프랑스어 음운론의 성분들Éléments de phonologie française》, Les Belles Lettres, 1935;로버트 홀Robert A. Hall, 〈구조 스케치:"프랑스어" Structural Sketches:"French" 〉, 《언어Language》, 24권, 3호, 1948, 7-56쪽;루이 옐름슬레우Louis Hjelmslev, 〈근대 프랑스어의 표현 체계Udtrykssystemet i moderne fransk〉, 《코펜하겐 언어학파Cercle linguistique de Copenhague》 등사본, 1949;쿠즈네코프P. Kuznecov, 〈프랑스어 근대 음성 체계에 대한 질문K voprosu fonetičeskoj sisteme sovremennogo francuzskogo jazyka〉, 《모스크바 국립 교대의 과학적 연구물들Učenye zapiski Mosk. gos. pedagog》, 5권, 1941;베르틸 말름베르Bertil Malmberg, 〈프랑스어 모음 체계에 대한 고찰Observations sur le système vocalique du français〉, 《언어학 논문집Acta linguistica》, 2권, 1940, 232-246쪽;같은 저자의 〈근대 프랑스어 모음값 체계에 대한 고찰Bemerkungen zum quantitativen Vokalsystem im modernen Französisch〉, 《언어학 논문집》, 3권, 1942-1943, 44-46쪽;같은 저자의 〈프랑스어 자음 체계의 음절 분할La coupe syllabique dans le système consonantique du français〉, 《언어학 논문집》, 4권, 1944, 61-66쪽;같은 저자의 《근대 프랑스어의 자음 체계Le Système consonantique du français moderne》, Gleerup, 1943;앙드레 마티네André Martinet, 〈프랑스어 음운 체계에 대한 고찰Remarques sur le système phonologique du français〉, 《파리 언어학회 회보Bulletin de la Société de linguistique de Paris》, 34호, 1933, 191-202쪽;같은 저자의 〈프랑스어 음운론Fonologie francouzštiny〉, 《단어와 발화Slovo a slovesnost》, 4호, 1938, 111-113쪽;같은 저자의 《현대 프랑스어의 발음La Prononciation du français contemporain》, Droz, 1945;레프 스체르바Lev Ščerba, 《프랑스어 음성학Fonetika francuzskogo jazyka》, Gosudarstvennoe učebno-pedagogičeskoe izdatel'stvo Narkomprosa RSFSR, 1939;조지 트래거George L. Trager, 〈발화된 프랑스어의 동사 형태론The Verb Morphology of Spoken French〉, 《언어》, 20권, 3호, 1944, 131-141쪽. 프랑스어에 대한 몇몇 문제는 일반 음운론에 대한 저작들에서 다룬다. 마르그리트 뒤랑, 《긴 모음과 짧은 모음Voyelles longues et voyelles brèves》, Klincksieck, 1946;로만 야콥슨, 〈자음의 음운론적 분류에 대한 관찰Observations sur le classement phonologique des consonnes〉, 《제3회 국제 음성 과학회 논문집Proceedings of the Third International Congress of Phonetic Sciences》, Université de Gand, 1939, 34-41쪽;니콜라이 트루베츠코이, 《음운론 입문Grundzüge der Phonologie》, Cercle linguistique de Prague, 1939. 알버트 빌름 데 흐로트Albert Willem de Groot, 〈대립항들의 중화Neutralisation d'oppositions〉, 《네오필로로구스Neophilologus》, 25권, 1940, 127-146쪽.

6   모리스 그라몽, 《프랑스어 발음 실용 개론Traité pratique de prononciation française》, 7e

---

들이 있다. d, z, t, s, b, v, p, f, g, ʒ, k, ʃ, n, m, ɲ, r, l, j, i, w, u, ɥ, y, a, â, e, ê, o, ô, ø, õ, ã, ẽ, õ, ø, ə.[7] 이렇게 구별된 음소들 가운데 몇몇은 또박또박 발음하며 고상하게 말하는 스타일에서나 쓰이는 경향이 있으며, 표준 프랑스어를 사용하는 많은 발화자에게는 전혀 나타나지 않는다.[8]

우리의 핵심적인 가설은 모든 언어가 그 근본적인 층위에 있는 엄격하게 한정된 수의 궁극적인 구별들, 즉 이항 대립들의 총체를 구성하는 구별들과 더불어 작동한다는 것이다.[9] 이렇게 서로 대비되는 자질들은 어떤 유일한 관계를 나타내는 용어처럼 따로 떨어져 나타나거나(순수한 대립), 복합적인 음소들을 통해 다 같이 나타날 수 있다. 분석 표기에서 우리는 순수한 대립의 용어들을(순수 자질들을) +와 − 라는 기호들로, 반면 복합적으로 서로 연결된 자질들은 ±로 표시하기로 한다.

하나의 음소는 변별적 자질들의 다발이다. 구체적으로 특정한 어떤 현상에서 두 개의 대립적인 자질이 서로를 대체할 수 없는

éd., Delagrave, 1930.

7 [원 역주] "정음 프랑스어"는 교육 기관들이 표준화한 프랑스어 발음법의 총체를 가리킨다. 프랑스어의 음소 개수는 세는 법에 따라 서른세 개에서 서른아홉 개를 넘나든다. 이 책에서는 국제 음성 기호에서 사용하는 방식과 차이가 있더라도 야콥슨이 옮겨 놓은 것을 그대로 두었다.

8 일부 연구는 "0의 음소"의 변별적 역할을 최소화하고, 긴장된 모음/느슨한 모음 쌍의 수를 줄이고, ô 과 ẽ 사이의 구분을 없애려는 뚜렷한 경향을 보인다. 특히 앙드레 마르티네, 《현대 프랑스어의 발음》, 52쪽 이하, 71쪽 이하, 83쪽 이하, 113쪽 이하, 130쪽 이하, 147쪽 이하 및 175쪽 이하, 그리고 같은 저자의 《기능 음성학으로서 음운론*Phonology as Functional Phonetics*》(Oxford University Press, 1949)을 참조.

9 로만 야콥슨, 〈음성 성분들의 식별에 관하여On the Identification of Phonemic Entities〉, 《코펜하겐 언어학파 연구*Travaux du Cercle linguistique de Copenhague*》, 5권, 1949, 205-213쪽.

경우를 "**중화**neutralisation"[10] 현상이라고 한다.

프랑스어 음소들의 내적 구조는 다음에서 보듯 변별적 자질의 여섯 가지 이항대립으로 규정된다(하나의 변별적 자질의 성질이 분명한 경우, 그에 대해서는 언급하지 않기로 한다).[11]

1) 모음VOYELLE / 자음CONSONNE. r과 l이라는 유음들은 복합 음소들로서 자음적 특성과 모음적 특성이 혼합되어 있다.[12]

2) 비음NASAL / 구강음ORAL(구체적으로는 비非비음). 복합 자질이 없다.

---

10 중화neutralisation는 결합적 배열 같은 것을 가리키지 않는다. 앙드레 마르티네, 〈중화와 원음소Neutralisation et archiphonème〉, 《프라하 언어학파 연구》, 6권, 1936, 46-57쪽;루이 옐름슬레우, 〈제거할 수 있는 대립항들에 관한 고찰Notes sur les oppositions supprimables〉, 《프라하 언어학파 연구》, 8권, 1939, 51-57쪽; 보후밀 트른카Bohumil Trnka, 〈결합적 변이음들과 음소들의 중화에 대하여On the Combinatory Variants and Neutralization of Phonemes〉, 《국제음성과학회 논문집Proceedings of the Third International Congress of Phonetic Sciences》, 23-30쪽; 알버트 빌름 데 흐로트, 〈대립항들의 중화〉, art. cité 참조.

11 [원 역주] 변별적 자질들에 대한 이러한 분류법은 확정된 것이 아니다. 야콥슨은 계속해서 이 자질들을 정확하게 특징지으려 했고, 자신의 분석을 재검토했다. 관심 있는 독자라면 이 자질들을 더 깊이 이해하고 분류법의 변경 사항을 확인하기 위해 야콥슨이 1957년 《음운론과 음성학Phonologie et phonétique》(《일반 언어학 개론Essais de linguistique générale》, Minuit, 1963, 1권, 6장)에 발표한 연구 내용을 참조할 수 있을 것이다. 한 가지 이해해야 할 중요한 점은 통상적으로 음소 단위들을 묘사할 때 조음과 관련된 용어들에 기반하던 방식, 달리 말하자면 조음에 작용하는 각기 다른 발성기관 부분들에 대한 묘사에 기반하던 방식을, 소리의 작용을 재현하는 스펙트럼의 모양을 보고 거기에 나타나는 소리를 있는 그대로 분석한 **음향적** 용어들에 기반하여 묘사하는 방식으로 야콥슨이 대체했다는 점이다.

12 헨리 스위트Henry Sweet(《음성학 입문A Primer of Phonetics》, 제3판, Oxford University Press, 1906, 31쪽)에 의하면 "모음 성질을 가진 자음들Consonnes à caractère vocalique" 혹은 마리아 두스카Maria Długska(〈실험을 통해 탐구한 폴란드어 음성학의 몇몇 문제 Quelques problèmes de phonétique en polonais étudiés expérimentalement〉, 《아르키움 네오 필로로지쿰Archivum neophilologicum》, 1권, 1934, 332쪽)에 의하면 "이중성 음소들 phonèmes à double face"이라고 부를 수 있다.

3) 짙은음SATURÉ / 옅은음DILUÉ.[13] 짙은 모음들은 음형대[14]에 나타나는 소리파동이 촘촘한 특성을 나타내며(특히 낮은 대역의 음형대가 높이 있는 모습), 그것들은 옅은 모음들보다 더 강한 에너지를 나타낸다. 스펙트럼 사진상에서 옅은 모음들은 더 약한 에너지를 나타내며, 음형대 주파수가 더욱 느슨하게 구성되고 더욱 분산된 양상을 보여준다(특히 음형대가 가장 낮은 주파수대에 위치한다).[15] 또한 다른 모든 점이 같을 때, 짙어진다는 것은 더 긴 지속성, 더 확실하게 지각된다는 성질, 그리고 소리의 왜곡에 더욱 잘 저항하는 성질을 함축한다. 자음들의 스펙트럼 음형대들에 대해 지금까지 발표된 자료들은 여전히 불완전하지만,[16] 짙은

13 [원 역주] 야콥슨은 향후 이 자질을 "밀집 대 확산compact versus diffus"이라고 다시 이름 붙인다.

14 [역주] 스펙토그램은 소리분석장치를 통해 도출된 발화의 음형이다. 예를 들어 녹음된 발화가 스펙토그램으로 변환 및 도출될 수 있으며 이때 주파수와 진폭이라는 두 기준을 중심으로 분석된다. 그리고 이러한 기준에서 특정한 부분에 소리가 집중되는 형태가 나타나는데, 이를 '음형대音形帶'라고 부른다. 주파수의 경우 집중된 형태가 나타날 때 낮은 대역의 형태부터 F1, F2, F3식으로 부른다. 스펙토그램상 각각의 음소는 다른 음소들과 구분되는 음형대 특징을 지닌다. 예를 들어 짙은 모음들은 F1과 F2의 주파수가 비슷하게 나타나는 반면, 옅은 모음들은 주파수가 서로 다른 게 분명하게 나타난다.

15 피에르 들라트르Pierre Delattre, 〈프랑스 구강 모음의 음성 삼각형Un triangle acoustique des voyelles orales du français〉,《더 프렌치 리뷰The French Review》, 21권, 6호, 1948, 477-485쪽을 참조. 또한 다음을 참조. 카를 슈툼프Carl Stumpf,《말소리Die Sprachlaute》, Springer, 1926, 254쪽; 아고스티노 제멜리 Agostino Gemelli, 〈모음의 성질에 대한 연구Recherches sur la nature des voyelles〉,《네덜란드 실험 음성학 아카이브Archives néerlandaises de phonétique expérimentale》, 10권, 1934, 1-29쪽; 같은 저자의 〈모음 구조 연구에 있어 새로운 기여Nouvelle contribution à la connaissance de la structure des voyelles〉,《네덜란드 실험 음성학 아카이브Archives néerlandaises de phonétique expérimentale》, 14권, 1938, 126-164쪽; 보후슬라프 할라Bohuslav Hála,《모음의 음성적 특성Akustická podstata samohlásek》, Académie tchèque des sciences et des arts, 1941.

16 [원 역주] 그렇지만, 벨 연구소에서 보더Voder를 통한 연구와 더불어 같이 실행한 영어 마찰음의 전형적인 오실로그램oscillogrammes을 보면, s와 f에 비해 ʃ는 그 강도가 더 세고 조화가 더 많이 나타난다는 점이 확실히 드러난다. (스펙트럼 연구란 주파수

560

자음들과 그에 대응하는 옅은 자음들에서 에너지, 가청도audibil-ité, 저항, 그리고 자연히 발생하는 지속성의 차이는 우리가 제안하는 이러한 식별 방법들을 정당화한다.[17]

짙은 음소들의 발생은 그에 대응하는 옅은음들과는 대조적으로 앞쪽 공명기관을 확장시키고 뒤쪽 공명기관의 부피가 줄어들게 하는데, 이때 뒤쪽 공명기관은, 모음들의 경우 인두강咽頭腔에 의해 그리고 자음들의 경우 조음점 뒤에 위치한 입의 부분들과 연결되는 똑같은 인두강에 의해 만들어진다. 짙은 자음과 짙은 모음의 경우에 인두강이 짧아지는 이런 현상은 연구개軟口蓋가 내려가고 후두개와 후두가 올라가면서 이루어진다.[18]

짙은음/옅은음의 대립은 저모음 대 고모음, 중구개음中口蓋音 대 치음齒音과 순음脣音(k / tp, g / db, ɲ / nm, ʃ / sf, ʒ / zv)으로 구현된다. 따라서 연구개음과 경구개음의 차이는 프랑스어의 음운

에 따라 나타나는 에너지를 측정하는 것을 가리킨다. 여기서 말하는 "보더"는 사람의 목소리를 합성하고 그로부터 정밀한 음성 분석을 하기 위해 벨 연구소에서 만든 목소리 작동 표시기를 가리킨다.)

17 특히 모음에서 그 세기의 정점이 갖는 최댓값 측정 및 자음에서 세기의 한계 측정 연구를 참조(하비 플레처Harvey Fletcher, 《발화와 청각Speech and Hearing》, Van Nostrand, 1929, 그림 8, 마지막 두 열); 그 상대적인 지각성知覺性에 따른 프랑스어 자음 연구 참조(피에르장 루슬로Pierre-Jean Rousselot, 《실험 음성학의 원리Principes de phonétique expérimentale》, Welter, 1897-1908, 1063쪽 이후); 다양한 모음과 자음 들의 상대적인 길이에 대한 자료 연구를 참조(요제프 츨룸스키Josef Chlumský, 《체코어의 운율, 멜로디, 억양Česká kvantita, melodie a prizvuk》, Académie tchèque des sciences et des arts, 1928). 로만 야콥슨, 《유아어, 실어증, 음운론적 보편소》, Almqvist&Wiksell, 1941, 26절을 참조.

18 보후미르 폴란드Bohumír Polland와 보후슬라프 할라Bohuslav Hála, 《X선에 나타난 체코어 분절음Artikulace českých zvuku v roentgenových obrazech》, Académie tchécoslovaque des sciences, 1926, 32쪽 이하 참조. 안티 소비야르비Antti Sovijärvi, 《핀란드어 발화 소리에서 지속하는, 속삭이는, 노래하는 모음과 비음Die gehaltenen, geflüsterten und gesungenen Vokale und Nasale der finnischen Sprache》, Académie finlandaise des sciences, 1938, 45쪽 이하와 84쪽 이하 참조.

론과는 어떤 연관성도 없다. 짙은 자질은 맥락에 따라 달리 나타나기도 하는데, 비음의 자질과 결합할 때보나 끊어지는 자질과 (밑을 참조) 결합할 때 그 변이형은 더욱 뒤에서 나타나며, 지속의 자질과 결합할 때는 더욱 앞에서 나타난다(후치경음palato-alvéolaire).[19] 앞뒤 상황에 따른 이러한 변화 형태들에도 불구하고 프랑스어 화자들은 프랑스어의 경구개음 ɲ으로 영어의 연구개음 ŋ을 대체하며,[20] 프랑스어의 ʃ으로 독일어 단어 ich의 "ch" 발음을 대체한다. k와 g가 j와 I 앞에 나올 때 조음이 더 앞쪽에서 이루어지는 것은, w 앞에 ŋ 대신 ɲ이 있는 것과[21] 마찬가지로 프랑스에서 짙은 자음들의 동질성을 보여준다.

짙은음/옅은음의 대립은 단지 몇 개의 모음 복합음만 나타낸다(중모음).[22]

4) 낮은음GRAVE/높은음AIGU. 음성적 측면에서 보자면 전자는 스펙트럼상 밑에 있는 음형대가 지배적인 모습, 그리고 위쪽의 부분들은 약하거나 심지어 완전히 부재한 모습으로 특징지어지며, 반면 후자의 경우 위쪽의 음형대가 더욱 지배적이며, 그것

---

19 모리스 그라몽,《음성학 개론》, Delagrave, 1933, 48쪽; 로만 야콥슨,《자음의 음운론적 분류에 대한 관찰Observations sur le classement phonologique des consonnes》, 39쪽 이하를 참조;베르틸 말름베르,《근대 프랑스어의 자음 체계Le Système consonantique du français moderne》, op. cit., 7쪽 이하 참조.

20 앙드레 마르티네,《현대 프랑스어 발음》, op. cit., 181쪽.

21 앙드레조르주 오드리쿠르André-Georges Haudricourt, 〈프랑스어에서 w 앞에 오는 n 습음의 지역적 발음Prononciation régionale du n mouillé devant w en français〉,《현대 프랑스어Le Français moderne》, 11권, 1943, 65쪽. 프랑스어 음소 ɲ 의 불안정한 성질에 대해서는 헨리 스위트,《음성학 입문》, 94쪽을 참조. "느슨한 발화에서는 그것이 뒤로 밀려나 영어 sing의 ng과 거의 비슷한 위치에서 나타난다."

22 [원 역주] 중모음은 저모음과 고모음 사이에 있는 모음이다.

은 귀의 특수한 감각 능력으로 더욱 잘 감지된다.[23] 유전적인 측면에서 보자면 이러한 저음조성의 자질은 줄어든 인두 구멍 및 입술 구멍과 더불어 일체화되고 더욱 넓어진 구강 공명 기관으로부터 기인하며, 이와는 반대로 구멍들이 더 넓게 열릴 때는 공명 기관이 더 작고 더 경계 지어진다.[24]

복합음들은 모음만 있다(혼합 모음voyelles mixtes).

5) 긴장된 음TENDU / 느슨한 음RELÂCHÉ. 전자는 근육의 긴장에 힘입어 내벽이 더욱 단단해지면서 발생하고, 후자는 느슨한 조음에 의해 발생한다. 공명 공간의 내벽이 단단해지는 경우 음형대는 더욱 분명하게 나타나고(이 단단한 내벽과 소리가 서로 **세게 부딪힌다**), 반면에 부드러운 내벽은 음형대가 굉장히 약화되어 나타난다.[25] 소리의 길이가 더욱 지속되는 현상은 긴장으로 인해 나타나는 부차적인 현상이다.[26]

---

23 랄프 포터Ralph K. Potter, 조지 코프George A. Kopp, 해리엇 그린Harriet C. Green,《보이는 발화 소리Visible Speech》, Van Nostrand, 1947, 그리고 위 414쪽, 1번 각주에 인용한 연구들을 참조.

24 아드리앙 미예Adrien Millet,《모음의 구성에 대한 실험적 연구Étude expérimentale de la formation des voyelles》, Hermann, 1938;로만 야콥슨,《유아어, 실어증, 그리고 음운론적 보편소》, 25절 참조.

25 후고 피핑Hugo Pipping,《북유럽 발화 소리 연구 입문Inledning till studiet av de nordiska språkens ljudlära》, Söderström, 1922, V쪽 이하 참조.

26 "긴 모음들이 짧은 모음들보다 더욱 긴장되어 있다는 점은 명백하다"(마르그리트 뒤랑,《긴 모음과 짧은 모음》, op. cit., 151쪽). 하지만, "이는 길이의 문제라기보다는 모음 전체의 흐름의 문제이다"(같은 책, 162쪽). 긴장과 느슨함의 차이에 대한 루슬로 신부의 지적을 참조: "내가 발음할 때, 긴장된 모음이 길고 느슨한 모음이 짧기 때문에 그것은 양과 뒤섞인다"(《실험 음성학의 원리Principes de phonétique expérimentale》, op. cit., 859쪽). 이는 자음의 경우 또한 마찬가지다. "저항하는 힘의 이러한 차이는 공기가 **빠져나오는** 속도 및 이 소리들의 길이에도 반영되어 있다"(니콜라이 트루베츠코이,〈북·카프카즈어 비교 음성학 연구Studien auf dem Gebiete der vergleichenden Lautlehre der nordkaukasischen Sprachen〉,《Caucasica》, 3권, 1926, 24쪽). "다른 모든 조건이 같다면, […] 묵음 자음은 같은 조음점에서 발생하는 유성음 자음보다 더 길

이렇게 대립을 보여주는 쌍들은 다음과 같은 세 묶음으로 나뉠 수 있다.

A) 순수한 혹은 복합적인 짙은음 자질을 가진 긴장된 모음들은 프랑스어에서는 음가의 길이가 모두 동등한 단어의 끝부분에는 오지 않을 때 긴 음가를 갖는 반면, 어떤 질적인 구별은 음가가 비록 다르게 구현되더라도 여전히 그대로 지속된다.[27] ê의 경우, 근육에 들어가는 전체 노력은 구강 공명 기관을 변화시키는 데 비해, 낮은음 자질과 상관된 모음들(ô와 …)의 경우 긴장은 그 무엇보다 입술 근육에 영향을 끼친다.[28] 순수한 짙은음 자질을 가진 긴장된 모음(â)은 구강 공명 기관을 넓힘으로써 혹은 입술을 좁힘으로써 형성된다.[29] 구강 혹은 최소한 입술의 음형대가 평평해지는 것은 순수한 혹은 복합적인 짙은음 자질을 가진 모음들의 긴장에 따라 동시에 일어나는 현상이다.[30]

B) 짙은음 자질이 없는 모음의 경우, 양과 긴장의 최솟값은 음절음 i u y에 의해, 그리고 최댓값은 비-음절음 j w ɥ에 의해 나타

다"(마르그리트 뒤랑, 《파리 지역 사람들의 자음의 길이에 대한 실험적 연구*Étude expérimentale sur la durée des consonnes parisiennes*》, 《현대 프랑스어》 총서, 1936, 101쪽). 프랑스어에서 *vite-vide*(**빠른-빈**), *baisse-baise*(**낮추다-입맞추다**)의 쌍들은 긴장된 자음 앞에서 상보적으로 모음들의 양이 줄어드는 현상을 보여준다.

27 레프 스체르바Lev Ščerba, 《프랑스어 음성학*Fonetika francuzskogo jazyka*》, op. cit., 52쪽 참조. 피에르 루슬로 신부와 파우스트 라클로트Fauste Laclotte, 《프랑스어 발음 개설서*Précis de prononciation française*》, Welter, 1902, 48쪽과 119쪽 이하를 참조. Cf. 앙드레 마르티네, 《현대 프랑스어 발음》, 127쪽 이하 및 91쪽 이하 또한 참조.

28 "특히 흥미로운 점은, 혀뿐만 아니라 입술에서도 긴장이 느껴진다는 점이다" (요제프 츨룸스키Josef Chlumský, 알베르 포필레Albert Pauphilet, 보후밀 폴란드Bohumír Polland, 《프랑스어 모음과 반모음의 X선 촬영*Radiografie francouzských samohlásek a polosamohlásek*》, Académie tchèque des sciences et des arts, 1938, 81쪽).

29 같은 책, 74쪽.

30 안티 소비야르비, 《Die gehaltenen…》, 74쪽 참조.

난다.[31]

C) 긴장된 자음은 (즉 느슨한 자음이 아닌 것은) 단단한 내벽뿐 아니라 더욱 센 공기 압력을 필요로 한다. 긴장된 자음은 강한 것과 부드러운 것으로 나뉜다.[32] 강한 것들은, 그것들 뒤에 부드러운 것들이 나오지 않을 때 묵음이며, 부드러운 것들은 강한 것들 앞에 나오는 경우를 제외하고는 소리가 난다.[33]

자음의 경우와 반대로 모음은 몇몇 특정한 위치를 제외하고는 긴장된 음/느슨한 음의 관계가 없으며, 다른 부분들에서는 이 관계가 중화된다. 단어의 마지막에 오면서 순수한 혹은 복합적인 낮은 음 자질을 띠지 않은 모음만 이러한 구분을 허용한다(â/a, ê/e, i/j).

6) 지속음CONTINU / 분절음INTERCEPTÉ. 지속적인 음소는 끊기지 않는 공기의 압력이 그 특징인 반면, 끊어지는 음소의 형성에는 성도聲道의 완전한 폐색閉塞이 포함된다.

A) 지속적인 음소가 모음의 자질을 가지고 있지 않기 때문에 파열음에 대비되는 마찰음은 자음들이다. 즉, 프랑스어에서는 이

---

31 레프 스체르바, 《프랑스어 음성학》, 69쪽; 루슬로 신부와 파우스트 라클로트, 《프랑스어 발음 개설서》 55쪽 참조. 루슬로 신부, 《실험 음성학의 원리Principes de phonétique expérimentale》, 645쪽 또한 참조.

32 "이들 조음 각각은, 협착과 폐쇄의 움직임이 강하거나 약한지에 따라 두 가지 형태로 나타난다. 이를 통해 우리는 긴장되거나 느슨한 모음, 그리고 강한 자음 (f s ʃ… p t k) 혹은 부드러운 자음 (v z ʒ… b d g)을 얻게 된다"(같은 책, 583쪽). (부드러운 자음에 대비하여) 강한 자음을 낼 때는 "근육들이 덜 긴장되어 있다"(모리스 그라몽, 《음성학 개론》, 85쪽). 알버트 빌름 데 흐로트, 《회갑 기념 논문집Donum natalicium Schrijnen》, Dekker&Van de Vegt, 1929, 550쪽 참조.

33 베르틸 말름베르, 《근대 프랑스어의 자음 체계》, 10쪽 이하 참조. 강한 자음과 그에 대응하는 부드러운 자음들이 모두 유성음이거나 모두 묵음인 경우, 그들 사이의 양적 차이는 감소되지만 유지된다(마르그리트 뒤랑, 《파리 지역 사람들의 자음의 길이에 대한 실험적 연구》, 66쪽 이하 참조).

러한 대비가 극대화되어 있는데, 이는 마찰음과 파열음을 구분하는 것은 지속석인 공기의 흐름과 공기의 이동을 막는 부치적인 장애물에 의해 생기는 날카로운 소음, 이 두 가지이기 때문이다.

B) (자음적인 자질과 모음적인 자질을 결합하는) 두 개의 유음들은 앞서 본 것과 동일한 음운론적 대립의 또 다른 변이형을 이룬다. 혀 옆쪽이 반드시 열려야 하는 지속음 l과 고립된 혹은 반복되는 펄럭거리는 조음[펄럭거림flapping].[34]

이렇게 대비되는 두 자질을 결합하는 복합음은 없다.

ə라는 기호 또는 분석 표기법에서는 #으로 나타낼 수 있는 "0의 음소"는 변별적 자질의 부재와 고정된 특정 소릿값의 부재로 다른 모든 음소와 대비된다. 한편으로 0의 음소 ə는 어떤 음소이든지 간에, 모든 음소의 부재에 대비된다. 모음 앞에 오면서 맨 처음에 오는 위치의 경우, 이 음소는 "유성음 h"라는 이름으로 알려져 있다. 강조하는 화법에서 그것은 유성음처럼 발현될 수 있지만 일반적으로 어떤 부재하는 소리를 가리킬 뿐이며 프랑스어 자음과 같은 방식으로 어느 주어진 연쇄체 안에 작동한다. 다른 위치들에 나타나는 이 0의 음소의 변이형은 "슈와schua"라고 불리며 모음의 존재와 부재로 번갈아 나타난다. (이러한 교대의 조건들은 — 문체, 속도 따위 — 여기서 다루지 않기로 한다.)[35]

---

34 케네스 파이크Kenneth L. Pike, 《음성학Phonetics》, University of Michigan Press, 1943, 124쪽 이하를 참조. 요제프 츨룸스키, 〈그라몽의 음성학 개론에 대한 분석Analyse du Traité de phonétique de M. Grammont〉, 《네덜란드 실험 음성학 아카이브Archives néerlandaises de phonétique expérimentale》, 11권, 1935, 90쪽을 참조.

35 앙드레 마르티네, 《프랑스어 음운론 체계에 대한 고찰Remarques sur le système phonologique du français》, art. cité, 201쪽 이하를 참조. 자오위안런, 〈음성학 체계의 음성적 풀이의 비단일성The Non-Uniqueness of Phonemic Solutions of Phonetic Systems〉, 《역사 서

변별적 자질들은 음소로 결합될 때 제한된 능력을 가지고 있다. 이러한 관점에서, 프랑스어의 음운론적 구조는 다음과 같은 일반적인 법칙들로 되어 있음을 밝힐 수 있다.

1. 긴장된 음/느슨한 음의 대비는 비음 자질과 함께 나타날 수 없는 반면 구강음 자질과 긴장된 음/느슨한 음의 자질은 서로를 내포한다.

2. 지속적인 음/끊어지는 음은 비음의 자질과 함께 나타날 수 없으며, 자음적 자질을 내포한다.

3. (순수한 혹은 복합적인) 옅은음 자질과 낮은음/높은음 자질은 서로를 내포하는 반면, 순수한 상태의 짙은 음 자질은 이러한 대비와 함께 나타날 수 없다.

4. 모음적 자질과 자음적 자질의 복합음은 지속적인 음/끊어지는 음의 대비를 내포하며, 다른 모든 대립과는 함께 나타날 수 없다.

5. 구강음/비음의 대립, 짙은음/옅은음의 대립, 그리고 모음/자음이라는 순수한 대립은 서로가 서로를 내포한다.

6. 복합음들은 모음 자질을 갖지 않은 음소들로는 나타나지 않는다.

그림 1을 보면 실선은 양립가능성을 상징한다. 반면, 점선은 대립과 다른 대립의 자질 사이의 양립불가능성을 상징한다.

프랑스어의 음운론적 구조는 도식으로 나타낼 수 있다(그림 2).

1. 가독성을 보다 높이기 위해 모음과 자음은 각기 다른 두 그

지학 연구소 회보Bulletin of the Institute of History and Philology, Academia Sinica》, 4권, 4호, 1934, 377쪽과 380쪽.

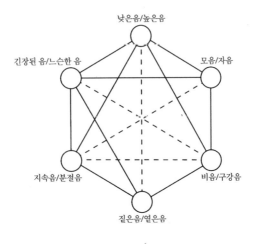

그림 1

림으로 표현되어 있다. 두 범주에 공통적으로 속한 이항대립의 쌍들은 명백히 동일하게 나타나 있다.

나머지 다섯 개의 이항대립 쌍들은 다음과 같은 상징으로 표현된다.

2. 비음/구강음 : — — — — — — — — — — — — — —

3. 짙은음/옅은 음 : ————————————————

4. 낮은음/높은음 : — — — — — — — — —

5. 긴장된 음/느슨한 음 : —.—.—.—.—.—.—.

6. 지속적인 음/끊어지는 음 : . . . .

일반적으로 말이 실제로 사용되는 모습을 옮기기에 알맞은 음운론적 단순 표기 방식과 관련하여 다음의 점들에 주목하고자 한다.

1. 철자부호signe diacritique는 짙은음 자질을 띤 모음들과 연관되어 사용될 것이다 — 비음 자질에는 물결 표시를, 긴장 자질에는

568

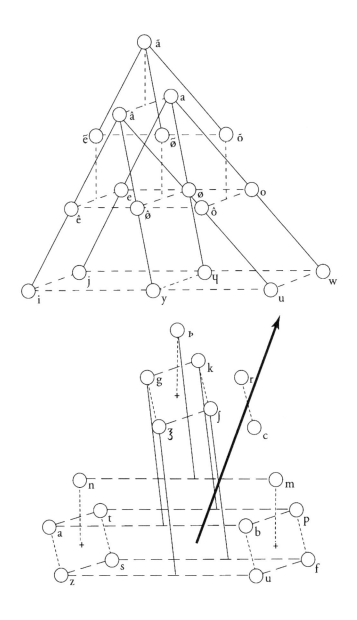

그림 2

굽은 표시를. (이러한 점을 일관적으로 지키면서 모든 음소를 어떤 고유의 글자로 표기하려면 새로운 기호들을 만들어야 하며 또한 통용되는 글자들 가운데 몇몇은 가장 드물게 사용되는 방식을 취해야 하는데 이는 혼란을 가져올 수 있다.)

   2. 중화현상은 작은 대문자로 표시할 것이다.

   3. 문법의 층위에서 생기는 음운론적 문제들로 들어가지 않으면서 단어들을 나누는 관례적인 표시들을 그대로 쓸 것이다. 그렇지만 연음이 필수적인 경우에는 붙임표를 넣을 것이다.

   바야흐로 우리는 앞선 명구를 옮겨 적을 수 있다.

	ʃ E r	m ë t r ə	v u l ê	v u	n u
1. 모음성 vs 자음성	- + ±	- + - ± #	- + ± +	- +	- +
2. 비음 vs 구강음	- -	+ - -	- -	- -	+ -
3. 짙은음 vs 옅은음	+ ±	- ± -	- - ±	- -	- -
4. 낮은음 vs 높은음	-	+ - -	+ + -	+ +	- +
5. 긴장된 음 vs 느슨한 음	+	+ +	-	+ -	
6. 지속음 vs 분절음	+ -	- -	+ +	+	

	P E r m e t r ə	d ə	v u	p r E z Ã t ê	n o z	o m a ʒ ə	ê	n o
1.	- + ± - + - ± #	- #	- +	- ± + - + -	- + -	+ - + - #	+	- +
2.	- - + - -	-	- -	- - - - + -	- + -	- + -	-	- +
3.	- ± - ± -	-	- -	- ± + - ±	- ± -	± - + +	±	- ±
4.	+ - + - -	-	+ +	+ - + -	+ -	+ +		
5.	+ - +	-	-	+ - + +	-	- -	+	
6.	- - -	-	+	- - -	+	+		

	m E i ø r	v ø	d ə	s Ã t ê	d ə	p A r f e	b o n ø r	ê	d ə
1.	- + + + ±	- +	- #	- + - +	- #	- + ± - +	- + - + ±	+	- #
2.	+ - -	- -	-	- - - -	-	- - -	- + -	-	-
3.	- ± - ±	- ±	-	- + - ±	-	- - ±	± ± ±	±	-
4.	+ - - ±	+ ±	-		+	+ -	+ + - ±		
5.		-	-	+ + +	-	+	+ - -	+ -	
6.		-	+	+ - -	-	- - +	-		

	t r Ã k i l i t ê	d - ã m ə
1.	- ± + - + ± - +	- + - #
2.	- + - - -	- - +
3.	- + + - ±	- +
4.	- - - - -	- +
5.	+ + + + -	+
6.	- - - + -	-

옮긴이 해제

수수께끼를 품은 우정

김성재

> 순진무구하고 자연스러운 마음을 되찾기란
> 온갖 의문들 한가운데서야만 비로소
> 어렴풋하게나마 드러나는
> 어떤 첫 확신을 되찾는 것과 같다
> ― 모리스 메를로퐁티

여기, 말의 신비 앞에서 가만히 눈을 감고 귀를 기울인 두 사람이 있다. 그들은 각자 자기만의 방식으로 어렴풋이 들었을 것이다. 말의 신비, 그 수수께끼 목소리를. 그 목소리를 들은 순간 자그마한 고양이는 수수께끼를 품은 사막의 우람한 스핑크스와 겹쳐 드러났을 것이다.

이들 로만 야콥슨과 클로드 레비스트로스의 우정을 일컬어 두 구조주의자의 만남이라고 정리할 수만 있다면 간단할 것이다. 실제로 흔히 야콥슨은 언어학자로, 레비스트로스는 인류학자로 분류되며, 이들은 각자의 분야에서 구조주의 방법론을 주창한 학자들로 여겨진다. 그렇지만 이 둘의 만남을 이같이 단순하게 접근할 경우에는 이 만남이 함축하는 사상사적 의의를 깊이 이해하기 어렵다. 언어학과 인류학에서 사용된 구조주의 방법론의 복잡한

배경은 지금까지 충분한 관심을 받지 못한 면이 있다는 점에서 야콥슨과 레비스드로스 각각의 구조주의적 빙법론 또한 오해를 받을 여지가 있기 때문이다.

구조와 구조주의

구조라는 개념은 학술 분과로는 비교적 최근에 생겨난 언어학이 나 인류학뿐만 아니라, 서양에서는 고대 그리스부터 사용된 생각 의 재료였다. 특히 프랑스에서는 18세기 중후반부터 에콜 폴리 테크니크 학파를 중심으로 수학의 분야에서 불변요소의 중요성 에 대한 연구가 발전하면서 구조에 대한 논의 및 구조에 기반한 사유의 기틀을 마련했다[1]. 이처럼 구조에 대한 사유는 언어학과 인류학의 탄생에 앞섰으며 이 두 분야에서 발전된 구조주의 방 법론은 기존에 진행되어 온 구조에 대한 사유로부터 직간접적인 영향을 받았다.

기하학과 수학에서 먼저 주목받은 구조의 개념이 언어학을 비 롯한 사회과학, 혹은 독일 전통에서는 정신과학[2]이라 부르는 분야

---

[1] 한스 부싱Hans Wussing, 《추상군 개념의 발생 과정: 추상군 이론의 역사와 기원 *The Genesis of the Abstract Group Concept: A Contribution to the History of the Origin of Abstract Group Theory*》, Dover Publications, 15-20, 1984, 25-32쪽 참조.

[2] 언어학을 **정신과학**Geisteswissenschaften으로 볼 것인지에 대해서는 독일 전통의 학 자들 사이에서 의견이 나뉜다. 엄밀한 의미로 **정신**Geist을 정의한 빌헬름 딜타이 Wilhelm Dilthey는 정신과학에 언어학을 포함시키지 않는 반면, 인간 문화 전반의 층 위로 **정신**을 정의하면서 지성과 감성의 이분법을 극복하는 언어의 특성에 주목한 에른스트 카시러는 정신과학 안에서 언어학에 중요한, 어쩌면 핵심적이기까지 한 위상을 부여한다. 자세한 논의는 다음의 논문을 참고하라. Cf. 프랑수와 라스티에

에 서서히 등장하기 시작한 것은 19세기부터이다. 이에 대해 야콥슨은 미국의 철학자 찰스 샌더스 퍼스Charles Sanders Peirce와 구조주의의 연관성을 다룬 자신의 논문에서 독일의 수학자 펠릭스 클라인Felix Klein의 중요한 역할을 논한다.

> 퍼스는 한편에는 수학과 기하학, 그리고 다른 편에는 언어학과 심리학, 이 양쪽 모두에서 가장 중요한 개념들과 용어들 가운데 하나가 발전된 세대에 속한다. 여기서 말하는 그것은 곧 불변요소라는 개념인데 이것은 클라인이 1871년에 길게 전개한 내용이다. 불변한다는 점이 중요해지는 까닭은 다음과 같다: 수많은 변이항을 통해 다양성을 드러내며, 이 모든 변이형의 변모라는 문제를 다룰 수 있으며, 이 변이형들의 뒤에 있는 것, 곧 불변항을 드러낼 수 있다는 것이다.[3]

조금 더 구체적으로 보자면, 장 라세그Jean Lassègue는 독일 철학자 에른스트 카시러Ernst Cassirer의 주저 《상징형식의 철학Philoso-phie der symbolischen Formen》 3권의 내용을 검토하면서, 클라인이 사영기하학에서 불변요소 개념에 기반한 이론을 발전시키면서 유클리드 기하학이 기존에 지니던 절대적인 위상을 무너뜨린 점을 다음과 같이 요약한다.

그는 다음과 같은 두 개의 중요한 결과를 도출했다: 한편으로는

François Rastier, 〈카시러와 구조주의의 탄생Cassirer et la création du structuralisme〉, 《구조주의 논문집. 구조주의 연구 국제 학회지Acta Structuralia. International Journal for Structuralist Research》, Special Issue n. 1, Phenomenology and Structuralism, 2018, 1-24쪽.

3   로만 야콥슨, 〈구조주의에 대한 몇 가지 생각A few remarks on structuralism〉, 1976, Comparative Literature, 91(6), 1537쪽.

사영기하학이 유클리드 기하학의 평행선 공리로부터 독립적이라는 점을 보여줬고, 나른 편으로는 비유클리드 기하학들이 사영기하학의 일반적인 원리들에 기반한 특수한 경우들이라는 점을 보여줌으로써 비유클리드 기하학들의 사영적인 본성을 증명했다. 이를 통해, 사영기하학이 유클리드 기하학과 비유클리드 기하학을 모두 아우를 뿐만 아니라 이러한 기하학들의 상호연관성을 파악할 수 있는 하나의 이론적인 틀이 될 수 있다는 점이 드러났다.[4]

서양 고대 철학자들은 유클리드 기하학이 다른 모든 과학의 기반이 되는 체계가 될 수 있다고 생각할 정도로, 그리고 근대에 들어서도 칸트의 비평철학이 유클리드 기하학의 시공간 개념에서 벗어나지 않는 경우에서도 볼 수 있듯이, 그동안 서양의 철학과 과학에서 독보적인 위상을 차지해 왔다. 그러나 위에서 봤듯이 클라인이 유클리드 기하학은 더 이상 불변의 절대적 진리가 아니라 하나의 상징형식에 불과하다는 점, 즉 유클리드 기하학은 일반적인 원리의 특수한 경우에 지나지 않는 구성이라는 점을 드러내면서, 이제는 모든 체계, 모든 구성이 각각의 경우에 어떤 불변요소에 기반하여 구성되는지를 밝히는 작업이 핵심적으로 중요해졌다.

클라인의 이 발견은 단순히 기하학의 분야에서 새로운 관점을 제시하는 것에 그치지 않고, 인식론 일반에서 중요한 전환점이 된다. 왜냐하면 사유의 일반적인 원리로서 클라인의 발견은, 어

4　장 라세그, 《에른스트 카시러, 초월성으로부터 기호성으로*Cassirer. Du transcendantal au sémiotique*》, Librairie philosophique J. Vrin., 2016, 31쪽.

떤 하나의 의미장場은 그 기반을 이루는 나름의 불변요소들과 그 기반 위에서 다양하게 변이하는 형태들로 구성된다는 점을 보여주기 때문이다. 구조가 구성되는 측면에 주목하여 부분과 전체의 관계를 새롭게 제시한 이러한 사유는, 그 어떤 개별적인 요소라 할지라도 그것은 자신이 속한 장 안에서만 의미를 지닐 수 있다는 점을 함축한다. 달리 말해, 개별적인 요소 저마다의 의미는 요소 안에 내재하는 논리적 특성이나 실체적 특성에 기인하는 것이 아니라 그 요소가 속해 있는 장과 함께 구조적으로 구성된다.

야콥슨과 카시러가 주장하듯, 구조주의 탄생 배경에는 클라인의 역할이 있었다는 점은 분명하다. 그렇지만 여기서 조심해야 할 점이 있다. 구조적 사유의 핵심인 전체와 부분의 관계는 서양 전통에서 신학, 철학, 예술사 등 다양한 분야에서 오래 연구되어 온 주제일 뿐 아니라 부분과 전체에 대한 사유, 나아가 구조주의적인 사유가 탄생한 배경에는 다양한 분야에서 각기 저마다의 방식으로 전개되어 온 사유의 모습들이 복잡하게 얽혀 있기 때문이다. 따라서 부분과 전체의 관계를 중심으로 전개된 각각의 사유와 관점은 서로 미묘하면서도 중대한 차이를 보인다는 점에서, 언어학에서의 구조주의와 인류학에서의 구조주의는 구조주의적 사유로 함께 분류할 때 분류의 방식이 필연적으로 지닌 단순화와 환원의 위험성에 주의해야 한다. 예를 들어 파트리크 플라크는 프라하 학파의 언어학적 구조주의와 현상학의 폭넓은 만남을 다음과 같이 설명한다.

언어학적 구조주의와 현상학의 만남의 장으로서 프라하 학파의

맥락을 대략적으로나마 보여주기 위해서는 다음과 같이 다양한 요소들을 살펴볼 필요가 있다. 순서에 의미를 두지 않고 언급하자면: 러시아 형식주의 학파(아이헨바움Eichenbaum, 슈클로브스키Šklovskij, 티냐노프Tynjanov), 언어와 생각에 대한 소비에트 이론가들(바흐친Bachtin, 마르Marr, 슈페트Špet, 비고츠키Vygotskij, 진킨Žinkin), 게슈탈트 심리학(에렌펠스Ehrenfels, 코프카Koffka, 쾰러Köhler), 독일의 신칸트주의(카시러Cassirer, 리케르트Rickert, 빈델반트Windelband, 로츠Lotze), 러시아의 신칸트주의(포흐트Focht, 헤센Hessen, 야코벤코Jakovenko), 유라시아주의 이론(알렉세예프Alekseev, 사비키지Savickij), 오스트리아의 헤르바르트주의(호스틴스키Hostinský, 지흐Zich), 언어철학자들(뷜러Bühler, 카르납Carnap, 프레게Frege, 마티Marty), 심리학자들(페흐너Fechner, 우티츠Utitz, 분트Wundt), 예술사학자들(크리스티안센Christiansen, 한스리크Hanslick, 뵐플린Wöllflin, 보링거Worringer), 그리고 상대적으로 덜 알려진 체코 구조주의자들(하브라네크Havránek, 마테시우스Mathesius, 무카로브스키Mukařovský, 보디츠카Vodička), 체코 현상학자들(란트그레브Landgrebe, 파토츠카Patočka, 포스Pos).[5]

위에 나타나듯이 프라하 학파의 구조주의는 신칸트주의나 게슈탈트 심리학 등 독일 전통의 사상과 활발하게 교류했다. 이때 프라하 구조주의와 클라인의 구조적 사유는 완전히 같은 뿌리를

5　파트리크 플라크Patrick Flack, 〈로만 야콥슨, 그리고 구조주의 언어학의 현상학적 순간Roman Jakobson et le moment phénoménologique de la linguistique structurale〉, 《언어학과 언어과학 연구소의 연구 모음집Cahiers de l' ILSL》, 2013, 37쪽.

공유한다고 보기는 어렵지만, 그렇다고 이 둘이 완전히 다른 전통을 각자 유지해 왔다고 보기도 어렵다. 물론 이해를 돕는 목적으로 아주 도식적으로 이 두 전통을 구분하는 것이 꼭 불가능하지만은 않다. 즉, 한편에는 독일 전통에서 칸트-괴테-훔볼트-게슈탈트 학파라는 흐름으로 묶을 수 있는 "형태-구성" 연구를 놓고, 다른 편에는 소비에트 전통의 "형식-구조" 연구의 다른 흐름을 놓을 수는 있다. 전자는 형태 구성의 원리를 떠받치는 창발적인 힘에 대한 존중을 유지하는 경향이 강했던 반면, 후자는 구성을 통해 구축된 구조의 형식적인 성질에 주목한다.[6]

이처럼 구조주의라는 같은 이름을 공유한 여러 학파마다 이론상 서로 다른 방향성을 띤 면이 있기에 어느 학자를 구조주의자로 분류할 때는 그것이 정확히 무엇을 가리키는지 신중히 검토하는 자세가 요청된다.

넓게 보자면 야콥슨은 프라하 학파의 창립 멤버 가운데 한 명으로 이 학파의 구상을 담은 1929년 창립 선언문의 아홉 개 선언항 작성에 중요한 필진으로 참여했다. 이 아홉 개의 항 가운데 특정 언어에 관련됨으로써 제한적인 성격을 지니지 않고 언어학 일반에 모두 적용되는 항은 제1, 2, 3항이었는데, 야콥슨이 이 세 항의 본문을 혼자 또는 함께 작성했기 때문이다. 이 선언문이 표명하는 취지에 동의해야만 프라하 학파의 일원이 될 수 있었던 배경을 고려한다면 프라하 학파 내 야콥슨의 중요한 위상은 부정하기 어렵다.[7]

---

6   이러한 이분법적 도식화는 비판적으로 이해해야 한다. 예를 들어 소비에트 전통에 속하는 프라하 학파는 형식과 구조에 중점을 둔 이론 틀을 발전시키면서도 기능 개념을 통해서 언어의 창조적인 힘에 주목한 면도 분명히 있다.
7   자클린 퐁텐Jacquelin Fontaine, 《프라하 언어학파*Le cercle linguistique de Prague*》, Tours:

그렇지만 조금 구체적으로 상황을 들어가 보면, 초현실주의나 시 연구 등에 각별한 관심을 보인 프라하 학파 체코 구조주의자들의 경우, 야콥슨이 비록 그들처럼 시와 문학을 다루긴 했지만 그의 이론이 서양식 구조주의의 방법론에 편승한 나머지 지나치게 이상주의적이고 합리주의적인 면이 강하다고 비판하기도 한다. 이 때문에 일부 체코 구조주의자들은 야콥슨을 자신들과 같은 학파에 속한다고 여기지 않았으며, 그들이 보기에 야콥슨은 "서양 구조주의"에 속한 사람이었다.[8]

여기서 프라하 학파가 말하는 서양 구조주의란 위에서 언급한 독일 전통의 형태 — 구성적 사유가 아니라 페르디낭 드 소쉬르 Ferdinand De Saussure에게 영감을 받은 프랑스 전통의 구조주의 방법론을 가리킨다. 소쉬르는 클라인과 같은 세대에 속하고, 훔볼트와 딜타이 등의 사유를 접한 것도 사실이지만, 독일이나 소비에트 전통과는 다른 방식으로 자신만의 구조적 사유를 독자적으로 전개했다.[9]

앞서 언급한 클라인의 사유가 지닌 인식론적, 방법론적 대전환과 견줄 만한 수준의 혁신성이 언어에 대한 소쉬르의 방대한 연구에도 드러나는데, 이는 특히 그가 독창적으로 전개한 기호 signe 개념에 분명하게 나타난다. 소쉬르의 기호 개념은 언어를 대상으로 한 서양 전통의 과학적 연구 중에서 최초로 언어 활동

Maison Mame, 1974.
8 토마시 글란츠Tomaš Glanc, 〈구조주의의 어느 한 계보Une généalogie du structuralisme〉, 2018. 《코뮈니카시옹Communications》, 2018/2, 197-211. 205-206쪽 참조.
9 "〈실체와 기능〉에서 카시러가 구조주의의 인신론적 기반을 마련했지만, 소쉬르는 거의 비밀스럽게 구조주의를 발전시켜 놓은 상태였다", 프랑수아 라스티에르 François Rastier (2018), 위의 논문, 6쪽.

에서 표현의 가치에 주목했다.[10] 달리 말해, 소쉬르가 보기에 표현과 의미는 서로 다른 두 층위에서 이미 정해져 있는 표현과 이미 정의된 의미가 노력 없이 일대일 대응하는 것이 아니라 표현과 그 표현의 가치, 혹은 가치와 그 가치의 표현은 의미가 발생하는 순간에 서로가 서로를 불러일으키며 서로에 대해 얽혀 들어간다.[11] 그리고 이때 가치는 오직 차이의 원리에 의해서만 발생한다. 즉 가치는 고정불변의 실체처럼 이미 주어져 있는 것이 아니라 서로 다른 가치들이 하나의 구조를 이루고 있는 장 안에서만 발생한다. 예를 들어 누군가 우리말로 "나무"라고 말할 때 그러한 표현과 함께 얽혀 들어가면서 의미의 담지자로서 기호를 발생시키는 어떤 이미지는 그 이미지가 속해 있는 가치의 장 안에서만 자신의 위치를 부여받을 수 있다. 그 장이 만약 국어사전을 집필

10 아직 학술적으로 깊이 연구된 분야가 아니지만, 동양 전통에서는 언어의 의미를 가치의 층위에 놓은 것으로 해석할 수 있는 사유의 흔적들이 남아 있다. 예를 들어 《도덕경》 도입부(제1장)는 (여느 철학 분야와 같이 여러 해석과 사유가 있지만) 언어의 의미가 실체나 논리에 종속된다기보다는 상황에 맥락과 함께 구성된다는 면을 강조하는 것으로 볼 수 있다. 이를 소쉬르의 언어학적 용어로 번역하자면 **기표**signifiant와 **기의**signifié 사이의 관계를 역동적인 상호창발의 관계로 두고 있다고 할 수 있다. 여기서 동양의 전통을 언급하는 까닭은 동양과 서양을 이분하려는 것이 아니라, 소쉬르가 최초로 언어학을 학술적 방법론을 갖춘 지위로 올려놓으면서 그 중심에 둔 가치이론이 서구의 과학적 연구방법론 이전에 이미 있었던 사유와 만날 수 있는 가능성을 지적하기 위함이다.

11 언어학에서 널리 알려진 소쉬르의 기호 그림은 흔히 기표와 기의가 하나의 원 안에서 그 중심을 가르는 직선 실선을 기준으로 위아래에 각각 놓여 있다. 이 그림은 소쉬르의 수업을 들은 제자들의 필기였는데, 그 필기가 세상에 알려진 이후부터 소쉬르의 자필 원고들이 속속 드러나면서 소쉬르가 기표와 기의의 관계를 여러 다른 그림으로 표현한 것이 드러났다. 새로운 그림들에서 주목할 특징은 원 안의 중심을 가르는 선이 실선이 아니라 점선이라는 점, 그리고 직선이 아니라 물결과 같은 곡선이라는 점 등이다. 이는 소쉬르가 기표와 기의의 관계를 일대일 대응이 아닌 상호창발의 관계로 여겼다는 증거로 해석할 수 있다. 자세한 이해를 위해서는 소쉬르의 일반언어학강의(CLG)의 제자 필기와 일반언어학노트(ELG)의 자필 원고 등을 참고하기를 권한다.

하는 맥락의 장이라면 그 표현은 품사의 분류, 통계 혹은 범주에 따른 일차적 정의 등의 이미지와 얽혀 들어갈 수 있겠지만, 만약 그 장이 종교적 경험 혹은 시적 경험의 장이라면 생명, 성장, 계보의 이미지[12]를 내포할 수 있는 것이다.

이처럼 언어 공동체 내에서 사람들이 처한 맥락과 언어 사용의 목적성에 따라 의미의 담지자로서 표현-가치는 다양한 방식으로 드러난다. 때로는 언어 표현이 특정한 식별 가능한 의미를 효율적으로 정의하고 가리키는 데 사용되기도 하지만(예로 위에서 본 국어사전 집필의 경우), 때로는 관습적인 사용이 제공하는 효율성을 벗어나거나 심지어 거부하는 언어 표현도 있다(예로 시인의 언어, 말투와 분위기). 즉 언어 표현은 언제나 반드시 어떤 의미를 가리키기는 용도로만 사용되는 것이 아니라 표현이 언제나 가치와 얽혀 있기 때문에 경우에 따라서는 표현이 무엇인가를 가리키는 역할을 할 때도 있는 것이다.

소쉬르는 언어현상의 이러한 특징에 주목하면서 체계로서의 언어와 말로서의 언어를 구분한다. 전자를 프랑스어로 랑그langue라고 하며, 후자를 파롤parole이라고 한다. 랑그는 한국어와 프랑스어처럼 언어 공동체 내에서 사용되는 고정적인 규칙들로서 언어 체계의 층위를 가리키는 반면, 파롤은 목소리를 통해 흘러나오는, 표현의 흐름으로서 말의 층위를 가리킨다.

소쉬르가 스스로도 고백했듯이 언어현상의 심오함은 그 끝을 알 수 없을 정도인데도 불구하고 앞서 설명한 기호 개념이나 랑

---

12 그리고 심지어 이 이미지는 사전적 의미의 이미지가 지닌 명료함과 정의 가능함의 성격과 정반대인 불분명함, 모호함, 애매함, 어렴풋함 등의 성격을 지닌 이미지일 수도 있다.

그와 파롤의 구분 등을 비롯하여 언어현상의 가능한 한 모든 측면을 드러내려고 시도했다. 그렇기 때문에 그가 남긴 방대한 원고들은 다양한, 때로는 서로 모순되는 해석을 낳았다. 예를 들어 똑같이 소쉬르 이론 중 차이의 원리를 해석하면서도 한편에는 차이에 기반한 랑그의 체계성과 고정성에 주목한 그레마스Algirdas Greimas가 대립항들의 상호연관성으로 짜여진 기호사각형의 개념을 주창한 반면, 다른 편에는 메를로퐁티가 차이들 사이의 틈 혹은 간극에 주목하여[13] 표현과 의미의 상호창발적인 면을 자신만의 사유로 재해석하기도 한다.

언어학 분야에 국한하여 소쉬르의 차이 이론이 차용된 경우는 대표적으로 다음의 두 가지를 들 수 있다. (1) 음성학으로부터 음운론으로 전환(음운론의 탄생), (2) 앙드레 마르티네André Martinet의 이중분절 개념.

우선 기존의 음성학은 일종의 경험주의적 강박에 입각하여 발화를 통해 발생하는 모든 소리를 있는 그대로 기록하는 작업에 집중했다. 네덜란드의 철학자 겸 언어학자 헨드릭 포스Hendrick Pos는 음성학 연구가 다양한 소리의 귀납적인 도출로서 일반성

---

13 차이들의 관계로 짜여진 구조에서 어떤 간극과 틈, 즉 어떤 사이를 바라보는 관점을 디디위베르만의 표현을 빌려 "사이로서 구조적인structurale comme entre"이라고 할 수 있을 것이다. 조르주 디디위베르만Georges Didi-Huberman, 《공기와 돌의 몸짓: 몸, 파롤, 숨결, 이미지Gestes d'air et de pierre : corps, parole, souffle, image》. Les Éditions de Minuit, 2005, 21쪽 참조. 참고로 차이가 아닌 사이로서 구조의 개념은 흔히 몸의 철학을 전개한 작업으로 해석되는 메를로퐁티의 〈행동의 구조〉에 대해 미학적인 해석을 여는 하나의 단초가 될 수 있다. 메를로퐁티의 소쉬르 해석에 대해서는 다음의 참고문헌을 권한다. 모리스 메를로퐁티, 《기호들Signes》, Gallimard, 1960. 《아메리카 학회들, 수업 준비 노트, 그 외 글들: 미간행 원고 2 (1947-1949)Conférences en Amérique, notes de cours et autres textes : Inédits II (1947-1949)》, Éditions Mimésis, 2022, 332-336, 427-436쪽.

을 인지하기만 했을 뿐, 그 일반성으로부터 무엇인가를 도출하지는 못했다고 지적한다.[14] 그는 음성학에서 음운론으로 전환에 있어 구조주의가 방법론적으로 핵심적인 역할을 한 까닭을 다음과 같이 설명한다.

구조주의는 정신 내면의 지위를 회복시켰다. 소리의 언어적 실재는 외부의 눈으로 관찰하는 방식으로 구성되는 것이 아니라, 말하는 주체의 정신과 이루는 내밀한 관계를 통해 구성된다는 것을 구조주의가 보여준다. 이 정신을 분석하는 것은 내면을 관찰하는 방식으로는 접근할 수 없지만, 정신을 통해 나오는 말이 지닌 의도적 성질을 드러낸다. 즉, 어떤 하나의 언어활동은 그것이 참여하고 있는 체계가 명령을 내리는 종류들에 맞춰 소리를 만들어낸다.[15]

소리를 있는 그대로 기록하는 작업에 충실한 음성학과 달리 음운론은 소쉬르의 차이 개념으로부터 차용한 변별적 자질들로 짜여진 체계를 바탕으로, 발화의 무한한 다양성을 유한한 수의 불변요소들에 기반한 여러 변이형으로 파악하는 이론적인 틀을 갖춘다.

다음으로 앙드레 마르티네는 소쉬르의 차이 개념에 입각해 분절articulation[16]의 원리를 자연언어의 핵심적인 특징으로 제시한다. 이 원리는 완전히 새로운 언어의 발화를 처음 접하는 상황을

14 헨드릭 포스, 《언어에 대하여 Écrits sur le langage》, SDVIG, 2013, 184-192쪽 참조.
15 위의 책, 186-187쪽.
16 이 개념어를 우리말로 보통 '분절'이라고 옮기는데 정확한 번역은 아니다. 프랑스어의 'articulation'은 단순히 분절된다는 의미 너머, 독립된 요소가 자신만의 방식에 따라 작동하는 활동을 가리키기 때문이다. 어원적으로는 해부학적으로 신체 관절 같은 부분들이 자신의 역할에 따라 작동하는 것을 가리키는 것에 기원한다.

가정하여 이해하면 되는데, 이때 처음에는 전혀 이해할 수 없던 언어를 이해해 나가는 과정에서 가장 처음으로 발생하는 단계가 바로 어떤 하나의 말소리가 다른 하나의 말소리와는 다른 뜻을 의미한다는 점을 파악하는 것이다. 그리고 이러한 말소리의 차이 중에 가장 작은 단위의 차이를 이해할수록 새로운 언어의 구조를 정확하게 알아가게 되는데, 이처럼 가장 작은 단위의 말소리-의미 차이가 나타나는 층위를 마르티네는 형태소의 1차 분절 층위라고 부른다. 1차 분절 층위에서 의미적으로 변별성을 띠는 특징을 파악한 이후에도 자연언어는 다시 한 번 더 분절을 겪는데, 그것이 바로 음소의 2차 분절 층위이다. 즉 인간의 자연언어는 형태소의 층위만큼 음소의 층위에서도 유한한 요소들의 조합으로 무한히 다양한 표현을 만들어낼 수 있다는 점에서 이중분절의 특성을 지닌다. 이는 자연언어를 형식논리언어 및 인공언어와 구분하는 결정적인 특성이다.

앞서 소쉬르의 차이 이론을 기호학에 적용한 그레마스의 예시를 들었는데, 그레마스는 프라하 학파가 야콥슨과 거리를 두면서 "서양의 구조주의"로 분류한 학자들에 속한다. 프랑스어권 학계에서는 1960년대부터 구조주의가 크게 유행한다. 그런데 비교적 독자적으로 구조적 사유를 전개한 소쉬르와는 달리, 그의 영향을 직간접적으로 받아 구조주의적 사유를 전개한 프랑스 전통의 학자들은 앞서 설명한 독일 전통과 소비에트 전통의 구조적 사유를 적극적으로 검토하고 활용했다.

구조적 사유의 여러 전통이 서로 영향을 주고받을 수 있었던 배경에는 구조주의가 본격적으로 유행하기 전인 1945년에 창

간된 《워드Word》의 역할이 컸다. 《워드》의 창간호는 돌이켜 보면 구조주의가 하나의 학술적 방법론으로서 그 지위를 인정받은 순간을 가리킨다고 할 수 있을 만큼 다양한 전통의 구조적 사유가 한자리에 모였는데, 수록된 논문들 가운데 주목할 연구들은 다음과 같다. 에른스트 카시러의 〈근대 언어학에서 구조주의〉(99-120쪽), 클로드 레비스트로스의 〈어느 서아프리카 부족의 드럼 신호 행위〉(217-238쪽), 에밀 방베니스트의 〈언어학 연구 국제 동향: 프랑스〉(298쪽), 토마스 시비옥의 〈언어학 연구 국제 동향: 벨기에〉(299쪽). 창간호 이후 3년으로 범위를 넓혀서 보면, 제4호까지 다음의 주요 논문들이 있다. 쿠르트 골드슈타인의 〈이름 짓기와 유사 이름 짓기〉(2호), 앙드레 마르티네의 〈언어학과 인공언어들〉(2호), 앙드레 마르티네의 〈언어과학 입문〉(3호), 로만 야콥슨의 〈러시아어 동사 변형〉(4호), 모리스 스와데시의 〈누트카족의 구조적 특성〉(4호).

이 가운데 특히 창간호에 실린 카시러의 논문[17]은 괴테의 게슈탈트 개념을 중심으로 구조주의적 사유의 계보를 추적한다. 그는 패러데이와 맥스웰의 전자기장 이론, 로만 야콥슨의 음운론 연구, 칸트와 그에게 영감을 얻은 훔볼트의 사유를 해석하면서 이들이 모두 인식론적으로 괴테의 게슈탈트 개념의 연장선상에 있다고 주장한다. 그가 보기에 괴테의 형태론 연구에서와 마찬가지로 이들 각각의 연구는 어떻게 개별적 요소가 그것이 속한 장 전체와의 연관성 안에서만 의미를 가질 수 있는지 탐구하고 있기 때문이다.

17 에른스트 카시러, 〈근대 언어학에서 구조주의Structuralism in Modern Linguistics〉, 《워드》, 1945, 99-120쪽.

칼 뷜러가 밝혔듯이 카시러는 그의 저작을 통틀어 단 한 번만 소쉬르를 언급하지만,[18] 구조주의에 대한 카시러의 관심이 무르익을 무렵, 만약 카시러가 이 논문을 발표한 1945년에 급작스러운 죽음을 맞이하지 않았더라면 소쉬르의 구조적 사유에 더 많은 관심을 가졌으리라고 짐작하는 것은 무리가 아니다.[19]

야콥슨과 레비스트로스, 그리고 구조주의

레비스트로스는 《친족의 기본 구조》(1949)와 《신화의 구조》(1958)에서 클라인의 군이론을 차용하고, 《슬픈 열대》(1955)와 《야생의 사고》(1962) 등 대부분의 연구에서 소쉬르의 차이 이론에 따른 구조적 분석을 적극적으로 전개하는 등 구조주의적 방법론을 인류학에 적용했으며, 그 방법의 학술적 정당성의 기초를 놓기 위해 방법론적 논의를 활발하게 전개했다. 그의 이러한 이론적 노력은 두 권의 논문 모음집, 《구조인류학》 제1권과 제2권에 선별되어 수록되었지만,[20] 여기서는 그의 다른 주요 저서

---

18 프랑수아 라스티에르, 같은 논문, 2018, 7쪽. 각주 11.

19 만약 카시러가 더 오래 살았다면 전개했을 법한 연구, 즉 독일 전통과 프랑스 전통의 기호학적 연관성 및 기호학의 인식론 내 중요성 등의 탐구를 현재 이어가고 있는 소수의 프랑스 연구자들은 이미 언급한 프랑수아 라스티에르, 장 라세그 외에도 이브마리 비제티Yves-Marie Visetti, 빅토르 로정탈Victor Rosenthal, 다비드 표트로브스키 David Piotrowski 등이 있으며, 이와 더불어 소비에트 전통의 기호학적 연구와의 연관성도 연구하는 안토니노 본디Antonino Bondi 등이 있다.

20 지면 관계상 여기서 자세히 다루지 않지만, 이 가운데 레비스트로스가 **게슈탈트** Gestalt 개념을 중심에 두고 아론 구르비치Aron Gurwitsch를 통렬하게 비판하는 내용인 《구조인류학》 1권의 16장, '15장에 덧붙임'에서는 게슈탈트 이론에 대한 레비스트로스와 구르비치의 이해가 극명한 차이를 보이면서 이 둘 사이의 관점 차이가 분

인 《신화론》 4부작 중 제4권 《벌거벗은 인간》의 마지막 장에 나타난 그의 관점을 간략히 살펴보고자 한다.

20여 년에 걸친 《신화론》 4부작 집필 기간을 마무리하는 《벌거벗은 인간》(1971)의 결론 부분인 마지막 장에서 레비스트로스는 사회과학으로서 인류학, 더욱 구체적으로는 신화 연구가 철학과 자연과학 사이에서 어떤 위치를 차지하는지 역설한다. 그가 생각하는 구조주의는 궁극적으로는 아무리 고유하고 개별적인 요소라 할지라도 그 의미를 설명하기 위해서는 그것이 속한 전체의 층위에서 일반성과 규칙성을 밝혀내는 것이 주된 목적이다. 예를 들어 모든 신화는 애초 어느 개인의 창조물인 것은 분명하지만, 신화는 공동체의 역사를 거치면서 일반화되는 성향을 띠기 때문에 개인의 창조물로서 (최초 형태의) 신화와 공동체의 이야기로서 (고정된 형태의) 신화는 성격의 차이가 아니라 정도의 차이만 지닌다. 이때 구조주의는 신화를 만들어내고 이야기하는 의식의 작동 가운데 개별적인 의식 자체가 아니라 개별적인 의식들을 아우르는 다른 층위의 의식이 있다는 것을 드러낸다.

이처럼 레비스트로스는 구조주의적 방법론을 통해 일견 이해 불가능해 보이는 공동체의 모습들이 (신화, 친족 체계 등) 지닌

명하게 드러난다. 〈신화론〉에서 괴테를 인용하기도 하는 레비스트로스의 게슈탈트 개념 이해에 대해 간단히 언급하자면, 그는 게슈탈트 개념에서 궁극적으로 모든 변이형을 관장하는 일반성으로 규칙에 주목한다. 그렇지만 카시러가 지적하듯, 괴테의 게슈탈트 개념에서 핵심 부분은 개별과 보편 사이를 잇는 어떤 특출난 개별적 경우가 드러내는 창발적인 힘의 중요성이며, 이를 통해 고유한 경우 안에 어떻게 개별성과 일반성이 공존하는지 나타냈다는 점에 있다. 카시러의 괴테 연구와 관련해서는 다음 참고문헌을 권한다. 에른스트 카시러, 《루소, 칸트, 괴테*Rousseau, Kant, Goethe*》, Princeton University Press, 1945.

저마다 고유한 합리성을 드러낼 수 있다고 믿었으며, 이렇게 나름의 논리가 증명된 공동체들은 나아가 다른 공동체들과 공유하는 일반성이 있다고 믿었다. 그의 관점에서 이러한 일반성은 "신화적 재료를 가지고 무의식적으로 작동하는 신비로운 정신"[21]이며, 이때 작동하는 정신은 "특정한 종류들의 논리적인 사고방식"[22]을 유지한다. 그렇기 때문에 모든 신화는 그 기저에 이러한 종류들의 논리성을 공통으로 기반하고 있으며, 겉으로 보기에 제각기 다른 형태들의 신화들은 구조주의적 분석을 통해 그 연관성이 드러날 수 있다.

구조의 논리와 합리성을 강조한 레비스트로스의 사상은 실존주의 철학에 대한 그의 비판으로 이어지는데, 그는 인식론적으로 볼 때 실존주의가 주체의 개별성을 알 수 없는 것으로 인정하는 편이 나았을 것이며, 따라서 실존주의의 오류는 "주체를 배제한 합리성보다 합리성을 배제한 주체를 선호한 것"[23]에 있다고 주장한다.

레비스트로스의 사상이 다소 이성주의적이고 합리주의적이라는 비판은 정당하지만,[24] 그가 다른 문화권의 공동체를 자신이

---

21 클로드 레비스트로스, 《신화론 4권: 벌거벗은 인간*Mythologiques 4: L' homme nu*》, Plon, 1971, 604쪽.
22 같은 곳.
23 같은 책, 614쪽.
24 레비스트로스의 《신화론》 제2권, 《꿀과 재*Du miel aux cendres*》는 도입부부터 언어의 구체적인 용법들이 그 언어가 가리키는 대상의 구체적인 문화적 성격과 (이미지, 물질성, 행위와 연동된 사용법 등) 얽혀 있다. 그러나 이처럼 레비스트로스의 탐구가 언어 활동을 감성적 세계와 연관시켰다고 해서 그가 감성 세계의 고유한 작동 원리인 의미의 창발성을 탐구했다고 보기는 어렵다. 레비스트로스는 개별 현상의 구체성을 존중하기는 했지만, 그것으로부터 어떤 보편성, 혹은 어떤 구조를 도출함으로써 현상이 고정되어 있는 방식에 주목했기 때문이다. 마찬가지로 그는 자연언어, 즉 랑그는 인간이 사용하지만, 인간에 종속되지 않고 완전히 독립된 층위에서 랑그가 독자적으로 작동한다고 봤다. 따라서 레비스트로스에게 구조란 일반성의 층위에서 작동

속한 문화권과 동등한 지위에서 이해하기 위한 이론적인 방법론을 제시했다는 점에서 그는 인류학과 사회과학 전반에 분명하게 기여했다. 다른 문화권에 대한 그의 관심은 그가 철학을 전공하던 학부생 시절 장자크 루소를 읽으면서 생겨났으며,[25] 그는 루소의 사상에 나타난 자연 상태에 가까운 어떤 공동체를 만날 마음으로 1935년에 브라질로 향해 그곳에서 약 3년을 지냈다. 그 이후 프랑스로 돌아온 그는 곧이어 나치를 피해 1941년에 뉴욕으로 향한다. 때마침 야콥슨 역시 전쟁을 피해 미국으로 망명했는데, 이 둘은 바로 이곳에서 처음 만났다.

당대에 야콥슨은 구조주의적 방법론을 차용하여 시 분석과 음운론을 발전시키는 작업에 집중한다. 위에서 살펴보았듯이, 러시아 형식주의 전통의 프라하 학파는 야콥슨을 "서양의 학자"로 분류하면서 그와 거리를 두었는데, 미국 학계에서 서서히 자리를 잡아가는 과정 중에 야콥슨은 프라하 학파의 시 분석 방법론과는 다른 독자적인 방법론을 고안하는 작업을 중요하게 여겼던 것으로 짐작할 수 있다. 야콥슨은 특히 소리와 의미가 결합하는 원리를 소쉬르의 차이 이론 및 구조적 사유로부터 차용하는데, 이는 우리가

하며, 그 작동이 체계를 갖춘 순간부터는 구체적인 현상으로부터 독립한다. 이러한 관점은 언어(특히 시적 언어)와 신화의 의미 창발적인 힘에 주목한 카시러의 관점과 대비된다. 레비스트로스와 카시러의 신화 연구에 대한 비교분석은 다음의 논문을 권한다. 로저 실버스톤Roger Silverstone, 〈에른스트 카시러와 클로드 레비스트로스. 신화 연구에 대한 두 가지 접근법Ernst Cassirer and Claude Lévi-Strauss. Two Approaches to the Study of Myth〉, 《Archives de sciences sociales des religions》, 1976, 25-36쪽.

25 외할아버지가 지휘자이기도 했듯이 예술적 기풍이 강한 집안에서 태어난 레비스트로스는 유소년기까지만 해도 음악가를 꿈꿨다. 처음에는 글쓰기, 지리학 등에 관심이 컸던 그는 학부 때 철학을 전공하던 도중 루소에게 감명을 받아 그 뒤 브라질로 떠나면서 인류학자로서 삶을 시작한다. 그는 예술 전반에 조예가 깊었으며, 이는 특히 마지막 저서 가운데 하나인 《바라보기, 듣기, 읽기Regarder, écouter, lire》에 나타난다.

앞서 살펴본 앙드레 마르티네의 이중분절 원리와 마찬가지로 보편적인 불변요소들을 발견하려는 탐구였을 뿐만 아니라(즉 음운론, 의미론), 상호주관성의 층위에서 의사소통이 이뤄지는 여러 구체적인 방식에 대한 탐구이기도 했다(의사소통 방식, 시의 문법 등).

이처럼 레비스트로스가 일견 이해 불가능해 보이는 공동체 모습의 구조를 이론화할 필요성을 느끼고 있을 때, 야콥슨은 일반성과 개별성의 관계를 불변요소에 기반한 변이형들에 대한 탐구인 음운론을 전개하고 있었으며, 이 둘은 구조주의적 기획이라는 공통의 인식론적 과제를 중심으로 학술적 교류를 이어간다.

야콥슨과 레비스트로스의 이러한 기획이 구체적인 공동 연구로 전개된 것이 보들레르의 시 〈고양이〉 분석을 주제로 한 공동 논문이다. 서한집에도 자세히 나타나듯이, 이 논문에서 레비스트로스는 어떤 하나의 체계가 만들어지면서 그 안의 요소들 사이의 관계가 고정되어 가는 모습을 보일 때, 그 체계를 고정시키는 구체적인 원리, 그리고 나아가 가능하다면 그 원리가 드러내는 어떤 보편 원리를 찾아보려고 시도한다. 더 구체적으로 말하자면, 그는 보들레르의 시를 분석하면서 시어들이 담고 있는 의미 혹은 이미지의 방향성, 추상성, 힘 등을 도식화하고, 그러한 도식 안 요소들끼리의 논리적인 관계를 드러내는 작업에 집중한다.[26] 시어에 대한 레비

---

26 이는 위에서 언급한 기호학자 그레마스의 기호사각형과 비슷한 방법론에 기반한 기획이다. 레비스트로스의 《가면의 길》(1975) 1부에는 그레마스 기호사각형의 도식과 같은 사각형 도식이 등장하기도 한다. 그렇지만 같은 세대에 속한 레비스트로스와 그레마스 사이에 이론적 연관성은 여전히 정확하게 밝혀지지 않았다. 이에 대해서는 다음의 논문을 권한다. 이벙 다로아리스Ivan Darrault-Harris, 〈그레마스/레비스트로스의 만남: 덧없는 결합?La rencontre Greimas/Lévi-Strauss: une convergence éphémère?〉, 《Actes Sémiotiques》, 2009, 112쪽.

스트로스의 이러한 구상은 음운론의 원리에 기반하여 소리와 의미를 결합한 야콥슨의 관점과 방법론적, 인식론적으로 일치한다.

조금 더 구체적으로 살펴보자면, 구조의 층위에서 시어를 논리적인 관계로 해석하는 시도는 언어의 의미가 일종의 코드code에 기반한다고 보는 음운론과 방법론을 공유한다. 음운론은 언어를 의사소통의 도구로 상정하며 언어의 의미를 코드로 설정한다.[27] 그리고 이러한 음운론자들이 보기에 기호의 자의성은 의사소통이라는 목적을 충실하게 돕는 역할을 한다. 왜냐하면 자의적으로 구성된 기호는 의사소통의 효용성과 경제성이라는 두 가지목적을 수행하기에 안성맞춤이기 때문이다.

구조주의를 너머: 언어현상 탐구의 새로운 시도

이러한 체계 혹은 장 안에서는 시어가 아무리 새로워도 그 궁극적인 존재 이유는 의사소통의 수단, 그 이상 그 이하도 아니다. 이러한 기획은 레비스트로스가 라벨의 〈볼레로〉를 분석할 때도 똑같이 발견된다.[28] 레비스트로스는 볼레로의 구조를 분석하면서 궁극적으로 "문제와 해결"의 관계로 곡 전체가 짜여 있다고 주장

---

27 위에서 앙드레 마르티네의 이중분절을 설명하면서 든 예시를 떠올리면 이해가 쉽다. 변별적 자질의 원리에 따라 음소의 체계를 구성하는 까닭은 각각의 변별적 요소에 정확하고 분명하게 대응하는 최소 의미 단위를 상정하기 위해서이다. 이때 정확하고 분명한 대응의 원리는 언어 활동을 본질적으로 의사소통의 도구로 바라보는 관점이 전제하는 핵심적인 원리이다.

28 클로드 레비스트로스, 〈모리스 라벨의 "볼레로"《Boléro》de Maurice Ravel〉, 《롬므》, 11/2., 1971, 5-14쪽.

한다. 이때 물론 화성적으로, 혹은 곡의 구성상 음의 형태들이 문제와 해결을 구성하는 것은 사실이나 작곡의 체험이 ─ 그리고 작곡가가 경험한 길을 따라가려는 청취의 체험이 ─ 문제와 해결이라는 논리적 구성으로 환원된다고 보기에는 음악적 체험의 생생한 감성적 층위를 충분히 드러내지 못하고 보류해 버리는 한계가 있다고 지적할 수 있다. 달리 말해, 아무리 〈볼레로〉의 구성이 논리의 차원에서는 문제와 해결의 구조로 짜여 있다 하더라도, 체험의 층위에서는 볼레로의 마지막 음을 들었을 때 이 곡이 깔끔하게 해결되었다고 느껴지지 않는 까닭이 무엇인지 되물을 수 있는 것이다. 도대체 언제 어디서부터 시작했는지, 언제 어디에서 끝나는지 도무지 알 수 없을 것처럼 느껴지는 〈볼레로〉의 멜로디는 음악적 체험 안에서는 영원히 해결되지 않는 수수께끼와 같은 잔향을 남기기 마련이다.

이처럼 감성적 세계(시, 음악 등)의 체험에 대한 구조주의적 접근은 방법론과 그 방법론이 적용되는 대상이 서로 어울리지 않는다는 한계가 있다. 그렇기 때문에 친족의 구성이나 가면의 구성에 대한 연구와는 달리,[29] 레비스트로스와 야콥슨이 보들레르의 시를 분석의 대상으로 삼았다는 점에서 어떤 면에서는 방

---

29 구조주의적 방법론을 생생한 체험의 층위에 적용하는 것의 어려움에 대해서 요란 소네손Göran Sonesson 또한 레비스트로스의 가면 연구가 엄밀한 의미에서는 구조주의적 방법론보다는 퍼스의 **가추법**abduction 논리를 따른다고 지적한다. 그 이유는 가면이라는 사물은 인간의 경험 가운데 가장 직접적으로 의미가 발생하는 것 가운데 하나, 즉 얼굴을 보고 마주하는 경험이라는 점에서, 순수한 상태 가면이라는 구조적 분석의 대상은 불가능하기 때문이다. Cf. 요란 소네손, 〈구조주의의 의미. 레비스트로스의 가면을 중심으로 구조와 게슈탈텐에 대한 고찰The meanings of structuralism. Considerations on structures and Gestalten, with particular attention to the masks of Lèvi-Strauss〉, 2012, 《세니 에 콤프레치오네Segni e compresione》, 78, 84-101쪽.

법론과 분석 대상이 서로 충돌하는 오류가 발생한다. 왜냐하면 랑그에 주목하면서 의미의 고정된 측면에 초점을 둔 분석 방법론은 시적 층위의 표현과 모든 면에서 충돌하기 때문이다(소리의 층위, 의미의 층위, 이미지의 층위 등). 예를 들어 듀크로는 그의 저서 《구조주의란 무엇인가? 1. 언어학에서 구조주의》[30]에서 언어학과 구조주의적 방법론의 여러 측면을 음운론 연구 등을 통해 검토한다. 그렇지만 그 책을 통틀어 시적 언어, 비유적 표현, 격언이나 속담 등 창조적 언어의 발생적 의미에 대해 검토된 부분은 없다는 점은 구조주의의 한계를 간접적으로 명시한다. 마찬가지로 듀크로가 이 책의 3장에서 의미론을 다룰 때 음운론을 기본 모델로 하여 그것에 의미론을 비교 대조하여 분석한다. 그러나 이처럼 음운론에 기반한 비교의 방식을 선택하는 순간, 그는 스스로 인정하듯이 음운론이 하나의 체계로서 확립되기 위해서 전제할 수 밖에 없었던 원리, 즉 구분과 분별의 원리를 그대로 이어받은 의미론에서 벗어날 수 없게 된다.

생생한 체험의 층위에 속하는 시의 언어는 그 언어현상을 논리적인 구조나 합리적인 틀로 환원시킬 수만은 없다는 면에서 그것을 대상으로 삼는 방법론을 제시하는 것이 얼핏 불가능해 보이기도 한다. 그러나 미학적, 현상학적 전통의 기호발생학적 방법론은 고정적 구조주의 방법론과는 다르게 시어의 의미 발생 순간에 경험되는 표현과 감성의 층위에 접근할 수 있는 가능성을 보여준다. 그러한 류의 기호발생학적 방법론은 (의미의) 기호

---

30 오스왈드 듀크로Oswald Ducrot, 《구조주의란 무엇인가? 1. 언어학에서 구조주의 *Qu'est-ce que le structuralisme? 1. Le structuralisme en linguistique*》, Édition du Seuil, 1968.

적 발생sémiogenèse 혹은 미시적 발생microgenèse 현상에 주목하는데, 여기서 그 이론의 자세한 세부 내용을 소개[31]하는 대신, 그러한 방법론과 방향을 공유하는 시 탐구를 간략하게 소개하고자 한다.[32] 이를 통해 구조주의 방법론이 바라보는 관점과는 다른 측면에서 언어현상의 또 다른 다양한 의미들이 드러날 수 있다.

프랑스 철학자 카테린 킨츨러Catherine Kintzler는 피에르 캉피옹Pierre Campion이 분석한 말라르메의 시의 예시를 다음과 같이 든다.

피에르 캉피옹은 자신의 책 《말라르메》에서 말라르메의 시 하나를 분석하는데, 나는 그것을 예시로 들기 좋아한다:

Toute l'âme résumée	마음은 통째로 정리된다
Quand lente nous l'expirons	느릿하게 날숨을 내쉴 때

31 앞서 언급한 이브마리 비제티, 빅토르 로젠탈, 장 라세그의 다음의 공동 논문에는 이 방법론의 핵심적인 면이 논의되어 있으니 관심 있는 독자는 참고하기를 권한다. 장 라세그, 빅토르 로젠탈, 이브마리 비제티, 〈의미의 기호적 경제성과 언어의 계통 발생Économie symbolique et phylogenèse du langage〉, 《롬므》, 2009, 192쪽.

32 장 프랑수아 비예테Jean François Billeter, 로랑 제니Laurent Jenny, 피에르 알페리Pierre Alféri 등의 저서도 같은 취지에서 소개할 수 있었으나 지면 관계상 생략한다. 관심 있는 독자들에게는 다음의 참고문헌을 권한다. 장 프랑수아 비예테, 《패러다임Un paradigme》, 2012, Éditions Alia. 로랑 제니, 《독특한 말La parole singulière》, 1990, 피에르 알페리, 《문장 찾기Chercher une phrase》, Christian Bourgois, 2007. 이 가운데 알페리의 좋은 문장들을 소개한다.

지나고 나서 돌아보면 문장이라는 것은 마치 정말이지 이미 겪고 난 경험에 대해서 말하고 있었던 것이 아닌가 하게 된다. 문장은 다른 경험의 가능성은 전혀 알지 못하는 바로 그 경험에 어떤 형태를 강요한다. 그리고 이와 똑같은 이유로, 어떤 형태는 그것을 만들어내는 문장이 있기도 전에 이미 스스로를 강요한 듯 보인다. _41쪽

명쾌한 문장은 그것과 함께 어떤 공동의 가능성을 실현시키는 진부한 문장들 위로 새로운 빛을 드리운다. _60쪽

Dans plusieurs ronds de fumée	동그란 연기 모양 여럿
Abolis en autres rond	잇따른 연기에 밀려 사라진다
Atteste quelque cigare	시가 몇 대에 드러나듯
Brûlant savamment pour peu	잠시나마 훌륭하게 타오르며
Que la cendre se sépare	재는 이별을 고한다
De son clair baiser de feu.	불과 빛나는 입맞춤을 하며[33]

이 시를 잠시나마 진지하게 읽어보면 "정리된 résumée"이라는 단어가 흔히 통상적으로 사용되는 의미로만 (즉 요약의 의미) 읽히는 것이 아니라 어떤 변신을 가리키기도 한다는 점이 나타난다. 즉 사라지는 동그란 모양의 연기들은 그 연기를 내쉬는 이의 마음에 다시 차오른다. 정리한다는 것은 다시 재개한다는 것이기도 하며, 그렇기 때문에 지우고 붕괴시키는 것이기도 하다. 그러므로 이 시는 그것을 읽는 체험을 통해 나에게 프랑스어를 가르쳐주고 프랑스어 안에서 어떤 묘함을 느끼게 해주는 힘이 있다. 내가 흔히 사용하는 의미의 습관으로부터 멀어지게 함으로써 이 시는 나에게 하나의 언어를 가르쳐주고 하나의 언어를 내게 드러낸다.[34]

앞서 소쉬르의 기호 이론을 설명하면서 암시했듯이, 낭송되는 시의 말소리에 실린 어느 시어 표현 하나는 그것을 체험하는 이에

---

33 참고로 말레르메 시의 전문은 이보다 길다.
34 카테린 킨츨러, 〈왜 우리는 음악에서 해석을 과대평가하는가? 알파벳 해독 모델과 글렌 굴드의 예시 Pourquoi survalorisons-nous l'interprétation en musique? Le modèle alpha-bétique et l'exemple de Glenn Gould〉, 2017, http://www.mezetulle.fr/survalorisons-lin-terpretation-musique/.

게 고유한 이미지로 조금씩 어렴풋하게 드러나기도 한다. 그리고 이 이미지는 제아무리 같은 사람이 같은 시어를 읽을 때라도 변화무쌍하게 변신하기도 한다. 구조주의 방법론에서 모든 변이형을 관장하는 불변요소의 구조를 구성하는 태도와는 정반대로, 때마다 변신하는 의미의 모습이 띠는 각양각색의 다채로움을 있는 그대로 받아들이면서 기호가 창발하는 순간 기표와 기의 사이의 그 어떤 낯섦과 새로움이 드러내는 의미의 층위에 주목하는 이 창발적 방법론은, 시적 체험을 연구하는 새로운 관점을 제시한다.

끝으로 페트라르카 Francesco Petrarca에 대한 카시러의 통찰을 인용하면서, 언어현상의 무궁무진함 앞에서 각각 저마다의 태도로 첫 확신을 찾아나선 구조주의적 방법론과 기호발생학적 방법론이 향유한 공동의 탐구 의의를 짚고자 한다.

서정시의 감수성은 마음에 실재하는 것과 상반되는 것을 자연에서 보기보다는, 자연 속 모든 곳에서 마음의 흔적과 울림을 느낀다. 그렇기 때문에 페트라르크에게 하나의 풍경은 내 자신의 살아 있는 거울과도 같은 것이 된다. 자연은 그 자체를 어떤 대상으로서 연구하고 묘사하기 위해 거기 있는 어떤 것이 아니다. 자연에 어떠한 가치가 있다면, 그것은 오직 근대적 인간이 자기 자신을 위해, 즉 내면의 무한한 생동력과 다양성을 위해 자연으로부터 어떤 새로운 표현 방식을 찾아냈기 때문이리라.[35]

---

35 에른스트 카시러, 《전집 제14권 *Gesammelte Werke 14*》, 1998-2009, Felix Meiner Verlag, 165-166쪽.

야콥슨과 레비스트로스의 만남을 이 짧은 글로 모두 설명할 수는 없지만, 그들의 공통된 인식론적 문제의식이 구조주의의 사상사적 흐름 안에서 대략적으로나마 어떤 위치에 놓여 있는지 소개할 수 있었다면 이 글은 제 역할을 다 했다. 비록 생전 누구는 언어를, 다른 누구는 신화와 공동체의 모습을 더 깊이 들여다보았을지라도 그들은 똑같이 알고 있었을 것이다. 치열하게 들여다본 만큼, 어쩌면 딱 그 정도만큼, 그 들여다봄으로 인해 보이지 않게 된 수수께끼는 영원히 말하리라는 것을. 신비를 찬미하는 입술에는 영원한 숨도 모자라다는 것을. 그렇기 때문에 이 둘은 기꺼이 썼을 것이다. 알 수 없는 것을 두려워하지 않는 벗에게. 알지 못하는 것을 아끼는 벗에게. 벌거벗은 벗에게. 수수께끼로서 벗에게. 벗으로서 수수께끼에게.

이제 이 서한집을 통해, 야콥슨과 레비스트로스가 서로 주고받은 수많은 편지에 담긴 표현들의 숨결 속에서, 그들의 마음에 깃들었던 한때의 확신과 분명함, 한때의 낯섦과 묘함을 따라가며 그 여정을 함께 체험할 수 있기를 바란다.

2023년 8월
김성재

야콥슨과 레비스트로스의 삶과 주요 연구

배경 사건	로만 야콥슨	클로드 레비스트로스
1869년 쥘 프랑수아 펠릭스 위송의《고양이, 역사, 풍속, 관찰, 일화 *Les chats: histoire-moeurs-observations-anecdotes*》출간.		
1872년 펠릭스 클라인의 에를랑겐 프로그램 발표 (〈최신 기하학 연구 비교분석 *Vergleichende Betrachtungen über neuere geometrische Forschungen*〉).		
1884년 프리드리히 엥겔스의《가족, 사유재산 및 국가의 기원 *Der Ursprung der Familie, des Privateigentums und des Staates*》출간.		
1894년 6월 7일 윌리엄 휘트니가 세상을 떠나다 (67세).		
1894년 칼 폰 덴 슈타이넨의《브라질 중부지역 원주민들 사이에서 *Unter den Naturvölkern Zentral-Brasiliens*》출간.		
	1896년	
	10월 11일 모스크바 출생. 유대인 가문에서 삼 형제 중 장남으로 태어나다.	

1906년부터 1914년까지

모스크바의 라자레프 동양 연구소에서 수학하다.

1908년

11월 28일 브뤼셀 출생. 유대인 가문에서 태어나다.

1911년

빌렘 마태지우스의 《언어현상이 지닌 잠재력 *O potenciálnosti jevů jazykových*》 출간.
인류학자 프란츠 보아스의 《아메리카 원주민 언어 입문서 *Handbook of American Indian languages*》 출간.

1913년

2월 22일 페르디낭 드 소쉬르가 세상을 떠나다(55세).

이 무렵, 스테판 말라르메의 시 〈사라지는 레이스 Une dentelle s'abolit〉(1893)를 러시아어로 옮기다(〈Кружеваистлевают…〉).

1914년

4월 19일 찰스 샌더스 퍼스가 세상을 떠나다(74세).
제1차세계대전 발발.

모스크바 대학의 슬라브-러시아 학과에 입학.

1915년

모스크바 대학의 학생들을 중심으로 모스크바 언어학회 창립.

알랴그로프Aljagrov라는 가명으로 두 편의 시를 발표하다(1916년, 소책자로 출판). 러시아 미래주의식 자음Zaum 시를 시도하면서 이를 계기로 미래주의 시인들과 친분을 맺다. 이후 러시아 미래주의에 대한 글과 시를 꾸준히 발표하다.

1916년

페르디낭 드 소쉬르의 강의를 제자들이 받아 적은 《일반 언어학 강의*Cours de linguistique générale*》 출간.

1917년

3월 제네바에서 페르디낭드 소쉬르의 수업을 듣고 모스크바로 돌아온 세르게이 카르체브스키가 동료들에게 소쉬르의 언어이론을 전파하다.

1918년

모스크바 대학 졸업. 1920년까지 모스크바 대학에서 근무하다.

1919년

뉴욕에 '사회연구 뉴스쿨' 설립.

1920년

12월 프랑스 공산당 창립.

전쟁 포로를 송환하는 임무를 맡은 적십자 미션의 일환으로 체코슬로바키아 프라하에서 통역자로 활동하다. 그 후 체코슬로바키아 소비에트 대사관에서 근무하다.

1921년

〈예술에서 사실주의О худо-жественном реализме 〉를 발표하다.

1923년

에른스트 카시러의《상징형식의 철학*Die Philosophie der symbolischen Formen*》1권 출간. (2권 1925년, 3권 1929년 출간)

1월 당국의 경찰이 그를 간첩으로 의심하다. 같은 시기, 대사관의 공보부장으로 임명되다.

1924년

모스크바 언어학회 활동 중단.

1925년

에른스트 카시러의《언어와 신화*Sprache und Mythos*》출간.

가을 콩도르세 고등학교 입시반에 들어가다. 그러나 고등사범학교 입시 전에 불과

프랑스 국립 민족학 연구원 설립(원장: 마르셀 모스, 뤼시앙 레비브륄).
펠릭스 클라인이 세상을 떠나다(76세).
마르셀 모스의 〈증여론Essai sur le don. Forme et raison de l'échange dans les sociétés archaïques〉논문 발표.

1년 남짓 만에 입시반을 그만두다.

1926년

10월 프라하 언어학회 창립.

소르본 대학에 등록하여 1929년까지 철학, 법학을 공부하다. 1929년에는 정치학도 배우다.

1927년

9월 볼셰비키 공산당의 결정에 따라 야콥슨은 대사관에서 물러난다. 그럼에도 1928년 12월까지는 대사관에서 근무를 이어나간다.

1928년

블라디미르 프롭의 《민담 형태론Морфология сказки》 출간.
마거릿 미드의 《사모아의 청소년: 원시사회 청소년들에 대한 서구 문명을 위한 심리학적 연구Coming of Age in Samoa:A Psychological Study of Primitive Youth for Western Civilisation》 출간.
헤이그에서 제1회 세계언어학자 대회 개최.

유리 티냐노프와 공동논문, 〈문학적, 언어학적 연구의 문제들Проблемы изучения литературы и языка〉 발표.

1929년

볼프강 쾰러의 《게슈탈트 심리학Gestaltpsychologie》출간.
10월, 프라하에서 슬라브어 문헌 학자 대회 개최.
프라하 언어학파의 선언문 발표.
발렌틴 볼로시노프의 《마르크스주의와 언어철학Марксизм

《다른 슬라브 언어들과 비교한 러시아어의 음운론적 진화에 대한 생각들Remarques sur l'évolution phonologique du russe comparée à celle des autres langues slaves》 출간.
표트르 보가티례프와 공동 논문, 〈창의력의 특수한 형

и философия языка》 출간.	태로서 민담Die Folklore als eine besondere Form des Schaffens〉 발표. 프라하 언어학파 선언문 작성에 참여하다.	

1930년

프라하 국제 음성학대회 개최.	프라하독일 대학에서 〈세르비아-크로아티아 민속서사시의 운문구조Über den Versbau der serbokroatischen Volksepen〉로 박사학위 취득.	

1931년

제1회 제네바 언어학자 대회 개최. 1958년까지 총 여덟 권 분량의 C. S. 퍼스 전집 출간.	〈언어들 간의 음운론적 연관성Über die phonologischen Sprachbünde〉 논문 발표. D. 스브야토폴과 공동논문 〈자신의 시인들을 죽낸 세대О поколении, растратывсем с воих поэтов〉를 발표. 이후, 체코 브르노에 있는 마사리크 대학에 부임하여 1933년부터 슬라브어 문헌학을, 1936년부터 중세 체코 문학을 가르치다.	10月부터 스트라스부르에서 군 복무. 군 복무에 앞서 마르셀 모스에게 만남을 청하는 짧은 편지를 보내다.

1932년

		디나 드레퓌스와 결혼. 이듬해, 클로드는 랑에 있는 빅토르두뤼 고등학교에, 디나는 아미앙에 두 사람 모두 철학 교사로 부임하다.

1933년

프란츠 보아스의 제자인 브라질 역사학자 질베르투 프레이르의 《주인과 노예Casa-Grande e Senzala》 출간. 제3회 로마 언어학자대회 개최.	〈영화의 몰락?Úpadek filmu?〉 논문 발표.	

1934년

칼 뷜러의 《언어이론Sprachtheorie. Die Darstellungsfunktion der Sprache》 출간.	〈시란 무엇인가Co je poezie〉 논문 발표.	가을 고등사범학교 원장 셀레스탕 부글레의 권유로 상파울루 대학 사회학과 교수

루스 베네딕트의 《문화의 양식들Patterns of Culture》 출간

직에 지원하며, 1935년 2월에 브라질로 오라는 제안을 받아들이나.

1935년

제2회 런던 음성학대회 개최. 프라하 언어학파가 비엔나 학파의 분석철학자 루돌프 카르납을 초청하여 연구 교류하다.
게슈탈트학파의 주요 저서 가운데 하나인 쿠르트 코프카의 《게슈탈트 심리학Principles of Gestalt Psychology》 출간.

스바타나 피르코바와 결혼. 〈시인 파스테르나크의 산문에 대한 짧은 생각들Randbemerkungen zur Prosa des Dichters Pasternak〉 논문 발표.

2월 4일 브라질로 떠나 그곳에서 4년을 지내다. 상파울루에 거처를 잡고, 1934년 1월에 설립된 상파울루 대학에 부임하다. 고물상점에서 독일 자판 타자기를 구매 후, 약 20년간 사용하다. 이후 《슬픈 열대》도 이 타자기로 집필한다.
11월부터 약 두 달간 보로로족과 카두베오족등이 사는 브라질 내륙지역, 마투그로수로 답사를 다녀오다. 동료와 부인 디나도 동행하다.

1936년

6월 13일 발렌틴 볼로시노프가 세상을 떠나다(40세). 코펜하겐에서 제4회 언어학자대회 개최.

겨울 파리로 돌아와 인류박물관의 학술후원으로 브라질 답사 전시회를 열다. 이후, 여러 세미나와 학회에서도 같은 주제로 발표하다.

1937년

프랑스 인류박물관 설립. 폴 기욤의 《형태의 심리학La Psychologie de la forme》 출간.

체코 국적 취득.

3월 브라질로 돌아가 11월까지 강의하다. 브라질의 복잡한 정치적 상황 안에서 공산주의자로 몰려 간섭을 받다. 브라질 원주민에 대한 파리의 호응을 계기로 상파울로 대학을 그만두면서 박사학위를 준비하는 구상을 하다. 11월, 프랑스로 돌아가다.

1938년

니콜라이 트루베츠코이가 세상을 떠나다(48세). 같은 해, 프라하 언어학파의 활동이 중단되다.

5월 다시 브라질로 돌아가 동료들과 남비콰라족 답사를 다녀오다. 첫째 답사보다 더 야심찬 둘째 답사는 레비스트로스만이 끝까지 수행한다.

1939년

트루베츠코이의 《음운론의 원리Grundzüge der Phonologie》 출간.
1월 프란츠 보아스와 알프 레드 메트로가 브라질 산투 스에서 처음으로 만나다.
9월 제2차세계대전 발발.

3월 나치군이 체코 영토에 진입하자, 아내와 함께 즉 시 프라하로 이동, 출국 비 자가 발급되기까지 한 달가 량 숨어 지내다.
4월 23일 코펜하겐으로 망 명하여 코펜하겐 대학에서 가르치다.
9월 초 오슬로의 비교문화 연구소로 자리를 옮기며 노 르웨이 학술원 정회원으로 선출되다.

1월 모든 답사를 마치고 상 파울루로 돌아가다
3월 파리로 돌아가다. 프랑 스에도 전쟁의 어둠이 서서 히 드리우다. 이 무렵, 디나 와 이혼하고, 로즈마리 울모 를 알게 되다.
전쟁에 불려 나가 전보 관 련 임무를 맡다.

1940년

5월 나치의 프랑스 침공. 두 달도 못 버틴 프랑스는 항복을 선언하며 비시 프랑 스 정부가 수립되다.
록펠러 재단이 유럽 학자들 을 위한 긴급 프로그램을 신설하다. 뉴스쿨의 총장 앨빈 존슨이 재단측과 긴밀 히 협조하다. 야콥슨과 레 비스트로스는 모두 이 프로 그램에 선발되어 같은 시기 에 뉴욕에 도착한다.

4월 나치 침략 소식이 들리 자마자 즉시 웁살라로 망명 하다. 웁살라 대학에서 강의.

7월경 프랑스 남부로 피신 하다.
1940-1941년 파리의 앙리 4세 고등학교에서 철학을 가르치는 일을 제안받지만 갈수록 심해지는 유대인 탄 압으로 프랑스에 남을지 고 민하다.
버클리 대학의 로버트 로위, 예일 대학의 알프레드 메트 로와 존 길린, 조르주 드브 르, 스미소니언 재단의 줄 리언 스튜어드의 추천서, 그 리고 파울로 두아르테의 도 움에 힘입어 록펠러 재단의 프로그램에 선발되다.

1941년

멜빌 헤르스코비츠의 《미국 흑인종의 과거라는 신화The Myth of the Negro Past》 출간.

5월 미국으로 향하는 배에 올라 6월 4일 뉴욕에 도착. 이듬해, 프랑스와 벨기에에 서 망명한 연구자들이 세운 자유고등연구원에 부임하 여 1946년까지 가르치다.
〈유아어, 실어증, 그리고 음 운론적 보편소Kindersprache, Aphasie und allgemeine Lautge- setze〉

2월 몽플리에서 배를 타 고 뉴욕으로 떠나 5월 28일 에 도착하다.
뉴스쿨에 재직하다.
1947년까지 뉴욕에 거주 하다.

1942년

2월 14일 자유고등연구원 (ELHE)가 뉴욕에 세워지다. 12월 21일, 프란츠 보아스가 세상을 떠나다(84세). 컬럼비아 대학의 '패컬티 클럽' 모임 도중 레비스트로스, 보아스의 딸, 컬럼비아 대학 동료들이 있는 자리에서 급작스럽게 사망하다.

신설된 자유고등연구원에 참여하며, 1944년에는 사무총장을 역임한다. 이곳에서 철학, 사회학, 민족학 등을 강의하며 학자들과 활발하게 교류한다.

자유고등연구원에서 야콥슨과 레비스트로스가 학자들에게만 허용된 서로의 세미나를 청강한다. 1942년부터 1945년 사이에 이 둘은 활발하게 교류한다. 이 시기에 야콥슨은 레비스트로스를 프란츠 보아스, 레이몽 드 소쉬르, 에른스트 크리스, 루돌프 로웬슈타인, 르네 스피츠 등에게 소개한다. 레비스트로스는 야콥슨을 통해 언어학의 진면목을 알아보며 구조주의적 사유로부터 영감을 받는다.

1943년

12월 20일 티냐노프가 세상을 떠나다(49세). 장폴 사르트르의 《존재와 무 L'Être et le Néant: Essai d'ontologie phénoménologique》 출간. 루이 옐름슬레우의 《언어이론입문-Omkring sprogteoriens grundlæggelse》 출간.

1943년부터 1946년까지 컬럼비아 대학 언어학과 방문교수.

1944년

빅토르 발루아의 《인종들 Les Races humaines》 출간. 존 폰 노이만, 오스카 모르겐슈테른의 《게임 이론과 경제 행위 Theory of Games and Economic Behavior》 출간. 칼 폴라니의 《대변형 The Great Transformation》 출간.

뉴욕언어학회, 그리고 이 학회의 학술지 《워드 Words》 창간에 참여하다.

1945년

4월 12일 빌렘 마테지우스가 세상을 떠나다(62세). 4월 13일 에른스트 카시러가 세상을 떠나다(70세). 8월 14일 세계대전 종전. 모리스 메를로퐁티의 《지각의 현상학 Phénoménologie de la perception》 출간. 국제학술지 《워드》 창간호 발행.

1월 전쟁에도 불구하고 프랑스에 도착하여 1945년 5월까지 머무르다. 앙리 로지에의 노력으로 새로운 모습으로 태어난 문화관계국에서 근무하다. 미국으로 떠나기를 희망하는 이들이 이 작은 사무실을 방문하는데 그중에는 모리스 메를로퐁티도 있었다.

레비스트로스, 에른스트 카시러, 에밀 방베니스트, 토머스 시비옥 등이 참여하다.		12월 뉴욕 주재 자유프랑스 문화참사관에 임명되다.

1946년

	컬럼비아 대학에 신설된 체코슬로바키아 학과에 첫날부터 합류하다.	4월 16일 뉴욕에서 로즈마리 울모와 결혼하다. 로즈마리가 두 아이를 데리고 오다.

1947년

11월 19일 라마디에 내각이 실권하면서 공산당이 정부에서 완전히 떠나다.		〈친족의 기본 구조Les Structures élémentaires de la parenté〉 집필 완료. 3월 16일 첫째 아들 로랑 출생. 가을 가족과 함께 프랑스로 돌아가다. 1947년 말부터 1949년 3월까지 프랑스 국립 과학연구원(CNRS)에서 근무하다.

1948년

2월 프라하 쿠데타 발생. 노버트 위너의 《사이버네틱스Cybernetics》 출간.	이고르 신화에 대한 앙드레 마종의 가설을 반박하는 글을 발표해 정치적인 반향을 불러일으킨다. 특히 컬럼비아 대학 학생들은 그가 공산주의와 결탁했다며 탄압하는데, 이에 못 이겨 1949년 대학을 떠난다. 12월, 자동차 사고를 당하다.	〈남비크와라 원주민들의 가족생활과 사회생활La vie familiale et sociale des Indiens Nambikwara〉 논문 발표. 6월 5일 소르본 대학에서 박사학위 심사를 통과하다. 이듬해 논문은 《친족의 기본 구조》로 출간된다. 박사학위 취득 후, 인류박물관장 리베의 후임 자리, 콜레주 드 프랑스의 자리 등에 지원하지만 별다른 소득을 거두지 못하다.

1949년

클로드 섀넌, 워런 위버의 《수학적 커뮤니케이션 이론The Mathematical Theory of Communication》 출간.	《워드》에 존 로츠와 공동논문, 〈프랑스어 음운 구조에 대한 고찰Notes on the French Phonemic Pattern〉 발표 1949년부터 1965년까지 하버드 대학의 일반언어학과, 슬라브 어문학과 교수로 재직하다.	코이레가 주관한 저녁 식사 자리에서 라캉을 만나다. 라캉의 소개로 모니크 로망을 알게 되다.

1950년

2월 11일 마르셀 모스가 세상을 떠나다(77세). 레비스트로스는 청년 시절부터 모스의 노년까지 편지를 주고 받는 사이였다.
페르낭 브로델이 콜레주 드 프랑스에 선출되어 부임하다.
알렉상드르 코이레의 《러시아 철학사 연구*Études sur l' histoire de la pensée philosophique en Russie*》 출간.
글래디스 레이처드의 《나바호 종교: 상징 체계 연구 *Navaho Religion: A Study of Symbolism*》 출간.

《마르셀 모스 입문*Introduction à l' œuvre de Marcel Mauss*》 출간.

1951년

5월~6월 유네스코에서 '국제 철학, 인문과학 연구 협의회' 회의 개최.

로즈마리와 이혼하다.
1951년 초 실천고등연구원*École pratique des hautes études*, 제5분과(종교과학)에 부임하다.

1952년

모리스 메를로퐁티가 콜레주 드 프랑스에 선출되어 부임하다.
6월 뉴욕에서 베너그렌 재단 주최로 학회가 열리다. 이곳에 레비스트로스, 마거릿 미드, 알프레드 그로버, 로버트 로위, 줄리안 스튜어드 등도 참여하다.
피에르 오제의 《미시적 인간 *L' homme microscopique*》 출간.
7월 인디애나주 블루밍턴에서 '인류학자와 언어학자들의 학회'가 열리다. 레비스트로스가 참여하여 발표하다.

11월 미국 국적을 취득하다. 모리스 할레, C. G. M. 판트와 공동논문 〈발화 분석 기초연구*Preliminaries to Speech Analysis*〉 발표.

《인종과 역사*Race et Histoire*》 출간.

1953년

롤랑 바르트의 《글쓰기의 0도*Le Degré zéro de l' écriture*》 출간.

이 무렵, 야콥슨이 제안한 기획에 따라 MIT가 이끌고 포드 재단이 재정적으로 후원하는 국제 학술 프로젝트가 구상되다. 야콥슨은 이 프로젝트를 통해 다양한 학술분과에서

자크 라캉의 《로마 강연 Le Discours de Rome》 출간.

뛰어난 학자들의 연구를 모은 연구서를 내고자 한다. 그는 레비스트로스에게 "사회과학 분야에서 수학적 경향" 부분을 맡기고자 한다. 이러한 구상의 일환으로 1953년 3월부터 매주 수요일 오후 6시 30분에 파리에서는 세미나가 열렸는데, 이곳에 레비스트로스를 비롯하여 수학자 조르주 길보, 영국 수학자이자 이론물리학자 로저 펜로즈 경, 심리학자 장 피아제, 자크 라캉, 에밀 방베니스트 등이 참여하다. 야콥슨의 이 기획은 실제 결과로 이어지지 못해 책이 나오지 않지만, 이 모임의 후기 성격의 보고서가 발표되기도 한다.

1953년 가을, 당시 하버드 대학에 재직 중이던 야콥슨은 탤컷 파슨스와 힘을 모으며, 하버드 대학은 레비스트로스에게 정년 보장 정교수 자리를 제안한다. 이 제안의 구체적인 조건들은 당시로서는 보기 드물게 훌륭했지만, 레비스트로스는 제안을 받아들이지 않는다. 이러한 결정의 배경에는 레비스트로스가 프랑스를 떠나고 싶지 않은 개인적인 이유 및 당시 그의 작업이 영국 학계에서 크게 인정받고 있었다는 점 등이 복합적으로 작용했을 것으로 추정된다.

1954년

에밀 방베니스트의 〈일반언어학의 최근 경향 Tendances récentes en linguistique générale〉 논문 발표.

모니크 로망과 결혼하다.

1955년

《슬픈 열대 Tristes Tropiques》 출간.

1956년

모리스 할레와 공저인 《언어의 토대 Fundamentals of Language》 출간.
1957년부터 MIT 교수도 겸하다. 이곳에서 닐스 보어와 함께 세미나를 진행하다.

《슬픈 열대》의 성공을 목격한 가스통 갈리마르는 레비스트로스와 출판 계약을 희망한다. 그러나 서로의 의견 차이가 극명하게 드러나면서 레비스트로스는 플롱 출판사와 계약하다.

1957년

로베르트 고델의 《페르디낭 드 소쉬르의 일반 언어학 강의의 미간행 원고 원전 Les sources manuscrites du Cours de linguistique générale》 출간.
로버트 고든 와슨, 발렌티나 와슨의 《버섯, 러시아, 그리고 역사 Mushrooms, Russia and

둘째 아들 마티유 출생.

History》출간.
촘스키의 《변형생성문법의 이론Syntactic Structures》출간.

1958년

3월 21일 폴 리베가 세상을 떠나다(81세).
11월 30일 메를로퐁티가 콜레주 드 프랑스 교수회의에서 "사회인류학 교수직 신설을 제안하는 보고서"를 발표하다.

《구조인류학 1 Anthropologie structurale 1》출간.

1959년

조르주 뒤메질의 《게르만인들의 신Les dieux des Germains: Essai sur la formation de la religion scandinave》출간.

《슬라브어 언어학과 시학 International Journal of Slavic Linguistics and Poetics》국제학술지를 만들면서 편집장을 맡다.
〈번역의 언어학적 측면들 On Linguistic Aspects of Translation〉논문 발표.
〈문법적 의미에 대한 보아스의 관점Boas' View of Grammatical Meaning〉논문 발표.

콜레주 드 프랑스에 선출되어 1960년에 부임하다.

1960년

토마스 시비옥의 《언어에서 스타일Style in Language》출간.
한스 게오르크 가다머의 《진리와 방법Wahrheit und Methode》출간.
앙드레 마르티네의 《일반언어학의 요소들Éléments de linguistique générale》출간.

〈언어학과 시학Linguistics and Poetics〉논문 발표.

1961년

민족학, 언어학, 지리학 등을 다루는 《롬므L' Homme》학술지 창간. 레비스트로스, 피에르 구루, 에밀 방베니스트가 공동편집장을 맡다.
5월 3일 모리스 메를로퐁티가 심장마비로 세상을 떠나다(53세).

1962년

토머스 쿤의 《과학혁명의 구조 The Structure of Scientific Revolutions》 출간. 장피에르 베르낭의 《그리스적 사유의 기원 Les Origines de la pensée grecque》 출간. 빌럼 노믄의 《"구약의 비밀"의 운율 형태들에 대한 연구 Étude sur les formes métriques du "Mystère du vieil Testament"》 출간. 세자르 알비제티, 앙젤로 벤투렐리의 《보로로 백과사전 Enciclopédia bororo》 출간. 4월 12일, 알프레드 메트로가 스스로 목숨을 끊다 (60세).	1962년부터 2014년까지 무통 출판사에서 총 열 권으로 이루어진 야콥슨 전집을 출간하다. 크리스티나 포모르스카와 재혼. 노벨문학상 후보로 선정되다.	《오늘날의 토테미즘 Le Totemisme aujourd' hui》 출간. 《야생의 사고 La Pensee sauvage》 출간.
	야콥슨과 레비스트로스의 공동논문 〈샤를 보들레르 '고양이'〉가 《롬므》에 게재되다(〈부록 1〉 참고).	

1963년

	《일반언어학 소론 Essais de linguistique générale》 출간.	

1964년

		《신화론 1: 날것과 구운 것 Mythologiques 1: Le Cru et le Cuit》 출간.

1965년

츠베탄 토도로프의 《문학이론, 러시아 형식주의자들의 글 Théorie de la littérature : Textes des formalistes russes》 출간. 10월 12일 알프 조머펠트가 세상을 떠나다(72세).	〈베르톨트 브레히트의 시 "Wir sind sie"의 문법적 구조 연구 Der grammatische Bau des Gedichts von B.Brecht 'Wir sind sie.'〉 논문 발표.	

1966년

미셸 푸코의 《말과 사물 Les mots et les choses》 출간. 알지르다스 그레마스의 《구조 의미론 Sémantique structurale: recherche de méthode》 출간. 에밀 방베니스트의 《일반언어학의 제문제들 Problèmes de linguistique générale》 출간.	〈문법적 평행성과 그 러시아적 측면들 Grammatical Parallelism and Its Russian Facet〉 논문 발표.	《신화론 2: 꿀에서 재로 Mythologiques 2: Du miel aux cendres》 출간.

1967년

6월 11일 졸므상 퀼러가 세
상을 떠나다(80세).

1967년 스바냐냐 피르코
바와 이혼.

1968년

〈문법의 시와 시의 문법Poet-
ry of Grammar and Grammar of
Poetry〉 논문 발표.

〈살기 그리고 말하기Vivre et parler: 프랑수아 자콥, 로만 야
콥슨, 클로드 레비스트로스, 필리프 래리티에 토론〉 발표
(〈부록3〉 참고).

《신화론 3: 식사예절의 기
원Mythologiques 3: L'Origine des
manières de table》출간.

1969년

〈언어학과 다른 학문들 사
이의 관계Linguistics in Its
Relation to Other Sciences〉 제
10회 국제 언어학자대회 학
회 발표문 게재.

〈중국 율시의 구성 원리The
Modular design of Chinese reg-
ulated verse〉 논문 발표(〈부
록4〉 참고).

1970년

1970년 8월 22일 블라디
미르 프롭이 세상을 떠나다
(75세).
알지르다스 그레마스의
《의미에 관하여 1Du sens 1》
출간.

1970년 〈윌리엄 블레이
크를 비롯한 시인-화가들
의 언어적 예술On the Verbal
Art of William Blake and Other
Poet-Painters〉논문 발표.

1971년

8월 18일 보가티레프가 세
상을 떠나다(78세).

〈음소에 관한 소쉬르의 미발
표 원고Saussure's Unpublished
Reflections on Phonemes〉 논
문 발표.

〈애너그램에 대해 페르디
낭 드 소쉬르가 앙투안 메이
에에게 보낸 첫 번째 편지La
première Lettre de Ferdinand de
Saussure sur les anagrammes〉
논문 발표.

〈휘트니의 언어학 원리들에
대한 세계의 반응The World
Response to Whitney's Principles

《신화론 4: 벌거벗은 인간
Mythologiques 4 : L'Homme nu》
출간.

of Linguistic Science〉논문 발표.

10월 6일 《르몽드Le Monde》에 레비스트로스의 기고문, 〈로만 야콥슨, 어느 우정에 대한 이야기Roman Jakobson: Histoire d'une amitié〉 게재(〈부록 5〉참고).

1972년

르네 톰의 《구조적 안정성과 형태 발생Stabilité structurelle et morphogenèse》출간.

1973년

자크 라캉의 《세미나Séminaires de Jacques Lacan》시리즈 출간 시작.

8월 25일 존 로츠가 세상을 떠나다(60세).

아카데미 프랑세즈 회원으로 선출되다.

《구조 인류학 2Anthropologie structurale 2》출간.

1975년

3월 7일 미하일 바흐친이 세상을 떠나다. (79세).

브누아 망델브로의 《프랙탈: 형태, 우연, 차원Les Objets fractals: forme, hasard et dimension》출간.

〈기호학의 발전에 대한 단상 Coup d'œil sur le développement de la sémiotique〉논문 게재.

《가면의 길La Voie des masques》출간.

1976년

10월 3일 에밀 방베니스트가 세상을 떠나다(74세).

그레터 뤼버-그로트후스와 함께, 횔덜린의 언어에 대한 공동논문 〈횔덜린의 언어Ein Blick auf 'Die Aussicht' von Hölderlin〉발표.

《소리와 의미에 관한 여섯 강의Six leçons sur le son et le sens》출간.

1977년

〈언어과학의 선구자로서 퍼스에 대한 짧은 생각들A Few Remarks on Peirce, Pathfinder in the Science of Language〉논문 발표.

1978년

3월 2일 하브라네크가 세상을 떠나다(85세).

11월 8일 파리의 미국 대사관에서 야콥슨이 〈친애하는 클로드, 친애하는 선생에게Dear Claude, cher maitre〉를 낭독하다

(〈부록6〉참고).

1979년

피에르 부르디외의《구별 짓기La Distinction》출간.

1980년

〈아인슈타인과 언어과학 Einstein and the Science of Language〉논문 발표.
《언어의 뼈대 The Framework of Language》출간.

1981년

9월 9일 자크 라캉이 세상을 떠나다(80세).

1982년

7월 중순 숨을 거두다(85세). 마운트 오번 묘지에 있는 그의 비석에는 러시아어와 라틴어로 다음과 같이 적혀 있다. "러시아 문헌학자 RUSSKIJ FILOLOG".

콜레주 드 프랑스 정년 퇴임.

1983년

《구조 인류학》과 같은 성격을 지닌 세 번째 저서,《동떨어진 시선Le regard éloigné》출간.

무통 출판사에서 출간한《로만 야콥슨을 위한 헌사A Tribute to Roman Jakobson 1896-1982》에 레비스트로스의 〈성명문〉이 수록되다(〈부록7〉참고).

1985년

《질투하는 도공La Potière jalouse》. 프로이트의 정신분석을 비판하면서 구조주의적 사유를 전개.
청년 시절 브라질에서 답사한 이후 처음이자 마지막으로 브라질 재방문.

1992년

2월 27일 알지르다스 그레마스가 세상을 떠나다(74세).

1993년

10월 28일 유리 로트만이
세상을 떠나다(71세).

《바라보기, 듣기, 읽기*Re-
garder, écouter, lire*》출간. 이
새로운 성격의 저서에는 그
의 미학적 관점이 중점적으
로 드러난다.

1999년

8월 16일 앙드레 마르티네
가 세상을 떠나다(91세).

2009년

10월 30일 파리의 자택에
서 숨을 거두다(100세). 그
의 부인과 두 아들을 포함
하여 소수의 인원이 참석한
그의 장례식은 생전 그의
부탁에 따라 완전한 침묵
속에서 치뤄진다.